개정증보4판

성경 강해설교

강해설교 전개와 전달

개정증보4판

성경 강해설교

강해설교 전개와 전달

해돈 W. 로빈슨 지음

스콧 웨닉 고침

김광모 옮김

성서침례대학원대학교출판부

개정증보4판

성경 강해설교—강해설교 전개와 전달

첫 펴 냄 2025년 10월 3일
지 은 이 **해돈 W. 로빈슨**
고 친 이 **스콧 웨닉**
옮 긴 이 **김광모**

펴 낸 이 김택수
엮 은 이 김광모
펴 낸 곳 성서침례대학원대학교출판부
등록번호 제2015-4호
등 록 지 경기도 이천시 대월면 대평로 548-123
전화번호 031) 634-1258
누 리 집 bbts.ac.kr

종이책 ISBN 979-11-89118-28-0 93230 정가 20,000원
전자책 ISBN 979-11-89118-29-7 95230 정가 13,000원

차례

성경 본문에서 설교까지 준비 단계

표 · 그림 목록

알림

- ❑ 성경 본문은 저자가 직접 번역한 대로 또는 번역본을 밝히며 인용한 대로 옮깁니다.
- ❑ 한글과 영어는 나눔체를, 헬라어와 히브리어는 BibleWorks 폰트를 씁니다.
- ❑ 차례에 '성경 본문에서 설교까지 준비 단계'를 덧붙였습니다(7쪽).
- ❑ 차례에 '표 · 그림 목록'을 덧붙였습니다(8쪽).
- ❑ 헬라어와 히브리어 표기를 덧붙였습니다.
- ❑ 각주는 완전 각주에 이어 약식 각주로 바꿨습니다.
- ❑ 주요 한글 번역서 서지 정보 및 세부 사항을 덧붙였습니다.
- ❑ 「설교 준비 연습문제」의 해답은 각주로 옮겼습니다.
- ❑ '개정증보3판 바꿈 · 덧붙임 찾아보기'를 덧붙였습니다(396쪽).
- ❑ '개정증보4판 바꿈 · 덧붙임 찾아보기'를 덧붙였습니다(397~399쪽).
- ❑ 같은 백 단위 여러 쪽 표기는 두 가지 양식으로 한다. 각주나 참고 자료에서는 일반 양식에 따라 끝 쪽 백 단위는 쓰지 않지만(예. 188~90), 그 밖에서 백 단위도 쓰는데(예. 188~190) 흔글 상호 참조 기능에 따르기 때문입니다.

주일 아침에 거룩한 약속을 지키시는 남성과 여성 여러분께.

여러분은 유혹하는 목소리에 어리둥절하며,

살면서 겪는 여러 상처를 싸매느라 힘들어 지쳐서,

별일도 아닌 문제에 불안합니다.

그러나 여러분 상태를 말씀하시는 하나님에게서 명확한 말씀을 들으려고 찾아옵니다.

그리고 하나님 말씀을 지금 전달하시는 그리고 미래에도 전달하실 설교자 여러분께.

To the men and women who keep a sacred appointment on Sunday morning.

Bewildered by seductive voices, nursing wounds life has inflicted upon them, anxious about matters that do not matter.

Yet they come to listen for a clear word from God that speaks to their condition.

And to those who minister to them now and those who will do so in the future.

추천하는 말

"『성경 강해설교』, 초판이 출간된 이래 줄곧 교과서로 채택해 설교학을 가르칩니다. 로빈슨 교수님께서 깊은 현대 연관성으로 강해설교에 헌신하심은 효과적인 설교 사역에 토대인데, 이 개정증보4판은 이 토대를 훨씬 더 강화합니다. 특별히 신학 아이디어에 관한 새로운 내용을 아주 기쁘게 맞이합니다. 저는 설교학 교수 사역을 이 책으로 마무리하기로 했습니다."

제프리 아더스_Jeffrey Arthurs
『목사님 설교가 다양해졌어요』,
『(목회자가 꼭 알아야 할) 설교 포인트 55』 공저
Gordon-Conwell Theological Seminary

"해돈 로빈슨 교수님께서는 제게 설교하는 방법을 가르치셨습니다. 가장 영향력 있는 설교학 교과서인 『성경 강해설교』, 개정증보4판 출간은, 사실 그리 놀라운 일이 아닙니다. 아주 명쾌하며, 설득력 있으며, 재치 넘칩니다. 이 책을 읽으심으로, 최근 역사상 가장 위대한 설교자 중 한 분에게서 성경을 설교하는 방법을 터득하십시오."

매튜 D. 킴_Matthew D. Kim
『(목회자가 꼭 알아야 할) 설교 포인트 55』 공저
George W. Truett Theological Seminary, Baylor University

"해돈 로빈슨이 강해설교에 관해 쓴 고전적 교과서의 개정증보4판이 출간돼 감사합니다. 스콧 웨닉은 개정 작업을 매우 훌륭하게 했습니다. 이 개정증보4판은 경험 많은 설교자에게는 자기 설교를 계발하게 하고, 새내기 설교자에게는 기본기를 갖추게 돕습니다."

스티븐 D. 매튜슨_Steven D. Mathewson
『(청중을 사로잡는) 구약의 내러티브 설교』
Western Seminary, Portland, Oregon

"웨닉 교수님이 아주 적절한 때 매끄럽게 개정한 덕분에, 차세대 설교자는 물론이고 오랫동안 설교한 설교자도 성경 진리를 끊임없이 변화하는 세상에서 일상생활에 적용하는 설교로 소통하도록 돕습니다."

브라이언 윌커슨_Bryan Wilkerson
Grace Chapel, Lexington, Massachusetts

"『성경 강해설교』는 언제나 변함없이 사랑받는 책 중 한 권입니다. 그 연관성은 끊임없이 이어집니다. 하나님의 말씀을 충실히 전파하기에, 삶을 계속해서 변화하게 합니다. 이 일에 가장 적절한 책입니다."

패트리시아 바텐_Patricia Batten
『구약성경의 강해설교』, 『(목회자가 꼭 알아야 할) 설교 포인트 55』 공저
Gordon-Conwell Theological Seminary

제 스승 해돈 로빈슨 교수님의 명저 『성경 강해설교』를 추천하니, 매우 기쁩니다. 로빈슨 교수님께서 고든콘웰신학대학원에서 깊이와 열정으로 가르치시던 모습이 여전히 기억에 생생합니다. 이 책은 현대 강해설교를 배우려는 신학생·목회자라면 반드시 읽어야 할 책입니다. 이 책에서 제시하는 설교 이론과 기법은 성경에 기반해 아주 명쾌합니다. 이번 개정증보4판은 기존 내용에 중요 자료와 기법을 업데이트했습니다. 무엇보다 이번 번역판이 과거 번역판 오역을 잘 수정했기에, 훨씬 더 원서에 가깝게 의미를 전달합니다. 이 책은 설교를 처음 배우는 신학생에게 나침반입니다. 또한 자기 설교 사역을 뒤돌아보고 성장하려는 목회 현장 설교자에게는 깊은 통찰력을 줍니다. 이 책을 펼치시면, 놀라운 깨달음의 빛이 환하게 비칩니다. 우리 모두 그 빛을 따라 설교자의 영광스러운 길을 쉼 없이 가길 소망합니다.

권호 교수 _합동신학대학원대학교 설교학, 본문이 살아있는 설교 공동대표
PhD, Southwestern Baptist Theological Seminary

『성경 강해설교』는 단순한 설교 기술서가 아니라, 설교자의 마음과 삶을 성경 앞에 세우고 말씀에 깊이 뿌리내리게 하는 믿음의 동반자입니다. 로빈슨 박사의 빅 아이디어 설교 원리는 본문에서 길어 올린 진리를 설교자의 언어와 인격에 심어 강단에서 생명력 있게 흐르게 합니다. 개정증보4판은 그 원리에 신학적 깊이와 시대감각을 더해, 변화 많은 세상에서도 말씀의 능력과 설교의 품격을 굳건히 지킵니다. 또한 강단이 힘을 잃었다고 느낄 때, 말씀의 샘을 다시 열고 설교자 마음에 복음의 온기를 채웁니다. 무엇보다 설교자가 말씀 앞에 겸손히 무릎 꿇고 하나님의 시선으로 성도를 보며, 설교 준비 시간에 하나님의 임재를 누리게 합니다. 성경 앞에 서는 모든 설교자는 이 책을 평생 곁에 두고 씨름하며 성도를 살리는 설교를 빚는 든든한 길동무로 삼아야 합니다.

김관성 목사 _낮은담침례교회 담임
TWIC London College

목회자의 수십 가지 사역 중 설교 사역이 단연코 으뜸입니다. 목회자는 곧 설교자입니다. 설교자라면, 주님의 부름에 신실하게 응답하며 성도의 귀에 쏙쏙 잘 들리는 설교를 하고자 합니다. 그런데 그 소명의 무게만큼이나 설교하는 길은 고되고 어렵습니다. 어떻게 하면 성경 진리를 왜곡 없이 전하면서도, 지금 여기를 살아가는 이들의 마음에 가닿는 설교를 할 수 있을까요? 이 책은 그 물음에 가장 실제적이고도 깊이 있는 대답을 제시합니다. 이 책은 설교자에게 교과서이자, 그 가치를 이미 입증받은 고전입니다. "더도 말고 덜도 말고 열 번만 읽으시면, 여러분 설교는 이전과 절대 같을 수 없습니다!"

김기현 교수 _한국침례신학대학교 종교철학 · 윤리, 로고스교회 담임목사
PhD, 한국침례신학대학교 대학원

해돈 로빈슨의 『성경 강해설교』, 개정증보4판이 출간됐습니다. 이 책은 45년 역사와 40만 권 이상 판매량으로 그 가치를 이미 입증받은 명저입니다. 이 개정판은 본문 주해와 설교 작성을 연결하는 '신학 아이디어' 단계를 더 체계화했기에, 설교자가 설교 준비 과정을 더욱 명확하게 따라갈 수 있다는 점에서 특별히 가치가 큽니다. 또한 급변하는 현대 문화와 설교학 최신 발전을 둘 다 반영하여, 설교자가 변함없는 성경 진리를 오늘날에도 권위 있고 효과적으로 전달할 수 있도록 안내합니다. 이 책은 설교의 기초부터 깊이 있는 통찰까지 담고 있어, 새내기 설교자부터 숙련된 설교자까지 모두에게 귀중한 필수자료입니다. 이 책을 모든 설교자에게 진심으로 추천합니다.

김대혁 교수 _총신대학교 신학대학원 설교학
PhD, Southern Baptist Theological Seminary

해돈 로빈슨의 『성경 강해설교』는 시대를 넘어, 설교학에서 가장 신뢰할 만한 권위 있는 교과서입니다. 개정증보4판은 고전의 깊이를 간직하면서 오늘날 설교 강단 상황에 부응하여, 더 풍부한 사례와 세밀한 지침으로 설교자를 돕습니다. 이 책은 본문 주해, 중심 사상 도출, 설교 구성, 설교 전달에 이르는 모든 과정을 정밀하게 탐구하며, 설교를 하나님 말씀 선포라는 신학적 본질 위에 견고히 세웁니다. 아브라함 쿠루빌라의 『설교의 길잡이』가 본문이 투사하는 이상세계와 그리스도 형상 닮기 적용에 탁월하다면, 이 책은 설교 기본 훈련과 설교 구조 형성에서 독보적입니다. 이 두 책은 서로 다른 지평에서 설교자를 길러내는 귀중한 자원이자 보화인데, 특히 이 책은 여전히 가장 확실한 강해설교 토대입니다.

김택수 총장 _성서침례대학원대학교
DMin, Liberty Baptist Theological Seminary

해돈 로빈슨 교수의 『성경 강해설교』, 개정증보4판이 번역·출간돼 한국교회에 소개되니, 매우 기쁩니다. 특히 이번 개정증보4판에서는 '석의 아이디어'와 '설교 아이디어' 사이에 '신학 아이디어'를 첨가했습니다. 이는 이미 오래전부터 달라스신학대학원에서 '강해 아이디어'라는 이름으로 강조했는데, 본문을 석의한 아이디어를 근거로 시대가 지나도 영원히 변치 않는 빅 아이디어를 도출하는 과정입니다. 저는 이 개정증보4판이 강해설교자의 설교를 한층 더 깊고 분명하게 준비하고 전달해 큰 영적 영향력을 발휘하게 한다고 확신하기에, 강력히 추천합니다.

박정근 원로목사 _영안침례교회
PhD과정수료, Dallas Theological Seminary

주일 아침마다, 강단으로 걸어가는 설교자의 발걸음에는 무거운 부담과 깊은 책임감이 담겨 있습니다. 청중은 한 주간 세상에서 저마다 다른 삶을 살다 교회에 모인 터라, 그들 눈빛에는 말씀을 갈망함이 담겨 있으며 그 갈망이 채워지기를 간절히 바랍니다. 이런 긴장감에도 설교자는 흔들리지 않는 진리의 토대를 붙잡아야 하는데, 그 토대 위에 세워진 가장 확실한 설교 안내서가 해돈 W. 로빈슨의 『성경 강해설교』입니다. 이 책은 1980년 초판 출간 이래, 수많은 목회자, 신학생, 설교학 연구자에게 강해설교의 정수를 보여주는 지침서로 자리매김했습니다.

'개정증보4판'은 원저자의 설교 핵심 철학을 유지하면서도 현대 설교학과 문화의 변화를 충실히 반영합니다. 특히 '석의 아이디어'와 '설교 아이디어' 사이에 '신학 아이디어' 단계를 명문화함은, 원독자가 접한 본문의 해석에서 오늘을 사는 성도를 향한 설교 구성으로 이동하는 과정에 신학적 일관성을 확보하고 적용의 적실성을 높이는 중요한 보완입니다. 또한 본문 선택, 역사적·문법적·문학적 연구, 구조 설계, 수사적 표현, 청중 분석, 적용, 전달에 이르는 모든 과정을 단계별로 제시하고 단계마다 예시와 연습문제를 제공함으로써, 학습 효과를 극대화합니다. 이 체계성은 초보 설교자에게는 확고한 기초를, 숙련된 설교자에게는 재구성하는 틀을 제공합니다. 다원화 담론 환경과 디지털 미디어 시내에, 하나님의 살아있는 성경 본문이 설교를 지배해야 한다는 성경적·신학적 원칙을 재확인한다는 점에서도 학문적 가치는 여전히 독보적입니다.

또한 이 책의 가치는 학문적 완성도에만 머물지 않습니다. 설교자를 하나님의 추상같은 말씀 앞에 세우고, 그 말씀이 성도의 삶에서 살아나도록 강력하게 부릅니다. 설교는 단순히 말 전달이 아니라, 하나님께서 상처 입은 영혼을 되살리는 데 쓰시는 도구입니다. 이 책을 따르면, 설교자는 본문에 사로잡혀 말씀을 충실히 전하는 대언자로 빚어지겠으며, 청중의 삶은 말씀의 능력으로 세상으로 나아갈 힘을 얻습니다.

박성진 교수 _Midwestern Baptist Theological Seminary 아시아부 학장, 구약학 PhD, Hebrew Union College

설교에 관한 책은 쓰기도 어렵고, 읽기도 어렵습니다. 사람이면서 하나님의 말씀을 대변한다는, 사실 불가능한 일에 부름을 받은 사람이 "나는 자신 있다"라고 말할 수 있을까요? 성령님은 자유롭게 운행하시는데, 그분 사역을 어떤 방법론에 가둘 수 있을까요? 이 책을 읽는 내내 힘들기도 했습니다. 설교자로서 저 자신을 돌아보게 하고, 지난 세월 설교 사역을 반성하게 했기 때문입니다. 가슴을 치며 읽었습니다.

10여 년 전에 신학대학원생들에게 설교학을 강의할 때 이 책을 교재로 활용했습니다. 그때 꼼꼼히 읽고 소화하면서 가르쳤는데도, 개정증보4판에는 다시 눈을 크게 뜨게 하는 대목이 많습니다. 대폭 개정한 덕도 있지만, 로빈슨의 본래 목소리가 갖는 힘이 압도적이기 때문입니다. 로빈슨은 설교자 자신의 전문적, 신학적, 성경적 사고를 우선시하면서 청중의 필요와 이해 수준을 벗어나 달려가지 말라고 설교자에게 거듭 권면합니다. 이 책은 이 원칙에 충실합니다. 독자를 설교 애송이로 전제하고, 기본의 기본부터 차근차근 가르칩니다. 의외로 오랫동안 설교단에 선 이들이 큰 도움을 받을 수 있습니다. 애송이 설교자로 여겨질 때 느끼는 자유! 이제 막 설교 사역을 시작하는 설교자라면 이 책을 한 번 읽고서 덮어두지 말고, 여백에 꼼꼼히 메모하면서 2~3년마다 한 번씩 다시 펼쳐 보기를 권합니다. 읽을 때마다 새로운 통찰과 성찰이 생길 테고, 설교자로서 성장하리라 확신합니다.

교과서이면서도 내러티브 흐름이 살아 있고, 분석적이면서도 강력하게 다가옵니다. 예회나 유머도 과하지 않고 적절합니다. 훌륭한 설교만큼이나 울림이 큰 설교학 교과서, 고전이라는 말이 전혀 아깝지 않습니다.

박영호 목사 _포항제일교회 담임, 미래목회와말씀연구원 원장
PhD, University of Chicago

하나님의 말씀을 전하는 일은 단순히 지식 전달이 아니라, 영혼을 살리고 세상을 변화시키는 거룩한 사명입니다. 국제컴패션(Compassion International)이 가난한 어린이에게 하나님의 사랑과 복음을 전하여 삶을 변화시키듯이, 설교자 또한 진리의 말씀을 바르게 선포하는 일에 헌신해야 합니다. 이 점에서, 해돈 로빈슨의 『성경 강해설교』는 설교자가 말씀의 통로가 되어 교회와 세상을 새롭게 하는 데 꼭 필요한 길잡이라 확신하며 기쁘게 추천합니다.

서정인 목사 _한국컴패션 대표
PhD, Talbot School of Theology

평생 어린이 사역자로 살아오면서 다음 세대 설교의 정통성(正統性)과 적실성(適實性) 사이의 균형을 잃지 않으려고 많이 뒤뚱거렸습니다. 아이들 얼굴을 들여다보면 적실성에 치우쳐 정통성을 잃고, 성경 본문만 들여다보면 정통성에 파묻혀 적실성을 잃어버리기 일쑤였습니다. 해돈 로빈슨은 그런 저를 이 책으로 붙들어 주셨습니다. 다음 세대 설교라는 외줄타기 불안성감을 몰아내고서는 설교에 정통성과 적실성의 균형을 잡게 했습니다. 본문이 말하는 메시지를 한 손에 확실하게 쥐고, 다른 손으로 아이들의 영적인 필요를 잡아 둘 사이를 연결하는 법을 가르쳐주셨습니다.

양승헌 목사 _파이디온선교회 설립자, 합동신학대학원대학교 석좌교수
EdD, Trinity Evangelical Divinity School

해돈 로빈슨 교수의 『성경 강해설교』는 성경 본문을 하나님의 말씀에 걸맞은 영적 권위로 선포하려는 모든 설교자에게 가장 중요한 설교학 교과서입니다. 강해설교 정의에서 성경 본문의 중심 사상(main idea)이 중요한 개념인데, 이는 성경 본문을 역사적, 문법적, 문학적 주해 과정을 거쳐서 도출하고 설교자의 인격과 경험에 적용 과정을 거쳐서 청중에게 적용하는 메시지입니다. 개정증보4판에서 주요 개정 작업은 석의 아이디어를 신학 아이디어로 추상화하는 과정(또는 원리화 과정)을 덧붙임입니다. 스콧 웨닉(Scott Wenig)은, "석의 아이디어에서 신학 아이디어로 이동하려면, 주제를 일반화하려고 추상화하여 모든 시대와 모든 장소의 사람들과 연관성을 갖게 해야 한다"(136쪽)라고 설명합니다. 성경 강해설교를 추구하는 모든 설교자에게 일독(一讀)을 권합니다.

이승진 교수 _합동신학대학원대학교 설교학
ThD, Stellenbosch University

어떤 분야에서든 가장 권위 있고 신뢰할 만한 책을 '바이블'이라고 합니다. 해돈 로빈슨의 『성경 강해설교』이야말로 '설교학 바이블'입니다. 이 책만큼 성경적 설교 기본을 잡아주고, 설교 작성의 모든 과정을 능숙하게 이끌어주며, 설교자를 하나님과 그 말씀 앞에 세우는 책은 거의 없기 때문입니다. 안타깝게도 한국어로는 초판과 2판까지밖에 읽히지 않았고, 3판이 2014년에 21세기 독자에게 더 잘 와닿게 장마다 개정하고 문화적 참조를 갱신했기에 번역을 기다렸는데, 개정증보4판이 '신학 아이디어'까지 추가해 출간되니 기쁩니다! 이 귀한 책이 빅 아이디어 설교 원리, 곧 '산탄'이 아니라 '명중탄'처럼 청중 가슴에 박히는 원리에 따라 하나님의 말씀을 전하려는 초보 설교자와 경험 많은 설교자를 도와서 교회 강단을 힘 있게 하며 한국교회를 새롭게 하는 일에 원동력이라고 확신하며, 설교학자이자 설교자로서 이 책을 추천합니다.

이재기 명예교수 _성서침례대학원대학교 설교학, 사랑빛는교회 담임
PhD과정수료, Dallas Theological Seminary; DMin, Liberty Baptist Theological Seminary

이 책은 제가 설교학을 처음 접했을 때 교과서로 사용한 소중한 자료입니다. 이후 설교학을 전공하며 학회에서 로빈슨 박사님을 여러 차례 만나 나눈 대화와 배움의 시간이 제 사역에 깊은 울림을 주었습니다. 본문에 충실하면서도 청중과 소통을 균형 있게 추구하는 설교 철학이 책 전반에 살아 숨 쉬고 있습니다. 이번 '개정증보4판'은 현대 설교 환경과 변화하는 청중의 정서를 세밀히 반영하여 한층 정련되었으며, 김광모 박사님의 탁월한 번역으로 한국어권 목회자와 신학생에게 귀히 읽히게 됐습니다. 성경적 설교를 사모하며 본문과 청중을 모두 품는 설교를 꿈꾸는 모든 분에게, 이 책을 기쁨과 확신을 담아 추천합니다.

임도균 교수 _한국침례신학대학교 설교학, 한국복음주의실천신학회 회장
PhD, Southwestern Baptist Theological Seminary

종교개혁 강령—"원천으로 돌아가자(*Ad Fontes*)!"—대로, 한국교회는 원천인 '말씀'으로 돌아가야만 침체에서 벗어나 다시 희망찰 수 있습니다. 해돈 로빈슨의 *Biblical Preaching*은 세계적으로 40만 권 이상 팔려 설교자 필독서로 자리 잡고 있는데, 『성경 강해설교—강해설교 전개와 전달』, 개정증보4판으로 번역·출간은 한국교회 강단에 의미가 큽니다. '강해설교'를 'Expository Sermon'보다는 'Biblical Preaching'으로 표현함에서 알 수 있듯이, 말씀에 기반한 설교 이해를 바탕으로 설교 실제의 알파와 오메가를 11단계로 제시합니다. 그래서 설교자가 강해설교를 이해·작성·실행하도록 돕습니다. 이 책으로 '말씀'이라는 원천으로 돌아가, 위기에 처한 한국교회를 회생시키는 데 유용한 길잡이로 삼기를 바랍니다.

정인교 교수 _서울신학대학교 설교대학원 설교학, 강남성결교회 담임
ThD, University of Bonn

해돈 로빈슨의 명저 『성경 강해설교』, 개정증보4판이 스콧 웨닉의 손을 거쳐 신약학자 김광모 교수님의 번역으로 새롭게 세상에 나왔습니다. 『성경 강해설교』의 장점은 강해설교 필요성을 피력함에다 설교자에게 실제적인 강해설교 방법을 제시함입니다. 모든 설교자는 강해설교를 하려 하고 또 그 중요성을 알고 있지만, 막상 어떻게 준비하고 전달해야 하는지라는 문제에 좌절을 맛보는 현실입니다. 해돈 로빈슨의 책이 한국교회에서 잊히지 않고 새롭게 세상에 나옴을 환영하고, 신학생부터 경험 많은 설교자에게까지 이 책을 차근차근 다시 읽음으로 문무를 겸비한 설교자가 한국 강단에 많이 나오기를 기대합니다.

최병락 목사 _강남중앙침례교회 담임, 월드사역연구소 소장
DMin, Southwestern Baptist Theological Seminary

"이 책은 강해설교에 관한 책이지만, 침체한 교회 상황을 활성화하려는 몸부림일 수도 있다!" 이 문장(37쪽)을 읽는 순간, 눈이 번쩍 뜨였습니다. 영어권에서 왜 이 책이 수십 년간 사랑받는지 알 수 있습니다. 성경 본문에서 '빅 아이디어'를 캐내는 과정이 이렇게 명쾌할 수 있다니! 흐릿한 안경을 깨끗이 닦듯이, 성경 본문이 선명해짐을 경험했습니다. 무엇보다 신학 아이디어를 거쳐 설교로 나아가는 단계별 접근이 참으로 인상 깊습니다. 성경 본문 연구에만 머물러 있던 제게, 어떻게 오늘 우리 이야기로 만들지 고민하게 했습니다. 읽으면서 몇 번이나 밑줄을 그었는지 모릅니다. 본문 강해 기초부터 설교 실제까지, 이 한 권에 다 있습니다. 설교자라면 꼭 읽어야 할 책입니다. 강력히 추천합니다.

최주훈 목사 _중앙루터교회 담임
Dr. phil., Universität Regensburg

해돈 로빈슨의 『성경 강해설교』는 설교 근간을 똑바로 세우는 설교학 교과서 결정판입니다. 근래에 많은 설교학 책이 현대 커뮤니케이션 기법에 의존하여 기교 측면만을 강조하는 경향이 짙습니다. 이러한 경향은 아주 허약한 뿌리로 잠시 꽃을 피우는 모양새에 지나지 않을 수 있습니다. 로빈슨이 가르치는 대로, 핵심 개념(주제)을 중심으로 효과적인 구조를 짜는 강해설교로 나아가야 합니다. 흔히 "설교만으로는 안 된다."라고 말하곤 합니다. 그런데 이런 말을 하는 설교자 자신이 설교를 올바로 못하기 때문일 수 있습니다. 이 책을 정독해 이해하시고서 그 가르침에 따라 성경 강해설교를 준비하셔서 전달하시기를 바랍니다. 그러면 성도가 성숙하는 아름다운 장면을 보실 수 있습니다!

한진환 목사 _킹덤 프리칭 아카데미 원장
ThD, Boston University

설교 원고를 충실히 작성하려면 올바른 성경 주해가 필수입니다. 본문을 정확하게 해석하지도 않은 채 실교 원고 작성은 온당하지 않습니다. 그런데 어떤 설교자는 성경 본문 주해는 아주 잘하고도 설교화하는 일에는 어려움을 겪기도 합니다. 보석을 잘 꿰어야 하는 데 그렇지 못합니다. 하지만 해돈 로빈슨은 이 두 가지를 모두 잘합니다. 그는 성경학자와 설교학자를 모두 만족시킵니다. 『성경 강해설교』에서 탄탄한 이론을 제시하면서도 실제 적용이 가능하게 돕습니다. 이 책을 읽으시면, 성경의 의미를 청중에게 올바르면서도 효과적으로 전달하는 일에 익숙해집니다. 어느새 강해설교에 감을 잡고 있습니다. 이렇게 설교하면 좋겠다고 생각할 수 있고, 실제로 설교를 잘할 수 있습니다!

황원하 목사 _대구 산성교회 담임, 고려신학대학원 외래교수
PhD, University of Pretoria

인사말

토리 로빈슨_Torrey Robinson

짐 킨니(Jim Kinney)는 베이커 아카데믹(Baker Academic)에서 *Biblical Preaching*, 4th ed.을 출간하겠다고 제게 알렸습니다. 저는 전적으로 찬성했습니다. *Biblical Preaching*은 무려 반세기 동안 설교학에 아마 가장 큰 영향력을 끼쳤습니다. 새로운 개정판이 그 내용을 또 다른 세대에게도 신선하게 전달하기를 바라며, 출간을 전적으로 찬성했습니다.

제 아버지께서 여전히 살아계셔서 이 제안을 받으셨어도 찬성하셨으리라 확신합니다. 아버지께서 이 책 초판을 1980년에 출판하시고서, 많은 시간을 들여 두 차례(2001년, 2014년)나 개정하는 일에 힘을 쏟으셨습니다. 성서의 변하지 않는 진리를 끊임없이 변하는 세상에 적절한 방식으로 전달해야 한다고 확신하셨기 때문입니다. 그동안 두 차례 개정판은 모두 강해설교 연관성(relevance)을 유지했습니다. 이 개정증보4판에도 그 연관성이 여전하다고 생각합니다.

저는 스콧 웨닉(Scott Wenig)이 개정증보4판을 편집하는 데 동의했다는 소식을 듣고서 매우 기뻤습니다. 무려 40년 전에, 스콧과 저는 동료 학생으로서 제 아버지께 설교학을 배웠습니다. 시간이 지나서, 스콧은 탁월한 설교한 교수로서 가르치고 있습니다. 스콧이 사랑으로 수고해주셨기에, 진심으로 감사드립니다.

제가 목회자로서 설교 사역을 시작할 때, 아버지께서는 제게 주마다 전화하라고 말씀하셨습니다. 저희는 가족, 사역, 생활에 관한 이야기를 주로 나눴습니다. 그러나 아버지께서 항상 덧붙여 물으셨습니다. "설교는 어떻게 하고 있니?" 그 소중한 대화는 이따금 설교 전개와 전달을 개인 지도받는 시간이었습니다. 지금은 아버지께서 영광스럽게 계시기에, 그때 전화로 이야기 나눈 추억이 참으로 그립습니다. 저는 독자 여러분께서 이 책으로 설교학을 공부하실 뿐 아니라 하나님을 사랑하시며 그분 말씀을 전적으로 신뢰하시는 훌륭한 분과도 오랫동안 이야기 나누시기를 바랍니다. 여러분께서 이 일에 관심을 기울이시면 설교를 더 잘하실 수 있으며, 여러분 설교를 듣는, 하나님 백성은 더 행복하리라고 확신합니다.

머리말 개정증보4판

스콧 웨닉_Scott Wenig
PhD, University of Colorado
해돈 W. 로빈슨 설교학 석좌교수, Denver Seminary

설교, 오순절 이래 교회에서 중심 자리에 있습니다. 이 점은 해돈 로빈슨 교수님께서 가장 잘 아셨습니다. 그분 대작 *Biblical Preaching*이 1980년에 처음 출간됐을 때, 설교학에 르네상스를 일으켰습니다. 빅 아이디어(big idea) 설교 방법론에 초점을 맞춤으로, 미국은 물론이고 시간이 지나면서 전 세계에서 강해설교 연구와 실제에 활력을 불어넣었습니다. 해돈 교수님께서 달라스신학대학원(Dallas Theological Seminary)에서 가르치실 때 이 설교 방법론을 공식화하셨고, 덴버신학대학원(Denver Seminary)에서 1979~1991년에 총장으로 재직하시면서 그 열매를 거두셨습니다. *Biblical Preaching*이 출간되자, 교수와 설교자는 물론이고 설교에 관심이 깊은 그리스도인에게 큰 사랑을 받았습니다. 수십 년 동안 판매 수치에서 알 수 있듯이, 이 책은 단 하나 아이디어에 뿌리를 둔 강해설교를 만들어서 설교하는 방법을 가르치는 지침서입니다.

설교의 예술과 기술에 익숙한 독자는, 지난 반세기 동안 큰 가치가 있는 여러 설교 책이 출판됐다는 사실을 잘 아십니다. 그 일부가 빅 아이디어 설교 방법론에 문제가 있다고 말해도, 사실 그 책들은 해돈 교수님께서 끊임없이 성경으로 사람들에게 이야기하시는 노력에 빚졌습니다. 인터넷, 텔레비전, 소셜 미디어에서 수많은 목소리가 우리 주의를 끌려고 외치는 오늘날, 성경을 명확하며 연관성 있는 방식으로 설교하는 사역이 그 어느 때보다 절실합니다. 이러한 불협화음에도, 해돈 교수님의 가르침은 크고 선명하게 계속 들립니다.

『성경 강해설교』, 개정증보4판은 이전 판과 본질적으로 똑같습니다. 성경 본문을 석의해서 영적 도움과 인도가 절실한 사람에게 전달하기까지 빅 아이디어 강해설교를 만드는 모든 필수 단계를 여전히 풀어냅니다. 이 방법론에 익숙한 분은, 제가 석의 아이디어에서 강해 또는 설교 아이디어 만들기로 이동할 때 **신학 아이디어**(theological idea) **단계**를 추가한 사실을 곧바로 눈치채십니다. 해돈 교수님께서는 직관적인 명석함으로 석의 아이디어와 설교 아이디어를 매끄럽게 연결하셨습니다. 그러나 지난 30년 동안 그분 방법론으로 설교학을 가르치면서, 저는 **신학 아이디어를 공식화하는 중간 단계**가 설교를 공부하는 이를 돕는 데 큰 가치가 있다는 사실을 깨달았습니다. 개정한 또 다른 내용은 주로 현재 우리가 살고 있는 문화 환경의 변화와 추가 연구와 관련해 몇 가지 최신 자료를 제공하는 데 중점을 뒀습니다. 주님께서 바라시는 대로, 『성경 강해설교』, 개정증보4판은 남성과 여성이 모두 하나님의 말씀을 전할 수 있도록 돕는 중심 역할을 이어가리라 기대합니다. 그 방법론은 물론이고 명확성, 말씨, 예화 사용 등은 모든 목회자와 설교자가 되려는 모든 분에게 필수품입니다. (밝힘. **진하게 강조**는 옮긴이가 함.)

제가 덴버신학대학원에서 공부할 때 해돈 교수님을 처음 뵀는데, 그분께서는 곧바로 제 멘토이자 모델이셨으며 제게 영적 영향력을 끼치셨습니다. 해돈 교수님은 하나님을 알고 그분 말씀을 아셨으며, 그러한 실재는 일상 대화와 강단에 서실 때 모두 드러났습니다. 시간이 흘러, 해돈 교수님께서는 제게 설교학 겸임 교수로서 함께 가르치자고 제안하셨고, 저는 하나님의 은혜로 덴버신학대학원에서 해돈 로빈슨 설교학 석좌교수로 가르치기 시작했습니다. 해돈 교수님께서 설교하는 방법을 가르쳐 주셨고 당신 발자취를 따라갈 수 있는 특권을 주셨기에, 진심으로 감사드립니다. 더욱이 그분 자녀 토리(Torrey)와 비키(Vicki)는, 다른 세대 설교자를 도우려고 이 책을 개정·증보하도록 저를 초대했기에, 오히려 제게 큰 축복입니다. 하나님께서 이 책으로 해돈 교수님을 더 빛나게 하시기를, 또한 여러분 교회가 확장하게 하시기를 기도합니다.

머리말 개정증보3판

해돈 W. 로빈슨_Haddon W. Robinson

루이스 체이퍼(Lewis Chafer)는 8권으로 구성한 방대한 『조직신학』의 머리말을, "읽으셔야 합니다(To be read)"라는 간단한 말로 시작했습니다. 저는 이 책 머리말을, "강해설교 방법론을 체계화하도록 영향력을 발휘하신 모든 분께 감사드리며 독자 여러분께도 감사드립니다"라는 말로 시작합니다.

저는 10대 초반부터 설교에 매력을 느꼈습니다. 어렸을 때, 저는 지루한 일상을 일기로 쓰기 시작했습니다. 몇 년이 지나고, 아버지께서 사시는 아파트를 청소하고 있었는데 그 일기장 하나가 눈에 띄었습니다. 목요일 저녁에 저는 해리 아이언사이드(Harry Ironside) 박사님이 전하시는 설교를 들으려고 뉴욕 제일침례교회에서 드리는 예배에 참석했습니다. 아이언사이드 박사님은 시카고 무디교회(the Moody Church in Chicago)의 목사이셨습니다. 제가 목요일 저녁에 모인 집회에 왜 끌렸는지 모르겠습니다. 그때는 하나님께서 일요일 아침 예배에만 일하신다고 확신했습니다. 하지만 저는 일기장에 "어떤 설교자가 한 시간이나 설교하는데도 30분처럼 느껴지나, 어떤 설교자가 30분만 설교해도 한 시간처럼 느껴진다. 그 차이가 무엇인지 정말로 궁금하다."라고 썼습니다.

저는 그 질문에 대답하려고 평생 노력했습니다.

대학 시절, 저는 금요일 저녁마다 도서관에서 설교에 관한 책을 읽으며 시간을 보냈습니다. 「예일대학교 설교 강의록(the Yale lectures)」도 여러 권 읽었습니다. 저는 깊은 물에서 허우적대고 있었고 무슨 내용인지 완전히 이해하지는 못했어도, 어쨌든 계속 읽었습니다. 대학을 졸업하고서 달라스신학대학원(Dallas Theological Seminary)에 입학했을 때, 설교 과목이 별로 없다는 사실에 크게 실망했습니다. 실천신학 분야를 경시하는 모양새는 달라스신학대학원에서만이 아니었습니다. 당시 대부분 신학교에서는 기독교 교육, 상담, 교육학, 설교학 과목을 개설하지 않았습니다. 내용만 알면 전달할 수 있다고 생각한 듯합니다. 4학년 때 동기생 몇 명이 화요일 저녁에 설교학을 강의해달라고 제게 요청했고, 저는 기쁘게 받아들였습니다. 저는 제가 설교에 관해 아는 모든 내용을 가르쳤고(물론 모르는 내용도 많았지만), 사실 가르치면서 다른 어떤 학생보다 설교학을 더 많이 배웠습니다.

달라스신학대학원을 졸업하고서 오리건주 메드포드에 있는 제일침례교회에서 사역했는데, 그때 모교 행정처는 신학교로 돌아와서 확장한 설교학과에서 가르치도록 초청했습니다. 모교로 돌아와, 저는 커뮤니케이션 분야(엄청난 양)와 설교(신학계에서 그리 관심을 두지 않는 분야)에 관해 모르는 내용을 공부하려고 끊임없이 노력했습니다. 그래서 교수 사역을 하면서 남감리교대학교(Southern Methodist University)에서 석사 학위를 취득했고, 이어서 일리노이대학교(University of Illinois)에서 박사 학위를 취득했습니다. 남감리교대학교에서는 사회학을, 일리노이대학교에서는 라디오/TV를 부전공했습니다. 알고 보니, 전공보다 부전공을 더 많이 활용하고 있었습니다. 이 모든 공부는 "무엇이 설교자를 흥미롭게 하고, 설교가 효과를 내는가?"라는 질문에 대답하려는 시도였습니다.

일리노이대학교에서 공부하는 동안, 저는 설교 준비에서 기본 요소를 살피기 시작했습니다. 이 주제는 대학교에서 직접 다루지는 않았지만, 구전 해석(oral interpretation)에 관한 수업에서 처음으로 기본 통찰력을 얻었습니다. 우리는 다음 주에 수업에서 발표하도록 배정받은, 커밍스(e. e. cummings)의 시를 공부하고 있었습니다. 준비하는 동안 저는 신학대학원에서 성경 구절을 해석할 때 사용했던 것과 같은 종류의 질문으로 시를 해석하고 있다는 사실을 깨달았습니다.

달라스신학대학원으로 돌아와서, 첫 학기에 H. Grady Davis, *Design for Preaching*[1]을 읽었습니다. 이 책은 설교가 무엇인지에 관한 제 이해를 완전히 바꾸어 놓았습니다. 여러 해가 지나고, 『성경 강해설교』, 초판을 집필할 때, 데이비스의 아이디어를 각주로 표시하려고 그분 책을 다시 살폈습니다. 제가 그분을 언급함에 그분께서 칭찬을 받으셨을지 또는 모욕감을 느꼈을지 궁금해졌습니다. 하지만 저는 그분 책이 제게 영향을 줬기에, 그분께 크게 빚졌습니다.

이 책은 『성경 강해설교』 개정증보3판입니다. 왜 개정증보3판일까요? 여러 해 동안, 이 책을 교과서로 활용하신 여러 교수님과 많은 독자에게서 피드백을 받았습니다. 대부분 반응은 긍정적이었고 하나님의 말씀을 선포하시는 분들께서 목회자 교육에 이 책을 사용하시기에, 하나님께 감사드립니다. 그런데 부정적 반응은 책 내용을 강화하려고 실은 연습문제를 중심으로 나타났습니다. 연습문제가 많은 독자에게는 그리 효과가 크지 않았습니다. 로버트 퍼멘터(Robert Permenter)[2]는 고든콘웰신학대학원에서 목회학 박사 학위를 취득하고서 베델신학대학원에서 설교학 교수인데, 저를 도왔습니다. 밥(Bob)은 개정증보3판에 여러 새로운 연습문제를 만들었고, 우리 둘은 서로 다른 두 신학대학원에 개설한 여러 강의에서 학생들과 함께 새로운 연습문제를 검증했습니다. 이 책에서 제공하는 조언을 이해하는 데 도움이 되기를 바랍니다.

많은 분이 제 인생에 도움을 주셨는데, 한분 한분 이름을 들다간 이 머리말이 맨해튼 전화번호부처럼 길어집니다. 초판과 개정2판에서 말한 몇몇 친구는 이미 하늘나라로 떠났습니다. 그런데도 수년 동안 저와 이

---

1 옮긴이 덧붙임. H. Grady Davis, *Design for Preaching* (Philadelphia: Fortress Press, 1958).

2 옮긴이 덧붙임. Robert Permenter, *Biblical Preaching Manual: A Student Manual and Teaching Resource for the book Biblical Preaching*, Kindle Edition, 2014.

책에 크게 이바지한 몇 분이 계셔서 감사 인사말을 전합니다.

듀안 리트핀(Duane Litfin)은 오랜 친구이자 동료로, 휘튼대학교를 이끌어야 하는 막중한 업무에도 시간을 내어 고든콘웰신학대학원 DMin 과정에서 저와 함께 강의했습니다.[3]

돈 수누키안(Don Sunukjian)도 제게 그리고 설교학에 큰 영향력을 끼쳤기에 언급해야 합니다.[4]

시드 버젤(Sid Buzzell)은 제가 아는 가장 재능 있는 선생님 중 한 분이신데, 제가 그분과 함께 가르쳤어도 학생들이 제게 설교에 관해 배운 것보다, 제가 그분에게서 설교에 관해 더 많이 배웠습니다.[5]

스콧 깁슨(Scott Gibson)은 고든콘웰신학대학원에서 설교학 기본 과정을 함께 가르치는 오랜 친구이자 동료로, 부지런하며 능숙하게 가르칩니다. 그와 그분 아내 론다(Rhonda)는 저와 학생들 모두를 환대하는 은사로 섬깁니다.[6]

---

3 옮긴이 덧붙임. Duane Litfin, 「디모데전서」, 「디모데후서」, 『데살로니가전 · 후서, 디모데전 · 후서』, 개정2판, BKC 강해 주석, 김운성 옮김 (서울: 두란노, 2016), 144~213; 215~59; 『말 vs 행위—균형 잡힌 복음전파』, 유정희 옮김 (서울: 아가페북스, 2015); 「디도서」, 『디도서 · 빌레몬서 · 히브리서 · 야고보서』, 개정2판, BKC 강해 주석, 김운성 외 옮김 (서울: 두란노, 2016), 14~73.

4 옮긴이 덧붙임. Donald R. Snukjian, 「아모스」, 『아모스, 오바댜, 요나, 미가, 나훔』, 개정2판, BKC 강해 주석, 김영헌 옮김 (서울: 두란노, 2016), 12~107; 『성경적 설교의 초대』, 채경락 옮김 (서울: 기독교문서선교회, 2009).

5 옮긴이 덧붙임. Sid Buzzell, 『잠언』, BKC 강해 주석, 김태훈 옮김 (서울: 두란노, 2011); Kenneth Boa and Sid Buzzell, 『리더십 핸드북』, 김재영 · 권영주 옮김 (서울: 국제제자훈련원, 2010).

6 옮긴이 덧붙임. Keith Willhite and Scott M. Gibson, 『빅 아이디어 설교—해돈 로빈슨을 기념하며』, 이용주 옮김 (서울: 디모데, 2002); Scott M. Gibson, 『예식 설교』, 김주성 옮김 (서울: 두란노아카데미, 2008); 『구약을 설교하기—구약 설교를 위한 구체적 준비와 실제』, 김현회 옮김 (서울: 디모데, 2009); 『주일 강단을 제자훈련의 기회로 활용하라—제자훈련 중심의 설교계획』,

낸시 하딘(Nancy Hardin)은 이 책 초판 작업을 도왔고 제 시간을 지켜줬기에, 제가 글을 쓸 수 있었습니다.

앨리스 매튜스(Alice Mathews)는 제 인생에 아주 특별합니다. 그녀는 개정증보2판에 자기 기술과 시간을 기꺼이 기부했습니다. 그녀는 저와 자기를 만난 모든 사람에게 자기 지문을 남긴, 그리스도의 훌륭하고 헌신적인 종입니다.

마지막으로, 제 아내 보니(Bonnie)는 하나님께서 제게 주신 가장 큰 선물입니다. 아내가 제 삶을 가능하게 했기에 감사합니다. 아내는 정말 놀라운 여성입니다.

최우성 옮김 (서울: 국제제자훈련원, 2014); 『설교 표절로부터의 해방—'복사해 붙이기'가 만연한 세상에서 신실하게 설교하기』, 김귀탁 옮김 (서울: 새물결플러스, 2018); Scott M. Gibson 엮음, 『(목회자가 꼭 알아야 할) 설교 포인트 55』, 김태곤 옮김 (서울: 아가페, 2022).

옮긴이 인사말

*Biblical Preaching*은 1st ed.(1980), 2nd ed.(2001), 3rd ed.(2014), 4th ed.(2025)으로 이어지며, 거의 반세기에 40만 권 이상이 독자, 특히 설교자 후보생, 설교자, 성경 교사에게 선한 영향력을 끼쳤습니다. 가히 **'설교학 교과서'**, **'설교학 시학'**입니다.

그런데 한국어로는 『강해설교』, 제2증보판까지만 읽히는 터라, 감사하면서도 참으로 아쉬운 상황입니다.[1] 『성경 강해설교』, 개정증보4판 출간이 시급하기에, 힘과 정성을 더 쏟았습니다.

3rd ed.(2014)에서 개정 · 증보한 내용을 아래에 크게 두 가지만 추리니, 더 자세한 내용은 '개정증보3판 바꿈 · 덧붙임 찾아보기'(396쪽)를 보시기 바랍니다.

- 대체로 장마다 '새로운 개념'과 '성경 강해설교 준비 단계'로 시작하는 체계입니다.
- '연습문제'를 강해설교 준비 단계에 아주 많이 보탬으로, 설교 준비 실제화에 크게 이바지했습니다. 이 유익한 연습문제를 스스로 풀지 않고서는 이 책으로 강해설교를 공부했다고 말할 수 없습니다.

---

1 Haddon W. Robinson, 『강해설교—강해설교의 원리와 실제』, 제2증보판, 박영호 옮김 (서울: 기독교문서선교회, 2007), 6~8에서는 증보한 내용을, 초판에 있는 모호한 표현을 분명한 표현으로 바꾸기, 남성 위주 용어를 여성도 아우르는 용어로 바꾸기, 귀납법으로 전개하는 내러티브 설교를 강조하기, 주요 자료 반영하기 등으로 추린다. 참고로, 여러 설교학자와 설교자는 3rd ed.이 한국어로 멋지게 번역 · 출간을 기다리며 아쉬운 마음을 달랬다고 한다.

4th ed.(2025)에서 개정 · 증보한 내용은 몇 가지로 추리니, 더 자세한 내용은 '개정증보4판 바꿈 · 덧붙임 찾아보기'(397~399쪽)를 보시기 바랍니다.

- "5단계, 본문을 연구해 찾은 석의 아이디어를 진술하고서, 이를 신학 아이디어로 추상화한다"(136쪽). 이는 성경 강해설교 전개에 추가한 단계로, 가장 획기적인 증보 내용입니다.
- 최근 미국 문화에서 설교에 관한 최근 주요 자료를 반영하고 '심화 독서 자료' 부분에 추가함으로 성경이 주도하는 설교, 곧 성경 강해설교가 다음 세대에도 이어지도록 안내합니다.
- 성경에 있는 서사 장르 및 지혜 장르 본문도 강해설교로 작성하라고 강조합니다.

『성경 강해설교』, 개정증보4판은 이렇게 옮겨서 짓고 짰습니다.

- 장 제목에 '움직씨'를 덧붙여 강해설교 전개에 역동성을 살립니다.
- 쉽게 읽히게, 주제어는 따옴표를 치고 진한 글씨로 덧씌우고, 긴 문단은 나누기도 하고, 서술 항목은 나눠서 '•'으로 도드라지게 합니다.
- 연관 내용을 쉽게 찾아보도록 쪽수 안내를 덧붙였는데, 특히 '성경 강해설교 준비 단계'에 쪽수 정보는 실용성이 아주 큽니다.
- 저자는 연습문제에서 '설교 아이디어'를 주로 서술문으로 표현하는데, 공동체 적용을 염두에 두며 청유문으로 바꿨습니다.
- 앞에서도 밝혔듯이, 3rd ed.(2014)과 4th ed.(2025)에서 바뀌거나 덧붙인 내용을 쉽게 살피도록 거의 추렸습니다.
  - '개정증보3판 바꿈 · 덧붙임 찾아보기' … 396쪽
  - '개정증보4판 바꿈 · 덧붙임 찾아보기' … 397~399쪽
- 인용 자료가 한국어로 출간됐으면, '‖' 다음에 기본 서지 사항은 물론이고 언급한 쪽수 정보까지도 밝힙니다.
- 순우리말 말맛이 그리 세지는 않아도, 조금이라도 더 쓰려고 힘씁

니다. 한 예로, '개요'는 '얼거리'로 씁니다. 더 많은 예는 '주제 찾아보기'(387~396쪽)를 살피십시오.

이 책은 여러 후원자께서 기도와 사랑으로 후원하신 덕택에 출간했기에, 여기에 새겨 감사한 마음이 세대에서 세대로 이어지게 합니다.

- 월마다 또는 해마다 후원하시는 출판후원자님과 교회, 특히 이지에 듀정보(주사랑교회 김승수 목사님), 강서침례교회(김경석 목사님)
- 김진경 과장님(안양샘병원 통합척추센터)
- 김택수 총장님(성서침례대학원대학교)
- 김홍구 대표님(주식회사 삼원)
- 박상복 사무처장님(성서침례대학원대학교)
- 박영수 대표님(익산 눈에편한안경)
- 사랑빛는교회(이재기 목사님)
- 윤장환 대표님(온유앤커머스)
- 이광분후원회(하나교회 최정식 목사님)
- 이충화 대표님(목포 이엘디자인)
- 정민철 이사장님(학교법인 성서침례학원)

아울러 여러 설교학자와 설교자께서 이 책을 기쁜 마음으로 추천하셔서 한국교회 강단에서 성경 강해설교를 전달하도록 힘을 모아주셨기에 감사드립니다. 또한 아내 혜경은 자기 일을 하면서도 번역하고 편집하도록 보살폈기에, 딸 효경은 이 책 표지도 산뜻하게 만들었기에, 아들 경원은 묵묵히 응원했기에 감사드립니다. 『성경 강해설교』에 따르는 설교 사역이 하나님의 나라를 선포하고 확장하는 데 크게 쓰여서, 하나님은 영광을 받으시고 사람들은 더 평화롭게 살기를 바랍니다.

2025년 무더위에 넓은 뜰 둥지에서

김광모

그래도 성경 강해설교 하기

The Case for Expository Preaching 1

❑ 새로운 개념

- 강해설교(expository preaching)

이 책은 강해설교에 관한 책이지만, 침체한 교계 상황을 활성화하려는 몸부림일 수도 있다. 모든 사람이 강해설교—또는 모든 종류 설교—가 교회에 절실히 필요하다고 동의하지는 않는다. 일부 진영에서는 설교를 포기해야 한다고 말하기도 한다. 설교가 주목받던 시기는 지났으니, 이제는 더 '효과적'이며 시대에 맞는 또 다른 방법과 사역이 필요하다는 주장이 더 힘을 얻는다.

설교를 얕잡음(The Devaluation of Preaching)

설교 값어치가 이렇게 낮은 이유를 설명하려면, 우리 일상생활의 모든 영역을 살펴야 한다. 그들 지역 공동체가 설교자를 지성인이나 영적 지도자로 더는 여기지 않기에, 그 이미지가 바뀌었다. 지역 공동체 또는 예배에 참석하는 이들에게 목사에 관해 말하라고 하면, 그리 좋게 말하지 않을 수 있다. 남성 설교자가 강한 성격을 드러내면, 독하다고 할 수 있다. 여성이 강단에 오르면, 대중 앞에서 설교할 용기를 냈다는 이유로 급진 페미니스트라는 말을 들을 수 있다. 게다가 성직자 신뢰도에 관한 여론 조사 결과는 거의 한 세기에 최저치이다.[1] 이러한 현실에서 설교자가 교회 안팎에서 존경과 신뢰를 회복하려면, 할 일이 많다.

게다가, 설교는 소통이 넘쳐나는 사회에서 이뤄진다. 대중 매체(mass media)는 메시지를 하루에도 수십만 개가 넘게 쏟아낸다. 텔레비전과 라디오에서는 '후원자 말씀'을 전도자 열정으로 전하는 판매원(pitchmen)이 등장한다. 게다가 우리는 지금 인터넷, TV 실시간 서비스, 수많은 팟캐스트가 지배하는 시대에 살고 있다. 이러한 상황에서 설교자는, 존 러스킨(John Ruskin)이 한 말에 따르면, "삶과 죽음에 관한 교리로 무대 마술을 하는"[2] 또 다른 공격적 판매원(huckster)일 수 있다.

개신교 진영에서 설교를 소홀히 여기는 또 다른 요인은 예전(formal liturgy)을 점점 더 강조하는 경향이다. 곧, 많은 교회의 예배에서 성만찬을 거행하고, 십자가를 지고, 고백과 기도 시간이 더 두드러지기 시작했다는 말이다. 이러한 시간이 그리스도인의 영적 삶에 의미가 없다고 주장하는 사람은 거의 없다. 그러나 고백과 기도는 더 많은 시간과 주의가 필요하기에, 말씀 선포에 방햇거리일 수가 있다.

더 중요하게는, 아마도 강단의 일부 목회자가 권위 있는 메시지를 빼앗겼다고 느낀다는 점일 테다. 많은 현대 신학(modern theology)은 그들에게 거룩한 직감(holy hunches)만을 제공할 뿐이며, 그들은 지적 청중이 설교 본문보다 과학 본문을 더 신뢰한다고 걱정하기도 한다. 따라서 일부 설교자에게는 메시지보다 기술 혁신이 더 매력적으로 다가온다. 실시간 방송 예배, 디지털 헌금, TED 강연, 전자 장치로 증폭한 음악 등은 건강 이상 또는 질병 증상일 수 있다. 의심할 여지 없이, 현대 기술은 소통을 더 원활하게 할 수 있지만, 다른 한편으로는 메시지를 대

1 Aaron Earls, "Americans' Trust of Pastors Hovers Near All-Time Low," Lifeway Research, January 22, 2021.

2 John Ruskin, *Sesame and Lilies: Two Lectures*, ed. Robert Kilburn Root (New York: Henry Holt, 1904), 22.

체할 수도 있다. 놀랍고 특이한 것으로 공허 상태를 가릴 수도 있다.

몇몇 그리스도인은 말이나 듣기보다, 사회참여(social action)에 더 매력을 느낀다. 그들은, 사회가 믿음으로 실천을 요구하는데, 그저 믿는다는 말이 무슨 소용이 있느냐고 묻는다. 이런 사고방식을 가진 일부 사람은 사도들이 "식탁을 차리려고 우리가 하나님의 말씀을 버림은 옳지 않다"(행 6:2)라고 결정했을 때와는 상황이 바뀌었다고 판단한다. 오늘날과 같은 활동주의(activism) 시대에는 "하나님의 말씀을 전하려고 식탁을 차리는 일을 버림은 오히려 옳지 않다"라고 선언함이 더 적절하다.

설교 변호(The Case for Preaching)

설교와 설교자를 '헐뜯어 말할' 수도 있겠으나, 성경을 진지하게 받아들이는 이는 설교를 절대 가볍게 여기지 않는다. 설교는, 하나님께서 신약 성경 기자에게 사용하셔서 역사하시는 사건으로 자리 잡았다. 예를 들어, 베드로는 독자에게 그들이 "새롭게 태어남은, 썩어질 씨가 아니라 썩지 않은 씨, 곧 하나님의 살아 있고 항상 있는 말씀으로 됐다"라는 사실을 생각하게 한다(베드로전서 1:23, RSV를 옮김). 이 말씀은 그들 삶에 어떤 영향을 끼쳤을까? "그 말씀은", "여러분에게 전해진 복음이다"라고 베드로는 설명했다(25절). 하나님께서는 설교를 사용하셔서, 그들을 구속하셨다.

바울은 글쟁이(writer)였다. 그는 영감을 받아 신약성경에 있는 편지 대부분이 썼으며, 그 여러 편지에서 로마서가 가장 중요하다. 역사에 끼친 영향력을 고려할 때, 이 편지와 비교할 만한 문서는 거의 없다. 그러나 바울이 로마에 있는 회중에게 이 편지를 쓸 때, "제가 여러분 만나기를 간절히 바라는데, 여러분에게 어떤 영적 선물을 주어 여러분을 강하게 하기, 곧 우리가 서로의 믿음으로 서로 격려받으려 함입니다"(로마서 1:11~12, RSV를 옮김)라고 고백했다. 바울은 어떤 사역은 대면 접촉 없이는 불가능하다는 사실을 알았다. 영감받은 편지를 읽는다고 해도 이를 대신할 수는 없다. “나는 로마에 있는 여러분에게 … 복음 전하기를 간절히 바랍니다”(1:15, RSV를 옮김). 능력은, 기록된 말씀으로도 대신할 수 없는, 전파된 말씀으로 온다.

다른 편지에서, 바울은 데살로니가에 있는 성도의 영적 역사를 “우상에서 하나님께로 돌아와서, 살아 계신 참 하나님을 섬기고, 그분 아들이 하늘에서 오시기를 기다리는”(데살로니가전서 1:9~10, RSV를 옮김)라고 이야기했다. 사도는 “여러분이 우리에게서 들은 하나님의 말씀을 받아들였을 때, 여러분은 그것을 사람의 말이 아니라 실제로 믿는 사람들 안에서 역사하는 하나님의 말씀으로 받아들였기에”(2:13, RSV를 옮김) 그러한 반전이 일어났다고 설명한다. 바울이 생각한 설교는 누군가가 종교에 관해 말한 이야기가 아니었다. 오히려 하나님께서는 설교자의 인격과 메시지로 말씀하셔서 남성과 여성을 만나시고, 그들을 당신께로 이끄셨다.

이 모두는 바울이 젊은 동역자 디모데에게 “말씀을 전하라”(디모데후서 4:2)라고 격려한 이유를 설명한다. 이 말이 바울이 순교하기에 앞서서 마지막으로 했다는 점을 고려할 때, 이 말씀은 매우 중요하다. 설교한다는 말은 ‘외치다, 선포하다, 권면하다’를 뜻한다. 설교자는 영혼이 감동하게 하려고 메시지를 열정과 열정으로 쏟아부어야 한다. 그렇다고 강단에서 열정적으로 간청하는 모든 말에 하나님 권위가 있지는 않다. 설교자는 전령으로서 말할 때, ‘바로 그 말씀(the Word)’만을 설교해야 한다. 그렇지 않다면, 기독교 설교로 인정받을 수 없다.

강해설교 필요성(The Need for Expository Preaching)

강단에 선 이는 성경 이외 메시지, 곧 정치 체제(우익이든 좌익이든), 경제 이론, 새로운 종교 철학, 오래된 종교적 슬로건, 심리학 등 그 경향을 말하고 싶은 유혹에 맞닥뜨린다. 목사는 주일 아침 예배에서 찬송가를 부르거나 마지막 찬양 합창을 마치고서는 스테인드글라스를 낀 목소리로 무엇이든 말할 수도 있다. 그러나 성경을 설교하는 일에 실패한다면, 사실 자기 권위를 버리는 셈이다. 더는 하나님의 말씀으로 청중과 만나지 않는다. 그렇기에 현대 설교자 대부분은 청중이 하품만 하게 한다. 하나님께서는 거기에 계시지 않는다.

하나님께서는 성경으로 말씀하신다. 성경은, 오늘날 하나님께서 개인에게 말씀하시는 데 쓰시는 주요 소통 도구이다. 그러므로 강해설교는, 하나님께서 살아계셨던 더 좋은 시절에 관한 역사를 다시 이야기하듯이, "옛날이야기, 곧 예수님과 그분 사랑에 관한 옛날이야기"와 같게 여겨서는 안 된다. 설교는 하나님에 관한 아이디어—정통이나 삶과는 동떨어진—를 되풀이하는 일이 아니다. 하나님께서는 성경을 설교하게 하심으로 남성과 여성을 만나셔서 그들을 구원으로 이끄시고(딤후 3:15), 그리스도인으로서 인품이 풍성하며 성숙하게 하신다(3:16~17). 하나님께서 설교로 개인을 만나시고 그 영혼을 붙잡으실 때, 우리는 그분을 진정으로 경외한다.

성경 본문으로 교인들에 관해 이야기하는 설교는, 적절하고 강력하며 이슥고 변화하게 한다. 설교는 하나님께서 우리를 사랑하심, 당신 창조물에 관심, 인류 역사에서 당신 구속 사역을 배우게 한다. 게다가 설교를 잘하면, 성경이 21세기 삶에도 적용할 수 있음을 청중에게 실지로 드러낸다. 성경에 기반한 설교는 블레셋인과 바리새인만 다루지 않는다. 결국 인간관계, 성, 돈, 육아, 정치, 지도력, 고통, 죽음, 미래 등 인간 삶의 모든 측면을 다룬다.

하나님 권위의 능력을 가장 잘 전달하는 설교 유형이 바로 강해설교(expository preaching)이다. 그러나 모든 사람이 이 말에 동의한다고 가정하기는 무리일 수 있다. 우유도 없이 콘플레이크를 먹는 듯한 말라빠진 '강해' 설교를 몇 시간 동안이나 들은 교인을 대상으로 한 설문조사에서 모두가 동의하리라고는 기대할 수가 없다. 설교자 대부분이 강해설교에 찬사를 보내지만, 실제로는 강해설교를 거의 하지 않는다. 강해설교를 거의 하지 않기에, 그들도 반대표를 던진다.

강해설교는 강해설교가 자기 친구라고 자처하는 이가 하는 설교에서 정말이지 큰 어려움을 겪는다. 그러나 이른바 강해설교라는 설교 유형이 모두 반드시 '**강해**(expository)' 또는 심지어 '**설교**(preaching)'로 인정받지 못한다. 유감스럽게도 강해설교 평가기관(the Bureau of Weights and Measures)에는 다른 설교 유형과 비교할 수 있는 표준 강해설교 기준이 없다. 목회자는 자기 설교에 '**강해**(expository)'라는 팻말을 마음대로 붙일 수 있으며, 그런 설교를 듣는 청중은 이를 바로잡을 수도 없다. 그러나 강해설교를 겉으로만 추종하는 설교자는 청중에게 큰 피해를 주지만, 진정한 강해설교(genuine expository preaching)를 하는 설교자는 청중이 살아 계신 하나님의 능력을 경험하게 한다.

그러면 무엇이 진정한 강해설교인가? 무엇이 강해설교를 구성하는가? 어떻게 강해설교와 다른 설교 유형을 비교하거나 대조할 수 있는가?

강해설교 정의하기(The Definition of Expository Preaching)

뭔가를 정의하기가 참으로 어려운데, 정의하려다가 때론 망가뜨리기 때문이다. 어린애가 개구리가 펄쩍펄쩍 뛰는 원인을 알아내려고 개구리를 해부하면서 개구리의 각 부분에 관해 무언가를 배우긴 했지만, 끝내 개구리를 죽이고 말았다. 설교는 하나님, 설교자, 회중이 관련된 살아있는 상호작용이라서, 그 어떤 정의로도 그 역동성을 모두 포착할 수가 없다. 그러나 명확성을 위해, 어쨌든 잠정적으로 정의하려 해야 한다.

> **강해설교는 성서 개념, 곧 성서 구절을 그 문맥에서 역사적, 문법적, 문학적으로 연구해 길어내 바꾼 개념을 소통하기인데, 성령께서 이를 먼저 설교자 인격과 경험에 적용하시고서 그 설교자를 거쳐 청중에게도 적용하신다.**

성경 본문이 설교를 주도한다(The Passage Governs the Sermon)

강해설교를 이렇게라도 복잡하며 조금 건조하게 정의한 데서 어느 특별한 요소를 강조해야 할까? 첫째, 무엇보다도 성경 저자의 사상이 강해설교 내용을 결정한다는 요소이다. 많은 설교에서, 성경 본문은 야구 경기를 시작할 때 연주하는 국가처럼 설교를 시작할 때는 회중에게 읽히지만, 그다음에는 다시 들리지 않는다.

강해설교에서 핵심은 방법(method)이라기보다는 철학(philosophy)에 있다. 강해설교자(expositor)로 불릴 수 있는지는, 설교하는 목적 그리고 "설교자로서 우리 생각을 성경에 맞추려고 노력하는가, 아니면 우리 생각을 뒷받침하려고 성경을 사용하는가?"라는 질문에 정직하게 대답함으로 시작한다. 이 질문은 "우리가 설교하는 내용이 정통적인가, 아니면 복음적인가?"와 같은 질문이 아니다. 또한 "성경의 권위를 높이 평가하는가, 아니면 성경이 하나님의 무오한 말씀이라고 믿는가?"와 같은 질문도 아니다. 다른 상황에서는 이러한 질문이 중요할 수 있지만, 조직신학(systematic theology) 과정을 공부했다고 해서 성경 강해설교자라는 자격이 주어지지 않는다. 신학은 우리를 원자론적이며 근시안적 해석에 숨어 있는 악으로부터 보호할 수 있지만, 동시에 우리 눈을 가려 성경 본문을 보지 못하게 할 수도 있다. 어떤 구절에 접근할 때, 우리는 교리로 확신하는 바를 기꺼이 다시 점검해야 하고, 가장 존경하는 스승이 주장하는 내용이라도 타당하지 않으면 기꺼이 거부해야 한다. 성경 저자의 개념과 어긋나는 부분이 있다면, 그러한 이해에서 기꺼이 돌아서야 한다.

성경을 올바로 강해하려면, 단순함(simplicity)과 정교함(sophistication)이 둘 다 필요하다. 한편으로 성경 강해설교자는 성경 메시지를 듣고자 하는 어린아이와 같은 마음으로 성경에 접근한다. 그들은 논쟁하거나, 요점을 증명하거나, 설교를 찾으려 하지 않는다. 이해하고 이해한 바를 경험하려고 읽는다. 동시에 그들은 자기가 어린이가 아니라 성경 이해를 어렵게 하는 전제와 세계관에 갇힌 어른으로 살고 있다는 사실을 안다. 성경은 어린이 동화책이 아니라, 사려 깊게 반응해야 할 위대한 문학(great literature)이다. 성경의 모든 다이아몬드는 표면에 드러나지 않는다. 그 풍요로움은 힘겨운 지적 · 영적 기초 작업으로 캐낼 수 있다.

본문이 설교를 이끌게 한다는 생각은, 성경이 우리 구원, 구속, 도움을 위한 하나님의 영감 받은 말씀이라는 믿음에 기초한다. 사도가 말했듯이, 우리 설교자가 성육신하신 말씀을 대신하여 말하지만, 우리 설교가 기록된 말씀에 근거할 때만 명확하고 정확하게 말할 수 있다(고후 5:20; 딤후 4:2). 우리가 지금 급격한 변화와 급진적 개인주의 시대에 살고 있더라도, 우리 설교는 변하지 않는 권위에 사로잡혀야 한다. 그 권위는 바로 성경이며, 16세기 종교개혁 이후 개신교인은 설교에, 때로는 자기 목숨까지도 본문의 진리와 강해에 걸었다.

성경 강해설교자는 개념을 전달한다(The Expositor Communicates a Concept)

강해설교 정의는 또한 강해설교자가 한 가지 개념(a concept)을 전달한다고 강조한다. 일부 보수주의 설교자는 성경 영감 교리 그리고 언어 작동 방식을 제대로 이해하지 못한 탓에, 그릇된 길로 갔다. 정통주의 신학자(orthodox theologian)는 성령께서 원문의 개별 단어를 보호하신다고 주장한다. 단어가 아이디어를 만드는 재료이며, 성경에 쓴 단어가 영감받았기에 그것이 표현하는 아이디어에는 오류가 없다고 주장한다.

성경 영감에 관한 정통 교리는 성경 권위에 대한 복음주의 플랫폼에서 필수 강령일 수 있지만, 때로는 강해설교를 방해할 수도 있다. 본문에서 단어를 살펴보고 때로는 설교에서 특정 단어를 다루기도 하지만, 단어와 구절 그 자체가 목적이어서는 안 된다. 단어는 다른 단어와 어우러져 의미를 전달하기 전까지는 한낱 재료에 지나지 않는다.

따라서 성경에 접근할 때, 개별 단어가 의미하는 바가 아니라, 성경 저자가 그 단어를 사용함으로써 무엇을 의미하는지에 주로 관심을 둔다. 다시 말해, 개별 단어를 분석하기만으로는 그 구절의 개념을 이해하지 못한다. 단어 하나하나의 문법 분석은 사전을 읽는 것만큼이나 무의미하고 지루할 수 있다. 성경의 메시지를 전달하려고 성경을 이해하려면, 아이디어 수준에서 성경과 씨름해야 한다.

프란시스 A. 쉐퍼(Francis A. Schaeffer)는 『진정한 영적 생활』에서 위대한 전투가 사고 영역(the realm of thought)에서 일어난다고 주장한다.

> 아이디어는 사고 세계 밑동인데, 이 아이디어에서 모든 외적 결과물—그림, 음악, 건축물, 실제로 인간의 사랑과 미움, 그리고 똑같이 하나님을 사랑함 또는 하나님을 반역함—이 터져 나온다. … 복음 설교는 아이디어, 곧 하나님께서 성경에서 우리에게 계시하신 대로 인간에게 가져온 불타는 아이디어이다. 그것은 내적으로 받아들인 내용 없는 경험이 아니라, 차이를 내게 하는, 내적으로 행동하는 내용 있는 아이디어이다. 따라서 우리가 교리를 말할 때는 단순한 문구가 아니라, 아이디어여야 한다. 우리는 교리를 퍼즐의 기계적인 조각처럼 사용할 수 없다. 참된 교리는 성경에서 하나님이 계시하신 아이디어이며, 하나님이 만드신 그대로 외부 세계와 하나님이 만드신 그대로 인간에게 제대로 들어맞는 아이디어이며, 인간의 몸을 통해 인간 사고 세계로 피드백되어 거기서 작용할 수 있는 아이디어이다. 인간을 위한 싸움의 중심은 사고 세계이다.[3]

이 말은 쉐퍼가 반세기 전에 이 글을 처음 썼을 때보다, 지금이 훨씬 더 적절하다. 우리 문화와 더 넓게는 세계의 많은 부분이 아이디어, 이념, 세계관의 싸움에 휘말려 있다. 그러므로 설교를 올바르게 하려면, 먼저 설교를 아이디어로 이해해야 한다.

---

[3] Francis A. Schaeffer, *True Spirituality* (Wheaton: Tyndale, 1971), 121~22 ‖『진정한 영적 생활』, 권혁봉 옮김 (서울: 생명의말씀사, 1995), 186~87.

개념은 성경 본문에서 나온다(The Concept Comes from the Text)

아이디어를 강해설교 본질로 강조한다고 해서, 어휘나 문법의 중요성을 부정하지는 않는다. 이 정의는 계속해서 강해설교에서 아이디어는 문맥에서 그 구절을 역사적, 문법적, 문학적 연구로 길어내 바꾼다고 설명한다. 이는 첫째로 강해자가 어떻게 메시지에 도달하는지를, 둘째로 메시지를 어떻게 전달하는지를 다룬다. 두 가지 모두 문법, 역사, 문학 형식 검토하기를 포함한다. 강해자는 연구함으로 본문의 언어, 배경, 설정 등을 이해함으로 그 구절의 객관적 의미를 찾는다. 그러고서 연구한 내용을 강단에서 회중에게 충분히 설명함으로, 청중이 스스로 해석을 확인할 수 있게 한다.

궁극적으로, 강해설교 권위는 설교자가 아니라 성경 본문에 있다. 그렇기에 강해설교자는 성경을 설명해서, 청중이 성경에 관심을 집중하게 한다. 강해설교자는 주석 능력과 부지런한 준비로 존경을 받을 수 있지만, 강해설교자에게 이러한 자질이 있더라도 설교자를 권위 있는 자리에서 말하는 개신교 교황(a Protestant pope)으로 바꾸지 않는다. 또한 청중에게는 설교를 성경 본문과 일치하게 하는 책임이 있다. 헨리 데이비드 소로(Henry David Thoreau)는 "진리를 말하려면, 말하는 이와 듣는 이가 모두 필요하다"라고 했다.[4] 알 만한 가치가 있는 진리는 힘써야 얻을 수 있기에, 회중이 성장하려면 설교자와 더불어 힘써야 한다. 월트 휘트먼(Walt Whitman)은 "위대한 시인이 태어나려면, 위대한 청중이 있어야 한다"라고 고백했다.[5] 강해설교가 그 효과를 내려면, 그것을 들을 귀가 있는 청중이 꼭 있어야 한다. 청중의 영혼이 설교에 달려 있기에, 우리 설교자는 청중에게 충분한 내용을 제공해서 그들이 듣는 내용이 정말 성경의 말씀인지 스스로 판단할 수 있게 해야 한다.

---

4 Henry David Thoreau, *A Week on the Concord and Merrimack Rivers* (1849; Reprint: London: Heritage, 2014), 139.

5 Walt Whitman, *Complete Prose Works* (New York: D. Appleton, 1881), 319.

회중석에 있는 청중이 설교자를 이해하려고 노력해야 한다면, 설교자도 성경 저자를 이해하려고 노력해야 한다. 소통은 '의미의 만남'을 뜻하며, 소통이 공동체 전체 또는 수 세기에 걸쳐 이루어지려면 관련된 사람이 언어, 문화, 세계관, 소통 형식 등을 공유해야 한다.

설교자는 자기가 앉은 의자를 성경 저자가 앉은 자리로 가져가려고 노력한다. 성경의 원래 메시지를 이해하려고 성경 세계로 가고자 한다. 성경 저자의 언어, 역사, 문학 형식을 모두 알 수 없어도, 이 분야마다 이바지한 일에 감사해야 한다. 또한 성경을 연구할 때 사용할 수 있는 여러 해석 보조 자료가 있다는 사실도 알아야 한다.[6] 강해설교자는 가능한 한 성서 저자와 그들 사상을 문맥에서 직접 파악하려고 노력한다.

개념은 강해설교자에게 적용한다(The Concept Is Applied to the Expositor)

강해설교 정의에 따르면, 진리는 설교자의 인격과 경험에 적용해야 한다. 이는 하나님께서 설교자를 다루심을 그 과정의 중심에 놓는다. 설교자가 아무리 바라지 않더라도, 설교자는 메시지와 나뉠 수가 없다. 어떤 독실한 형제자매가 설교를 기대하며 "목사님이 아니라 예수님만 볼 수 있도록, 목사님을 십자가 뒤에 숨겨 주세요"라고 기도하는 내용을 들어보지 않은 사람이 있는가? 우리는 그렇게 기도하는 정신을 칭찬한다. 청중은 설교자를 지나 구세주께로 나아가야 한다. (또는 구세주께서는 설교자를 지나서 청중에게 나아가야 한다!)

하지만 설교자가 숨을 데는 어디에도 없다. 강단이 아무리 넓더라도 설교자 자신을 숨길 수 없다. 필립스 브룩스(Phillips Brooks)가 설교를 "인격을 거쳐 쏟아지는 진리"[7]라고 표현함은 무언가를 꿰뚫어 봤다는

---

6 이 도구 중 몇몇은 3장에서 살피겠다.

7 Phillips Brooks, *Lectures on Preaching: Delivered before the Divinity School of Yale College in January and February 1877* (New York: E. P. Dutton, 1877), 8 ‖『설교론 특강』, 서문강 옮김 (고양: 크리스챤다이제스트, 2001), 18.

말이다. 설교자는 자기가 전달하는 설교에 영향을 끼친다. 설교자는 성경 아이디어를 말하면서도, 인터넷 밈(internet meme)처럼 비인격적이거나 텔레비전 광고처럼 피상적이거나 정치적 선동가처럼 교묘할 수 있다. 청중은 설교를 듣지 않고, 사람, 곧 설교자 여러분을 듣는다.

윌리엄 A. 퀘일(William A. Quayle) 주교는 설교를 정의하는 기준을 거부할 때 이렇게 생각했다. "설교는 설교를 만들어 전달하는 기술인가?"라고 물었다. "아니다, 그건 설교가 아니다. 설교는 설교자를 만들어서 전달하는 기술이다!"[8] 설교자가 성경 강해설교에 헌신하면, 설교자 자신을 성숙한 그리스도인으로 자라게 한다. 설교자가 성경을 연구할 때, 성령께서 설교자를 연구하신다. 설교자가 강해설교를 준비할 때, 하나님께서 설교자를 준비하신다. P. T. 포사이스(P. T. Forsyth)가 말했듯이, "성경은 설교자에게 최고 설교자이다."[9]

"설교를 만들려고 성경 공부하기와 자기 영혼을 먹이려고 성경 공부하기"로 나누면, 오해할 수 있으며 심지어 거짓일 수도 있다. 학자는 성경을 히브리 시 또는 오래전 죽은 왕의 탄생과 통치에 관한 기록으로 검토는 하더라도, 그 진리는 파악하지 못할 수 있다. 그러나 성경을 하나님의 말씀으로 열어보는 사람은, 그렇게 나누지 않는다. 설교자는 성경 메시지를 다른 사람에게 선포하기 앞서서, 설교자 자신부터 먼저 그 메시지로 살아야 한다.

그런데 안타깝게도, 많은 설교자는 성경을 기준으로 생각하지 않기에, 그리스도인으로서 실패하고 또한 설교자로서도 실패한다. 많은 사역자가 성경을 매우 중요하게 여긴다고 고백하면서도 성경을 전혀 참고하지 않은 채 설교를 준비한다. 성경 본문을 설교 시작하는 데 애피타이저나 메시지를 꾸미는 고명으로만 쓰고, 설교자 자기 생각이나 그 상

---

8 William A. Quayle, *The Pastor-Preacher* (1910; Reprint, Manila, Philippines: Lifeline Philippines, 1984), 363.

9 P. T. Forsyth, *Positive Preaching and the Modern Mind* (Grand Rapids: Eerdmans, 1964), 11.

황에 적절하다고 여기는 다른 사람 생각을 주요 요리로 쓴다.

심지어 '강해설교'라는 설교에서도, 성경 본문은 설교자 자신의 의견을 제시하는 발판에 지나지 않을 수 있다. 이른바 강해설교 요리책에서 다음 표현을 흔히 볼 수가 있다. "몇 가지 신학적 또는 도덕적 미사여구를 가져다가 '헌신', '전도', '청지기' 등을 같은 비율로 섞고, '왕국' 또는 '성경이 말한다'를 몇 가지 더하고, 몇 가지 이야기를 저어주고, '구원'을 더해서 맛을 낸다. 성경 구절이 적힌 음식을 따뜻하게 차려낸다." 이런 설교는 회중을 영양실조에 걸리게 하며, 게다가 설교자 자신도 굶주리게 한다. 그렇게 하면 모두 자라지 못한데, 성령께서 그들을 먹이시려는 데, 오히려 그들이 가로막기 때문이다. 윌리엄 바클레이(William Barclay)는 목회자의 영적 영양실조 원인을 진단하면서, 마음이 나태해지고 게으르고 연약해지면 성령께서 우리에게 말씀하실 수 없다고 지적했다. "참된 설교는 사랑하는 마음과 훈련한 정신을 성령께 모두 맡김으로 할 수 있다."[10] 궁극적으로, 하나님께서는 설교보다는 설교자를 계발하는 데 더 관심을 쏟으시며, 성령은 주로 성경을 기반으로 설교자와 대면하시기에, 설교자는 하나님을 대변하기에 앞서서 하나님의 말씀을 듣는 법을 배워야 한다.

개념은 청중에게 적용한다(The Concept Is Applied to the Hearer)

성령은 당신 진리를 설교자의 인격과 경험에 적용하실 뿐만 아니라, 강해설교를 정의한 바에 따르면, 그 진리를 설교자를 거쳐서 청중에게도 적용하신다. 강해설교자는 세 가지 영역에서 생각한다. 첫째, 설교자로서 성경 저자의 의도를 파악하려고 고군분투한다. 둘째, 하나님의 백성으로서 하나님이 우리를 어떻게 변화시키시려는지를 고민한다. 셋째, 설교자로서 하나님께서 우리 설교자를 통해 회중에게 무엇을 말씀하시

10 William Barclay, *A Spiritual Autobiography* (1960; Reprint, Louisville: Westminster John Knox, 2001), 96.

려는지를 깊이 생각한다.

적용은 강해설교 목적을 제시한다. 목자로서 설교자는 양 떼의 상처, 울음, 두려움에 공감한다. 따라서 성경이 슬픔과 죄책감, 의심과 죽음을 안고 살아가는 회중에게 무엇을 말하는지 궁금해하며 성경을 연구한다. 바울은 성경은 적용하라고 주어졌다고 디모데에게 이른다. 바울은, "모든 성경은 하나님의 감동으로 기록돼, 교훈과 책망과 바르게 함과 의로 교육하는 데 유익하니, 이는 하나님의 종이 모든 선한 일을 하는 데 온전히 준비하게 하려 함이다"(디모데후서 3:16~17, NIV를 옮김)라고 썼다.

강해설교가 지루함은, 일반적으로 적용이 효과를 보지 못하기 때문이다. 지루한 설교에는 두 가지 주요 불만이 따른다. 첫째, 청중은 "항상 똑같은 내용이다."라고 불평한다. 설교자가 모든 구절을 똑같이 적용하거나, 더 심하게는 전혀 적용하지 않기 때문이다. 목회자가 성경 내용이 사람을 어떻게 변화시킬지 전혀 짐작하지도 못하기에, "성령께서 이 진리를 우리 삶에 적용하시길 바랍니다."라는 말을 주문처럼 외친다.

둘째 부정적 반응은 설교가 실제로 도움을 줄 만큼 세상과 연관성이 없다는 반응이다. "충분히 사실인 듯하지만, 그래서 뭐? 그게 무슨 차이가 있는가?" 결국, 남성이나 여성이 성경이 명령하는 바에 따라 살기로 했다면, 그러한 행동은 일반적으로 교회 건물 밖에서 일어난다. 밖에서 사람들은 일자리를 잃고, 자녀를 걱정하고, 그들 잔디밭을 침범하는 좀바랭이를 뽑아내야 한다. 보통 사람은 여부스 족속이나 가나안 족속, 페리 족속, 심지어 아브라함이나 모세, 바울의 말과 행동에 걱정으로 잠을 설치지 않는다. 그들은 식료품 가격, 농작물 재배 실패, 배우자와 다툼, 악성 종양 진단, 좌절한 성생활, 치열한 생존 경쟁 등에 염려로 잠을 설친다. 설교가 그런 세상에 큰 변화를 일으키지 못하면, 그들은 설교가 자기들 삶에 어떤 변화도 일으키지 못한다고 생각한다.

그러므로 설교자는 여러 시대를 두고 말하지 말고, 우리 때를 말해야 한다. 강해설교자는 청중에게 성경 역사나 고고학을 강의하지 말고, 청중이 성경을 근거로 자기 자신을 만나게 해야 한다. 회중은 유다, 베드로, 솔로몬 등을 유죄 판결하려고 배심원으로서 모이지 않고, 자기 자신을 판단하려고 모인다. 우리 설교자는 메시지는 물론이고 사람을 알아야 하며, 둘 다 알려고 성경과 회중을 모두 자세히 석의한다.

결국, 하나님께서 성경을 구성할 문서에서 처음 말씀하셨을 때는 여성과 남성을 있는 그대로 그들이 있는 곳에서 말씀하셨다. 바울이 고린도 지역 그리스도인에게 보낸 편지가 빌립보 지역 그리스도인에게 보내졌다고 상상해 보자. 빌립보 지역 그리스도인은 고린도 지역에 있는 형제자매들과는 다른 상황에서 살고 있었기에, 바울이 쓴 구체적인 문제에 의아해했을 테다. 신약성경의 서신은 구약성경의 예언서와 마찬가지로 특정한 문제로 어려움을 겪는 특정 집단을 대상으로 쓰였다. 오늘날 우리 강해설교도 청중이 특정한 상황에 있고 그들만의 독특한 사고방식이 있다는 사실을 깨닫지 못하면, 효과를 내지 못한다.

적용 효과는 우리를 신학과 윤리로 이끈다. 석의에서 적용으로 이동하면서, 우리는 실존적이며 때로는 당혹스러운 질문을 거치면서 힘들게 이동한다. 문법적 관계 외에도 우리는 개인적 · 심리적 관계도 탐구한다.

- 본문에 등장하는 여러 인물은 서로 무슨 관계일까?
- 그들은 하나님과는 어떤 관계인가?
- 그들이 내리는 선택의 배경에는 어떤 가치가 숨어 있는가?
- 관련된 사람은 속으로 무슨 생각을 할까?

이러한 질문은 하나님이 "옛날 옛적에"만 남성과 여성을 다루셨듯이, "그때 거기서"만을 묻지 않는다. "지금 여기에서"도 같은 질문을 할 수 있다.

- 오늘날 우리는 서로 무슨 관계인가?
- 비슷한 문제에, 하나님은 우리와 어떻게 만나시는가?
- 현대 세계는 성경 세계와 어떤 면에서 비교되거나 대조되는가?
- 성경에서 다루는 질문이 오늘날 사람들이 던지는 질문과 같은가?

- 그 질문들이 오늘날에도 같은 방식으로 제기되는가, 아니면 다른 형태로 제기되는가?

이러한 질문은 윤리와 신학의 원재료이다. 강해설교에 연관성(relevance)을 높이려고 적용을 적당히 덧붙이는 정도는, 이러한 질문을 피하고 개신교 선조의 격언—"교리는 실제적으로 설교해야 하고, 의무는 교리적으로 설교해야 한다"—를 무시한다.

부적절한 적용은 부적절한 주석만큼이나 파괴적일 수 있다. 사탄은 광야에서 예수님을 유혹할 때 성경을 적절하지 않게 적용해서 이기려고 했다. 유혹자는 시편 91편을 놀라울 정도로 정확하게 속삭였다. "그분께서 당신 천사들을 네 위에 두어 네 모든 길에서 너를 지키게 하시겠으니, … 네가 돌에 부딪히지 않게 하신다"(시 91:11~12). 그러자 사탄은 "당신에게는 이 강력한 약속이 있으니 성전 꼭대기에서 뛰어내려 당신이 하나님의 아들임을 단번에 보여주지 않겠는가?"라고 추론했다. 예수님은 마귀를 반박하실 때 히브리어 본문의 문법으로 논쟁하지 않으셨다. 오히려 시편 91편을 성전 뛰어내리기에 적용하려는 시도를 공격하셨다. 성경의 다른 구절이 그 상황에 더 적절하다. "너희 하나님 여호와를 시험에 들게 하지 말라"(신 6:16 NIV를 옮김).

우리는 소셜 미디어와 인공지능뿐만 아니라 TV 해설자, 언론인, 인터넷 블로거가 말하는 세상을 상대로 설교해야 한다. 그렇게 하지 않으면, 머리는 정통적이어도 행동은 이단인 청중을 만든다. 물론 세속 세상에 말할 때 우리는 감히 세속 말을 해서는 안 된다. 어떤 설교자는 세속 청중에게 말하려고 허리를 젖히며 말하다가 넘어지기도 한다. 성경에 기반한 아이디어는 인간 경험에 맞춰서 구성해야 하지만, 남성과 여성이 성경적 진리에 맞추라고 초대해야 한다. 현재 상황을 하나님의 영원한 말씀과 연관을 짓지 않으면, "연관성 있는" 설교라도 강단에서 하는 하찮은 이야깃거리일 수 있다.

침례교 목사 F. B. 마이어(F. B. Meyer)는 성경 설교자가 당대 쟁점을 말하는 경외심을 이해했다. 그들은 "위대한 계보를 잇는다. 종교개혁자, 청교도, 순례자 교부들의 목사들은 모두 본질적으로 강해자였다. 그들은 개인 해석이나 의심스러운 성향의 문제일 수 있는 자기 특정한 의견을 발표하지 않았지만, 성경에 근거하여 '주께서 이같이 말씀하셨다'라는 거부할 수 없는 효과로 그들 메시지를 전했다."[11]

이를 요약한다. 우리는 다음 단계를 거치고서 강해설교를 전한다.

- 성경 구절을 그 문맥에서 역사적, 문법적, 문학적 배경에 관심을 쏟으며 연구해서,
- 우리가 연구한 의미를, 성령의 역사로, 우리 삶에서 어떤 식으로든 경험했을 때,
- 그리고 이를 바탕으로, 청중에게 의미 있는 방식으로 성경의 핵심 개념을 전달할 수 있도록 설교를 구성한다.

용어 정의(definition)

강해설교(expository preaching)—성서 개념, 곧 성서 구절을 그 문맥에서 역사적, 문법적, 문학적으로 연구해 길어내 바꾼 개념을 소통하기인데, 이는 성령께서 먼저 설교자 인격과 경험에 적용하시고서 그 설교자를 거쳐 청중에게도 적용하신다.

심화 독서 자료(For Further Reading)

많은 저자가 강해설교를 정의하거나 서술하려고 시도한다. 몇몇은 나무를 서술하고, 다른 몇몇은 숲에 안주한다.

---

11 F. B. Meyer, *Expository Preaching: Plans and Methods* (1910; Reprint, Ireland: CrossReach, 2022), 47.

- 도널드 R. 수누키안(Donald R. Sunukjian)은 설교를 본문 설교(textual preaching), 주제 설교(topical preaching), 강해 설교(expository preaching)로 나누는 오랜 방식이 유익하지 않는다고 주장하고서, 진정한 성경 설교(true biblical preaching)를 "성경 자료를 다루는 방법, 곧 원저자의 의미와 흐름에 충실하며 현대 청중에 연관성 있는 방법으로" 정의한다.[12]
- 제리 바인스(Jerry Vines)와 짐 섀딕스(Jim Shaddix)는 강해설교를 "성경 본문을, 성령께서 의도하신 의미 그리고 그 수반하는 능력을 현대 독자의 삶에 적용하는 방식으로 펼쳐 보이는 과정"이라고 정의한다.[13]
- 브라이언 채펠(Bryan Chapell)은 "성경의 개념을 탐구하는 설교는 가장 넓은 의미에서 '강해설교'라고 할 수 있다"라고 더 폭넓게 정의하지만, 거기서 멈춰 그대로 두지 않는다. "**강해설교를 전문적으로 정의하면**, 특정 본문에서 저자의 생각을 드러내고 구절 범위를 다루고 청중의 삶에 적용하는 주요 요점과 하위 요점을 찾아냄으로 성경을 설명하는 설교이다"라고 덧붙인다(강조는 원저자가 함).[14]
- 존 스토트(John Stott)는 "나는 모든 참된 설교가 강해설교이어야 한다고 주장한다"라고 단호하게 말한다. 그러나 계속해서 여기서 "강해"는 방법이 아니라 내용을 가리킨다고 말하고서, 강해설교가

밝힘. '심화 독서 자료' 부분에 있는 본문 주를 각주로 옮기고, 한국어판도 알린다.

12 Donald R. Sunukjian, *Invitation to Biblical Preaching: Proclaiming Truth with Clarity and Relevance* (Grand Rapids: Kregel Academic and Professional, 2007), 13 ‖ 『성경적 설교의 초대』, 채경락 옮김 (서울: 기독교문서선교회, 2009), 19.

13 Jerry Vines, and Jim Shaddix, *Power in the Pulpit: How to Prepare and Deliver Expository Sermons* (Chicago: Moody, 2017), 13 ‖ 『설교의 능력—강해 설교를 제대로 준비하고 전달하는 방법』, 유희덕 · 신희광 옮김 (서울: 서로사랑, 2019), 41.

14 Bryan Chapell, *Christ-Centered Preaching: Redeeming the Expository Sermon*, 3rd ed. (Grand Rapids: Baker Academic, 2018), 118 ‖ 비고. 『그리스도 중심의 설교』, 개정증보판, 엄성옥 옮김 (서울: 은성출판사, 2016), 183.

어떠한지를 설명한다. "강해설교에서, 성경 본문은 아주 다른 주제에 관한 설교를 여는 흔한 서론이나 잡다한 많은 생각을 담은 헝겊 주머니를 걸 수 있는 편리한 나무못이 아니라, 말하는 내용을 지시하고 통제하는 주인이다."[15]

- 프레드 크래독(Fred Craddock)은, 제 정의에 동의하지 않겠지만, 우리가 "권위 문제에 근본적인 신학적 질문"과 씨름하고 있다고 인정한다. 그는 우리는 모두 강단에서 무엇을 해야 하는지에 관한 핵심 문제로 나아간다. "설교자는 교인이 어떤 종류 설교를 좋아하든 상관없이 '무엇이 내 설교에 권위를 주는가?', '그 권한이 성경에 기반한다면, 어떤 방식으로?' '성경을 전달하는 설교(biblical preaching)에 관한 내 이해를 정직하며 진실하게 구현했다는 확신으로 강단에 서려면 어떻게 준비해야 하는가?'라는 질문을 던지고 대답해야 할 의무가 있다. … 어떤 설교자도 성경 본문과 진지하게 씨름하지 않고는 만족할 만한 위치에 이를 수 없다."[16]
- 팀 켈러(Tim Keller)는 설교자가 설교할 때 하나님의 말씀과 그 앞에 있는 사람을 사랑해야 한다고 주장한다. 그는 "우리는 하나님 말씀의 진리를 섬기고 사랑해야 하며, 우리 앞에 있는 사람도 섬기고 사랑해야 한다. 우리는 매번 본문을 명확하게 설교하고 복음을 전함으로써 하나님 말씀을 섬긴다. 우리는 문화와 마음에 설교함으로써 사람들에게 다가간다"라고 말한다.[17]

---

15 John Stott, *Between Two Worlds: The Challenge of Preaching Today* (1982; Reprint, Grand Rapids: Eerdmans, 2017), 91~92 || 『현대교회와 설교—성경적 강해설교와 현대인의 삶』, 정성구 옮김 (서울: 생명의 샘, 2023), 196.

16 Fred Craddock, *Preaching*, 25th anniv. ed. (Nashville: Abingdon, 2010), 100 || 비고. 『크래독의 설교 레슨—귀납적 설교의 위대한 멘토』, 이우제 옮김 (서울: 대서, 2007), 153.

17 Tim Keller, *Preaching: Communicating Faith in an Age of Skepticism* (New York: Viking, 2015), 23 || 『(팀 켈러의) 설교』, 채경락 옮김 (서울: 두란노, 2016), 38~39.

또 다른 차원에서 언젠가는, "예수 그리스도의 중심성이 내가 성경 본문을 다루는 방식에 어떤 영향을 미치는가?"라는 질문에 대답해야 한다. "사려 깊은 무슬림이나 유대인이 내가 구약성경을 해석함에 만족한다면, 그것이 과연 기독교 설교일 수 있을까?"라는 질문에 대답해야 한다. 이 문제를 해결하는 방법을 제시하는 책 세 권을 소개한다.

- Greidanus, Sidney. *Preaching Christ from the Old Testament: A Contemporary Hermeneutical Method*. Grand Rapids: Eerdmans, 1999 || 비고. 『구약의 그리스도, 어떻게 설교할 것인가—하나의 현대적 해석학 방법론』. 개정판. 김진섭 · 류호영 · 류호준 옮김. 고양: 이레서원, 2019.
- Goldsworthy, Graeme. *Preaching the Whole Bible as Christian Scripture*. Grand Rapids: Eerdmans, 2000 || 『성경을 어떻게 설교할 것인가?—강해설교의 성경신학적 적용』. 김재영 옮김. 서울: 한국성서유니온선교회, 2002.
- Keller, Tim. *Preaching: Communicating Faith in an Age of Skepticism*. New York: Viking, 2015 || 『(팀 켈러의) 설교』. 채경락 옮김. 서울: 두란노, 2016.

또 다른 책도 있다.

- Kaiser, Walter C. *Toward an Exegetical Theology: Biblical Exegesis for Preaching and Teaching*. Grand Rapids: Baker, 1981 || 『(구문론적 분석) 새로운 주경신학 연구』. 김의원 옮김. 서울: 양서각, 1988. 이 책은 같은 질문을 다른 시각으로 접근한다.
- Steven D. Mathewson, *The Art of Preaching Old Testament Narrative*. Grand Rapids: Baker Academics, 2002 || 『(청중을 사로잡는) 구약의 내러티브 설교』. 이승진 옮김. 서울: 기독교문서선교회, 2004. 이 책에서는 한 장을 할애해 이 질문을 다룬다.

빅 아이디어 이해하기 2

What's the Big Idea?

❑ 새로운 개념

- 아이디어(idea)
- 아이디어 진술에 두 가지 기본 요소
  - –주제 요소(subject)
  - –부연 요소(complement)

나는 오페라를 잘 모른다. 그런데 내 친구 몇몇은 오히려 오페라를 즐긴다. 그들에게 둘러싸여 있으면 마치 문화적 사막에 갇힌 듯해서, 내 상황을 바꾸려고 몇 가지 조치를 했다. 가끔은 오페라를 관람하기도 했다. 부끄러워서 예배에 참석하지 못하는 죄인처럼, 어떻게든 문화와 함께하려고 공연장에 갔다. 여러 차례 관람했으나, 대체로 예술가가 시도하는 바에 반응하지 못한 채 집으로 돌아왔다.

물론 배우가 자기 대사를 말하기보다 노래함으로 이야기를 연기함을, 나는 잘 안다. 물론 일반적으로 이야기 줄거리는 이탈리아어 가사만큼이나 모호하게 느껴지지만, 오페라 애호가는 플롯이 공연에는 부수적이라고 말한다. 누군가 내게 오페라를 평가하라고 물으면, 나는 잘 꾸민 세트, 화려한 의상, 소프라노의 인상적인 음역을 말할 테다. 음악 해석이나 공연의 극적 효과에 관해서는 신뢰할 만한 판단을 내릴 수 없다. 구겨진 프로그램 책자를 챙겨 이런저런 느낌으로 돌아왔을 때, 사실 나는 일어난 일을 어떻게 평가해야 할지 모른다.

누군가는 예배에 참석해서, 오페라 감상에 초보자처럼, 설교자에게 반응할 수 있다. 그들은 설교가 무엇을 해야 하는지를 들어본 적이 없다. 일반적으로 많은 청중은 감정이 최고조에 달할 때 반응한다. 그들은 인간적인 이야기를 즐기고, 귀에 번뜩이는 한두 문장을 메모하고, 설교자가 제시간에 설교를 끝내면 설교가 성공했다고 평가한다. 중요 사안인 설교 주제에는 관심을 전혀 두지 않을 수 있다. 미국 30대 대통령 캘빈 쿨리지(Calvin Coolidge)에 관한 일화를 생각해 보자. 그는 어느 일요일 교회에서 집으로 돌아왔고, 아내는 그에게 목사가 무슨 이야기를 했느냐고 물었다고 한다. 쿨리지는 "죄(Sin)"라고 대답했다. 아내가 목사가 죄에 관해 뭐라고 말했느냐고 추궁하자, 쿨리지는 "내가 생각하기에, 목사님은 죄에 반대하시던데요"라고 대답했다.

사실 지난 주일 설교 내용을 범위로 퀴즈를 내면, 쿨리지보다 더 좋은 점수를 받을 청중은 그리 많지 않을 테다. 그들에게 설교자는 35분 동안 죄, 구원, 기도 또는 고통에 관해 한꺼번에 또는 한 번에 하나씩 설교한다. 청중이 설교를 이해하지 못한 방식을 근거로 설교하면, 청중이 **설교**(message)를 들었다고 할 수가 없다. 오히려, 청중은 단편적인 정보만 가득 담고 예배당을 떠날 뿐이지 설교 전체를 이해하지 못한 반응을 한다.

안타깝게도, 일부 설교자는 자기가 들은 대로 설교하고자 한다. 설교자는, 그들 청중처럼, 설교를 서로 관계가 거의 없는 요점들 모음이라고 여기기도 한다. 더 포괄적인 아이디어와 관련이 없는 아이디어 서너 개는 설교 한 편을 만들지 않고, 오히려 설교를 서너 편이나 하게 한다. 르우엘 L. 하우(Reuel L. Howe)는 녹음한 설교 수백 편을 듣고 평신도들과 토론했다. 그는 회중이 "설교 한 편에 너무 많은 아이디어가 있다고 거의 모두가 불평한다"라는 결론을 내렸다.[1] 물론 정확한 관찰이

---

[1] Howe, Reuel L. *Partners in Preaching: Clergy and Laity in Dialogue*

아닐 수도 있다. 설교는 아이디어가 너무 많아서 실패하는 경우는 드물고, 오히려 설교 한 편에서 관련이 없는 아이디어를 너무 많이 다루기에 실패하는 경우가 더 많다.

설교 아이디어 파편화는 강해설교자에게 특히 위험하다. 몇몇 강해설교는 성경 본문에 있는 단어와 어구에 근거한 단편 주석만 제시할 뿐, 그래서 여러 아이디어가 전체적으로 어떻게 조화를 이루는지는 보여주려 하지 않는다. 처음에, 설교자는 삶에 관한 관찰로 청중의 마음을 사로잡거나, 더 좋지 않게는 현실은 전혀 생각하지 않은 채 본문으로 뛰어들 수도 있다. 설교를 전개하면서, 설교자는 구절에 있는 몇몇 단어와 어구를 소주제와 주요 주제로 표현하며 그리고 개별 단어를 모두 똑같이 강조하면서 설명한다. 결론에서는 연관성 있는 적용을 제시하지 못하고 오히려 모호하게 권면할 뿐인데, 적용할 진리가 단 하나도 나오지 않았기 때문이다. 설교자가 메시지가 없는 말만 했기에, 청중은 세상에 나가서 기준 삼아 살아갈 메시지를 받지 못한 채 교회를 나선다.

그러므로 우리가 강해설교를 정의함에서 가장 중요한 점은 강해설교가 성경이 말하는 개념을 전달하기라고 주장함이다. 이는 아주 분명하다. 설교는 산탄(bullet)이 아니라 명중탄(buckshot)이어야 한다. 이상적으로, 설교 한 편은 다른 아이디어들이 지지하는 단 하나 주요 아이디어를 설명하기, 해석하기, 적용하기인데, 이 모두는 성경의 한 구절 또는 여러 구절에서 끌어온다.

단 하나 아이디어의 중요성(The Importance of a Single Idea)

대중 연설과 설교를 살핀 이들은 효과적인 소통에는 주제가 단 하나이어야 한다고 수 세기 동안 주장했다. 수사학자들은 거의 모든 교과서에서 이 원칙을 다루는 데 일정 지면을 할애할 정도로 이 원칙을 강력

(New York: Seabury, 1967), 26 ‖『파트너십 설교—설교자와 성도들의 대화』, 최광식 옮김 (서울: 미션월드 라이브러리, 2017), 41.

하게 고수했다. 용어는 **중심 아이디어**(central idea), **명제**(proposition), **주제**(theme), **논지 진술**(thesis statement), **주요 사상**(main thought) 등으로 여러 가지이지만, 그 개념(concept)은 모두 같다. 곧, "연설이 최고 효과를 내려면, 주요 명제 하나만 어느 정도 완벽하게 전개해야 한다."[2] 이 생각은 연설 소통에 공리여서, 레스터 톤센(Lester Thonssen)과 A. 크레이그 베어드(A. Craig Baird) 등 일부 저자는 이를 당연하게 받아들인다. "여기서 중심 주제가 드러남에 관해 두말할 필요가 없다. 연설에는 명확히 정의하고 쉽게 결정한 논제 또는 목적이 있어야 한다. 곧, 이 논제는 주된 논제에 관한 명확한 인식을 방해하는 부수적 논제 때문에 방해를 받지 않아야 하고, 그 논제에는 연설 내용의 전개를 통해 쉽고 틀림없이 드러나는 특성이 있어야 한다."[3]

여러 설교학자는 설교도 훌륭한 연설처럼 모든 것을 아우르는, 단 하나 개념을 자세히 나타내야 한다고 한목소리로 말한다. 도널드 G. 밀러(Donald G. Miller)는 성경 설교의 핵심을 다룬 장에서 주장한다.

> 어떤 설교라도 그 한 편에는 한 가지 주요 아이디어(just one major idea)만 있어야 한다. 여러 대지나 소지는 단 한 가지 거대한 사상을 이루는 요소이어야 한다. 어떤 특정 음식의 한 입이 모두 맛있고 소화하기 좋은 크기로 잘린, 전체 중 일부이듯이, 설교에서 대지들은

---

2 Duane Litfin, *Public Speaking*, 2nd ed. (Grand Rapids: Baker, 1992), 80. 중심 아이디어에 관한 논의는 Quentin J. Schultze, *An Essential Guide to Public Speaking: Serving Your Audience with Faith, Skill, and Virtue*, 2nd ed. (Grand Rapids: Baker Academic, 2020), 57~59; Milton Dickens, *Speech: Dynamic Communication* (New York: Harcourt, Brace, 1954), 58, 254~56, 267~71; Carmine Gallo, *Talk like TED: The Nine Public-Speaking Secrets of the World's Top Minds* (New York: St. Martin's, 2014), 183~201 ‖ 『어떻게 말할 것인가—세상을 바꾸는 18분의 기적 TED』, 유영훈 옮김 (서울: RHK, 2014), 243~66.

3 Lester Thonssen and A. Craig Baird, *Speech Criticism: The Development of Standards for Rhetorical Appraisal* (New York: Ronald, 1948), 393.

> 한 주제의 작은 부분이어야 하며, 더 작은 조각으로 나뉘어 마음으로 그것을 파악하고 삶이 그것과 같게 해야 한다. … 이제 우리는 이 장에서 말하기 부담스러운 내용을 가장 간단히 말할 준비를 마쳤다. 바로 이 말이다. 곧, **모든 설교에는 한 가지 주제(a theme)만 있어야 하고, 그 주제는 그 설교가 기반한, 성경 부분의 주제이어야 한다.**[4]

다른 전통에서, 알란 M. 스팁스(Alan M. Stibbs)는 "설교자는 자기가 살피는 본문을 강해할 때는 단 한 가지 주요 주제(a single dominant theme)와 관련지어서 전개해야 한다"[5]라고 덧붙인다. H. 그레이디 데이비스(H. Grady Davis)는 "잘 준비한 설교는 한 가지 주요 사상(a significant thought)을 구체화하기, 전개하기, 완전히 진술하기이다"[6]라는 논지를 지지한다. 이 개념에 관한 고전적 설명은 J. H. 조웨트(J. H. Jowett)가 예일대학교 설교학 강의에서 한 말이다.

> 설교 주제를 수정처럼 선명하며 짧은 문장으로 표현할 수 있어야만, 설교할 준비를 했고 설교 원고를 쓸 준비를 마쳤다고 확신합니다. 제 연구에서 그런 문장을 얻는 일이 가장 힘들고 가장 까다롭지만, 가장 보람 있는 수고라는 사실을 잘 압니다. 스스로 그러한 문장을 표현하도록 강요하고, 어렴풋하며 거칠며 알쏭달쏭한 모든 단어를 빼고, 주제를 꼼꼼하고 정확하게 정의하는 단어 형태를 스스로 생각하기, 이는 분명히 설교를 만드는 데 가장 중요하며 꼭 있어야 할 요소 중 하나입니다. 그런 문장이 구름 없는 달처럼 맑고 명료하게 떠오르면, 그때 비로소 설교 원고를 작성해 설교해야 한다고 생각합니다.[7]

---

4 Donald G. Miller, *The Way to Biblical Preaching* (New York: Abingdon, 1957), 53, 55(강조는 원저자가 함).

5 Alan M. Stibbs, *Expounding God's Word: Some Principles and Methods* (Grand Rapids: Eerdmans, 1961), 40.

6 H. Grady Davis, *Design for Preaching* (Philadelphia: Fortress Press, 1958). 20.

단 하나 중심적이며 통일된 아이디어가 효과적인 설교의 중심에는 반드시 있어야 한다는 원칙을 무시하면, 커뮤니케이션 이론과 설교학 분야에서 연구하는 전문가가 하는 말을 무시하는 행위이다.[8]

게다가 사회과학 연구 전문가는 청중이 설교, 강연, 강의 등을 듣고서 단 하나 아이디어만 기억한다는 사실을 여러 차례 입증했다.[9] 연사가 의도하거나 사람들이 기억하기를 바랐던 바가 아닐 수도 있지만, 이런 현실은 단일한 개념을 전달하는 힘을 증명한다. 마케팅 전문가는 이를 잘 안다. 그들은 단 한 가지(예. "우리 제품을 구매하세요!")를 전달하는 30초짜리 광고를 제작하는 데 수백 시간과 수천 달러를 투자한다. 그들이 매우 성공적이기에, 설교자로서 우리는 그 점에 주목해야 한다.

설교 권위자 릭 워렌(Rick Warren)은 한 가지 아이디어에 집중해야 한다고 강조한다.

> 목회자로서 인정하기 싫지만, 청중은 설교나 연설을 기억하지 못하며, 심지어 문단도 기억하지 못한다. 그들이 기억하는 내용은 단순한 진술, 표어, 문구이다. 나는 존 F. 케네디(John F. Kennedy)가 한

---

7 J. H. Jowett, *The Preacher: His Life and Work* (1912; Reprint, Grand Rapids: Baker, 1968), 133.

8 더 자세한 내용은 Andy Stanley and Lane Jones, *Communicating for a Change: Seven Keys to Irresistible Communication*, (Colorado Springs: Multnomah, 2006), 101~16 ‖ 『(최고의 설교자를 만드는) 설교코칭』, 김창동 옮김 (서울: 디모데, 2007), 130~53; Terry G. Carter, J. Scott Duvall, and J. Daniel Hays, *Preaching God's Word: A Hands-On Approach to Preparing, Developing, and Delivering the Sermon*, 2nd ed. (Grand Rapids: Zondervan, 2018), 101~03 ‖ 비고. 『성경설교—설교를 준비하고 작성하고 전달하는 실제적 지침서』, 김창훈 옮김 (서울: 한국성서유니온선교회, 2009), 109~11; Mary S. Hulst, *A Little Handbook for Preachers: Ten Practical Ways to a Better Sermon by Sunday* (Downers Grove, IL: InterVarsity, 2016), 71~72.

9 Carmine Gallo, *Talk like TED*, 183~88 ‖ 『어떻게 말할 것인가』, 243~52.

> 연설은 기억나지 않지만, “국가가 당신을 위해 무엇을 해줄 수 있는지 묻지 말고, 당신이 국가를 위해 무엇을 할 수 있는지 물어라.”와 “나는 베를린 시민입니다!”라는 말은 기억한다. 마틴 루터 킹 주니어 박사(Dr. Martin Luther King Jr.)가 한 설교도 기억나지 않지만, “나에게는 꿈이 있습니다!”라는 유명한 문구는 기억한다.[10]

새 신자는, 설교학 교수나 유명한 목사가 중심 아이디어 중요성을 강조함으로 젊은 설교자를 자기들 설교 이론 틀에 가두려는 계략이라고 무시할 수 있다. 그러나 이 기본적인 소통 사실을 성경이 확고하게 지지함에 주목해야 한다. 구약성서에서 예언자 설교는 ‘여호와의 무거운 짐(the burden of the Lord)’이라 불린다. 이러한 선포는 예언자가 무언가를 말하리라고 예상하는 상황에서 전달했기에, ‘적절한 발언’이 아니었다. 오히려 예언자는 할 말이 있었기에 자기 백성에게 말했다. 그는 청중이 하나님께로 돌아오도록 설득하려고 온전하며 완전한 메시지 한 편을 전했다. 그 결과, 예언자가 한 설교는 형식과 목적을 모두 갖췄다. 각 설교는 특정한 반응을 끌어내려고 특정 청중을 향한 단 하나 주제를 구체화했다.

신약성서에서, 역사가 누가는 교회가 고대 세계에 침투할 수 있었던 설교 본보기를 제시한다. 사도들의 설교는 예외 없이 단 하나 아이디어를 특정 청중에게 선포했다. 도널드 R. 수누키안(Donald R. Sunukjian)은 “바울은 자기가 전하는 설교마다 단 하나 단순한 아이디어 또는 사고를 중심으로 전개한다. 설교마다 전체 담론의 총체와 실체를 표현하는 단 하나 문장으로 구체화한다. 설교의 모든 내용은 … 단 하나 통일된 주제에서 시작하거나, 발전하거나, 이어진다.”라고 결론짓는다.[11]

---

10 Rick Warren, *The Purpose Driven Church: Growth without Compromising Your Message and Mission* (Grand Rapids: Zondervan, 1995), 101 ‖ 『목적이 이끄는 교회—새들백교회 이야기』, 김현회 · 박경범 옮김 (서울: 디모데, 2008), 117~18.

바울이 한 설교를 이렇게 평가함은 사도행전에 있는 모든 설교에 적용할 수 있다. 아이디어마다 사도 설교자에 의해 다르게 다뤄진다. 한편으로, 사도행전 2장에서 오순절 날 베드로는 적대적인 청중 앞에 서서 청중의 마음을 얻으려고 설교를 귀납법으로 전개했다. 그의 아이디어는 결론에 가서야 언급한다. "너희가 십자가에 못 박은 이 예수를 하나님이 주와 그리스도로 삼으신 사실을 온 이스라엘 집이 확실히 알게 하라"(행 2:36). 다른 한편으로, 사도행전 13장에서 바울은 연역법 배열을 사용했다. 그의 주요 아이디어가 설교 시작 부분에 있고, 이어지는 내용 전개는 이 아이디어를 증폭하고 뒷받침한다. 23절에서 확인하는 진술은 "하나님께서 약속하신 대로 이스라엘에게 구세주 예수님을 보내주셨다."라고 선언한다.

사도행전 20장에서 사도 바울이 에베소 장로들에게 연설할 때 그의 연설 구조는 귀납법 전개이면서도 연역법 전개였다. 먼저, 바울은 자기 삶에서 교회를 돌본 모범을 제시하고서, 28절에서 "여러분 자신과 모든 양 떼를 잘 보살피라"라고 경고했다. 바울은 그 중심 생각을 말하고, 계속해서 그것을 설명하고, 자기 앞에 앉은 지도자들에게 적용했다. 사도행전에 있는 모든 설교가 같은 방식으로 전개되지 않지만, 각 설교는 중심적인 통합 개념을 전개한다.

설교자가 설교 효과를 내려면, 무엇을 말하는지 알아야 한다. 효과를 거두는 설교는 성경 사상을 중심으로 전체 통일성을 이룬다. 하나님의 생각을 따라 생각하는 설교자는 그 생각을 청중에게 전달하고 적용한다. 성령에게 의존하여, 설교자는 성경 개념을 선포함으로 남성과 여성을 만나고, 확신하게 하고, 회심하게 하고, 위로함을 목표로 삼는다. 사람은 아이디어에 반응하여 자기 삶을 형성하고 자기 영원한 운명을 결정한다.

---

11 Donald R. Sunukjian, "Patterns for Preaching: A Rhetorical Analysis of the Sermons of Paul in Acts 13, 17, and 20" (ThD diss., Dallas Theological Seminary, 1972), 176.

아이디어 정의(The Definition of an Idea)

우리는 '아이디어(idea)'라는 용어를 무슨 뜻으로 말하는가? 사전을 언뜻 보고서 용어를 정의하려 함은, 안개를 포장하려는 시도와 비슷하다. 아이디어를 온전하게 정의하려면, 철학, 언어학, 문법 분야를 모두 살펴야 한다. Merriam-Webster 사전은 "현존하는 사물이 불완전하게 표현하는 실제 패턴인 초월적 실체"에서부터 "(생각, 개념, 감각, 또는 이미지로서) 실체가 의식에 실제로 또는 잠재적으로 표현하는 실체"에 이르기까지 다양하다고 정의한다.[12]

용어 '**아이디어**'는 헬라어 ἰδεῖν[idein]에서 파생했는데, 이 단어는 '보다', 그래서 '알다'를 뜻한다. 아이디어는 이전에는 잘 보이지 않았던 것을 때때로 볼 수 있게 한다. 일상생활에서, 어떤 설명이 새로운 통찰력을 제공할 때, 우리는 "아, 네가 뜻하는 바를 알겠다!"라고 외친다. 하지만 아이디어의 또 다른 동의어는 '**개념**(concept)'인데, 이는 동사 '**생각하다**(to conceive)'에서 비롯했다. 정자와 난자가 자궁에서 결합하여 새로운 생명이 태어나게 하듯이, 아이디어는 평소에는 따로 떨어져 있는 것들이 모여서 이전에는 존재하지 않았거나 인식하지 못했던 하나 통합체를 이룰 때 마음에서 시작한다.

추상하고 종합하는 능력, 곧 아이디어로 생각하는 능력은 성숙하면서 발달한다. 어린아이들은 구체적으로 생각한다. 아침 식사 기도를 하는 아이는 우유, 시리얼, 오렌지 주스, 달걀, 빵, 버터, 젤리를 주신 하나님께 감사하지만, 어른은 이 모든 낱낱을 '**음식**(food)'이라는 한 단어로 묶는다. 따라서 아이디어를 삶의 추출물(a distillation of life)로 여기기도 한다. 아이디어는 삶의 세부 사항들에서 공통점을 추상하여 서로 연관을 짓는다. 우리가 경험하는 일부에서, 아이디어로 이해한다.

---

12 Merriam-Webster.com, s.v. "idea," https://www.merriam-webster.com/dictionary/idea에 2024년 6월 6일에 접속함.

물론 모든 아이디어가 똑같이 유효하지는 않기에, 좋은 아이디어가 있는가 하면 나쁜 아이디어도 있다. 나쁜 아이디어는 현실을 반영하지 않는 경험을 설명한다. 그것들은 거기에 없는 것으로 삶에 의미를 부여한다. 이따금, 우리는 그릇된 아이디어를 받아들이는데, 뚜렷하게 드러내지 않아서 평가할 수 없기 때문이다. 대중 매체에 영향을 많이 받는 우리 문화에서는, 의도적으로 모호하게 남겨진 우스꽝스러운 개념에 휩쓸려 생각 없이 행동하려 한다.

수십 년 전(20세기 중반쯤), 말보로 담배(Marlboro cigarette)는 세련된 여성 흡연자용으로 판매하기 시작했지만, 시장 점유율은 1%에도 이르지 않았다. 그러나 소비자 조사에 따르면, 남성 흡연자는 담배가 자기를 남자답게 한다고 생각하기에 담배를 피우지만, 여성 흡연자는 자기가 남성에게 매력적으로 보이기에 담배를 피운다고 한다. 이러한 조사 결과에 따라, 광고주는 홍보 대상을 여성에서 남성으로 바꾸고, 말보로 담배에 남성 이미지를 넣었다. 거친 날씨에 지친 카우보이가 가축을 몰고 다니며 담배를 피우는 모습을 묘사하고서, "말보로 나라로 오세요(come to Marlboro country)!"라는 주제 글귀로 흡연자를 초대했다.

담배와 카우보이의 연관성으로 말보로 담배를 피우면 남성을 더 남자답게 한다는 아이디어를 전달했기에, 담배 판매량이 무려 400%나 늘었다. 물론, 그 아이디어는 말도 안 된다. 의학 증거에 따르면, 말보로 나라는 공동묘지이며, 말보로를 흡연하는 남성은 암이나 폐 질환을 앓을 가능성이 크다. (실제로 말보로 남성을 연기한 모델은 흡연 관련 질병으로 죽었다.) 하지만 "담배를 피우면 남자답다"라는 아이디어가 명확하게 진술되지 않은 채 사람들 머릿속에 스며들어서, 많은 공감을 얻었고, 그래서 판매량이 급격히 늘었다.

이는 외딴 사건이 아니다. 개개인은 광고를 보고서, 이성적 사고 과정보다는 무의식적 욕구에 호소하는 잠재 의식적 메시지에 영향을 받는 경우가 잦다. 이것이 우리가 제품을 구매하는 주요 요인이라면, 당연히 광고는 진실하지 않다.

아이디어는 유령처럼 우리 마음속 다락방에 때때로 숨어 있다. 때때로 우리는 이 어렴풋한 아이디어에 구체성을 부여하는 데 어려움을 겪는다. "무슨 뜻인지 알겠는데, 말로는 표현할 수가 없다"라고 말하곤 한다. 생각을 말로 표현하기가 어려워도, 표현해야만 한다. 생각을 말로 표현하지 않으면, 이해할 수도, 평가할 수도, 전달할 수도 없다. 우리가 생각을 정리하지 않거나 정리할 수 없다면, 곧 의미하는 바를 말할 수 없다면, 우리는 강단에서 설교할 자격이 없다. 우리 설교자는 노래를 못하는 가수, 연기를 못하는 배우, 덧셈을 못 하는 회계사인 셈이다.

아이디어 이루기(The Formation of an Idea)

아이디어를 '빈틈없이 정확하게' 정의하려면, 아이디어가 어떻게 이뤄지는지 알아야 한다. 아이디어를 그 기본 구조로 축소하면, 아이디어는 '**주제 요소**(subject)'와 '**부연 요소**(complement)'로 이룬다. 둘 다 꼭 있어야 할 요소이다. 아이디어 주제 요소는 "내가 무엇을 말하는가(What am I talking about)?"라는 질문에 완전하며 명확한 대답을 의미한다. **설교학에서 쓰는 주제 요소는 문법에서 쓰는 주어와는 '다르다'**(밝힘. 옮긴이가 강조함). 문법 주어는 이따금 한 단어이다. 그러나 설교 아이디어 주제 요소는 결코 한 단어일 수가 없다. "내가 무엇을 말하는가?"라는 질문에 완전히 그리고 정확히 대답해야 한다. '제자도', '증거', '예배', '슬픔', 또는 '사랑'과 같은 한 단어는 아이디어 주제인 체할 수는 있지만, 지나치게 모호해서 무엇을 말하는지를 드러내지 못한다.

설교 아이디어에 주제 요소 홀로 있을 수 없다. 주제 요소만으로는 불완전하니, '부연 요소'가 있어야 한다. 부연 요소는 "내가 말하는 바에 관해 무엇을 말하는가(What am I saying about what I am talking about)?"라는 질문에 답함으로써, 주제 요소를 '완성한다.' 부연 요소가 없이 주제 요소만으로는 열린 결말 질문만 덩그러니 매달려 있을 뿐이다. 주제 요소는 없고 부연 요소만 있으면, 빗대어 말하면 자동차 부품 상태이지 자동차로 조립하지는 않은 상태이다. 아이디어는 부연 요소가 명확한 주제 요소와 결합해야만 드러난다.

게다가, 모든 주제 요소 뒤에는 표현한 질문(stated question)과 내포한 질문(implied question)이 있기 마련이다.

- 주제 요소가 '믿음의 중요성'이면, 그것이 내포한 질문은 "믿음의 중요성이란 무엇인가?"이다.
- '하나님께서 의롭게 하시는 사람'은 "내가 무슨 말을 하는가?"라는 질문에 대답하기에, 주제 요소이다. 그러나 내포한 질문은 "하나님이 의롭게 하시는 사람은 누구인가?"이다.

'**주제 요소**'와 '**부연 요소**'가 헷갈린다면, 주제 요소는 질문으로 여기고, 부연 요소는 그 질문에 대답으로 여기자. 이 두 가지 요소가 어우러져 아이디어를 이룬다.

예를 들어, '**인성 검사**'는 주제 요소이다. (질문 형태로는, "인성 검사는 무엇인가?"이다.) 이 질문은 완성해야 의미가 있다. 우리는 기본적으로 인성 검사가 무엇인지 모른다. 이 주제에 관한 여러 부연 요소를 덧붙여야 아이디어를 구성할 수 있다. 다음은 부연 요소를 덧붙인 몇 가지 예이다.

- 인성 검사는, 그 사람이 어떤 행동을 못 하게 막는 데 무엇이 필요한지를 검사한다.
- 인성 검사는, 특정 결정이나 행동을 아무도 알아채지 못한다고 확신하는 경우 그 사람이 어떻게 행동할지를 검사한다.
- 인성 검사는, 나무 검사—그 사람의 뿌리가 얼마나 튼튼한가?—와 같다.

부연 요소마다 주제 요소에 관해 무엇을 말하고 있는지 나타내서, 새로운 서로 다른 아이디어를 이룬다.

설교를 공부하는 이는 설교를 읽거나 자기 설교를 준비할 때, 아이디어를 찾아야 한다. 데이비스는 특히 초보자가 아이디어를 형성하는 방법에 주의를 기울여야 한다고 강조한다.

> 설교자는 세부 내용에 얽매이지 말고, 설교의 본질적 구조를 연구해야 한다. 당분간 문장, 사용하는 논증, 인용문, 사람의 흥미로운 이야기는 잊어야 한다. 설교의 전체 형태를 볼 수 있을 만큼, 설교에서 멀리 떨어져 있어야 한다. 고집스럽게, "저 사람이 정말로 무엇을 이야기하며, 그것에 관해 말하는 기본 내용은 무엇인가?"라고 물어야 한다. 이는 한편으로는 아이디어의 유기적 구조를, 다른 한편으로는 그 전개를 구별하는 법을 배워야 한다는 말이다. 해부학 공부에서 골격부터 시작함과 같다.[13]

주제 요소와 부연 요소 찾기는 설교를 구성하기 시작할 때 하는 일이 아니다. 그보다 앞서서 성경 본문을 연구할 때 주제 요소와 부연 요소를 찾아야 한다. 성경에서 문단(paragraph), 구분(section), 하위 구분(subsection)마다 아이디어가 있기에, 그 주제 요소와 부연 요소를 찾으면 비로소 그 구절을 이해한 상태이다. 성경 저자의 의미를 이해하려고 노력하는 과정에서 다른 여러 질문도 하겠지만, 이 두 가지 질문—"저자는 정확히 무엇을 이야기하는가?", "저자는 자기가 이야기하는 바에 관해 무엇을 말하는가?"—는 근본 질문이다.

아이디어 이루기 예(Examples of Forming an Idea)

성경 몇몇 구절에서는 주제 요소와 부연 요소를 대체로 쉽게 찾을 수 있지만, 다른 구절에서는 아이디어를 결정하기가 참으로 어렵다. 시편 117편은 복잡하지 않은 예이다. 시편 기자는 이렇게 촉구한다.

> 주님을 찬양하자, 모든 나라여!
> 그분을 높이자, 여러분 모든 백성이여!

---

13 Davis, *Design for Preaching*, 27.

그분 사랑이 강하며
그분 신실하심이 영원하기에.

이 시의 주제 요소를 말할 수 있어야, 이 시를 이해했다고 할 수 있다. 시편 기자는 무엇을 말하는가? 그 주제 요소가 찬양이라고 말하고 싶겠지만, 찬양은 범위가 너무 넓고 정확하지도 않다. 시편 기자는 찬양에 관한 모든 내용을 말하지 않는다. 또한 주제 요소가 하나님을 찬양하기라고 해도 여전히 범위가 너무 넓다. 주제 요소를 더 제한해야 한다. 정확한 주제 요소는 이렇다.

- 주제 요소—왜 모든 사람이 주님을 찬양해야 하는가?

그렇다면 시편 기자는 그 주제 요소에 관해 무엇을 말하는가? 그 주제 요소를 두 가지로 부연한다.

- 부연 요소 1—주님의 사랑이 강하기에
- 부연 요소 2—주님의 신실하심이 영원하기에

시인은 두 가지 이유로 주님을 찬양해야 한다고 읊는다. 이 짧은 시에서 기자는 어떤 전개도 없이 자기 생각을 드러내놓고 말하지만, 그 뼈대에는 분명한 주제 요소 하나와 부연 요소 두 개가 있다.

아이디어를 확장해서 전개하는 더 긴 구절에서 주제 요소와 부연 요소를 찾기는 더 어려울 수 있으나, 그래도 찾아야 한다. 히브리서 10:19~25에서, 히브리서 저자는 예수님의 대제사장 사역에 관해 앞에서 논의한 내용을 적용한다.

> 그러므로, 형제 · 자매 여러분, 우리는 예수님의 피로, 곧 우리에게 열린 새로우며 살아 있는 길로 휘장, 곧 그분 몸을 거쳐 지성소에 들어간다고 확신하기에, 그리고 우리에게 하나님을 집을 다스리시는 위대한 대제사장이 계시기에, 진실한 마음 그리고 믿음이 주는 완전한 확신으로 하나님께 가까이 나아갑시다, 깨끗한 물이 우리

> 마음에 뿌려져 우리를 죄책감에서 깨끗하게 하고 우리 몸을 씻겼기 때문입니다. 약속하신 분이 신실하시니, 우리가 고백하는 소망을 흔들림 없이 붙잡읍시다. 그리고 어떤 사람들이 하는 습관처럼 모이기를 포기하지 않고 서로 격려해서 어떻게 사랑과 선행을 적극적으로 실천할 수 있을지, 그리고 그날이 다가온다고 느낄수록 더욱더 실천할지를 궁리합시다. (NIV를 옮김)

이 구절에 있는 많은 세부 사항을 설명해야 하지만, 주의 깊은 연구자라면 줄기와 가지를 구분한다. 주제 요소가 드러나기까지는 다른 말의 가치나 의미를 판단할 수 없다. 일반 독자는 이 주제 요소를 '예수님의 대제사장직'이라고 말하고 싶겠지만, 그렇게 말한다면 그 주제 요소에는 내용이 너무 많다. 히브리서 저자는 이 한 단락에서 그리스도의 대제사장 사역에 관한 모든 것을 독자에게 말하지 않는다. 또한 '성소에 들어가는 담대함'이라고 말하고 싶겠지만, 이는 이 구절에서 실제로 하위-아이디어이긴 한데 이에 관해 이야기하지는 않는다.

주제 요소는 항상 질문으로 말할 수 있다. 따라서 주제 요소는 다음으로 좁힐 수 있다.

- 주제 요소—"신자는 하나님 임재에 들어갈 수 있다고 확신하며 위대한 대제사장이 계시기에, **무슨 일을 해야 하는가?**"

이 주제 요소를 부연하는 요소는 일련의 결과일 테며, 세 가지이다.

- 부연 요소 1—깨끗해진 마음과 삶에서 나오는 확신으로 하나님께 가까이 나아가야 한다.
- 부연 요소 2—고백하는 소망을 흔들림 없이 붙잡아야 한다.
- 부연 요소 3— 사랑과 선행을 실천하도록 서로를 격려해야 한다.

이 단락에 있는 다른 모든 내용은 세 가지 부연 내용으로 이 주제 요소를 확장한다.

구약성서 시에서 그 과정이 어떻게 진행하는지 살피겠다. 하박국서에서 한 짧은 부분은 예언자가 하나님과 연이어 주고받는 이야기로 이뤄졌다. 첫 장에서 하박국은 하나님께서 유다 왕국 그리고 더 넓은 세상에서 악을 벌하지 않으셨다고 화낸다. 먼저, 예언자가 불만을 토로하는 배경을 설명해야 한다.

1:2~4에서, 하박국은 불평으로 말문을 연다. 아이디어를 주제 요소와 부연 요소로 진술하자.

- **주제 요소**—하박국은 유다에서 목격하는 불의에 무엇이라 불평하는가?
- **부연 요소**—하박국은 하나님이 의로우신 분이신데도 유다 왕국이 죄를 지어도 심판하시지 않기에 의아해한다.
- **아이디어**—하박국은 의로우신 하나님께서 유다 왕국에 벌어지는 죄를 벌하시지 않기에 불평한다.

1:5~11에서, 하나님께서는 예언자 하박국에게 대답하신다. 하나님께서 하시는 대답도 주제 요소와 부연 요소로 표현할 수 있다.

- **주제 요소**—하나님께서 유다 왕국을 어떻게 심판하시는가?
- **부연 요소**—하나님께서는 악한 백성을 심판하시는 데 악한 바빌로니아 사람을 쓰신다.
- **아이디어**—하나님께서는 당신 백성을 벌하시는 데 악한 바빌로니아 사람을 쓰신다.

이 두 단락(2~4절; 5~11절)을 **더 큰 주제 요소와 부연 요소로 묶을 수 있음**을 주목하자.

- **주제 요소**—하나님께서는 당신 백성, 곧 유다에 널리 퍼진 악과 불의를 어떻게 심판하시는가?
- **부연 요소**—하나님께서는 악한 바빌로니아 사람을 당신 채찍으로 쓰신다.

- **아이디어**—하나님은 악한 바빌로니아 사람이 공략하게 하심으로 당신 백성 유다 사람 중에 악인을 심판하신다.

이는 구절의 셋째 단락, 곧 1:12~2:1로 이어진다.

- **주제 요소**—의로우신 하나님께서 악하며 경건하지 않은 바빌로니아를 쓰셔서 더 의로운 왕국인 유다를 어떻게 벌하실 수 있는가?
- **부연 요소**—하나님께서는 정하신 때 바빌로니아 사람도 벌하신다.
- **아이디어**—하나님께서 유다 왕국을 벌하시는 데 악한 바빌로니아 사람을 쓰시나, 바빌로니아 사람도 죄를 지었기에 그들도 심판하신다.

하박국 1장의 시에는 많은 이미지가 쓰이지만, 그렇다고 그것들이 모두 아이디어는 아니다. 아이디어를 얻으려면, 주제 요소와 부연 요소를 진술하는 과정을 거쳐야 한다. 아이디어가 여러분 손아귀에서 쉽게 빠져나갈 수 있으니, 놓치지 않도록 주의해야 한다.

한 가지 예를 더 들겠는데, 이번에는 서사 문학(narrative literature) 본문, 자세히는 창세기와 족장 아브라함 이야기를 살피겠다. 창세기 12~23장에 기록된 아브라함 삶에 관한 주제 요소는 "하나님을 믿는 믿음으로 사는 삶은 어떤 모습일까?"이다. 13장에서 아브람과 그 가족은 이집트에서 약속의 땅으로 돌아왔지만, 그 땅이 한정된 자원이라서 큰 갈등에 맞닥뜨렸다. 아브람은 믿음으로 그리고 문화적 규범과는 다르게, 조카 롯이 가지려는 땅을 마음대로 선택하게 했다. 롯은 요단강 계곡을 보고서 거기에는 소돔과 고모라의 사악함으로 오염됐음을 알고도 거기로 간다. 그런 다음 하나님은 아브람에게 오셔서 땅과 많은 후손을 반복해서 약속하심으로 그의 신실한 행동을 인정하신다. 아브람은 순종하여 하나님의 명령에 따라 그 땅으로 가고, 헤브론에서 하나님을 경배한다. 따라서 주제 요소, 부연 요소, 아이디어는 이렇다.

- **주제 요소**—땅이 제한된 상황에서 아브람이 롯과 갈등을 겪을 때, 그는 하나님을 믿는 자기 참 신앙을 어떻게 드러냈는가?

- **부연 요소**—그는 열린 마음으로 관용을 베풀어 갈등을 해결했는데, 당장은 손해를 입지만 하나님께서 주시리라고 믿었기 때문이다.
- **아이디어**—땅이 제한된 상황에서 아브람은 롯과 갈등을 해결하려고 열린 마음으로 관용을 베풀었는데, 이는 자기가 분명히 손해를 입지만 하나님께서 주신다고 참으로 믿었기 때문이다.

위에서 살핀 각 구절에서, 아이디어 '**구조**(structure)'를 찾으려고 주제 요소와 그 부연 요소를 결정했다. 명확하게 생각하려면, 아이디어와 그것을 전개하는 방식을 따로 떼어놓아야 한다. 본문 아이디어를 파악하고서 설교 아이디어를 정확한 단어로 표현하려는 노력은 답답하고 짜증스러울 수 있지만, 장기적으로 보면 시간을 가장 효율성 있게 쓰는 방법이다. 더 중요하게는, 그렇게 하지 않으면 아무 일도 하지 못한다. 우리가 살피는 부문의 주제 요소와 부연 요소를 명확하게 표현하지 않으면, 우리가 읽는 내용을 이해할 수 없다. 그리고 우리 설교를 듣는 이도 기본 질문—오늘 우리는 무슨 이야기를 나눴는가? 우리가 나눈 이야기에 관해 무엇을 말했는가?—에 대답할 수 없다면, 우리가 하는 말을 이해하지 못한다. 우리는 무엇을 이야기하고 있었는가? 그러나 주일마다 성도는 그 아이디어를 말할 수 없는 채로 교회 문을 나서는데, 설교자가 기본 아이디어를 말하려고 수고하지 않았기 때문이다. 성도가 정신이 몽롱한 채로 교회 문을 나서면, 그들은 영적 위기를 겪는다.

생각하기(thinking)는 어려운 일이어도, 꼭 해야 할 일이다. 이 일이 어렵지만, 실수해서는 안 된다. 이따금 느리고, 낙담하고, 부담스러울 수 있다. 그러나 하나님께서 우리를 설교하라고 부르실 때는, 우리 마음으로 그분을 사랑하라고 부르셨다. 하나님도 그 사랑을 받을 자격이 있고, 우리가 섬기는 사람도 그 사랑을 받을 자격이 있다.

춥고 우울한 어느 날 아침, 한 설교자가 아침부터 정오까지 설교를 준비했지만, 그 수고로 얻은 결과는 거의 없었다. 조급한 마음에, 노트북을 끄고 창밖을 허탈하게 바라보며 설교 준비가 더뎌서 안타까웠다.

그때 그 마음에 훗날 자기 사역에 큰 영향을 끼친 통찰력이 스쳤다. 그가 생각한 바는 이렇다. "내 동료 그리스도인은 나보다 훨씬 더 많은 시간을 들여 설교를 준비한다. 그들, 곧 내 설교를 들을 회중은 수백 가정이다. 그들이 예배에 참석하려고 이동한 거리를 모두 합치면 수백 마일이다. 그들 각 사람이 예배하는 시간을 합치면 300시간도 넘는데, 그들은 그 시간 동안 내가 준비해 전할 설교를 듣는다. 그러니 나는 설교 준비에 들인 시간과 겪는 고통에 불평하지 않아야 한다. 회중에게는 내가 그들에게 줄 수 있는 모든 것을 받을 자격이 있다." 그는 도전과 영감을 받고서, 다시 노트북을 켜고 설교 준비 작업을 이어갔다.

용어 정의(definition)

- **주제 요소**(Subject)—"나는 무엇을 말하는가?"라는 질문에 완전하며 명확한 대답이다.
- **부연 요소**(Complement)—"내가 말하는 바에 관해 나는 정확히 무엇을 말하는가?"라는 질문에 대답이다.
- **아이디어**(Idea)—여러 세부 경험 사항에서 공통점을 추론해서 그것들을 서로 연관 지은, 삶의 추출물이다(a distillation of life).

이 장에서 살핀 내용에 관한 질문과 실제는 부록 「설교 준비 연습문제」는 300~303쪽에 있다.

빅 아이디어를 찾는 도구 갖추기 3

Tools of the Trade

❑ 새로운 개념

- 문맥(Context)
- 성경 어휘 사전(Lexicon)
- 성경 어휘 용례 사전(Concordance)
- 성경 사전과 백과사전(Bible dictionary and encyclopedia)
- 구문 관계도(Mechanical layout)
- 문장 도해(Diagramming)
- 구절 풀어쓰기(Paraphrase of a passage)

❑ 성경 강해설교 준비 단계

생각하기(to think)는 어렵다. 생각하기에 관해 생각하기(to think about thinking)는 더 어렵다. 생각하기에 관해 생각하는 바를 이야기하기가 가장 어렵다. 그런데 바로 이 일이 설교학 기본 과제이다. 설교학자는 설교자가 어떻게 생각하는지 관찰하고 그들 머릿속으로 들어가서 설교를 준비할 때 어떤 일이 일어나는지 알아내려고 노력한다. 그런 다음 설교자가 그 과정을 이해할 수 있게 명확하게 설명해야 한다. 그런데 이 과제는 거의 불가능하다.

설교학자는 누구를 살펴야 하는가? 설교자를 모두 살피지는 않는다. 골프 코스에서 어리석은 이(duffer)가 있듯이, 설교강단에도 있는데 이들은 살필 대상이 아니다. 어떤 일을 잘하는 방법을 찾으려고 그 일을 효과적으로 하는 설교자를 살핀다. 그러나 유명하다는 설교자마다 '설교하는 방법'을 주제로 책을 쓰기에, 설교하는 방법이 그들 수만큼이나 많다. 더 당황스럽게는, 그들 중 몇몇은 설교 준비하는 방법 자체가 없다. 때로 "마음을 나누고" 또는 "진심으로 말하는" 이러한 설교자가 설교 규칙을 버렸음에도, 자기 설교가 여전히 목표를 맞췄다고 주장한다. 이러한 설교는 다시 살펴야 한다. 전문 기술 측면에서 살피면, 설교 구성은 스파게티 요리하기, 맹장 제거하기, 비행기 조종하기와 비교해도 가장 부정확한 기술 중 하나이다.

설교 방법을 갖춘 듯한 설교를 어떻게 평가할 수 있으며, 또는 설교 방법론이 전혀 없는데도 겉으로는 효과를 내는 설교를 어떻게 설명할 수 있을까? 더 중요하게는, 이 모든 것에서 절차를 어떻게 찾아내서 다른 설교자가 따르게 할까?

우선, 우리는 강해설교에, 그리고 성경으로 설교를 구성하는 설교자가 일반 설교자보다 공통점이 더 많다는 데 관심을 둔다. 게다가, 자기는 어떤 설교 규칙도 따르지 않는다고 주장하는 설교자는 대체로 자기가 준비하는 방법을 분석하지 않았다. 직관적으로 알았더라도 정기적으로 그대로 하면 그것이 자기 설교 방법이며, 자기에게는 설교 방법이 없다고 주장하면서도 설교 효과를 내는 설교자에게도 사실은 설교 방법이 있다. 또한, 어떤 일을 잘하는 방법을 분석할 때는 가끔 우연히 잘하는 사람이 아니라, 꾸준히 잘하는 사람에게 관심을 기울인다. 명확하고 연관성 있는 성경 강해설교는 직관이나 우연으로 주일마다 이루어지지 않는다. 훌륭한 강해설교자에게는 설교 연구 방법이 있기 마련이다.

설교자가 서로 다른 방법으로 설교를 준비한다는 사실에서 두 가지 결론을 찾을 수 있다. 첫째, 사고방식에 관한 자세한 지침이 때때로 연구 진행에 방햇거리일 수 있다. 정기적으로 골프를 함께 치던 변호사와 의사에 관한 이야기는 세세한 지시가 일으키는 피해를 잘 나타낸다. 두 사람은 골프를 잘 치는 편이었고 경쟁의식도 강했다. 그러던 어느 봄, 변호사의 실력이 너무 좋아져서, 의사는 계속 졌다. 의사는 자기 게임을 더 잘하려는 시도가 실패로 돌아가자, 한 가지 아이디어를 떠올렸다. 그는 골프 플레이 지침서를 3권씩이나 사서 변호사에게 생일 선물로 줬다. 얼마 지나지 않아, 두 사람의 점수가 다시 같아졌다.

둘째, 생각하기는 역동적 과정이다. 성경 강해설교가 효과를 내려면 통찰력, 상상력, 영적 감수성이 있어야 하는데, 이는 단순히 지침을 따른다고 해서 생기지 않는다. 강해설교를 준비하는 방법에 관한 논의가 개집을 짓는 방법에 관한 지침과 비슷하다면, 무언가 어긋나 있다. 강해설교 준비는 동물 보호소 짓기보다는 성당을 건축하기에 더 가깝다. 하지만 성당 건축가에게도 자기만의 방식이 있다. 성숙한 설교를 하려면 평생 성경과 함께하고 사람들과 함께해야 하지만, 강해설교를 시작하는 데는 구체적인 도움을 받아야 한다. 다른 사람이 성경을 어떻게 다루는지 앎으로, 많은 도움을 얻는다. 자기 마음, 정신, 경험에 근거해서 조언해야 하고, 생각하기가 힘들어도 반복해서 연습함으로 자기 설교 방법을 개발해야 한다. 그러나 다른 사람이 어떻게 이 일에 다가서는지를 알면, 자신감을 느끼고 시간과 에너지를 더 효율적으로 쓴다.

그러므로 강해설교 방식을 계발할 때, 준비하는 단계를 차례차례 다루어도 때때로 단계가 섞여 있다는 점을 염두에 두어야 한다. 예를 들어, 서론을 준비하는 논리적 시간은 전체 설교의 전개가 명확해졌을 때이다. 그러나 숙련된 설교자는 설교 준비 초기 단계에서부터 설교 서론에 관한 실행 가능한 단서를 때로 우연히 발견하기도 한다. 설교 준비 마무리 단계에서 그 내용을 설교 원고에 넣을 수 있겠지만, 그러한 단서를 찾을 때마다 곧바로 넣는다.

그렇다면, 성경 강해설교 준비 단계는 무엇인가? (이 장에서는 처음 세 단계를 살피겠다. [옮긴이 덧붙임])

1단계, 설교할 성경 구절을 선택한다

(Choose the passage to be preached)

오랫동안 토끼 요리법은, "먼저 토끼를 잡아라!"라는 말로 시작한다. 먼저 토끼를 잡아야 한다. 토끼가 없으면, 토끼 요리를 할 수가 없고, 먹을거리 자체가 없다. 설교자가 맞닥뜨린 첫째 질문도 이와 같은 맥락이다. 곧, 무엇을 이야기할까? 성경 어떤 구절에서 설교를 찾아낼까?

설교하기 엿새 전, 곧 월요일 아침에야 이러한 질문에 맞닥뜨려서는 절대 안 된다. 성경에 충실한 사역은 한 해 동안 설교를 신중하게 계획한다. 교회력에 따른 성경 정과(lectionary)를 사용하는 설교자에게는 선택 구절이 이미 있다. 그래서 구약과 신약 중 어느 특정 구절에 초점을 맞출지만 결정한다. 교회력에 따른 성경 정과를 사용하는 전통에 속하지 않는 설교자는 연중 설교 계획표를 준비하여 시간을 절약할 수 있다. 한 해가 시작기에 앞서, 주일마다 그리고 예배마다 어느 구절을 설교할지 스스로 결정해야 한다.

성경 구절은 모두 유익하지만, 모든 성경이 그 유익을 특정 시기의 회중에게 똑같이 주지는 않는다. 설교자의 통찰력과 관심은 청중에게 전하는 성경 진리에 반영된다. 목양 사역에서 설교자는 하나님의 말씀과 사람들의 관심사 사이 간격을 메우려고 노력하면서 다리를 놓는 역할을 한다. 이 일을 잘하려면, 성경 내용만큼이나 교회 필요도 잘 알아야 한다. 설교자가 개별 설교에서 성경 내용을 교인들 삶에 연관 지을 때, 특정 교회의 필요에 맞는 광범위한 주제나 성경 구절을 선택하는 일이 설교계획에 매우 중요함을 안다.

빠르게 변화하는 문화와 지구촌 상황에서, 성경의 여러 책이 현대 회중과 어느 정도 연관성이 있다는 점을 명심해야 한다. 따라서 목회자는 해마다 1~2주의 설교 연구 휴가를 요청하여 기도하면서 교회가 맞닥뜨린 문제와 도전, 그리고 이를 가장 잘 다루는 성경 책을 생각하는 시간을 갖는 게 바람직하다. 특정 시기에는 요한1서나 에베소서보다는 말라기가 놀랍게도 더 적합할 수도 있다. 또한, 장기간 연구는 시리즈 설교에서 각 설교에 적합한 본문이 무엇인지 파악할 수 있는 시간을 제공한다. 또한 설교 구성과 창의성에 도움을 주는 인문 교양 도서를 독서하는 시간도 확보할 수 있다.[1]

사고 단위 나누기(Thought Units)

이따금 우리는 성경의 여러 책을 통해 장마다, 구절마다 살피며 나간다. 따라서 연중 설교계획을 세울 때, 설교할 책들을 여러 차례 읽고, 앞에서 말했듯이 특정 설교에서 자세히 설명할 부분으로 나눈다. 이 일을 할 때, 그 책의 자연스러운 문학적 구분에 따라 구절을 선택해야 한다. 절마다 개별 사상으로 다룰 수 있다는 생각에, 열 절 또는 열두 절로 세어서는 안 된다. 오히려 성경 저자의 사상을 찾아야 한다. 예를 들어, 신약 서신에서는 문단 구분으로 본문을 선택하는데, 문단이 사고를 구성하는 요소를 이 생각의 구성 요소를 묘사하기 때문이다. 강해설교자로서 우리는 일반적으로 설명할 하나 또는 여러 개 문단을 선택하는데, 이는 이러한 문단들이 서로 어떻게 관련되어 있는지, 따라서 저자의 주요 아이디어 중 하나와 어떻게 관련되어 있는지에 달렸다.

물론, 하나님께서 성경 문단을 직접 나누시지는 않았다. 번역본에서 들여쓰기는 편집자가 원어 성경에서 사고 전환을 표시하려고 결정한 사

---

1 Cornelius Plantinga Jr., *Reading for Preaching: The Preacher in Conversation with Storytellers, Biographers, Poets, and Journalists* (Grand Rapids: Eerdmans, 2013) ‖ 『설교자의 서재—창조적 설교를 위한 세속적 책 읽기』, 오현미 옮김 (서울: 복 있는 사람, 2014).

향을 나타낸다. 따라서 한 번역본의 문단 구분은 다른 번역본의 문단 구분과 다를 수 있다. 대체로, 더 오래된 영어 번역본에서 문단 나누기는, 가독성과 시각적 효과를 강조하는 최신 번역본이 나눈 문단보다 더 길며 진지하다. 히브리어와 그리스어 인쇄본에서 문단 나누기도 편집상 차이가 있다. 그러나 문단을 나누는 모든 노력은 사고 전개와 전환을 기반으로 한다. 부지런한 강해설교자는 원어 인쇄본과 영어 번역본의 단락 구분을 검토하여 가장 논리적으로 보이는 자료의 구분을 선택하고, 이를 강해하는 데 기초로 삼는다.

그러나 내러티브 본문(narrative section)을 강해할 때는 한두 문단보다 더 큰 문학적 단위를 다룰 가능성이 크다. 예를 들어, 다윗이 밧세바와 간음한 일화를 살필 때, 한 번에 한 문단씩 설교하면 오히려 그 이야기를 어지럽힌다. 대신 사무엘하 11장 전체와 적어도 12장의 일부를 설교 기반으로 삼아야 하는데, 사무엘하 전체가 다윗의 죄와 그 파괴적인 결과를 기록하기 때문이다.

시 문학(poetic literature), 예를 들어 시편에서, 문단은 시의 연(stanza, strophe)일 수 있다. 때로는 한 연만 설명하기로 선택할 수도 있지만, 보통 시 한 편 전체를 다룬다. 따라서 강해설교 구절 범위를 선택할 때 따라야 할 일반 원칙이 있다. 곧, 강해설교는 성경 사상을 제시하는 **문학 장르 단위를 기반으로** 한다.

그러나 잠언을 설교할 때는 이 규칙에 도전할 수밖에 없다. 처음 아홉 9개 장에서는 사고 단위를 비교적 쉽게 알 수 있지만, 10~31장에 제시하는 격언은 서로 연결되지 않은 것처럼 보이는 짧은 문장의 모음집과 같다. 그러나 잠언을 차례로 설교하면 설교가 명중탄임을 알 수 있다. 이 때문에 잠언을 본문으로 설교할 때는 보통 주제별로 한다. 여러 장에서 몇 가지를 발췌하여 논리적 또는 심리적 순서로 조합하여 설교의 사고 단위를 짠다. 데릭 키드너(Derek Kidner)는 잠언에 관한 간단한 주석에서 이러한 주제 연구 중 여덟 가지를 제안한다.[2]

그러나 우리는 최근 잠언 주석이 히브리어 본문에서 잠언들 사이 여러 언어학적 연결성을 언급함에 주목해야 하는데, 이 연결성은 잠언들이 언뜻 보기에는 임의적이나 그렇지 않음을 제안한다.[3]

주제 강해설교(Topical Exposition) 구절 찾기

강해설교자로서 우리는 일반적으로 성경에 있는 한 권 전체를 또는 긴 구절을 설교할 수 있다. 하지만 일 년 중 어느 특정 시점에는 특정 주제를 설교해야 한다. 부활절과 성탄절에는 특별한 주제를 설교해야 한다. 또한 신학 주제, 예를 들어 삼위일체, 화해, 예배, 가난한 사람들에 대한 하나님의 관심, 또는 성경의 권위 등을 설교하기도 한다. 기독교 교리를 다룰 때는 성경 구절 분석 사전 또는 성경 주제를 설명하는 책의 도움을 받아 성경 공부를 시작할 수 있다. 신학 서적에 있는 찾아보기는 해당 교리의 근거가 되는 성경 구절과 주제에 관한 토론으로 안내할 수 있다.

때때로 개인 관심사, 예를 들어 죄책감, 슬픔, 용서, 외로움, 질투, 인간의 성, 정치, 결혼, 이혼을 다루고 싶을 수 있다. 삶의 상황 설교라 불리는 개인 문제에 관한 설교는 특히 더 어렵다. 설교할 구절 또는 여

---

2 Derek Kidner, *Proverbs* (Downers Grove, IL: IVP Academic, 2008).

3 예를 들어, Bruce K. Waltke, "Old Testament Interpretation Issues for Big Idea Preaching: Problematics Sources, Poetics, and Preaching the Old Testament, An Exposition of Proverbs 26:1~12," in *The Big Idea of Biblical Preaching: Connecting the Bible to People*, eds. Keith Willhite and Scott Gibson (Grand Rapids, MI: Baker Books, 1998), 41~52 ‖ 「중심 사상 설교를 위한 구약의 해석 문제들—문제가 되는 자료들, 시적 표현들과 구약 설교하기, 잠언 26장 1~12절의 강해」, 『빅 아이디어 설교—해돈 로빈슨을 기념하며, 성경과 사람을 정확하게 연결하는 설교법』, 이용주 옮김 (서울: 디모데, 2003), 51~68; Waltke, Bruce K. "Proverbs 10:1~16: A Coherent Collection?" in *Reading and Hearing the Word from Text to Sermon: Essays in Honor of John H. Stek*, ed. Arie C. Leder (Grand Rapids, MI: Calvin Theological Seminary and CRC Publications, 1998), 161~80을 보라.

러 구절을 어떻게 찾아야 할까? 설교자가 성경을 폭넓게 알고 있다면, 이러한 문제에 맞닥뜨린 사람에게 말할 구절을 손쉽게 찾는다. 아담의 유혹, 가인의 질투, 야곱의 죄책감, 엘리야의 우울증, 또는 우리에게 상처를 준 사람을 대면하고 용서해야 한다는 예수님의 가르침 등을 알 수 있다. 그러나 성경을 폭넓게 이해하지 못한 상태라면, 성경 구절 사전이 관련 구절을 찾도록 단서를 제공할 수 있다. 또한 기독교 관점으로 도덕적 · 윤리적 문제를 다루는 책은 문제를 분석할 뿐만 아니라 고려해야 할 성경적 자료를 제시하기도 한다. 따라서 주제 강해설교를 준비할 때, 주제나 문제로 시작하고서 이와 관련된 구절이나 구절을 찾는다.

주제 강해설교 구절을 찾는 데는 문제점이 두 가지이다. 첫째, 설교하려는 주제는 성경의 여러 구절을 다뤄야 한다. 따라서 구절마다 그 문맥에서 검토해야 한다. 가르침에 근거로 삼으려는 한 구절만 떼어내면, 성경 기록에 담긴 긴장을 무시할 수 있다. 일반적으로 주제 강해설교는 단일 구절에 근거한 강해설교보다 더 많이 연구해야 한다.

주제 강해설교 구절을 찾는 데 또 다른 문제점은 성경에서 중요한 내용을 읽어내려다가 성경 기록에서 무언가를 집어넣어서 읽을 수 있다는 점이다. 개인 문제로 시작하면, 성경을 그릇되게 사용할 위험이 있다. 성경으로 시작할 때 21세기에 이르지 못할 수도 있는 어려움에 맞닥뜨린다면, 21세기로 시작할 때는 성경을 정직하지 않게 다루는 함정에 빠질 수 있다. 상처받은 사람을 도우려고 하는 말을 하고 싶은 열망에 사로잡혀 성경 구절이 뒷받침하지 않는 말을 할 수도 있다. 우리는 성경 저자의 의도나 구절의 문맥을 고려하지도 않은 채, 우리가 하려는 말을 뒷받침한다고 느끼는 성경 본문을 사용하는 잘못을 저지를 수 있다. 회중이 느끼는 필요에 연관성 있게 설교하려는 설교자는 마땅히 칭찬받아야 한다. 그러나 자기 생각을 하나님의 말씀이듯이 말한다면, 자기 소명을 완전히 배신하는 짓이다.

어느 성경 구절을 선택하든, 그 구절이 스스로 말하게 해야 한다. 이따금 성경 구절은 우리가 기대하는 바를 말하지 않을 때가 있다. 로마서 13:1~7에서, 바울이 정부에 관해 논의하는 바를 한 예로 들 수 있다. 특히 미국인으로서 정부에 접근 방식은 사도가 가르치는 바와 이따금 맞부딪힌다. 또한, 구절이 있는 문맥을 완전히 무시한 채로 좋아하는 교리를 지지하는 증빙 구절(proof texts)에 기대기도 한다. 또한 성경 저자가 전혀 의도하지 않은 내용을 설교에서 말함으로 성경 저자를 현대 심리학자로 바꾸려는 유혹을 받을 수도 있다. 그러므로 주제 강해설교(topical exposition)는 이른바 주제 설교(topical sermon)와는 아주 다른데, 주제 강해설교는 성경 사상이 주제를 정의하고 전개하는 모든 내용을 이룬다는 점에서 그렇다.

설교 시간 고려하기(Sermon Length)

설교할 내용을 선택할 때 고려해야 할 또 다른 요소는 시간(time)이다. 설교자는 제한된 몇십 분 만에 설교해야 한다. 잘 준비해 매력적으로 제시하는 성경 진리를 듣는 회중이 손에 스톱워치를 들고 목회자 앞에 앉는 경우는 거의 없다. 그러나 설교자에게 주어진 시간제한을 존중할 때, 청중을 더 잘 섬길 수 있다. 설교자는 설교를 정한 설교 시간에 맞춰야 하는데, 이는 강단에서가 아니라 서재에서 연구할 때 맞춰야 한다.

설교 시간이 12~15분인 교회에서도 강해설교를 전할 수 있다. 물론 제시할 수 있는 구절의 길이 그리고 구절을 전개하는 세부 사항에는 제한이 있을 수밖에 없다. 아마도 그 부문의 주요 아이디어에 제한하겠으며, 회중에게 그 아이디어가 본문을 통해 어떻게 삶에 적용되는지 난 몇 줄로 제시해야 한다.

설교 시간이 45분이어도, 설교자는 여전히 선택해야 한다. 한 구절에 관해 발견한 모든 것을 청중에게 말하는 경우는 거의 없으며, 그렇게 하려고 해서도 안 된다. 따라서 설교 시간이 15분이든 1시간이든, 특정 설교에서 무엇을 포함하고 무엇을 제외할지 선택해야 한다. 설교자는 자기 설교 경험을 근거로, 자세히 다룰 수 있는 구절의 길이를 찾을 수 있다. 또한 구절을 벌레 눈으로 바라보지 않고 새 눈으로 바라봐야 할 때를 안다. 따라서 설교할 구절을 선택할 때는 사상 단위와 그 구절을 다룰 수 있는 시간을 둘 다 고려해야 한다.

2단계, 선택한 구절을 연구해서 발견한 내용을 모은다

(Study your passage and gather your notes)

설교자 임무는 구절을 연구해서 발견한 내용을 기록함으로 시작한다.

문맥 살피기(The Context)

설교할 구절을 선택했다면, 가장 먼저 그 구절을 그 문맥에서 살펴야 한다. 선택한 구절은 절대 홀로 있지 않다. 개별 절은 문단의 일부이며, 문단은 장의 일부이고, 장은 책의 일부이다. 한 책을 읽을 때, 50쪽을 펼쳐서 한 문단만 읽고서, 저자의 의미에 관해 권위 있게 말할 수는 없다. 그 문단은 저자가 주장하는 부분이 아니라, 상대방 주장을 인급하는 부분일 수 있다. 최소한 전체 문단을 읽고 이 한 문단이 더 큰 부문에서 어떻게 들어맞는지 알려고 해야 한다. 자기가 읽은 문단을 정말로 이해하고 싶다면, 그 문단을 포함하는 장이 책 전체에 어떻게 들어맞는지도 질문한다. 오래된 톱이라도 톱날은 여전히 날카롭다. 곧, "본문이 자리한 문맥을 살피지 않으면, 본문을 그럴싸한 핑곗거리로 삼을 뿐이다."

이러한 이유로, 우리는 성경 구절을 그 구절이 속한 더 넓은 문학 단위에 연결해 연구하기 시작한다. 일반적으로 이렇게 연구하려면, 성경 책을 여러 번역본으로 여러 차례 읽어야 한다. 히브리어나 헬라어 본문 독해 능력이 있더라도 일반적으로 자기 말 번역본으로 읽으면, 저자가 자기 사상이 광범위하게 전개해도 파악하기가 훨씬 더 쉽다. 인터리니어(interlinear, 히브리어 또는 그리스어 본문 아래에 번역어를 배치하는 방식)

처럼 단어마다 번역한 버전부터 현대어로 표현한 버전까지 여러 번역본 성경이 있다.

여러 번역본 성경마다 자기 방식으로 성경 연구자를 돕는다. 여러 번역본 성경을 읽음으로, 히브리어 또는 헬라어 본문이 표현하는 선명함과 활력을 느낄 수도 있다. 예를 들겠다.

- 성경을 연구할 때는 New American Standard Bible(NASB)을 쓰는데, 이 성경은 원어 성경 본문에 가깝긴 해도 대중 앞에서 읽으면 딱딱하고 나무처럼 들릴 수 있다.
- New King James Version(NKJV)은 원어 성경 본문에 더 가깝다.
- 과거에 충실하고 싶은 연구자는 King James Version(KJV)을 더 좋아한다.
- 원어 성경 본문의 역동성을 파악하고 성경 저자의 사상을 반영한 번역 성경과 의역 성경도 있는데, 예를 들어 Eugene Peterson, *The Message* ‖『메시지』; J. B. Phillips, 신약성경 의역 ‖ 비고.『필립스 신약성경』; New Living Translation(NLT) 등이다.
- 히브리어와 헬라어 성경 본문에 충실하면서도 문체에 묘한 감정까지 표현하려는 번역본도 있는데, New International Version(NIV)이다.

이러한 성경 번역본과 다른 번역을 함께 읽으면, 구절의 넓은 문맥을 더 잘 이해할 수 있다.

따라서, 설교하려는 구절을 너 넓은 문학적 틀(wider framework)에 그대로 둠으로써, 소설 작가에게 주는 기회를 성경에도 똑같이 준다. 우리는 선택한 문단을 더 넓은 사고 단위에 맞추고자 한다. 이 틀을 우리 스스로 찾을 필요는 없다. 구약성경이나 신약성경의 개론서 그리고 주석 서론에서는 일반적으로 책이 쓰인 이유 그리고 그 내용을 개관하며 설명한다. 주석가가 때때로 이러한 문제에 같은 의견이 아닐지라도, 우리는 성경을 스스로 읽으면서 그들이 제시하는 틀을 고려할 수 있다.

선택한 구절을 그 책의 더 넓은 통일성 안에 자리 잡게 해야 하며 또한 바로 앞 문맥과도 연결해야 해야 한다. 의미를 결정하게 하는 더 많은 단서는 그 구절에 있는 세부 사항을 검토하기보다는, 주변 문맥을 연구하는 데서 나온다. 단락 또는 하위 부분을 이해하려면, 그 문단이나 하위 부문을 앞에서 어떻게 전개하고 뒤에서 어떻게 이어가는지를 설명해야 한다. 이 특정 구절이 거기에 없다면, 어떤 차이가 있을까? 이 구절은 이 책에서 목적하는 바가 무엇인가? 예를 들어, 고린도전서 13장을 이해하려면, 13장이 12~14장에 나오는 영적 은사를 다루는 더 큰 단원의 한 부분임을 이해해야 한다. 13장에서 사랑과 영적 은사를 대비함을 해석하려면, 12~14장을 함께 고려해야 한다. 또한 고린도전서의 앞 장들은 독자가 어떤 영적 상태인지를 드러내며 바울이 사랑을 권면함을 그들 상황에 어떻게 적용하게 하는지를 생각하게 한다.

다른 번역본으로 구절을 읽을 때는 펜을 손에 들고 읽거나 노트북이나 태블릿을 테이블 위에 놓고 읽는다. 구절을 이해하는 데 문제가 있는 부분을 가능한 한 정확하게 적는다. 그 문제점을 모두 적고, 직접 설명한다. 번역본이 서로 크게 다르면, 그 차이점에 유의한다. 이는 일반적으로 번역가들이 서로 다른 관점으로 구절을 이해한다는 뜻이다. 그 차이점을 설명하자. 익숙하지 않은 배경이나 생소한 수사법 때문에 혼란스러울 수도 있다. 저자가 자기 생각을 치밀하게 추론하기에, 따라가지 못할 수도 있다. 올바르게 질문해야만 올바른 대답을 찾을 수 있는데, 이는 필수 단계이다.

지금 우리는 글쓴이의 아이디어를 찾고자 한다. 먼저 글쓴이가 무엇을 말한다고 생각하는지를 어림잡아 서술하기, 곧 **주제 요소**(subject) 찾기로 시작한다. 그러고서 글쓴이가 그 주제에 **관해**(about) 어떤 주요 주장을 하고 있는지, 곧 **부연 요소(들)**(complement[s])을 결정해야 한다.

이 시점에서 주제 요소를 분명하게 쓸 수가 없다면, 이 일에 방햇거리는 무엇인가?

- 들어맞지 않는 절(verse)이 있는가?
- 저자는 여러분이 나눠서 쓰려는 여러 주장을 오히려 연결돼 있다고 생각하는가?
- 이 문단은 앞 문단 그리고 뒤 문단과 무슨 관련성이 있는지 파악하지 못하는가?
- 글쓴이가 사용한 이미지 중 이해하지 못한 것이 있는가?

'무언가를 모름'과 '모르는 상태를 모름'은 전혀 다른 문제이다. 궁금한 점을 찾아서 적어두면, 저자가 말하는 주제 요소를 파악하게 돕는다.

설교하기로 선택한 구절을 문맥에서 살폈으면, 이제는 세부 내용을 살펴야 한다. 이는 서신서에서 그리고 복음서 일부에서는 저자의 의도를 파악하려고 구절의 어휘와 문법 구조 살피기를 뜻한다. 내러티브 구절이면, 무슨 일이 일어나고 있는지 설명하는 저자의 진술을 찾아야 한다. 예를 들어, 사무엘하 11장에서 역사가가 다윗의 죄를 어떤 평가도 하지 않은 채 보고한다. 그 장의 마지막에서만 "다윗이 한 일이 주님을 불쾌하게 했다"라고 말한다(27절). 편집자 언급이 없으면, "성경 저자는 왜 이 에피소드를 포함했을까?" 또는 "처음에는 불필요해 보이는 세부 사항이 구절에 있는가?"라고 질문해야 한다. 구약성서의 저자는 뛰어난 이야기꾼이며 신학자이다. 그들은 단순히 잠자리에 들 때 아이들에게 들려주라고 이야기하지 않고, 하나님에 관한 진리를 알려주려고 자기들 이야기를 한다.

자기 말로 번역한 성경 읽기만으로도 성경을 많이 배울 수 있어 놀랍지만, 성경 원어를 조금 알아도 더 많은 도움을 받을 수 있다. 히브리어나 헬라어로 쓴 구절 읽기는 고화질 TV 보기와 같다. 화면은 생생함과 정확성으로 도드라지게 보인다. 히브리어나 헬라어 전문가가 아니어도 히브리어나 헬라어를 유용하게 사용할 수 있으며, 거의 모든 사람은 사용할 수 있는 언어 도구를 사용할 수 있다. 정확성과 진실성은, 성령께서 결코 전달하고자 하지 않으셨던 내용을 하나님의 이름으로 선포하지 않도록, 가능한 모든 기술을 개발하라고 요구한다.

석의 도구 갖추기(Exegetical Tools)

지금까지는 자기 말 성경 번역본 그리고 가능하면 원어 성경 본문 자체를 살펴서 이해하지 못한 바를 분명하게 하는 질문을 함으로, 구절의 전체 아이디어를 결정하고자 했다. 이제는 구절을 더 깊게 살피도록 돕는 도구를 잘 활용하자. 본문을 살필 때, 적어도 여덟 가지 도구가 이 연구에 꽤 쓸모가 있다.

성경 어휘 사전(Lexicon)

성경 어휘 사전은 성경 원어 사전의 한 종류이다. 이 사전을 사용하면, 히브리어나 헬라어로 쓰인 단어의 정의를 찾을 수 있다. 이 사전은 단어의 정의와 함께 어근 의미, 일부 문법 형식의 식별, 단어가 등장하는 구절 목록, 다양한 문맥에서 용법 분류, 단어에 색칠하는 데 도움을 주는 몇 가지 삽화도 제공한다.

성경 어휘 용례 사전(Concordance)

성경 어휘 사전이 사전처럼 단어를 정의하지만, 때로 그 단어가 쓰인 구절에서 연구는 꼭 해야 한다. 어휘 용례를 살펴서 뜻을 결정하는 데는 성경 어휘 용례 사전을 참고한다.

성경 원어 문법책(Grammar)

그러나 의미는 단어에서만 비롯하지 않는다. 단어는 그것이 쓰인 구(phrase), 절(clause), 문장, 문단 등에서 이해해야 한다. 구문론(syntax) 연구는 단어가 다른 단어(들)과 어떻게 구문을 이뤄서 뜻을 나타내는지 살피는데, 문법책은 이를 연구하도록 돕는다. 문법책은 단어들이 어떻게 이뤄지는지 그리고 문장을 이루는지를 서술하도록 돕고, 성경 구절 찾아보기가 있는 문법책은 살피는 구절에 관한 통찰력을 준다.

단어 연구 책(Word-Study Books)

성경 저자가 단어를 어떻게 사용했는지 평가하는 작업의 대부분은 학자들이 했다. 단어 연구 책은 구약과 신약에 쓰인 단어에 관한 통찰력을 제공하며, 단어가 문맥에 쓰이기까지는 최소한만 도움이 되기에 이러한 책들은 적절한 경우 문법적 용법을 다룬다.

성경 사전(Bible dictionary)과 성경 백과사전(Bible encyclopedia)

대부분의 영어 사전과 달리, 성경 사전은 단어의 정의를 넘어서는 내용을 제공한다. 성경 사전은 성경의 인물, 사건, 배경도 간략히 설명한다. 성경의 한 책이 언제 그리고 어디서 쓰였는지, 독자는 누구인지, 저자는 누구인지 등에 관한 많은 질문은 좋은 성경 사전이나 성경 백과사전에서 그 대답을 확인할 수 있다. 참고 자료마다 강점이 다르기에 같은 주제에 관해 여러 백과사전과 사전을 찾아보면 균형과 완전성을 모두 얻을 수 있다. 또한 각 항목 마지막에 있는 참고 자료 목록을 참고해서 주제를 더욱 깊이 있게 탐구할 수 있다.

주석(Commentaries)

성경을 가르치려는 사람도 선생님에게 배워야 한다. 학자는 주석으로 교회를 섬긴다. 주석은 단어 의미, 구절 배경, 작가 주장에 관한 많은 정보를 제공한다. 일반적으로 여러 주석 시리즈에서 책마다 가장 좋은 주석만을 골라 구매함이 현명하고 저렴하다. 또한 한 구절에 관한 여러 주석을 참고하여 성경 저자의 의미를 파악할 때, 각 주석의 내용을 서로 비교함도 유익하다. 기본 연구할 때는 번역 성경뿐만 아니라 원어 성경에 기초한 주석도 참고하면 좋다. 여러 참고 자료 목록은 주석 선택에 유익하다. 국제비평주석시리즈(International Critical Commentary series, ICC)나 WBC성경주석시리즈(Word Biblical Commentary series)는 원어로 연구하는

데 많이 돕는다. 이들은 종종 상당히 전문적이라 성경 원어 지식이 필요하지만, 본문 의미를 파악하려고 깊이 있게 설명한다.

또한 강해 주석(expositional commentaries)도 참고하면 좋다. 이는 대체로 영어 친화적 경향이 강한데, 저자가 성경 원어를 연구해서 집필한 강해 주석을 선택해야 한다.

- InterVarsity's Tyndale Old Testament Commentary series || 틴델 구약주석 시리즈,
- Zondervan's Expositor's Bible Commentary series || 엑스포지터스 성경주석,
- 또는 Crossway's ESV Expository Commentary series || ESV 성경 해설 주석 등이 강해 주석을 대표한다.

적용에 집중하는 주석에서도 추가 도움을 받을 수 있는데, 예를 들어

- NIV Application Commentary series on both the Old and the New Testaments || (NIV) 적용주석,
- IVP New Testament Commentary series || IVP 성경주석,
- The Bible Speaks Today series || BST 성경강해 등이다. 이것도 석의와 강해가 특징이지만, 때로 비평 주석이나 강해 주석과 같은 깊이는 아니다.

유명한 설교사가 전한 설교를 담은 책, 오디오 다운로드, 동영상 등도 많다. 이러한 자료는 설교에 접근하거나 적용하는 방법에 관한 아이디어를 얻을 수 있지만, 설교 준비 초기에 참고해서는 안 된다. 이러한 자료에 지나치게 의존하면, 성경 본문을 스스로 연구하지 않는다.

참고 자료 목록(Bibliographies)

설교자 서재를 구축하게 돕는 탁월한 자료는 John Glynn, *Commentary and Reference Survey*, 10th ed.(2007)이다. 글린은 '기본' 서재를 탁월하게 구축하게 돕는다. 그는 세 무리, 곧 정보에 밝은 평신도, 성경대학교

및 신학대학원 학생, 목회자 등을 대상으로 책과 컴퓨터 프로그램을 제안한다. 글린은 개인 서재에 참고 도서를 추천하고, 또한 750개 주석 시리즈 그리고 성경의 책마다 개별 주석을 평가한다. 그는 출판된 참고 문헌과 설문조사, 신학 학술지 서평, 저명한 학자들의 추천 등을 바탕으로 평가한다. 그가 한 설문조사는 "비용 대비 가장 좋은 책을 얻으려면 어느 책을 구매해야 할까?"라는 질문에 대답한다.

Baker Academic은 서재에 들일 주석을 고르는 데 유용한 도구 2권을 발간했다.

Longman, Tremper, III. *Old Testament Commentary Survey*. 5th ed. Grand Rapids: Baker Academic, 2013.

Carson, D. A. *New Testament Commentary Survey*. 7th ed. Grand Rapids: Baker Academic, 2013.

신학교육 기관 서점 그리고 웹사이트도 서재를 기본 도서로 꾸미게 도우며, 성경의 책마다 최고 주석을 추천하기도 한다. 몇몇 신학대학원, 예를 들어 덴버신학대학원(Denver Seminary) 교수진은 갖춰야 할 가장 좋은 주석을 정리한 참고 자료 목록을 제공한다.[4] 성경을 진지하게 연구하려는 설교자는 자기 서재에 좋은 책을 갖춰야 한다.

성경 연구 소프트웨어 프로그램(Bible Study Software)

기본 학습서와 좋은 주석을 사려면 돈을 많이 들지만, 신중하게 선택하면 그 가치는 평생 지속한다. 구매를 고려할 수 있는 또 다른 자료는

4 이 참고 자료는 아래 사이트에 접근해 활용할 수 있다. (밝힘. 옮긴이가 2024년 자료를 2025년 자료로 바꿨다.)
https://denverjournal.denverseminary.edu/the-denver-journal-article/annotated-old-testament-bibliography-2025/;
https://denverjournal.denverseminary.edu/the-denver-journal-article/new-testament-exegesis-bibliography-2025/.

성경 공부 소프트웨어 프로그램이다. 이는 상대적으로 적은 비용으로 많은 양의 전자 서적을 설교자와 목회자에게 제공하기에, 교재와 주석 구매에 드는 비용을 상쇄한다.

여러 성경 공부 소프트웨어 패키지는 헬라어와 히브리어 본문, 영어를 비롯한 성경 번역본, 일치 성구, 주석(고대 및 현대), 특정 구절에 초점을 맞춘 단어 학습 보조 자료 등 전체 자료를 손끝으로 이용할 수 있게 한다. 이러한 프로그램 대부분이 쌍방향이라서 성경 본문과 학문 도구 사이를 오갈 수 있기에, 더 인상적이다.

자기 필요를 알고서, 온라인에서 쇼핑하며 자기에게 가장 적합한 소프트웨어 프로그램을 선택하는 게 좋다. 선택할 폭이 넓긴 해도, 업데이트된 프로그램은 학습 효율을 높이고 작업 결실을 풍부하게 한다.

오늘날 목회자 대부분은 컴퓨터, 노트북, 태블릿에서 소프트웨어 프로그램을 사용하여 계속 연구한다. 어떤 이들은 이전 방식, 곧 기록장이나 누런 괘선 용지를 더 좋아하기도 한다. 어떤 방법을 사용하든 조사 살핀 결과를 기록할 데가 있어야 한다. 몇 절(verse)로 이뤄진 구절의 경우, 절마다 별도 페이지를 할애할 수 있다. 구약성경 이야기처럼 본문 양이 많으면, 전체 문단에 한 페이지를 할애할 수도 있다. 아이디어와 그 전개에 관한 메모, 가능한 삽화, 소개 및 응용에 관한 단서를 기록하려고 별도 페이지를 마련하는 경우가 많다.

구절의 세부 사항을 연구하고 문맥에 배치하는 과정에 있다면, 우리는 이미 다음 단계로 나아가고 있다.

3단계, 구절을 연구하면서, 부분을 서로 연결해 석의 아이디어와 그 전개를 결정한다 (As you study the passage, relate the parts to one another to determine the exegetical idea and its development)

언어 · 문법 분석은 그 자체가 목적이 아니라, 구절 전체를 더 명확하게 이해하게 해야 한다. 그 과정은 종합에서 분석으로, 다시 종합으로 이동하는 모래시계와 비슷하다. 처음에는 저자의 의도를 이해하려고 번역본 성경으로 구절과 그 문맥을 읽는다. 그러고서 세부 사항을 검토하여 첫인상을 검사한다. 그런 다음 연구한 바에 근거해 주제 요소와 부연 요소를 마지막으로 진술한다.

이 과정에서 "성경 저자는 정확히 무엇을 이야기하려 하는가?"라고 질문한다. 가능한 주제 요소를 찾으면, 구절을 다시 살펴보고서 그 주제 요소를 세부 사항과 연결 짓는다.

- 주제 요소는 모든 부분에 적합한가?
- 주제 요소 범위가 너무 넓은가? 어떻게 좁힐 수 있는가?
- 주제 요소 범위가 너무 좁은가? 모든 부분을 설명하는 더 넓은 주제가 있는가?
- 선택한 주제 요소는 구절이 말하는 바를 정확히 서술하는가?

주제 요소(The Subject)

주제 요소에 관한 처음 진술은 이따금 너무 넓다. 그 범위를 좁히려면, 몇 가지 결정적인 질문으로 주제 요소를 살핀다. 다음 몇 구절로, 그 질문이 무엇인지 알 수 있다.

> 내게는 아주 성실한 친구가 여섯 명이 있는데,
> 그들은 내가 아는 모든 것을 내게 가르쳤어,
> 그 친구들 이름은 어떻게(How), 무엇을(What), 왜(Why),
> 언제(When), 어디서(Where), 누가(Who)이다.

주제 요소를 항상 질문 형식으로 진술할 수 있음을 기억하자. 따라서 이 여섯 가지 질문을 제안한 주제에 적용하면, 더 정확하게 대답할 수가 있다. 야고보서 1:5~8을 예로 들겠다.

> "너희 중에 누군가가 지혜가 부족하면 하나님께 부탁하라, 그분께서는 모든 이에게 후하게 주시고 꾸짖지 않으시기에, 그에게 지혜를 주신다. 그러나 조금도 의심하지 말고 믿음으로 부탁해야 하는데, 의심하는 이는 바닷물 파도와 같아서 바람에 밀려 출렁인다. 그 사람은 주님에게서 무언가를 받으리라고 기대하지 말아야 하는데, 두 마음을 품은 사람이라 자기 모든 일에 불안정하기 때문이다." (야고보서 1:5~8, NASB를 옮김)

- 처음에는 이 문단을 읽고서 야고보가 '지혜(wisdom)'에 관해 말한다고 대답할 수 있다. 그러나 지혜가 구절에서 주요한 요소이지만, 주제 요소로는 너무나 폭넓다고 할 수 있는데 야고보는 지혜가 무엇인지를 논의하지 않고 오히려 왜 지혜가 필요한지 또는 언제 지혜가 필요한지를 논의하기 때문이다.
- 구절을 좀 더 자세히 살피면, '지혜를 얻는 방법(how to obtain wisdom)'을 이야기하며, 이것이 주제 요소를 더 정확히 표현한다.
- 그런데 가까운 문맥을 알면, 주제 요소를 더 좁힐 수 있다. 앞 문단, 곧 2~4절에서는 기쁨이 시련에 적절한 반응이라고 말하고, 이 문단에서는 그 논의를 확장한다. 따라서 5~8절에서 더 완전한 주제 요소는 '**시련을 겪을 때 지혜를 얻는 방법**(how to obtain wisdom amid trials)'일 테다.

이 문단에 있는 모든 세부 사항은 직간접적으로 이 주제와 관련이 있다. 제안한 주제 요소가 저자가 말하는 내용을 정확하게 설명하면 구절에 있는 세부 사항이 드러내고, 세부 사항은 주제 요소를 드러낸다. (밝힘. 문단 나누기와 **강조하기**는 옮긴이가 함.)

부연 요소(The Complement)

주제 요소를 간추렸으면, 이제 주제 요소를 '**완성하는**(complete)' 요소, 곧 부연 요소(들)를 결정하고서 이를 아이디어로 만들어야 한다. 이 과정에서 구절 구조를 파악하고 주요 주장과 지지 주장을 구분해야 한다. 가끔, 주제 요소를 간추리면, 부연 요소는 곧바로 드러난다. 야고보서 1:5~8을 예로 들자.

- 주제 요소—'시련을 겪을 때 지혜를 얻는 방법.'
- 부연 요소—'믿음으로 하나님께 부탁한다.'
- 아이디어—'시련을 겪을 때 지혜는 믿음으로 하나님께 부탁함으로써 얻을 수 있다.'

이렇듯, 아이디어는 주제 요소와 부연 요소를 연결하기만으로 완전하게 진술할 수 있다. 단락에 있는 나머지 모든 내용은 이 아이디어를 뒷받침하거나 자세히 설명한다.

특히 신약성경 편지에 있는 구절에서, 성경 저자는 이따금 논리적 논증을 치밀하게 엮는다. 이때 아이디어는 구문 관계도(mechanical layout) 도움으로 드러낼 수 있다. 구문 관계도는 종속절과 독립절의 관계를 잘 나타낸다. 문장 도해(diagramming)—구조를 파악하는 데 유용한 좀 더 까다로운 방법—는, 문장에 쓰인 개별 단어 관계를 결정한다. 구문 관계도나 문장 도해는 성경 원어 본문이나 성경 번역본을 기반으로 할 수 있다. 이 두 가지 방법은 분석하고 종합함으로 구절의 주요 아이디어를 뒷받침하는 자료와 나눈다.

신약성경에 있는 편지(letter)라는 문학 양식(literary form)이 기독교 신학에 크게 이바지하지만, 이는 성경에 있는 여러 문학 양식 중 하나에 지나지 않는다. 성경에는 비유(parable), 시(poetry), 잠언(proverb), 기도(prayer), 연설(speech), 알레고리(allegory), 역사(history), 법률(law), 계약서(contract), 전기(biography), 드라마(drama), 묵시(apocalypse), 이야기(story) 등 여러 문학 유형이 있다. **이 여러 문학 양식에서 설교 아이디어를 찾으려면, 우리가 읽는 구절의 문학 양식을 구별해야 하며, 또한 그 문학 양식마다 지니는 고유한 특징**(convention)**도 알아야 한다**(밝힘. 강조는 옮긴이가 함). 시를 법률 계약서처럼 해석하지는 않는다. 비유는 역사 이야기(historical narrative)나 사랑 노래(love song)와는 크게 다르다. 서사 문학(narrative literature)에서 설교 아이디어를 간추릴 때는 복잡한 문법 관계의 미로를 헤쳐 나갈 필요가 거의 없으며, 대신 여러 문단을 폭넓게 살펴서 저자의 의미를 찾아낸다.

이야기를 이해하려면 여러 다른 질문을 해야 한다. 그 여러 질문을 예로 든다.

- 이야기에서 등장인물은 누구누구이고, 저자는 왜 그들을 포함했는가?
- 여러 등장인물은 서로 견주는가?
- 등장인물은 이야기가 펼쳐짐에 따라 어떻게 바뀌는가?
- 배경은 이야기에 어떻게 이바지하는가?
- 무슨 구조가 이야기를 엮고 그 통일성을 이루게 하는가?
- 낱낱 일화는 어떻게 전체 틀에 맞는가?
- 무슨 갈등이 빚어지며, 그 갈등은 어떻게 풀리는가?
- 저자는 왜 굳이 이 이야기를 하는가?
- 이야기가 무슨 아이디어를 내포하긴 하는데, 왜 드러내지 않는가?
- 아이디어는 주제 요소와 부연 요소로 간추릴 수 있는가?

구약성서의 많은 부분의 장르는 시이다. 시를 산문이 아니라 시로 표현한 번역본을 읽으면, 구약성경 문학에서 시가 가장 많이 쓰인 문학 양식임을 알 수 있다. 우리가 일반적으로 산문이라고 여기는 부분—역사서, 예언서, 지혜문학—에도 시가 차지하는 양은 많다. 시인은 이야기를 들려주기보다는 삶에 관한 감정과 성찰을 표현한다. 히브리 문학에서, 시인은 대구법(parallelism), 곧 앞에 표현한 생각을 반복하거나 그것과 대조하거나 그것에 덧붙여서 소통하며, 사실을 표현하는 데 충실하기보다는 감정을 충실히 표현하는 비유 언어(figurative language)를 사용한다. 이미지와 비유 표현은 경험을 사실에 결합하기에, 더 높은 생명력과 활력을 불어넣는다. 농부가 "땅에는 비가 필요하다"라고 말하면 사실에 충실하지만, "땅은 비를 갈망한다"라고 말하면 사실과 느낌 모두에 충실히 한다. 시인은 자기가 말하는 내용에 힘과 깊이를 더하려고 구조와 표현을 짜낸다. 따라서 시 해석 자체는 여러 가지 질문을 한다.

- 이미지와 수사법 뒤에는 무슨 뜻이 있을까?
- 시인은 이 표현으로 무슨 감정을 표현할까?
- 시인은 무슨 양식과 구조 요소를 써서 생각하도록 훈련하는가?
- 똑같은 진리를 산문으로 쓰면, 무엇을 잃을까?

어떤 문학 장르를 공부하든 작가의 아이디어를 파악하려고 힘쓰고, 또한 그 아이디어가 구절에서 어떻게 전개되는지 파악하려고도 힘써야 한다. 여러분이 간추린 아이디어 진술—주제 요소와 부연 요소를 결합한 표현—로 구절을 다시 살핀다. 구절에 있는 각 부분이 여러분이 간추린 아이디어에 어떻게 들어맞는지 설명할 수 있는가? 시인이 자기 시를 논리 순서로 전개하지는 않아도, 심리 관계로는 전개할 수 있다. 그 관계를 파악했는가? 이야기꾼이 이야기를 들려주지만, 그 이야기에 어떤 역할도 하지 않는 듯한 세부 사항이 있다면 그 이유를 스스로 물어야 한다. 성경은 위대한 문학이다. 성경은 우리 마음과 감정을 이야기한다. 위대한 문학으로서 성경은 불필요한 상식을 다루지 않는다. 성경 저자는 자기가 쓰는 내용을 우리가 이해하고 느끼기를 바란다. 세부 사항을 포함할 때는 목적이 있다. 저자의 아이디어를 찾았다면, 구절의 다른 부분이 그 아이디어를 드러나게 한다. 우리가 곧바로 이해하지 못하는 부분에서 최고 통찰력을 발견하는 경우가 많다.

유익한 한 가지 방법은 연구자가 성경 구절을 자기 말로 풀어서 옮기기이다. 성경 저자가 드러내놓고 말했는지 그렇게 하지 않았는지에 관계없이 본문에서 보이는 관계를 정확하게 생각하고 주의 깊게 서술한다. 글을 쓰면서 석의 아이디어 진술을 구절의 일부에 맞게 바꿀 수도 있다. 성경 구절을 여러분이 쓴 아이디어 진술에 억지로 비틀어서 맞추려 해서는 안 된다.

이 시점에서, 학습한 결과로 두 가지를 할 수 있어야 한다.

- 첫째, 구절에서 찾은 주제 요소와 부연 요소를 결합한 아이디어를 한 문장으로 말할 수 있어야 한다.
- 둘째, 본문의 각 부분이 아이디어와 어떻게 연관되는지 말할 수 있어야 한다.

이는 땀을 흘리는 힘든 작업이지만, 성경을 정확히, 명확히, 그리고 연관성 있는 방식으로 설교하려면 반드시 해야 한다.

용어 정의(definition)

- **구문 관계도**(Mechanical layout)—문단에서 종속절과 독립절 관계를 제시한다.
- **구절 풀어쓰기**(Paraphrase of a passage)—구절에 있는 아이디어 전개를 현대어로 쓰기이다.
- **도해**(Diagramming)—문장에서 개별 단어들 관계 그리고 절들(clauses) 관계를 나타낸다.
- **문맥**(Context)—특정 구절이 있는 더 넓은 틀이다. 문단 또는 장으로 좁힐 수 있으나, 궁극적으로는 검토하는 책의 더 큰 논증을 포함한다.
- **성경 사전과 성경 백과사전**(Bible dictionary and encyclopedia)—성경 주제, 곧 성경 책별 배경 그리고 성경 인물을 포함해 여러 주제에 관한 항목이 있는 방대한 참고 자료이다.
- **성경 어휘 사전**(Lexicon)—정의, 어원 뜻, 몇몇 문법 형태 확인, 단어가 쓰인 구절 목록, 단어가 쓰인 여러 문맥에서 용례 분류, 단어를 다채롭게 하는 몇몇 예시 등을 제공한다.
- **성경 어휘 용례 사전**(Concordance)—용례로 어휘 의미를 결정하게 돕는다.

심화 독서 자료(For Further Reading)

Fee, Gordon D., and Douglas Stuart. *How to Read the Bible for All Its Worth*. 4th ed. Grand Rapids: Zondervan, 2014 ‖ 『성경을 어떻게 읽을 것인가』. 오광만 · 박대영 옮김. 서울: 성서유니온, 2016. 문학 유형, 곧 장르(literary type, genre)에 따라 그 작품을 감상하는 마음가짐은 달라야 한다. 법률 문서는 소설이나 시, 또는 보험 회사에서 보낸 편지를 읽는 방식으로 읽지 않는다. 이 책 최신판은 시간을 내서 꼭 읽어야 한다. 이 책은 성경을 정확하게 해석하고 적용하려는 노력에서 올바른 질문을 할 수 있도록 돕는 이해하기 쉬운 안내서이다.

Duduit, Michael, ed. *Handbook of Contemporary Preaching: A Wealth of Counsel for Creative and Effective Proclamation*. 2nd ed. Nashville: B&H Academic, 2024. 성경에서 다른 부문 그리고 다른 장르를 설교하기에 관한 유익한 장이 있어서, 성경의 다양한 문학 유형을 설교하는 데 유익하다.

Mathewson, Steven D. *The Art of Preaching Old Testament Narrative*. 2nd ed. Grand Rapids: Baker Academic, 2021 ‖ 비고. 『(청중을 사로잡는) 구약의 내러티브 설교』. 이승진 옮김. 서울: 기독교문서선교회, 2004. 성경에서 주요 장르는 내러티브이다. 이 책은 구약성서 내러티브 연구 방법을 실제로 살핀다. 저자는 성경 이야기를 통해 자기 길을 찾으려는 독자에게 동정심을 불러일으킨다. 동시에 그는 이미 기본을 알고 있고 더 많은 것을 배우고 싶은 사람에게 유용한 지침을 제공한다.

Alter, Robert. *The Art of Biblical Narrative*. Rev. ed. New York: Basic Books, 2011 ‖ 『성서의 이야기 기술』. 황규홍 · 박영희 · 정미현 옮김. 서울: 아모르문디, 2023. 이 책은 조금 어려울 수 있으나, 탐독할 가치가 있다. 저자는 구약성서 이야기를 문학 비평가 관점으로 다가간다. 히브리어 본문에 기반하고 있긴 하나, 독자가 히브리어를 몰라도 사려 깊게 읽으면 읽힌다.

Alter, Robert. *The Art of Biblical Poetry*. Rev. ed. New York: Basic Books, 2011. 이 책도 히브리어 본문에 기반해 시를 해석한다.

Willhite, Keith, and Scott Gibson, eds. *The Big Idea of Biblical Preaching: Connecting the Bible to People*. Grand Rapids, MI: Baker Books, 1998 ‖ 『빅 아이디어 설교—해돈 로빈슨을 기념하며, 성경과 사람을 정확하게 연결하는 설교법』. 이용주 옮김. 서울: 디모데, 2003. 제 친구들이 쓴 책으로, 이 장에서 말하는 원리를 구체화하기에 매우 유익하다.

Waltke, Bruce K. "Old Testament Interpretation Issues for Big Idea Preaching: Problematics Sources, Poetics, and Preaching the Old Testament, An Exposition of Proverbs 26:1~12." 41~52 ‖ 「중심 사상 설교를 위한 구약의 해석 문제들—문제가 되는 자료들, 시적 표현들과 구약 설교하기, 잠언 26장 1~12절의 강해」. 51~68. 이 장은 시 연구가 잠언의 광범위한 구절의 빅 아이디어를 어떻게 풀어낼 수 있는지를 다룬다. 그는 잠언 26:1~12을 시험 사례로 살핀다.

Borden, Paul. "Is There Really One Big Idea in That Story." 67~80 ‖ 「그 이야기에 정말로 하나의 중심 사상이 존재하는가」. 89~108. 이 장은 설교자가 성경 이야기에서 위대한 아이디어를 발견하고 전달하는 방법을 자세히 설명한다.

Kim, Matthew D., and Scott M. Gibson, eds. *The Big Idea Companion for Preaching and Teaching: A Guide from Genesis to Revelation*. Grand Rapids: Baker Academic, 2021. 이 책은 최근작으로, 성경의 책마다 석의 아이디어와 설교 아이디어를 제시한다. 다른 자료집과 마찬가지로, 일부 내용은 다른 내용보다 더 유익하다. 하지만 전체 내용은 강해 방식으로 설교하려는 모든 이에게 귀중한 자료이다.

Ryken, Leland, and Tremper Longman III, eds. *A Complete Literary Guide to the Bible*. Grand Rapids: Zondervan, 1993. 이 책은 성경의 문학 유형을 예리하게 논의한다. 라이큰은 문학을 사랑하며, 성경이 일반 문학 작품과는 달라도 일반 문학 작품으로 읽어야 한다고 우리를 일깨운다. 성경을 신학책으로 그리고 문학 작품으로 읽어야 한다.

이 장에서 살핀 내용에 관한 질문과 실제는 부록 「설교 준비 연습문제」, 304~308쪽에 있다.

본문에서 설교까지 전개하기

The Road from Text to Sermon 4

❑ 새로운 개념

- 재진술(Restatement)
- 전개 질문 세 개(Three developmental questions)

❑ 성경 강해설교 준비 단계

강해설교는 성경에서 찾아낸 아이디어로 구성하지만, 그 아이디어는 삶에 연관성이 있어야 한다. 그러므로 효과적으로 설교하려면, 강해설교자는 성경 세계(the world of the Bible), 현대 세계(the modern world), 그리고 설교하도록 부름을 받은 그 특정한 세계(the particular world) 등 세 가지 다른 세계에 관여해야 한다.

지금까지 우리는 먼저 '성경 세계'로 들어갔다. 하나님께서는 역사에 존재한 여러 나라를 사용하셔서 당신을 드러내시기로 하셨다. 이 나라들은 우리 문화만큼이나 발달한 문화에 둘러싸여 있었다. 그들은 문법으로 설명할 수 있는 언어를 사용했다. 설교자는 먼저 하나님의 계시가 원래 주어진 남성과 여성에게 어떤 의미였는지 이해하려 해야 한다.

설교자가 고려해야 할 둘째 세계는 현대 세계, 곧 '21세기 세계'이다. 우리 시대를 휩쓰는 흐름을 인식해야 한다. 우리는 전 세계적으로, 경제적으로, 정치적으로, 기술적으로, 사회적으로 큰 변화가 용트림하는 시대에 살고 있다. 하지만 이러한 변화에 교회나 설교자가 놀라서는 안 된다. 각 세대는 고유한 역사와 문화에서 자라고 고유한 언어를 쓴다. 설교자가 회중 앞에 서서 학문적이고 체계적으로 정확한 설교를 할 수 있지만, 청중의 삶 문제와 질문을 무시하면 그것은 죽은 설교이고 무력한 설교이다. 일상에서 들어본 적 없는 암호 언어를 사용하여 경건한 목소리로 말하는 설교가 성경의 위대한 개념을 다루면, 청중은 하나님이 아주 오래전, 먼 곳에 계셨던 분이라고 느낄 뿐이다. 설교자는 아버지와 어머니 세대가 하는 질문에 답해야 하며, 우리 자녀 세대가 하는 질문과도 씨름해야 한다. 하나님을 효과적으로 대변하려면, 먼저 시대 질문과 씨름하고서 그 대답을 하나님의 영원한 진리에서 찾아내 해결해야 한다.

우리가 관여해야 하는 셋째 세계는 우리만의 '특별한 세계'이다. 교회는 어떤 마을이나 도시의 주요 도로에, 곧 도로명 주소가 있는 곳에 있다. 성경의 심오한 문제와 우리 시대의 윤리적 · 철학적 질문은 시골 마을, 중산층 공동체, 또는 복잡한 도시 중심지에서 서로 다른 형태일 수 있다. 궁극적으로 설교자는 모든 사람에게 말하지 않고, 특정 사람에게 말을 걸고 그들 이름을 부른다. 성경은 목사-교사 은사를 말한다(엡 4:11). 이는 두 가지 기능이 결합함을 의미하며, 이 두 가지 기능을 제대로 감당하지 않으면, 하나님을 부정적으로 제시해 결국 적절하지 않게 설교한다. 한 신자는 어리둥절하며 "하나님은 목사처럼 주중에는 보이시지 않고, 주일 예배에서는 무슨 말씀을 하시는지 도무지 이해할 수가 없어서 문제이다"라고 표현한 적이 있다. J. M. 로이(J. M. Reu)가 "설교는 근본적으로 영혼을 돌보는 일의 일부이니, 회중을 철저히 이해하고서 그들 영혼을 돌봐야 한다"[1]라고 한 말은 전적으로 옳다. 능력 있는 목자는 양무리를 잘 안다.

다음 단계에서는 설교를 전개하면서 고대 세계, 현대 세계, 우리가 사는 특정한 세계 등을 모두 하나로 연결하려고 노력한다. 이 과정에서, 옛이야기에서 적절한 그림을 그리듯이, 성경을 연관성 있게 만들지는 않는다. 오늘날 남성과 여성은 성경에서 말하는 인물과 같은 위치에서 하나님 아래에 서 있으며, 지금 그들에게 말씀하시는 하나님의 말씀을 듣는다. "우리 하나님 여호와께서 호렙에서 우리와 언약을 맺으셨다." 이 확언은 율법이 처음 주어진 지 수십 년이 지난 후 두 번째로 듣는 민족이 한 말이다. 그러나 그들은 모세를 통해 "우리 하나님 여호와께서 호렙에서 우리와 언약을 맺으셨다"라고 선언했다. 여호와께서 이 언약을 우리 조상들과 맺으신 게 아니라, 오늘날 여기 살아 있는 우리 모두와 맺으셨다"(신 5:2~3). 신앙 공동체는 먼 시간과 다른 장소에서 일어난 사건을 되돌아보며 그 역사를 현재 현실로 경험했다. 하나님의 말씀이 시내산에서 선포됐으며 또한 이 새로운 세대 사람에게 계속해서 말씀하셨고, 그들을 하나님과 연관시킬 뿐만 아니라 서로 관계에서 하나님이 기대하시는 바를 설명했다.

오늘날 우리가 살고 있는 곳에서 하나님이 우리와 대면하도록 성경을 해설하려면, 성경은 물론이고 청중을 연구해야 한다. 또한 석의 아이디어와 그 전개가 어떻게 설교로 확장될 수 있는지 알아보려고 핵심 질문을 하고서 대답해야 한다는 뜻이기도 하다. 다음 단계로 넘어갈 때, 성경을 삶과 연관 짓는다.

---

1 J. M. Reu, *Homiletics: A Manual of the Theory and Practice of Preaching*, tr. Albert Steinhaeuser (1924; Reprint, Grand Rapids: Baker, 1967), 129.

4단계, 찾은 석의 아이디어를 전개 질문 세 개에 제시한다 (Submit your exegetical idea to three developmental questions)

석의 아이디어는, 눅눅한 시리얼 한 그릇처럼, 우리 메모장에 덩그러니 놓여 있을 수 있다. 이렇게 말하면, 설교할 내용이 있는지 의문이 들 수 있다. 어떻게 하면 석의 아이디어에 톡톡 튀는 생동감을 불어넣어 생명력 있고 생생한 설교로 바꿀 수 있을까? 이 실제 질문에 대답하려면, 생각이 어떻게 펼쳐지는지 알아야 한다.

우리가 뭔가를 서술(declarative statement)할 때는 네 가지 일만 할 수 있는데, 곧 1) 재진술하기(restate), 2) 설명하기(explain), 3) 증명하기(prove), 4) 적용하기(apply)이다. 그 외에는 할 일이 아무것도 없다. 이 간단한 사실을 인식하면, 사고 역동성을 이해하는 길이 열린다.

'재진술'은, 저자나 화자가 어떤 아이디어를 명확히 하거나 독자나 청자에게 깊은 인상을 주려고 '다른 말로' 표현하는 일이다. 재진술은 모든 종류의 담화에 쓰이는데, 특히 히브리 시 대구법(parallelism of Hebrew poetry)에 중요한 역할을 한다. 시편 104:33에서 시편 기자는 읊는다.

> 내가 살아 있는 동안 여호와를 노래하겠다
> 내가 존재하는 동안 내 하나님을 찬송하겠다 (ASV를 옮김).

시인은 자기 생각을 말하고서, 그 생각을 다른 표현으로 재진술한다. 사도 바울은 복음을 율법으로 대체하는 거짓 교사들에게 분노하며 그들을 정죄함을 강조하려고 재진술한다.

> 우리 또는 하늘로부터 온 천사라도 우리가 너희에게 전한 복음 외에 다른 복음을 전하면 저주를 받는다!
>
> 우리가 전에 말했고 지금 다시 말하는데, 누구든지 너희에게 전한 복음 외에 다른 복음을 전하면 저주를 받는다. (갈 1:8~9)

예레미야는 바빌로니아를 비난하는 말을 적어도 여섯 가지 세부 사항에서 같은 생각을 재진술하여 강조한다.

> "칼이 바빌로니아 사람을!"
>   주님께서 선언하신다.
>
> "바빌로니아에 사는 사람을
>   그리고 그 나라 관리와 똑똑한 이를!
>
> 칼이 그 나라 거짓 예언자를!
>   그들은 어리석다.
>
> 칼이 그 나라 장수를!
>   그들은 두려워 떤다.
>
> 칼이 그 나라 말과 마차
>   그리고 그 나라에서 한자리하는 모든 외국인을!
>   그들은 보잘것없다.
>
> 칼이 그들 보물을!
>   그것들은 빼앗긴다.
>
> 가뭄으로 물이 마른다!
>   거기는 메마르다.
>
> 우상이 가득한 땅이기에,
>   공포에 미쳐버릴 우상." (예레미야 50:35~38, NIV를 옮김)

재진술로, 바빌로니아 사람이 심각한 곤경에 빠졌다고 강조한다!

재진술하면 글로 그리고 특히 말로 소통할 때 많은 공간 (또는 시간)을 차지해도, 재진술로는 **사상을 전개하지는 않는다**. 같은 내용을 다르게 말할 뿐이다. 그러나 '**사상을 전개하려면**', 세 가지, 곧 1) 사상을 설명하기, 2) 사상을 입증하기, 3) 사상을 적용하기 중 하나 또는 둘이나 셋을 해야 한다. 이 일을 하는 데, 세 가지 전개 질문을 할 수 있다.[2] (밝힘. 강조는 옮긴이가 함.)

사상 설명하기—“이는 무슨 뜻인가?”
(We Explain It: “What Does This Mean?”)

사상을 전개하는 첫째 질문은 설명에 중점을 둔다. 곧, 이는 무슨 뜻인가? 이 개념 또는 그 개념의 일부는 설명해야 하는가?

“이는 무슨 뜻인가?”라는 질문은 여러 대상에 할 수 있다. 첫째, 성경에 질문할 수 있다. 곧, “내 앞에 있는 성경 구절을 쓴 저자는 자기 사상을 주로 설명함으로 전개하는가?” 바울은 고린도에 있는 친구들에게 편지를 쓰면서 성도들에게 주어진 다양한 은사가 교회 연합을 가로막지 않고 오히려 교회 연합에 이바지하는지 설명한다. 고린도전서 12:11~12에서 자기 생각을 요약한다. “그러나 한 분 같은 성령께서 이 모든 일 하셔서 그분 뜻대로 각 사람에게 나누어 주십니다. 몸은 하나이지만 많은 지체가 있고 몸의 모든 지체는 많지만 한 몸이듯이, 그리스도도 마찬가지입니다”(NASB를 옮김). 이 구절을 둘러싸고 있는 구절에서 바울은 영적 은사를 열거하는 등 개념을 세분화하여 설명하거나 몸을 예로 들며 설명한다. 이러한 비유로, 교회가 몸처럼 여러 지체로 이뤄졌어도 각 지체가 모두의 생명과 유익에 이바지한다고 설명한다. 설교자가 고린도전서의 이 부분을 설교할 때는 바울이 주로 설명으로 자기 생각을 확장하며, 그 설명이 이 구절에서 설교의 주요 요점임을 알아야 한다.

사도 바울은 젊은 동역자 디도에게 편지를 보내, 그가 크레타에서 장로 임명하기를 바랐다. 디도서 1:5~9에서, 바울은 디도에게 교회에서 감독자를 임명할 때 무엇을 살펴야 하는지 설명했다. 그는 이렇게 썼다.

---

2 H. 그레이디 데이비스(H. Grady Davis)는 설교와 관련하여 이러한 질문을 광범위하게 전개했다. 필자는 그분 덕에 이렇게 생각할 수 있다. 이 질문을 성경 연구에도 적용함은, 그분 책 *Design for Preaching* (Philadelphia: Fortress Press, 1958)의 범위를 넘는다.

> 내가 그대를 크레타섬에 남겨둔 이유는, 내가 말한 대로 내가 미처 마치지 못한 일을 마무리하고 모든 마을에 장로 임명하기를 바라기 때문이다. 장로는 흠이 없고, 아내에게 충실하며, 그 자녀가 믿어야 하며, 거칠고 불순종한다는 비난을 받지 않는 사람이어야 한다. 감독자는 하나님의 가정을 관리하므로, 흠이 없어야, 곧 위압적이지 않고, 성질이 급하지 않으며, 술에 취하지 않고, 폭력적이지 않으며, 부정한 이득을 추구하지 않아야 한다. 오히려 그는 친절해야 하는데, 곧 선한 일을 사랑하는 사람, 자제력이 있고 정직하며 거룩하고 절제된 사람이어야 한다. 그는 가르침을 받은 대로 신뢰할 수 있는 메시지를 굳게 붙잡아 건전한 교리로 다른 사람들을 격려하고 반대하는 사람을 반박할 수 있어야 한다. (NIV를 옮김)

- 주제 요소—"교회 지도자 자격은 무엇인가?"
- 부연 요소—"후보자는 '흠이 없어야' 한다.

바울은 이를 두 번이나 말한다. 사도는 장로 후보자의 가정생활, 개인 생활, 사역 등 세 가지 구체적인 틀에서 '흠이 없음'이 무엇을 의미하는지 설명한다. 이 구절에 기초한 설교는 바울이 제시하는 구체적인 내용을 설명하는 데 크게 유익하다. (또한 오늘날 '흠 없는' 교회 지도자가 갖춰야 할 다른 특성도 고려하게 할 수 있다.)

둘째, "이는 무슨 뜻인가?"라는 전개 질문으로, 청중을 탐구할 수도 있다. 이 질문은 여러 가지 형태일 수 있다. 설교자가 자기 석의 아이디어를 단순히 말하면, 청중은 "그게 무슨 뜻이죠?"라고 반응한다. 성경 기자가 당연하게 여기는 구절에는 청중에게 설명해야 할 요소가 있는가? 한편으로 바울이 고린도전서 8장에서 고린도 교인에게 우상에게 바친 고기에 관해 조언할 때, 그때 우상 숭배와 제사는 현대인에게 쇼핑센터만큼이나 당시 독자에게 친숙했다. 하지만 오늘날 사람은 당시 우상 숭배 관행에 당황할 텐데, 고린도 교인이 오늘날 백화점에 갔을 때처럼 말이다. 따라서 '우상에게 바친 음식'에 관해 이야기할 때는 자세히 설명해야 한다. 청중이 문제가 발생한 배경을 이해하지 못하면, 이 구절을 오해하거나 더 큰 피해를 볼 수 있다.

그들은 이교도 신에게 제물로 바친 고기를 먹음으로써, 심리적 · 정서적 · 영적 긴장감을 느낄 수밖에 없었다.

예를 들어, 바울이 '약한 형제'에 관해 말할 때. 죄의 유혹을 쉽게 받는 사람을 꼭 의미하지는 않는다. 그보다는 신학을 경험에 적용하지 않은 지나치게 면밀한 그리스도인(overscrupulous Christian)을 염두에 둔다. 연약한 그리스도인은 "세상에는 우상은 없다"라는 말을 충분히 인식하지 못하고, 우상을 미신의 산물로만 여긴다. 따라서 현대교회에서 자기를 '강하다'고 생각하는 많은 지나치게 면밀한 사람은 바울이 보기에 '약하다'고 할 수 있다. 따라서 이 구절을 다룰 때, 바울이 독자에게 당연하게 여겼던 내용을 오늘날에는 자세히 설명해야 한다.

고린도전서 12:13에서, 사도는 "우리는 유대인이나 이방인이나 노예나 자유인이나 모두 한 성령으로 침례(세례)를 받아 한 몸을 이뤘고, 모두 한 성령을 마시게 하셨다"(NIV를 옮김)라고 말한다. 여기서도 바울은 독자가 성령의 침례(세례) 사역을 이해했다고 가정한다. 그런데 오늘날 우리 회중에게도 그런 지식이 있다고 반드시 가정할 수는 없다. '성령의 침례(세례)'에 관한 언급은 오늘날 은사주의에 의아하게 여기는 일부 청중이 불안하게 자리를 옮기며 질문하게 한다. "그게 무슨 뜻인가?" "우리 교회 사람은 그것에 관해 어떻게 생각하는가?" "그런 경험은 은사 사역자에게 중요한 것으로, 방언과 관련이 있지 않나요?" 은사주의 교회에서 청중은 성령세례가 무엇인지 알고 있다고 생각하지만, 그것이 바울의 주장과 무슨 관련이 있는지 궁금해할 수 있다. 그러므로 이 구절을 설교할 때 이러한 반응을 무시할 수는 없다. 대신, 설교자는 설교를 준비할 때 이러한 반응을 예상하고 바울이 말하지 않았더라도 설교에서 성령의 침례(세례)에 관해 자세히 설명하는 데 시간을 더 쓰기로 결정할 수 있다.

나폴레옹(Napoleon)은 모든 전달자에게 적용할 세 가지 명령을 전령에게 내렸다. 곧 "명확히 하라! 명확히 하라! 명확히 하라!" 명확성은 쉽게 오지 않는다. 우리는 강해자가 되려고 신학교에서 3~4년 동안 훈련을 받는다. 강해자 훈련은 우리를 신학자가 되도록 준비시키지만, 때로는 전달자로서 역할을 가로막기도 한다. 신학 전문어, 추상적 사고, 학자들의 질문 등은 설교자가 일반 남녀에게 명확하게 말하는 데 방해가 되는 지적 짐일 수 있다. 병원, 텔레비전 스튜디오, 인쇄소, 라커 룸, 동네 차고에 들어가서 그곳에서 무슨 일이 일어나는지 이해하고자 한다면, 우리는 "무슨 뜻이죠?"라고 끈질기게 묻는다. 다른 직종 전문가는 같은 직종 종사자가 아닌 사람에게 자기 말을 이해해야 하게 하는 경우가 거의 없지만, 설교자는 그렇지 않다. 설교자에게는 누구도 기독교 신앙에 외부인이 아니다. 설교자는 누구나 하나님 말씀을 이해하게 설명해야 한다. 이는 영원과 관련이 있기에 죽고 사는 문제이다. 따라서 설교자는 청중이 무엇을 모를지 예상하고서 설명함으로 그들이 이해하도록 도와야 한다.

"그게 무슨 뜻인가?"라는 전개 질문은 본문과 청중 모두를 다룬다. 설교 도중에 용기 있는 한 영혼이 일어나서 "목사님, 그게 정확히 무슨 뜻입니까?"라고 외치는 상황을 생각하면, 설교를 전개할 때 명확하게 이야기할 문제를 안다.

사상 입증하기—"이는 사실인가?"(We Prove It: "Is It True?")

둘째 전개 질문은 타당성(validity)에 관한 물음이다. 어떤 진술의 의미를 이해하고서, (또는 이해했다고 생각하고서) 이따금 "이는 사실인가? 정말 믿을 수 있는가?"라고 묻는다. 증거를 요구하는 질문이다.

성경을 진지하게 받아들이는 사람은 처음에는 이 질문을 무시하는 반응을 보인다. 어떤 아이디어가 성경에서 나왔기에, 참된 것으로 받아들여야 한다고 가정한다. 그런데 그 가정이 반드시 타당하지는 않다.

우리는 추론, 증거, 예화 등으로 청중에게서 심리적 수용을 얻어내야 할 수도 있다. 신약성경을 영감받아 기록한 저자들—(모두 구약성경이 하나님께서 숨을 불어 넣으신 증거라고 믿은)—도 구약성경을 인용할 뿐만 아니라 일반 생활도 언급함으로써 자기 진술이 타당하다고 입증하기도 했다.

예를 들어, 바울은 고린도 회중에게 자기 사역에 재정 지원을 받을 권리가 있음을 증명하고자 할 때, 모세 율법뿐만 아니라 농부, 목자, 군인의 경험에 근거하여 주장했다. 일련의 수사학적 질문으로, 그는 자기 주장을 펼쳤다.

> 아니면 저와 바나바에게만 생계를 위해 일하지 않을 권리가 없다는 말입니까? 어느 군인이 자비량으로 봉사합니까? 누가 포도원을 가꾸고도 거기서 포도를 먹지 않습니까? 누가 양무리를 돌보면서 그것을 먹지 않습니까? 내가 그저 사람 권위로 이것을 말합니까? 율법도 똑같이 말하지 않습니까? 모세 율법은 이렇게 기록합니다. "소가 곡식을 밟는 동안에는 재갈을 물리지 말라." 하나님께서 소를 염려해서 하시는 말씀입니까? 분명히 우리를 위해 이렇게 말씀하시지 않았습니까? 네, 이 말씀은 우리를 위해 기록됐습니다. 쟁기질과 타작을 하는 사람은 누구나 수확을 나눌 수 있다는 희망으로 그렇게 할 수 있어야 하기 때문입니다. 우리가 여러분에게 영적 씨를 뿌렸는데 물질적 결실을 거둔다면, 지나친 일일까요? 다른 사람이 여러분에게 이러한 지원을 받는다면, 우리는 더 많이 지원을 받아야 하지 않을까요? (고린도전서 9:6~12, NIV를 옮김)

먼저, 바울은 경험 논리로 증거를 호소했다. 군인, 포도 재배자, 목자, 농부도 일한 대가로 임금을 받는데, 사도나 교사는 왜 못 받는가? 그러고서 바울은 소가 옥수수나 다른 곡식을 밟을 때 재갈을 물리지 못하게 한 율법에서 모든 것을 포용하는 원칙을 추론했다. 동물이든 사람이든 노동자는 노동한 삯을 받아야 한다. 따라서 이 전개 질문을 사용할 때, 성경 저자가 자기 말을 어떻게 검증했는지 주목해야 한다.

사도는 청중에게서 동의를 얻으려고 가능한 모든 합법적 수단을 썼다. 베드로는 오순절에 설교할 때 경험과 성경을 바탕으로 "하나님이 그분을 주님이시며 그리스도, 곧 너희가 십자가에 못 박은 이 예수를 그리스도로 삼으셨다"라는(사도행전 2:36, NASB를 옮김) 사실을 증명하려고 추론했다. 예수님의 기적, 십자가 처형, 부활, 다윗의 무덤, 오순절 현상 등 입증할 수 있는 여러 사건은 베드로의 주장에 무게를 실었다. 요엘과 다윗은 모두 영감받은 선지자로 유대 청중에게 존경을 받았으며, 백성이 경험한 바를 해석하는 증인으로 인용됐다. 사도는 글을 쓰거나 설교할 때, 자기 생각의 타당성을 입증하려고 자기를 독자와 청중에게 적응했다.

바울은 마르스 언덕(Mars Hill; 옮긴이 덧붙임. 헬라어는 Ἄρειος πάγος, '아레오바고'임)에서 지식인에게 연설할 때, 자연신학(natural theology), 곧 창조 사실과 그 필요성을 이야기했다. 바울은 성경 개념을 제시했지만, 이교도 그리스 청중에게 성경은 아무런 의미가 없었기에 구약성경을 인용하지 않았다. 오히려 그는 그들 우상과 시인-철학자를 언급하고 일상생활에서 추론함으로써 자기주장을 뒷받침했다. 물론 바울이 그리스 시인과 철학자를 인용했다고 해서, 아테네 철학을 지지했다는 말은 아니다. 구약성경은 그의 주요 주장과 사소한 주장 모두에 권위였는데, (이는 네슬 헬라어 본문[Nestle Greek text]의 여백에 있는 참고 문헌에서 알 수 있다). 바울은 이교도 자료를 인용함으로, 청중이 더 쉽게 받아들일 수 있는, 성경 계시와 일치하는 통찰력을 활용했을 뿐이다.[3]

강해설교자는 성경 저자가 어떻게 타당성을 확립했는지 이해하는 역량을 갖춰야 하며, 청중이 묻는 "그게 사실인가?", "정말 믿을 수 있는가?"와 같은 전개 질문과 씨름해야 한다. 아마, 과거 세대에는 회중 생

---

[3] Ned B. Stonehouse, "The Areopagus Address," in *Paul before the Areopagus and Other New Testament Studies* (1957; Reprint, Eugene, OR: Wipf and Stock, 2022), 1~40.

각의 가장자리에 있는 죄책감에 기대어 아마 질문하지도 못하게 했을 테다. 그러나 오늘날에는 질문하고 의심하는 태도를 흔히 만날 수 있다. 이러한 회의주의(skepticism)는 우리 교육 시스템과 대중 매체, 특히 소셜 미디어를 타고 널리 퍼진다. 광고주는 청중을, 어느 누가 독단적인 주장과 열광적인 지지를 하든 후원자 홍보에 지나지 않는 내용으로 여기며 의심하게끔 만들어버렸다.

그러므로 우리는 어떤 진술이 성경에 있기에 참이라기보다는, 참이기에 성경에 있다는 태도를 보이는 게 좋다. 어떤 주장이 가죽 표지 책, (곧 성경책)에 있다는 사실이 반드시 그 주장을 타당하게 하지는 않는다. 오히려 성경은 실재(reality)를 우주에 존재하는 그대로, 하나님께서 만드신 그대로, 하나님께서 통치하시는 그대로 말한다. 그러므로 우리는 성경이 확언하는 바가 우리 주변 세계에서 입증된다고 기대할 수 있다. 사회학, 천문학, 고고학 등을 연구함으로써 성경 진리를 확립한다는 뜻이 아니라, 이러한 과학에서 유효한 데이터가 성경에서 가르치는 진리를 지지한다는 뜻이다.

설교자는 전개 질문, 곧 "그게 사실인가? 나는 정말로 그렇게 믿는가?"을 어떻게 다루는가? 비울이 현대 회중에게 "우리는 하나님께서 모든 일에서 당신을 사랑하는 이, 곧 그 뜻대로 부르심을 입은 이들에게는 선을 이루심을 안다"(로마서 8:28, NIV를 옮김)라는 힘찬 확언을 전한다고 상상해 보자. 사람들 대부분은 이 말을 들으면 눈썹을 치켜뜨며 반문한다. "그게 사실일까? 그걸 믿을 수 있나?" 뺑소니 운전자에 의해 남편과 세 자녀를 남겨두고 사망한 어머니는 어떨까? 네 살 난 아들이 백혈병 진단을 받은 기독교인 부모는 어떨까? 그게 어떻게 '선'일까? 지역 부족 한 명에게 복음을 전하지도 못한 채 밀림에서 강 진흙탕에 빠져 익사한 젊은 선교사에게는 무엇이 선일까? 이 구절을 다루면서 이러한 난해한 질문을 다루지 않는다면, 청중을 완전히 놓치고 만다.

도널드 그레이 반하우스(Donald Grey Barnhouse)는 요한복음 14:12, 곧 "그분께서 이보다 더 큰 일을 하시는데, 내가 내 아버지께로 가기 때문이다"(KJV를 옮김)를 설명하면서 타당성을 묻는다. 그는 유추(analogy)로 자기 설명이 진실함을 입증한다.

> 미국 잠수함이 태평양 적국 해역에서 있을 때, 한 수병이 급성 맹장염에 걸렸다. 가장 가까이에 있는 외과의사는 수천 마일이나 가야 있었다. 약사인 부사관 윌러 립스(Mate Wheller Lipes)는 수병의 체온이 41도까지 올라가는 상황을 지켜봤다. 그 수병에게 유일한 희망은 수술뿐이었다. 립스는 말했다. "나는 의사가 맹장 수술하는 과정을 쭉 지켜봤다. 나도 할 수 있다고 생각한다. 어떻게 생각하는가?" 수병은 수술에 동의했다. 풀만 침대 열차(Pullman drawing room) 크기의 사관실에, 침침한 조명이 비치는 테이블 위에 환자가 누워 있었다. 부사관과 보조자는 잠옷 윗도리를 뒤집어 입고 얼굴은 거즈로 가렸다. 나머지 대원들은 배를 안정하게 하려고 다이빙 플레인을 조작했고, 요리사는 살균하는 데 쓰려고 물을 끓였다. 차 거름망은 소독용 콘 역할을 했다. 손잡이가 부러진 작은 칼은 수술 도구로 쓰였다. 어뢰에서 뽑은 알코올은 소독제 역할을 했다. 구부러진 큰 숟가락은 근육을 열어두는 역할을 했다. 근육층을 가르기 시작하고서 20분 만에 맹장을 찾았다. 두 시간 반 후, 마지막 에테르 한 방울이 떨어지듯, 마지막 바늘을 꿰맸다. 13일 후, 환자는 다시 임무에 복귀했다.
>
> 물론 이것은 현대 병원의 완비된 수술실에서 숙련 외과의사가 집도하는 수술보다 훨씬 더 훌륭한 수술이었을 테다. 이 유추를 연구하면, 그리스도 말씀의 진정한 의미를 알 수 있다. "그분께서 이보다 더 큰 일을 하시는데, 내가 내 아버지께로 가기 때문이다." 완전하신 하나님이신 그리스도께서 직접 역사하셔서 잃어버린 영혼을 죽음에서 깨어나게 하시고 생명으로 인도하시는 일도 위대하지만, 우리를 통해 똑같은 일을 하심이 더 위대한 일이다.[4]

---

4 Donald Grey Barnhouse, *Let Me Illustrate: More than 400 Stories,*

C. S. 루이스(C. S. Lewis)는 사려 깊은 사람이 복음에 갖는 질문을 자기와 연관 지음으로 타당성을 제시한다.

> 나를 당혹스럽게 하던 또 다른 문제가 있습니다. 이 새로운 생명을 그리스도에 관해 듣고 그분을 믿을 수 있는 사람만 누리다면, 끔찍하리만큼 불공평하지 않습니까? 그러나 사실 하나님께서는 다른 사람에게는 무엇을 마련하셨는지는 우리에게 말씀하지 않으셨습니다. 우리는 그리스도를 통하지 않고는 아무도 구원될 수 없음을 알뿐이지, 그분을 아는 사람만이 그분으로 구원될 수 있음은 모릅니다. 그러나 그동안 바깥사람을 걱정한다면, 가장 불합리한 일은 그분 밖에 머무르려는 함입니다. 그리스도인은 그리스도의 몸, 곧 그분이 사용하셔서 일하시는 유기체입니다. 구성원이 그분 몸에 더해질 때마다, 그분께서는 더 많은 일을 하실 수 있습니다. 바깥사람을 돕고 싶다면, 오직 그들을 도울 수 있는 그리스도의 몸에 여러분 자신의 작은 세포를 더해야 합니다. 다른 사람의 손가락을 자르면, 그분께서 더 많은 일을 하시게 할 수 없는 노릇입니다.[5]

루이스의 의견에 전적으로 동의하든 그렇지 않든, 그는 고전적 질문을 제기하고서 이를 처리한 다음에 질문자에게 다시 돌려보낸다.

J. 월리스 해밀턴(J. Wallace Hamilton)은, 하나님의 섭리에 관한 설교에서, 우리가 매 순간 하나님의 섭리로 산다는 말을 들을 때 제기되는 심각한 의문을 이해한다. 그는 익명 시인의 시를 인용하며 그 의구심을 다루기 시작한다.

Anecdotes, and Illustrations (1967; Reprint, Grand Rapids: Revell, 1994), 358~59.

5 C. S. Lewis, *Mere Christianity* (New York: Macmillan, 1952), 50 ‖ 비고. 『내가 믿는 기독교』, 김주병 옮김 (서울: 대한기독교서회, 1958) ‖ 『순전한 기독교인의 삶』, 엄성옥 옮김 (서울: 은성, 1991) ‖ 『순전한 기독교』, 장경철 · 이종태 옮김 (서울: 홍성사, 2001, 2008, 2018, 2021), 112~13.

"아, 바다야 어디 있니?"라고 물고기 떼가 외쳤고,
그들은 대서양을 지났다.
"우리는 바다와 대양에서 이는 파도 소리를 들었기에,
그 푸른 물결을 정말로 보고 싶다."

우리 주변에는 바다를 찾는 작은 물고기들, 곧 하나님 섭리의 바다에서 살아가고 움직이며 존재하면서도 물 때문에 바다를 보지 못하는 사람이 있다. 어쩌면 그것은 우리가 바다를 다른 이름으로 부르기 때문일지도 모른다. 구약성경을 기록한 고대 히브리인은 신앙심이 깊은 민족이었다. 그들은 신앙 패턴으로 생각하고, 신앙 표현으로 말했으며, 모든 사건에서 하나님의 직접적인 활동을 봤다. 비가 오면, 하나님께서 비를 보내셨다고 했다. 농작물이 풍작이면, 하나님께서 수확량을 늘려주셨다고 했다. 그러나 그것은 우리 언어도 아니고, 우리 사고 패턴도 아니다. 우리는 법, 곧 자연적 · 화학적 법칙 관점에서 생각한다. 비가 오면, 수증기의 자연적인 응축으로 비가 온다고 한다. 농작물이 잘 자라면, 비료 효과라고 생각한다. 그런데 우리 사고방식에 놀라운 일이 일어났다. 하나님께서 역사하시지 않으면 단 한 순간도 존재할 수 없는 세상에서, 우리는 하나님께서 활동하실 여지를 남기지 않는 사고방식으로 우리 마음을 조절하며 살고 있다. 우리의 욕구 중 많은 부분을 자연스럽고 비인격적인 힘이 제공하기에, 우리는 섭리 가운데 계신 위대한 공급자를 놓친다. 시골에서 자랐다가 나중에 도시로 이주한 우리 중 일부는 식탁에 차린 음식을 감사한 마음으로 먹는 습관을 잊었는데, 땅에서 직접 재배한 게 아니고 식료품점에서 사 왔다고 생각하기 때문이다. 뉴욕시에서 한 의사가 "아이에게 우유가 어디에서 왔는지 물어보면, '젖소에서'라고 대답할 생각은 아예 하지 않는다. 그는 '우유병에서'라고 말한다."[6]

---

[6] J. Wallace Hamilton, *Who Goes There? What and Where Is God?*

단지 "그게 사실인가? 나는 그리고 회중은 그것을 믿는가?"라고 묻는다고 곧바로 답이 나오지 않는다. 그러나 그러한 기본 질문과 씨름하지 않으면, 이미 헌신한 이에게만 말할 뿐이다. 더 나쁘게는, 우리는 의문부호가 붙은 비탈길에서 한동안도 살려 하지 않았기에, 우리 자신도 믿지 않는 메시지를 파는 행상인일 수도 있다. 회중에게는 우리가 해결책을 제시하기 전에 적어도 문제점을 인식하고 있기를 기대할 권리가 있다. 석의 얼거리에 제시한 아이디어를 꼼꼼히 살피고, "청중이 그 진술을 사실로 받아들일까? 그들이 받아들이지 않으면 왜 그럴까?"라는 질문을 정직하게 다뤄야 한다. 떠오르는 구체적인 질문과 가능한 한 몇 가지 답변의 방향을 적는다. 얼마 지나지 않아, 설교를 전개함에 따라 여러분과 청중은 함께 생각해야 할 점이 많다는 사실을 안다.

사상 적용하기—"이는 무슨 차이를 내는가?"
(We Apply It: "What Difference Does It Make?")

셋째 전개 질문은 적용과 관련이 있다. 설교자로서 성경 구절의 진리를 설명하는 임무가 중요하지만, 그 진리를 여러분 청중의 경험과 관련지어야 설교자 임무를 완수한다. 궁극적으로, 성도는 여러분이 "그래서 어떻다는 말인가요? 무슨 차이가 있는데요?"라는 질문에 답해주기를 바란다. 모든 그리스도인은 성경 계시에 비추어 하나님 아래에서 살도록 부름을 받았기에, 이러한 질문을 할 책임이 있다.

과거에, 설교학자는 정확한 적용에 관심을 그리 많이 두지 않았다. 최근 몇 년에 상황이 바뀌었지만, 우리 중 많은 이는 여전히 적용으로 발생하는 까다로운 문제에 충분한 시간과 생각을 쏟지 못할 수 있다.[7]

(Westwood, NJ: Revell, 1958), 52.

7 특히 다음 책 세 권이 이러한 불균형을 바로잡고자 한다.

Doriani, Daniel M. *Putting the Truth to Work: The Theory and Practice of Biblical Application*. Phillipsburg, NJ: P&R, 2001 ‖ 『적용, 성경과 삶의 통합을 말하다』. 정옥배 옮김. 서울: 한국성서

그 결과, 많은 교회 구성원이 평생 정통적 설교를 들었어도, 이단처럼 살고 있을 수 있다. 우리 신조는 신앙 핵심 교리를 확언하고 그리스도인이 무엇을 믿어야 하는지는 생각하게 하지만, 이러한 교리를 믿음이 우리가 어떻게 느끼고 행동해야 하는지는 알려주지 않는다. 이는 설교자가 할 책임의 일부라서, 설교자는 이 일을 집중해서 설교해야 한다.

통찰력 있는 적용의 기본은 정확한 석의이다.[8] 성경 구절이 기록될 당시에 무엇을 의미했는지 결정하고서, 비로소 그 구절이 우리에게 무엇을 의미하는지 결정할 수 있다. 이 결정을 하려면, 성경 저자 앞에 앉아 그가 원래 독자에게 전달하고자 한 내용을 이해하려고 노력해야 한다. 저자가 자기 시대와 자기 용어로 무엇을 의미했는지 이해한 다음에야, 오늘날 삶에서 어떤 차이를 만들어야 하는지 명확히 말할 수 있다.

구절을 정확하게 적용하려면, 계시가 원래 주어진 상황을 정의한 다음에 오늘날 남성과 여성이 원래 독자와 무엇을 공유하고 무엇을 공유하지 않는지 결정해야 한다. 현재 사람과 당시 사람 사이의 관계가 가까울수록 적용은 더 직접적이다. 야고보는 고대 세계에 흩어져 어려운 상황에 맞닥뜨린 유대인 그리스도인에게 편지를 써서 이렇게 말했다.

유니온선교회, 2009.

Davies, Gwilym. *Get Preaching: Application*. Fearn, UK: Christian Focus, 2020.

Overdorf, Daniel. *Applying the Sermon: How to Balance Biblical Integrity and Cultural Relevance*. Grand Rapids: Kregel Academic and Professional, 2009 ǁ 『설교를 적용하기—삶을 바꾸는 설교의 적용을 디자인하라』. 이재학 옮김. 서울: 디모데, 2013.

8 '신해석학(The new hermeneutic)', 곧 성경을 실존철학 관점으로 해석하려는 방법은, 석의는 물론이고 적용도 아우르기에 칭찬받아 마땅하지만, 성경을 창의성 있게 적용하려다 때로 성경을 정확히 이해하는 데는 관심을 덜 기울인다. 실제로, 신해석학은 모든 본문을 대상으로 "이 본문이 지금 내 삶에 무슨 의미가 있는가?"라고 묻는데, 이는 "이 본문이 원래 청중에게는 무슨 의미가 있었는가?"와는 반대 질문이다.

"내 사랑하는 형제자매 여러분, 이것을 명심하십시오. 사람은 누구나 듣기는 빠르게 하고, 말하기는 더디 하고 성내기도 더디 해야 합니다. 이는 사람이 분노해서는 하나님의 의를 이루지 못하기 때문입니다"(야고보서 1:19~20, NIV를 옮김). 이 조언은 모든 시대의 신자에게 적용할 수 있는데, 모든 그리스도인은 시련에 맞닥뜨렸을 때 하나님과 그분 말씀에 똑같은 관계에 있기 때문이다.

그러나 21세기와 성경 구절 사이에 연관성이 덜 직접적일 때는, 정확기 적용하기는 더 어렵다. 강해자는 현대 남성과 여성이 원래 계시를 받은 사람들과 공유하는 공통점뿐만 아니라 그들 사이 차이점에도 특별한 주의를 기울여야 한다. 예를 들어, 바울이 노예에게 한 많은 권고는 1세기 기독교 노예 그리고 역사를 통틀어 노예에게 직접 적용됐다. 주인과 노예 관계에서 다루어진 많은 원칙은 오늘날 고용주와 피고용인 관계를 지배할 수도 있지만, 현대 피고용인이 고용주의 노예가 아니라는 사실을 무시하면 이러한 구절을 심각하게 오용하는 결과를 초래하고 만다. 예를 들어, 노예가 '주인'에게 '순종'해야 한다(엡 6:5)는 이유로, 노동조합에 가입을 비난함은 오늘날 피고용인과 그때 노예 사이에 차이점을 완전히 무시하는 처사이다.

구약성경 본문을 현대 청중에게 적용할 때, 문제는 더욱 늘어난다. 실제로 구약성경을 잘못 적용한 사례는 당혹스러울 정도로 많았다. 만족스럽지 못한 접근 방식 중 하나는 이러한 구절을 신성한 로르샤흐 잉크 반점 검사(Rorschach inkblot test)처럼 사용함이다. 해석자는 구약성경 이야기에 숨겨진 의미를 찾으려고 알레고리로 해석했지만, 그들이 주장한 텍스트에 묻혀 있다는 의미는 종종 그들이 찾고 싶어 하는 바를 찾으려는 욕망을 투영함(projection)에 지나지 않았다.

예를 들어, 오리게네스(Origen)는 여리고 전투 기록(수 6장)을 알레고리 해석(allegorical interpretation)했다. 여호수아가 예수를 상징하고, 여리고 성은 세상을 상징한다고 주장했다. 성 주위를 돌며 나팔을 불었던 일곱 제사장은 마태, 마가, 누가, 요한, 야고보, 유다, 베드로를 상징했다. 기생 라합은 죄인들로 이뤄진 교회를 상징하며, 라합이 자기와 가족을 구출하려고 내걸었던 붉은 줄은 그리스도의 피를 상징했다.[9] 알레고리 해석을 하는 주석가는 창의력에서는 높은 점수를 받을 만하지만, 성경 기록을 문학으로 접근하는 데는 낮은 점수를 받을 수밖에 없다.

구약성경을 부적절하게 다룬 또 다른 방법은, 구약성경을 신약성경 교리의 예시나 삽화로만 사용함이다. 여기서 설교 권위는 구약성경의 신학이나 구약성경 저자의 의도(author's intent)에서 비롯하지 않고, 독자가 그 구절에 다시 읽어 넣는 신학에서 전적으로 비롯한다. 이러한 해석이나 적용에 이의를 제기하면, 눈앞에 있는 구절이 아니라 신약성경의 다른 구절이나 청중과 공유한다고 가정하는 신학에 호소한다.

그렇다면 셋째 전개 질문, 곧 "그래서 어떻다는 말인가? 무슨 차이가 있는가?"에 답할 때 어떻게 진행해야 하는가? 적용은 성경 저자의 신학적 목적(theological purpose)에서 비롯해야 한다. 존 브라이트(John Bright)는 저자의 의도를 파악하는 일에 관해 주장한다. "설교자는 본문이 말하는 내용뿐만 아니라, 본문이 그렇게 말한 동기와 이유를 이해해야 한다. 그러므로 그의 석의 작업은 본문의 신학적 의도를 파악해야 마무리된다. 이를 파악해야 본문을 해석할 수 있으며, 저자의 의도와는 전혀 다른 의도를 그 단어들에 부여하면 심각하게 오해하고 만다."[10]

개별 구절을 이해하거나 적용하려면, 구약성경이든 신약성경이든 그 문맥을 연구해야 한다. 예를 들어, 전도서 전체의 취지를 이해하지도 않은 채 한 문단이나 한 장만을 분석하는 데만 몰두하면, 오늘날 사람에게 많은 이단적인 생각과 파괴적인 적용을 초래할 수 있다. 더 넓은 구절을 정통한 후에야 더 좁은 본문이 무엇을 의미하는지, 그리고 왜 쓰였는지 이해하는 단서를 찾을 수 있다.

---

9 Arthur Wainwright, *Beyond Biblical Criticism: Encountering Jesus in Scripture* (London: SPCK, 1982), 87.

10 John Bright, *The Authority of the Old Testament* (1967; Reprint, Grand Rapids: Baker, 1975), 171~72.

저자가 제시하는 신학적 목적을 찾도록 돕는 몇 가지 질문이 있다.

1. **본문에 사건의 목적, 편집자 논평, 또는 해석 진술을 나타내는 징후가 있는가?** 예를 들어, 룻기 4:11~21은 암울하게 시작한 이야기에 행복한 결말을 제공하고, 관련 인물들의 삶에서 하나님의 은혜로운 인도하심을 확증한다. 룻기는 하나님의 섭리를 입증한다. 하나님의 사랑스러운 인도라는 주제는 결론에서 초점을 이루지만, 책 전체에, 특히 일곱 차례 축복 기도와 각 기도가 응답받는 평범하고 일상적인 방식에 내포돼 있다. 하나님의 역사는 일상 사건의 태피스트리에 아주 잘 짜여 있어서, 처음 읽을 때는 그분께서 일하심을 전혀 보지 못할 수도 있다. 곰곰이 생각해야 비로소 하나님께서 평범한 사람들의 필요와 희망을 충족하시려고 끊임없이 활동하고 계셨음을 깨닫는다.[11] 룻기에서 정당하게 설교하기가 어려운 주제는 어려운 상황에 빠진 친척을 다루는 방법에 관한 설교이다. 룻기는 시어머니와 며느리 사이에 갈등을 반영하지만, 이 책은 시어머니 문제를 해결하려고 쓰지 않았다. 룻기를 본문으로 이 주제를 다루는 설교는 가족 갈등을 처리하는 방법에 관한 몇 가지 실질적 조언을 할 수 있지만, 그러한 조언에 성경 권위가 없을 수 있다. 그러한 설교는 저자가 의도한 바를 완전히 무시한다. 더 나쁘게는, 성경 구절을 뿌려서 한 조언 때문에, 청중은 어떤 조언이든 하나님께서 그 문제에 관해 말씀하시는 바로 여기며 믿어버린다.[12]
2. **본문에는 신학적 판단을 한 내용이 있는가?** 사사기에 두 차례 나오는 "그때에는 이스라엘에 왕이 없었기에, 사람마다 자기 생각에 옳은 대로 행동했다"(사사기 17:6; 21:25, NIV를 옮김)와 같은 언급은, 이러한 추잡한 이야기들이 이스라엘 역사의 일부로 기록됐는지에 관

---

11 이 주제와 그 적용을 아주 잘 전개하는 내용은 Ronald M. Hals, *The Theology of the Book of Ruth* (Philadelphia: Fortress, 1969)을 보라.

12 Robert L. Hubbard Jr., *The Book of Ruth*, New International Commentary on the Old Testament (Grand Rapids: Eerdmans, 1988)도 보라.

한 이유를 제시한다. 다윗이 밧세바와 간음하고 우리아를 살해한 이야기는 사무엘하 11:27에서 “다윗이 행한 그 일이 여호와께서 보시기에 악했다”(NIV를 옮김)라는 평가에 이르기까지 역사가의 붓에서 사실적으로 흘러나온다. 이 한 문장은 그 사건과 사무엘하에 이어지는 내용에 관한 관점을 제시하는 신학적 진술이다.

3. 성경의 내러티브 구절은 해석자에게 특히 어렵다. 일반적으로 제기하는 질문 외에, 다음 질문도 해야 한다. **이 이야기는 예시나 경고로 주어졌는가? 그렇다면 정확히 어떤 방식으로 그러한가? 이는 일반 사건인가, 아니면 예외 사건인가? 어떤 제한을 두어야 하는가?** 예를 들어, 라합 이야기(수 2:1~7)에서 속임수의 도덕성에 관한 교훈을 얻을 수는 없지만, 여러 신약성경 구절(히 11:31; 약 2:25)에 비추어 볼 때 라합은 담대한 믿음을 가진 여인이었다고 결론 내릴 수 있다.
4. **계시가 원래 주어진 사람들에게 그리고 저자가 알기에 그것을 읽을 후대 사람들에게 무슨 메시지를 의도했을까?**
5. **성령님께서는 왜 이 이야기를 성경에 포함하셨을까? 이 이야기가 성경에 없다면, 무엇을 잃을까?**

하나님의 말씀을 원래 독자와는 다른 상황을 겪는 현대 청중에게 적용하려 할 때, 또 다른 여러 질문을 해야 한다.

1. **하나님의 말씀이 처음 임한 배경은 무엇이었을까? 오늘날 남성과 여성이 그 당시 청중과 공유하는 특징은 무엇일까?** 예를 들어, 신명기는 모세가 요단강 건너편에서 새로운 세대에게 전한 말씀이다. 그 청중은 여호와를 믿었고, 하나님의 언약으로 세워진 신정 국가의 일원이었다. 하나님은 그들과 조약을 맺으셨고, 그들 순종과 불순종에 보상과 처벌을 상세히 규정하셨다. 그들은 모두 모세와 함께 광야에서 나왔고, 하나님께서 아브라함에게 약속하신 땅에 들어가기를 고대했다.

 오늘날 그리스도인은 이스라엘 민족과 직접적으로 동일시할 수 없다. 교회는 신정 국가도 민족 국가도 아니다. 그러나 우리는 여호와를 믿는 사람이며, 그분 은혜로 세상에서 증인으로서 활동하도록 선택된, 하나님의 백성이다. 게다가 그들처럼 우리에게도 하나님께서 우리가 순종하기를 기대하시는 계시가 있다.

2. **성경에서 남성 · 여성이 하나님의 말씀을 듣고 그들 상황에서 반응하거나 반응하지 못했을 때, 우리는 어떻게 그들과 동일시할 수 있는가?** 우리가 실제로 가나안 땅에 들어가는 이스라엘 백성과 동일시할 수 없고, 다윗이 예루살렘에서 왕으로 통치함과 동일시할 수 없으며, 율법 아래 있는 히브리인 상황과 동일시할 수 없지만, 우리는 남성 · 여성과 공통 인간성을 공유한다. 우리는 하나님과 그들 주변의 다른 사람에 대한 그들 지적, 정서적, 심리적, 영적 반응과 동일시할 수 있다.

우리는 J. 다니엘 바우만(J. Daniel Baumann)이 관찰한 바를 기억하는 게 좋겠다.

> 우리는 고대인과 매우 비슷하다. 피상적 사고, 합리적 신념, 정신적 기분 등에서만 차이가 있을 뿐이다. 기본적 마음의 실재는 모두 같다. 우리는 모든 시대의 사람이 하나님 앞에 섰던 것과 똑같이, 하나님 앞에 서 있다. 우리는 모두 다윗의 죄책감, 도마의 의심, 베드로의 부인, 도마의 타락, 심지어 배신자 유다의 입맞춤까지 경험했을 수 있다. 우리는 인간 영혼의 현실과 모호함으로 여러 세기에 길쳐 연결돼 있다.[13]

성경 모든 기록에서, 하나님은 남성 · 여성을 만나시며, 우리는 사람들이 개인으로, 집단으로, 또는 둘 다로 하나님과 다른 사람에게 보이는 반응에 참여할 수 있다. 하나님께서는 인격과 성품이 절대 변하지 않는 채로 오늘날 우리 상황에서 우리에게 말씀하시며, 이러한 만남

13 J. Daniel Baumann, *An Introduction to Contemporary Preaching* (Grand Rapids: Baker, 1972), 100 ‖ 『현대 설교학 입문』, 정장복 옮김 (서울: 양서각, 1983), 139 ‖ 『성공적인 설교자를 위한 길잡이』, 개정판, 정장복 옮김 (서울: 예배와 설교 아카데미, 2008), 145.

에 관련된 원리와 역동성은 역사를 통틀어 아주 똑같이 이어진다.

3. **추가 계시**(additional revelation)**로 하나님의 백성을 다루시는 방식에 관해 어떤 더 깊은 통찰력을 얻는가?** 추리소설 작가는 자기 작품 첫 장에 언뜻 보기에 무관하거나 당혹스러운 사건을 이따금 쓴다. 그러한 사건의 중요성은 이어지는 장에서 도드라진다. 성경은 전체적으로 완전하기에, 어떤 구절도 하나님께서 말씀하신 모든 것과 따로 떼서 해석하거나 적용해서는 안 된다. 각 본문은 그것이 나타나는 책에서 해석해야 한다. 그러나 성경의 각 책은 전체 계시의 일부를 이룬다. 때로는 성경의 시작 부분에서 간과할 수 있는 내용이 더 완전한 계시의 단서이기도 하다.
4. **설교자가 영원한 진리나 지도 원리를 이해할 때, 이것이 설교자 그리고 회중에게는 구체적·실제적으로 어떻게 적용할 수 있는가? 적용은 어떤 생각, 감정, 태도, 또는 행동에 영향을 미쳐야 하는가? 설교자는 이 진리에 순종하며 사는가? 그렇게 할 의향이 있는가? 회중이 마땅히 반응하는 데 어떤 장애물이 있는가? 그들이 하나님께서 바라시는 대로 반응하도록 도울 때 어떤 제안을 할 수 있는가?**
5. **지난 25년 동안 북미 사회에서 엄청난 변화, 특히 치료 지향성**(therapeutic orientation)**으로 변화를 고려하면, "이는 내가 어떻게 느끼게 하는가?"를 전개 질문으로 고려가 도움을 줄 수 있다. 석의 아이디어가 내 안에서 어떤 감정을 불러일으키고, 그것이 내 청중에게서 어떤 감정을 떠오르게 하는가? 본문 자체가 감정적 불협화음을 만들어내는가?** 시편 137편과 같은 저주시는 그럴 수 있다. 길고 복잡하며 폭력적인 사사기 19~20장 이야기는 현대 독자에게 분명히 그렇다. 예수님의 지옥에 관한 가르침도 마찬가지일 수 있다(마 25:31~45).

일반적으로, 성경 연구는 성경의 한 구절에서 시작하며, 적용은 그 구절에서 직접적으로 또는 필연적 암시로 찾아낸다. 설교자가 청중의 특정 필요에서 시작해 어떤 해결책을 찾으려고 성경을 펼친다면, 제기한 질문에 대답하는 구절을 먼저 결정해야 한다. 그런 다음, 그 개별 구절을 석의해서 주제를 찾는다. 성경이 다양한 본문에서 그러한 질문에 직접 답할 때, 적용과 권위는 여전히 성경에서 직접 나온다.

그러나 성경 저자가 전혀 접하지 못했던 문제를 다뤄야 할 때, 적용은 더욱 복잡해진다. 예수 그리스도께서 역사의 주님으로 계시기에, 그리스도인은 현재 윤리적 · 정치적 문제에 하나님 관점으로 응답해야 한다. 우리 설교자는 인종 차별, 낙태, 이민, 창조 세계 보호, 전 세계적 빈곤, 사형, 인공지능, 기술 사용, 정부 복지 프로그램과 같은 문제에, 성령께서 뜻을 가지고 계신다고 가정한다. 그러나 성경은 모든 도덕적 또는 정치적 상황에 직접 말할 수 없고 말하지도 않기에, 결과적으로 성경은 우리가 믿고, 투표하고, 행동하는 방식을 직접 규정하지는 않는다. 성경에서 다루지 않는 특정 문제에 "주님께서 이같이 말씀하신다" 라고 말할 수 있는지는, 우리가 문제를 어떻게 분석했는지 그리고 신학 원리(theological principle)를 어떻게 적용했는지에 달려 있다. 질문을 어떻게 진술하고 문제의 어떤 부분을 강조하느냐에 따라, 결론이 달라질 수 있다. 다음 몇 가지 질문은 **정확히 적용했는지를 검사하게 돕는다**(밝힘. 강조는 옮긴이가 함).

1. 사실을 정확하게 이해하고, 이 문제와 관련된 질문을 적절하게 구성했는가? 다른 문제가 드러나도록, 그 여러 질문을 다른 방식으로 진술할 수 있는가? 이 문제를 다르게 진술하는 의견도 있는가?
2. 고려해야 할 신학 원리를 모두 결정했는가? 각 원리에 비중을 똑같이 두는가? 내가 무시하기로 한 다른 원칙이 있는가?
3. 지지하는 신학 원리는 진정으로 성경적인가, 곧 성경 구절을 훈련한 석의로 그리고 정확한 해석으로 찾았는가? 여기서 이른바 증빙 구절(proof-texting)은 특히 위험하다. 증빙 구절 관행은 문맥에서 벗어나거나, 저자의 의도를 고려하지 않은 채 해석하거나, 적용 범위를 제한할 수 있는 다른 구절을 살펴보지 않고 읽힌 구절에서 교리나 윤리적 입장을 지지하려 든다.

도덕적 · 정치적 판단을 하는 과정에, 알렉산더 밀러(Alexander Miller)는 유용한 통찰력을 제공한다. 곧, "그리스도인이 타당하게 결정하려면, 항상 **신앙**(faith)과 **사실**(facts)을 둘 다 아울러야 한다. 그 결정은, 신앙을 올바르게 이해하고 사실을 올바르게 측정하는 정도에 따라서 그 타당성이 크다."[14] 우리 그리스도인이 사실을 다르게 분석하고 신앙도 다르게 해석하기에, 윤리적 · 정치적 문제에 의견을 달리한다. 그러나 신앙에 비추어 사실과 씨름하지도 않은 채 어떤 결정을 한다면, 기독교 신앙으로 한 결정이라고 당당하게 말할 수 없다.

하나님께서는 성경에서 당신 자신을 드러내신다. 그러므로 성경은 윤리 교과서도 아니고 개인 문제를 해결하는 방법을 알려주는 설명서도 아니다. 성경은 인간 역사에서 하나님과 그분 구속 사역에 관한 책이다. 따라서 성경 본문을 연구할 때, "이 구절에서 하나님의 비전(the vision of God)은 무엇인가?"라고 질문해야 한다. 하나님은 항상 거기에 계신다. 그분을 찾아야 한다. 때마다, 하나님은 창조주, 선한 부모, 구속자, 거절된 연인, 배우자, 왕, 구원자, 전사, 심판관, 추수꾼, 포도원 지기, 잔치 주최자, 불, 자기 병아리를 보호하는 암탉이시다.

그러므로 성경을 연구할 때, 그 구절에 적어도 네 가지 질문을 해야 한다.

1. 이 특정 본문에서 하나님의 비전은 무엇인가?
2. 정확히 이 구절 어디에서 그것을 찾을 수 있는가? (하나님의 비전은 특별한 단어에 그리고 저자 또는 독자의 실제 상황에 항상 있다.)
3. 하나님의 이 비전은 무슨 역할을 하는가? 저자는 이 이미지를 써서 신앙 또는 행실에 무엇을 암시하는가?
4. 하나님의 모습은 나와 내 메시지를 들을 이들에게 어떤 의미가 있는가?[15]

---

14 Alexander Miller, *The Renewal of Man: A Twentieth-Century Essay on Justification by Faith* (Garden City, NY: Doubleday, 1955), 94.

15 자세한 내용은 H. Edward Everding Jr., and Dana W. Wilbanks, *Decision Making and the Bible* (Valley Forge, PA: Judson, 1975), 5장;

구절에서 하나님의 비전을 찾는 일이 중요하며 또한 인간 요소(human factor)도 중요하기에 살펴야 한다. 성경 본문에 나오는 사람은 하나님의 이 비전에 어떻게 반응해야 했는가? 그들은 어떻게 반응**했는가**? 하나님의 이 비전이 그들 삶에 어떤 실제 변화를 일으켰는가? 이 인간 요소는 오늘날 남성과 여성이 성경에 있는 인물과 공통으로 가지는 조건이다. 인간 요소는 반역, 불신, 간음, 탐욕, 나태, 이기심, 험담 등과 같은 죄로 나타날 수 있다. 또한 질병, 슬픔, 불안, 의심, 시련, 또는 하나님께서 그들 이름과 주소를 잘못 두셨다는 느낌의 결과로 상황에 고민하는 사람에게서도 나타날 수 있다. 바로 이 인간 요소는 예언자 그리고 사도가 말하거나 쓰도록 촉구했다.[16]

그러므로 성경 구절을 적용하려면, 해당 구절이 하나님과 그분 앞에서 사람이 어떻게 반응하고 살았는지에 관해 무엇을 드러내는지 알아야 한다. 현대 생활에서 똑같은 요소를 찾아야 한다. 오늘날 사람들 상태는 수 세기 전 여성과 남성의 죄, 두려움, 희망, 좌절, 불안, 혼란을 어떻게 반영하는가? 그들은 하나님의 어떤 비전을 필요로 하는가? 그들은 그 비전에 어떻게 반응하거나 반응하지 않는가? 이러한 방식으로 성경 본문에서 현대 상황으로 온전하게 이동할 수 있다.[17]

Garry Friesen, *Decision Making and the Will of God*, with J. Robin Maxson, Rev. ed. (Sisters, OR: Multnomah, 2004) || 비고. 『나의 결정과 하나님의 뜻』, 김지찬 옮김 (서울: 생명의말씀사, 1988) || 『하나님의 뜻과 자유의지』, 장동민 옮김 (서울: 아가페출판사, 1989)을 보라.

16 Bryan Chapell, *Christ-Centered Preaching: Redeeming the Expository Sermon*, 3rd ed. (Grand Rapids: Baker Academic, 2018), 48~54 || 비고. 『그리스도 중심의 설교』, 개정증보판, 엄성옥 옮김 (서울: 은성출판사, 2016), 59~65에서는 '타락 상태에 초점 두기(Fallen Condition Factor)'라고 설명하나, '타락 상태 요소'로 옮긴다.

17 이 패턴에 관한 더 자세한 내용은, Harold Freeman, *Variety in Biblical Preaching* (Waco: Word, 1987)을 보라. 프리만은 적용에 접근하는 다른 방식을 제시한다. 필자 논문, "The Heresy of Application," *Leadership*, Fall 1997, 20~27도 보라.

하나님과 사람에 관한 이 성경 진리가 실제로 경험에서 어떻게 드러날지 구체적인 방법을 생각하자. 그러려면 다음 질문을 스스로에게 한다.

1. 성경 상황의 역동성은 오늘날 어디서 나타나는가?
2. 그래서 뭔가? 하나님에 관한 이 진리가 나와 다른 사람에게 실제로 무슨 차이를 만드는가? 무슨 차이를 만들어야 하는가? 무슨 차이를 만들 수 있는가? 왜 차이를 만들지 못하는가?
3. 하나님의 이 비전이 특정 상황에서 청중에게 필요한 비전일 방법을 구체적으로 설명할 수 있는가? 누군가가 문제나 필요가 있어 도움을 받으러 왔을 때, 이 구절과 이 진리를 제시할 수 있는가? 청중은 "설교를 내 삶에 적용하는 방법을 알겠어!"라고 말할 수 있을 때, 설교가 연관성이 있다고 느낀다.

설교가 효과를 내려면, 성경 진리를 삶과 연관 지어야 한다. 가장 효과적인 설교는 일반적인 방식이 아니라, 구체적인 방식으로 이를 실행한다. 설교자가 성경을 청중의 삶에 경험하도록 적용하지 않으면, 청중이 스스로 적용하리라고 기대할 수 없다. 야고보는 말씀을 듣고서도 행하지 않는 위험성을 경고했다. 청중이 하나님의 말씀을 듣고서 알기만 하고 실천하지 않으면, 자기를 속이는 일이다. 설교자로서 우리는 그러한 망상에 기여해서는 안 된다. 우리 청중에게는 믿을 진리와 그것을 적용할 구체적이며 삶을 변화시키는 방법이 모두 있어야 한다.

그러므로 이 세 가지 선개 질문은 우리 생각을 자극하고 해당 구절에 관해 무엇을 말해야 할지 결정하도록 돕는다. 이 질문들을 활용해서 본문의 세부 사항을 살피고, 또한 청중도 살피자. 질문에 대답해야 할 말을 기록하자. 그러면 설교할 내용이 있는지, 설교가 효과를 내도록 하려면 무슨 연구를 해야 하는지를 곧바로 안다.

이 질문들이 서로 연관돼 있다는 점을 기억하자. 우리는 어떤 진술을 이해했다고 생각할 때만 그 타당성을 탐구한다. 그리고 어떤 진술을 이해하고 믿을 때만, 그 진술이 우리 삶을 긍정적으로 바꾼다. 설교를 전개하면서 이 세 가지 질문을 모두 다룰 수 있지만, 그중 한 질문이 가장 두드러지며 메시지 형태를 결정한다. 이 모든 탐구는 여러분을 설교 아이디어로 데려가, 다음 단계 전개에 몰두하게 한다.

전개 질문 세 가지(Three Developmental Questions)

1. **이는 무슨 뜻인가?** 이 질문은 설명을 탐구한다.
2. **이는 사실인가?** 나는 그것을 믿는가? 이 질문은 타당성을 탐구한다.
3. **그래서 어떻다는 말인가? 이는 무슨 차이를 만드는가?** 이 질문은 의미와 적용을 탐구한다.

용어 정의(definition)

설명(Explanation)—"이는 무슨 뜻인가?"라고 질문해, 청중이 성경 메시지를 이해하게 한다.

입증(Proof)—청중이 본문이 말해야 하는 바를 믿어야 할 이유를 입증하려는 논리에 호소.

재진술(Restatement)—아이디어를 분명히 하거나 청중에게 깊은 인상을 주려고 다른 말로 표현.

적용(Application)—"이는 무슨 차이를 내는가?"라고 질문해, 청중이 어떻게 반응해야 할지를 깊이 생각하게 한다.

이 장에서 살핀 내용에 관한 질문과 실제는 부록 「설교 준비 연습문제」, 309~324쪽에 있다.

설교 방향 잡고 목표 정하기

The Arrow and the Target

5

❑ 새로운 개념

- 설교 아이디어(Homiletical or preaching idea)
- 측정할 수 있는 결과(Measurable results)
- 목적(Purpose)
- 신학 아이디어(Theological idea)

❑ 성경 강해설교 준비 단계

잠시, 복습하자. 성경 강해설교를 준비하는 처음 세 단계에서는 설교할 성경 본문을 선택하고, 연구해서, 석의 아이디어와 그 전개를 결정한다. 성경 저자가 독자에게 쓴 내용의 주제 요소와 부연 요소를 명확히 밝히고자 한다. 또한, 구절의 대략적인 개요나 스케치를 작성하려고 한다. 저자는 자기 아이디어를 어떻게 전개했는가?

그렇게 하고서도, "전할 내용이 있는가?"라는 질문을 여전히 맞이한다. 좋은 설교는 중심 아이디어(central idea)를 전개하지만, 성경 본문의 모든 아이디어를 설교로 만들지는 않는다. 그러므로 다음 단계에서는 석의 아이디어와 그 전개를 전개 질문 세 가지에 비추어 살핀다.

1. 이는 무슨 뜻인가?
2. 이는 사실인가? 이를 믿는가?
3. 그래서 어떻다는 말인가? 이는 무슨 차이를 만드는가?

이 질문들은 어떤 아이디어의 의미, 타당성, 그리고 함의를 다룬다. 이 질문들은 주요 아이디어뿐만 아니라 뒷받침하는 아이디어와 구절의 세부 사항에도 제기해야 한다. 이는 본문 메시지를 전달하는 데 필요한 뒷받침 자료의 종류를 결정하도록 돕는다.

또한 설교자는 다음 세 가지 주요 질문에 대답할 때, 청중을 염두에 둬야 한다.

1. 이는 무슨 뜻인가? 청중이 성경 구절을 이해하게 하려면, 무엇을 설명해야 하는가?
    - 성경 저자는 자기 진술을 설명하거나, 용어를 정의하는가? 원래 독자가 저자를 이해했기에, 더는 설명할 필요가 없다고 가정하는가?
    - 현대 청중이 이해하지 못할 개념, 용어, 연관성 등이 있기에, 청중에게 설명해야 하는가?
2. 이는 사실인가? 이를 믿는가? 무엇을 증명해야 하는가?
    - 저자는 청중이 아마도 받아들일 만한 어떤 개념, 예를 들어 예수님이 인간이었다거나 기독교인이 할례를 받을 필요가 없음을 길게 논증하거나, 증명하거나, 옹호하는가?

- 저자는 청중이 쉽게 받아들이지 못할 개념을 논증하거나 증명하거나 옹호하기에, 청중은 예를 들어 하나님께서 당신을 사랑하는 자에게 좋게 하려고 모든 것을 어우러지게 하신다는 구절과 같은 주장을 이해해야 하는가?
- 저자는 청중이 곧바로 받아들이지 않을 아이디어의 타당성을 가정하는가? 청중은, 예를 들어 예수님이 하나님께 이르는 유일한 길이거나 악마가 실제로 존재한다는 것과 같이, 그 구절이 주장하는 내용이 실제로 사실임을 확신해야 하는가?

3. 그래서 어떻다는 말인가? 이는 무슨 차이를 만드는가? 이 개념은 어떻게 적용해야 하는가?
   - 성경 저자는 자기 아이디어를 적용하는가? 어디에서 그 아이디어를 전개하는가? 성경에서 여러 권면은 그 문맥에서 비롯한다. 어떤 설교는 잘린 꽃과 같다. 곧, 저자가 말하는 훈계는 그 설교를 만든 진리에서 잘려 나갔다. 성경에서 명령법은 항상 직설법과 연결돼 있다. 결과는 그 원인으로 거슬러 올라가야 한다.
   - 저자가 직접 적용하지는 않아도 편지 뒷부분에서 적용할 아이디어를 제시하는가? 그는 어디에서 그렇게 하는가? 이 진리를 지금 청중에게 어떻게 적용하는가?
   - 성경 저자는 독자가 주장의 적용을 이해한다고 가정하는가? 복음서 저자는 종종 독자가 비유나 기적의 함의를 이해한다고 가정한다. 특히 서사 문학에서는 "저자는 왜 이 사건을 포함했는가?"라고 자기에게 묻는다.

이 질문들을 살펴보면서 청중에게 설명하거나, 증명하거나, 적용해야 할 내용을 적는다. 그러면 설교할 내용이 있는지, 그리고 어떤 연구를 해야 하는지 곧 안다. 이렇게 해서 설교가 나아가야 할 일반 방향 그리고 설교에서 다뤄야 할 내용을 안다.

5단계, 찾은 석의 아이디어를 진술하고서, 이를 신학 아이디어로 추상화한다 (Having stated your exegetical idea, abstract up from that to a theological idea)

본문에서 설교로 전개하는 '5단계'에서는 본문을 연구해 찾은 석의 아이디어의 본질을 신학 아이디어로 추상화한다. **'석의 아이디어'**는 저자가 원래 청중에게 전달한 내용이고, **'신학 아이디어'**는 모든 시대와 모든 장소의 사람을 위한, 본문의 초문화적·초역사적 의도를 알도록 돕는 중간 단계이다. 아이디어를 연관성 있게 만들기에 관한 더 자세한 논의는 7장 '예화' 부분(192쪽 이하)에서 볼 수 있다. 여기서는 **'추상 표현 사다리'**를 오르고 내려오기를 이야기할 때, 더 추상적인 아이디어에서 구체적인 아이디어로, 또는 그 반대로 이동하기를 살피겠다. 따라서 석의 아이디어에서 신학 아이디어로 이동하려면, 주제를 일반화하려고 추상화하여 모든 시대와 모든 장소의 사람들과 연관성을 갖게 해야 한다. 그런 다음 추상 표현 사다리(193쪽)를 다시 내려와 더 구체적인 **'설교 아이디어'**를 만드는데, 왜냐하면 우리 청중은 특정 시간과 장소에 있는 실제 남성과 여성으로 이뤄지기 때문이다. (밝힘. 강조는 옮긴이가 함.)

로마서 1:1~15로 예를 든다.

- 석의 아이디어—"하나님께서 복음 사역을 하도록 바울을 은혜로 부르심은 그가 헬라인과 비-헬라인 모두에게 그 복음을 전파하도록 의무화한다."
- 신학 아이디어—"'복음 전도자' 특권은 모든 사람에게 복음을 전파해야 할 의무를 수반한다."

이렇듯, 신학 아이디어는 석의 아이디어에서 정확히 추상화하여 긷는다.

또 다른 예로, **로마서** 1:16~32를 살피자.

- 석의 아이디어—"복음은 하나님의 진노 아래 사는 이들에게 그리스

도를 믿는 믿음으로 하나님의 의를 얻을 수 있음을 보여주는 능력이 있다."

- 신학 아이디어—"복음은 하나님의 진노를 받는 이들이 하나님의 은혜를 받는 이가 되게 한다."

6단계, 찾은 석의 아이디어를 진술하고서 이를 신학 아이디어로 추상화한 다음에, 추상 표현 사다리를 내려와서 설교 아이디어를 진술한다 (Having stated your exegetical idea and then the theological idea, come back down the abstraction ladder to state your homiletical or preaching idea)

석의 아이디어와 신학 아이디어를 길었다면, 추상 표현 사다리를 다시 내려와 설교 아이디어를 진술하자. 설교 아이디어는 설교자 여러분이 지금 청중에게 전달하고 싶은 한 문장이다.

예를 들어, 앞에서 살핀 로마서 1장의 두 구절로 돌아가서 설교 아이디어를 진술하자.

- 로마서 1:1~15 설교 아이디어—"특권이 있는 지위에는 즐거운 의무가 따른다."
- 로마서 1:16~32 설교 아이디어—"복음만이 죄인을 성도로 만들 수 있다."

이처럼, 본문에서 찾은 석의 아이디어에서 추상 표현 사다리를 거쳐 신학 아이디어로 올라간 다음, 우리 상황(our text)에 맞게 설교 아이디어로 내려온다. 설교는 항상 상황에 따라 이뤄진다는 점을 명심함이 중요하다. 우리는 멀리 떨어져 있거나 얼굴 없는 청중에게 설교하지 않는다. 설교자는 청중에게 성경에 관해 강의하지 않고, 오히려 성경에서 비롯한, 청중에 관한 내용을 청중에게 말한다. 그러므로 설교 아이디어는 새롭고 힘차며 요즘 쓰는 말로 표현해야 한다.

청중이 잘 알아듣도록 아이디어 진술하기(Knowing Your Audience)

광고주는 사람들이 추상 개념은 기억하지 못해도 표어(slogans)는 기억한다는 점을 안다. 광고 표현이 대체로 '헛소동 침(much ado about nothing)'이지만, 그렇다고 해서 잘 표현한 아이디어의 힘을 과소평가해서는 안 된다. 청중은 기억하기 쉬운 문장으로 표현한 성경 명령을 더 잘 고려하고 그 사상에 기초하여 살고, 사랑하고, 선택하고자 한다.

설교 아이디어를 진술하기는 석의 아이디어를 진술하기와 같을 수 있다. 석의 아이디어가 언제든지 누구에게나 적용하는 보편 원리일 때는 진술이 같을 수 있다.

- "간음하지 말라."
- "도둑질하지 말라."
- "네 이웃을 너 자신과 같이 사랑하라."

위 석의 아이디어는 굳이 21세기 말로, 곧 설교 아이디어로 바꿀 필요가 없다. 설교 아이디어는 석의 아이디어에 이미 있기 때문이다.

- "부드러운 대답은 분노를 멈추게 하지만, 격한 말은 분노를 거세게 한다."

이 석의 아이디어는 시대를 초월하기에, 그대로 설교 아이디어이다.

- "의로운 [사람]은 그의 믿음으로 산다."(하박국 2:4, ASV를 옮김)

하박국이 선언한 이 구절의 근본 아이디어는 요즘 말로 굳이 바꿀 필요가 없다. 석의 아이디어를 설명하고 적용하기만 하면 된다.

위에서 언급했듯이, 여러 다른 석의 아이디어는 설교자가 요즘 말로 바꾸거나 개인에게 적용하면, 설교 아이디어로 바뀐다. **데살로니가전서** 1:2~10를 예로 든다.

- 석의 아이디어—"바울은 데살로니가 교인을 두고서 하나님께 감사

했는데, 하나님께서 사도의 사역으로 그들을 자기에게로 이끌어 그들 삶에 뚜렷한 변화를 일으키셨기 때문이다."

설교 아이디어는 더 직접적이고 개인적이어야 한다.

- 설교 아이디어—"하나님께서 그들을 위해 하셨고 그들을 쓰셔서 하시는 일 때문에, 우리가 아는 그리스도인에게 정기적으로 감사하자."

디모데전서 4:12~16을 예로 든다.

- 석의 진술—"바울은 젊은 디모데에게 개인 삶 그리고 성경을 가르치는 공적 사역 모두에서 다른 사람에게 모범이 됨으로써 존경을 얻으라고 권면했다."
- 설교 아이디어—"삶과 가르침의 방식으로 스스로 존경을 얻자."

이 설교 아이디어는 특별히 신학생을 대상으로 한 설교 기초이다.

설교 진술은 본문 표현에 덜 얽매이면서 더 현대적으로 표현함으로 설교 아이디어로 진술할 수 있다. 돈 수누키안(Don Sunukjian)은 **출애굽기** 13:17~18을 설교한 적이 있다. "파라오가 백성을 보낸 후, 하나님께서 그들을 블레셋 사람의 땅에 있는 길로 데려가시지 않았으니, 그 길이 가까울지라도 하나님이 '이 백성이 전쟁을 보면 마음을 돌이켜 이집트로 돌아갈까'라고 말씀하셨음이라. 그러므로 하나님께서 백성을 홍해 광야 길로 돌려 데려가시매 이스라엘 자손이 이집트 땅에서 대열을 지어 나올 때"(NASB를 옮김).

- 설교 아이디어—"두 지점 사이 최단 거리는 *꾸불꾸불*할 수 있다."

수누키안이 길어낸 이 설교 아이디어는 본문에도 들어맞으며, 삶에도 적용할 수 있다.

제임스 로제(James Rose) 목사는 **로마서** 12:1~17을 강해했다.

- 설교 아이디어—"복음 효과가 교회에서 가장 중요할 때, 복음 효력은 세상에서 멈추지 않는다."

로마서 2:1~19를 설교할 때, 핵심 개념이다.

- 설교 아이디어—"율법을 천국에 이르는 사다리로 쓰다간, 지옥에 이른다."

로마서 6:1~14를 살핀다.

- 석의 진술—"그리스도인은 예수 그리스도의 죽음과 부활에 연합함으로써 죄의 지배에는 죽었고 거룩함에는 살았다."
- 설교 아이디어—"우리는 이제 예전 사람이 아니니, 예전에 살던 방식으로 살아서는 안 된다." 이는 석의 아이디어를 훨씬 더 강력하게 진술한다.

이른바 '**선한 사마리아 사람 비유**'(누가복음 10:25~37)을 살피자.

- 핵심 교훈—"우리 이웃은 우리가 보기에도 필요, 곧 우리가 채워줄 수 있는 필요가 있는 모든 사람이다."

'**달란트 비유**'(마태복음 25:14~30)를 살핀다.

- 설교 아이디어—"우리 신앙 고백을 증명하는 데 가진 모든 것을 걸자."

보시다시피, 단순하게 말해 설교 아이디어는 성경 진리를 삶에 적용한 표현이다. 다음은 설교 아이디어를 구성하는 몇 가지 일반 제안 사항이다.

- 할 수 있는 한 간결하고 기억에 남도록 아이디어를 표현하자. 단어마다 중요한 역할을 하게 한다. 잘 들리게 쓰자. 듣는 이가 기억하려고 애쓰지 않게 한다.
- 설교 아이디어를 구체적이며 익숙한 단어로 표현하자. 기억에 남는 표어를 만들려고 잡지 광고를 잘 살피자. 신앙 전문 용어를 모르고 그래서 적을 수 없는 사람에게 설교 아이디어를 전달할 한 문장이 여러분에게 주어지면, 그것을 어떻게 말하겠는가?

- 반응에 초점을 맞춰서 설교 아이디어를 표현하자. 청중이 어떻게 반응하기를 바라는가? "시련은 성숙으로 이어지기에 시련을 기뻐할 수 있다"를 대신해, "어려운 시기가 닥치면 기뻐하자"라고 말하자. 청중이 해야 할 일을 알고서, 알려주자.
- 청중이 여러분이 그들에 관해 이야기한다고 느끼도록 설교 아이디어를 표현하자.

목적의 힘(The Power of Purpose)

유명 설교자 A. W. 데일(A. W. Dale)은 준비한 설교를 토요일 저녁마다 아내에게 먼저 전했다. 어느 날, 그가 설교하자, 아내는 "왜 그 설교를 하셔요?"라고 물었다.

이는 설교를 준비할 때 분명히 맞닥뜨리는 질문이며, 많은 경우 이 질문에 제대로 대답하지 못한다. 예를 들어, "주일 오전 예배 시간에는 신앙 이야기를 해야 한다." 또는 "지난주에 창세기 21장을 설교했으니, 이번 주에는 창세기 22장을 설교한다." 때로는 "왜 그 설교를 하는가?"라는 질문에, 짙은 안개처럼 모호하게 대답할 때가 많다. 예를 들어, "사람들에게 도전을 주고 싶어서 이 설교를 한다"라고 모호하게 대답한다. 대개 이러한 대답, 곧 명시적이기보다는 암시적인 대답은 떨어진 레몬 머랭 파이와 같은 설교를 만들 뿐이다. 모든 것에 흩뿌려지지만, 그 어떤 것도 강하게 때리지는 못한다. 목적이 분명하지 않다!

설교가 아무리 훌륭하며 성경적이어도, 설교 목적이 분명하지 않다면 전할 가치가 없다. 우리가 왜 말하고 있는지에 적절한 아이디어가 없다. 하키 코치에게 "하키팀의 목적은 무엇입니까?"라고 묻는다고 하자. 그는 반드시 답을 알고 있어야 한다. 스케이팅, 스틱 다루기, 막기, 패스 등 모든 종류의 활동을 빙판에서 하는데, 그 목적은 득점하려 함이다. 이를 명심하지 않으면 경기하는 게 아니라, 연습할 뿐이다. 왜 이 설교를 해야 하는가? 우리는 회중과 마주할 때 여러 가지 일을 한다.

우리는 설명하고, 예를 들고, 권면하고, 주해하고, 몸짓을 한다. 그러나 이 특정한 설교가 구체적인 방식으로 삶을 변화하게 해야 함을 이해하지 못한 채 전달한다면, 그저 불쌍한 존재일 뿐이다. A. W. 토저(A. W. Tozer)는 통찰력 있는 말을 한다.

> 성경 교리를 그 자체로 가르치는 것만큼 지루하고 무의미한 일은 거의 없다. 삶과 동떨어진 진리는 성경이 뜻하는 진리가 아니라, 다른 어떤 것, 더 못한 어떤 것일 뿐이다. … 하나님께서 태초에 천지를 창조하셨음을 안다고 해서 더 나아지는 사람은 없다. 악마도 그것을 알고, 아합과 가룟 유다도 알았다. 하나님께서 사람들 세상을 너무나 사랑하셔서 그들을 구원하시려고 독생자를 주셨음을 안다고 해서, 더 나아지는 사람은 없다. 지옥에는 그것을 아는 수백만 명이 있다. 신학적 진리는 순종할 때, 비로소 쓸모가 있다. 모든 교리가 기대하는 목적은 도덕적 행동을 하게 하려 함이다.[1]

설교마다 이루려는 목적은 도덕적 행동(moral action)을 하게 하려 함이다. 설교자는 그 행동이 무엇인지를 알아야 한다.

7단계, 설교하는 목적을 결정한다 (Determine the purpose of your sermon)

설교 목적은 청중에게 설교한 결과로 그들에게 일어나길 바라는 바를 진술한다. 조지 스웨이지(George Sweazey)는 설교를 에세이와 구별짓는 기준이 '의도한 목적(intended purpose)'이라고 주장한다. "에세이는 아이디어에 주목하지만, 설교는 사람을 주목한다."[2] 그러므로 설교 목적

---

1 A. W. Tozer, *Of God and Men: Cultivating the Divine/Human Relationship* (1960; Reprint: Chicago: Moody, 2015), 26~27.

2 George E. Sweazey, *Preaching the Good News* (Englewood Cliffs, NJ:

은 설교 아이디어와 다르다. 과녁이 화살과 다르고, 여행하기가 지도 살피기와 다르고, 파이 굽기가 레시피 읽기와 다르다. 설교 아이디어는 성경 진리를 진술하지만, 설교 목적은 그 진리가 이루려는 바를 정의한다. 헨리 워드 비처(Henry Ward Beecher)는 설교 목적이 중요함을 알고서, "설교는 요란한 소리를 내려고 쏘아 올리는 중국 폭죽(Chinese firecracker)이 아니다. 그것은 사냥총과 같아서, 쏠 때마다 사냥감이 떨어지는지 확인해야 한다"[3]라고 선언했다. 물론, 이는 사냥꾼이 무엇을 사냥하는지 앎을 전제로 한다.

그렇다면 설교 목적은 어떻게 결정하는가? 설교하려는 본문 뒤에 있는 목적을 발견함으로써, 설교 목적을 결정한다. 성경을 석의할 때, "저자는 왜 이 글을 썼는가? 그는 독자에게 어떤 영향력을 끼치려 했는가?"라고 질문해야 한다. 성경 저자 중 그 누구도 신앙 주제에 관해 '몇 마디 적절한 말'을 적으려고 펜을 들지 않았다. 그들은 모두 삶에 영향을 끼치려고 글을 썼다. 예를 들어, 바울은 디모데에게 편지를 쓸 때, "[그]가 하나님의 집, 곧 살아 계신 하나님의 교회, 다시 말해 진리의 기둥과 터에서 어떻게 행해야 할지를 알게 하려 함이라"(디모데전서 3:15, NASB를 옮김)라고 썼다.

유다는 편지를 쓰기 시작하고서, 편지를 쓰는 목적을 바꿨다. 그는 "사랑하는 여러분, 나는 우리가 함께 받은 구원에 관해 여러분에게 편지를 쓰려고 온 힘을 기울이고 있었지만, 성도에게 단번에 전해진 믿음을 지키도록 힘써 싸우라는 편지를 여러분에게 보내야 할 필요성을 느꼈습니다"(유다서 3절, NASB를 옮김)라고 고백했다. 요한은 예수님의 생애를 기록함으로 예수님을 "그리스도, 하나님의 아들"로 믿게 하고, 믿는 이가 "그분 이름으로 생명"을 얻게 하려고 기록했다(요한복음 20:31, KJV를 옮김). 책 전체는 물론이고 특정 부분도 독자의 생각과 행동에

Prentice Hall, 1976), 23.

3 Henry Ward Beecher, *Yale Lectures on Preaching* (New York: J. B. Ford, 1872), 236.

어떤 변화를 일으키려고 쓰였다. 그러므로 강해설교는 성경 목적과 일치하는 설교 목적을 찾는다. 먼저 특정 구절이 왜 성경에 포함됐는지 파악해야 하며, 이를 염두에 두고 하나님께서 오늘날 설교로 청중에게 무엇을 이루시려는 지를 결정해야 한다.

성경은 영감으로 쓰여서, 우리가 "모든 선한 일을 행할 능력을 갖추게 하려고"(디모데후서 3:17, NASB를 옮김) 주어졌다. 따라서 설교하고 또는 설교를 듣고서 믿음, 태도, 가치관 등이 바뀌거나 확증되는지, 또는 어떤 삶의 질이나 어떤 선한 일이 나타나야 하는지를 말로 표현할 수 있어야 한다. 바울은 디모데에게 (1) 교리를 가르치고, (2) 믿음이나 행동의 오류를 논박하고, (3) 잘못된 것을 바로잡고, (4) 사람들에게 삶을 올바르게 다루는 방법을 가르침으로써, 그 목적을 이루라고 말했다.

교육자는 교육 목적을 효과적으로 진술하는 일이 교육 과정을 넘어, 교육 결과로 나타나야 하는 관찰 가능한 행동을 설명함이라고 깨닫는다. 목적 진술은 목적지와 그곳에 이르려고 따를 경로를 설명하며, 가능하다면 우리가 도착했는지 어떻게 알 수 있는지도 알게 한다. 우리가 어디로 가는지 명확하지 않다면, 아마도 엉뚱한 곳에 이를 수도 있다.[4]

로이 B. 주크(Roy B. Zuck)는 강의 목표를 진술하는 데 유용한 동사 목록을 작성했다.[5] 이 동사들은 지식과 통찰력을 제공하는 목적(인지 영역, cognitive domain)과 태도와 행동을 변화시키는 목적(정서 영역, affective domain)을 다루는 데 유용하다. 〈표 1〉은 특정 동사가 어떻게 특정 목표와 연결되는지를 나타낸다.

---

4 일리노이대학교 스프링필드 캠퍼스(the University of Illinois-Springfield)에서는 모든 교사를 돕고자 교육 목표에 관한 자료를 개발해 온라인에 공유한다. 다음 사이트에서 볼 수 있다.
https://www.uis.edu/ion/resources/tutorials/instructional-design/developing-objectives.

5 Roy B. Zuck, *Basic Biblical Interpretation: A Practical Guide to Discovering Biblical Truth* (Colorado Springs: David C. Cook, 1991), 291~92.

강의 목표를	지식(knowledge)	통찰(insight)	태도(attitude)	기술(skill)
동사로 진술한다	열거한다	분별한다	결정한다	해석한다
	진술한다	구별한다	전개한다	적용한다
	헤아린다	비교한다	확신한다	내재화한다
	외운다	대조한다	감사한다	만든다
	회상한다	분류한다	확신한다	사용한다
	기록한다	선택한다	반응한다	실천한다
	동일시한다	고른다	헌신한다	공부한다
	기억한다	분리한다	열정한다	해결한다
	안다	평가한다	갈망한다	경험한다
	추적한다	조사한다	동정한다	설명한다
	상술한다	이해한다	관망한다	소통한다
	안다	묵상한다	계획한다	돕는다
	친밀하다	숙고한다	만족한다	기도한다
	안다	식별한다		
	정의한다	이해한다		
	서술한다	발견한다		
	인식한다			

〈표 1〉 **강의 목표를 진술하는 동사 목록** (밝힘. 표 제목은 옮긴이가 덧붙임)

설교는 강의와 매우 달라도, 설교 목적을 마치 강의 목표처럼 진술하면 설교가 더 직접적이며 효과적이다. 다음은 설교 목적을 측정할 수 있게 표현한 예이다.

- 청중은 이신칭의를 이해해야 하고, 교리를 단순한 정의로 쓸 수 있어야 한다. (청중이 정의를 실제로 쓸 수 있든 없든, 그들이 그 정의를 쓸 수 있는 정도로 설교하면, 훨씬 더 구체적으로 설교할 수 있다.)
- 청중은 영적 은사를 열거할 수 있어야 하고, 자기가 무슨 은사를 받았는지도 결정할 수 있어야 한다.
- 청중은 믿지 않는 사람 중 적어도 한 명의 이름을 쓸 수 있어야 하고, 다음 두 주 동안 매일 그 사람을 위해 기도하기로 결심해야 한다. (청중이 그 두 주 동안 무슨 일을 한다면, 몇 달 동안 무슨 일을 할 더 좋은 기회가 온다.)
- 설교를 듣는 청중은 그리스도인이 동의하지 않는, 도덕적으로 무관심한 상황 하나를 인식해야 하고, 그 상황에서 어떻게 행동해야 할지 깊이 생각할 수 있어야 한다.
- 회중 구성원은 하나님께서 그들을 어떻게 사랑하시는지를 이해하고 그 사랑이 그들을 안전하게 느끼게 하는 방식을 적어도 한 가지는 설명할 수 있어야 한다.
- 그리스도인은 사람들이 그리스도인이 되려면 무엇을 믿어야 하는지 설명할 수 있어야 하며, 다가오는 한 주 동안 적어도 한 사람에게 주님에 관해 이야기할 계획을 세워야 한다.
- 청중은 성경을 공부해야 한다고 확신해야 하며, 성경에 기반한 소그룹, 주일 성경 학교, 또는 온라인 과정 등에 참여해야 한다.

측정할 수 있는 결과를 서술하는 목표를 설정하면, 태도와 행동이 어떻게 바뀌어야 하는지 깊이 생각하게 한다. 이는 결국 진리를 삶에 더 구체적으로 적용할 수 있게 한다. 마침내 설교가 중요한 일을 이룬다면, 그 일을 반드시 이뤄야 한다.

데이빗 스미스(David Smith, 스코틀랜드 설교자)는, 설교를 "행동으로 마무리 짓는 연설(a speech concluded with a motion)"이라고 기술한다. 그러므로 설교에 목적을 통합하는 효과적인 방법의 하나는 목적을 염두에 두고 결론을 작성함이다. 설교한 내용의 결과로 회중에게 무엇을 하도록 요청하는지 어림잡아 진술하자. 가능한 한 구체적으로 말하자. 누군가가 다음 주에 와서 "지난주 설교하신 내용을 생각했는데, 설교하신 내용을 제 삶에 어떻게 적용할지 모르겠습니다"라고 말한다면, 대답할 수 있겠는가? 설교한 진리가 특정 상황에서 어떻게 작용하는지 상상하자. 그런 다음, 그 내용을 결론에 포함하자.

- "관계가 깨어진 상태에 있는 사람이 있습니까? 배우자, 부모, 친구? 예수 그리스도를 따르는 사람으로서 오늘 그 관계를 회복하려고 첫걸음을 내디뎌야 합니다. 편지를 써야 합니까? 전화해야 합니까? 방문하거나 대화해야 할 사람이 있습니까? 그렇다면 하나님께 그 사람과 만날 용기를 달라고 기도하고서 그 문제를 해결하는 발걸음을 내디디시겠습니까?"
- "여러분이 하시는 일이 바로 여러분을 향한 하나님의 뜻입니다. 내일, 일터로 향할 때 붙임쪽지를 꺼내어 '하나님께서 오늘 나를 섬기도록 이곳에 두셨다'라고 적으십시오. 그리고 책상이나 사물함 등, 잘 보이는 곳에 붙여 두십시오. 그 쪽지를 볼 때마다 '주님, 저는 주님을 위해 이 일을 합니다. 주님을 기쁘시게 하도록 도와주세요'라고 기도하십시오. 그런 식으로 하루 종일 그 일을 거룩하게 지킬 수 있음을 기억하십시오."

설교를 준비하는 과정에서 결론을 바꿀 수도 있겠으나, 설교 목적은 이미 결정했다. 설교 준비를 시작할 때 이루려는 의도를 알면, 더 효율성 있게 집중해서 생각할 수 있다.

용어 정의(definition)

- **설교 목적**(purpose)—청중이 설교를 듣고서 실천하기를 바라는 바
- **설교 아이디어**(homiletical or preaching idea)—석의 아이디어와 신학 아이디어를 정확히 반영해서 회중과 직접 연관 짓는 방식으로 성경 개념을 진술
- **신학 아이디어**(theological idea)—석의 아이디어를 늘 모든 곳에서 모든 신자에게 해당하는 방식으로 진술
- **측정할 수 있는 결과**(measurable results)—관측할 수 있는 느낌 또는 행동으로 진술한 설교 목적

이 장에서 살핀 내용에 관한 질문과 실제는 부록 「설교 준비 연습문제」, 325~336쪽에 있다.

설교 얼거리 짜기 6

The Shapes Sermons Take

❑ 새로운 개념

- 연역법 전개 배열(Deductive arrangement)
- 귀납법 전개 배열(Inductive arrangement)
- 반귀납법 전개 배열(Semi-inductive arrangement)
- 설교 얼거리 모양새(Some forms sermons take)
  - 아이디어 설명하기(Idea explained)
  - 명제 입증하기(Proposition proved)
  - 원리 적용하기(Principle applied)
  - 이야기 말하기(Story told)
  - 아이디어 설명하기(Idea explained)
  - 주제 요소 완성하기(Subject completed)
- 얼거리(Outline)
- 전환(Transition)

❑ 성경 강해설교 준비 단계

1. 성경 구절 선택하기(Select the passage) … 80
2. 성경 구절 연구하기(Study the passage) … 86
3. 석의 아이디어 찾기(Discover the exegetical idea) … 94
4. 석의 아이디어 분석하기(Analyze the exegetical idea) … 108
5. 신학 아이디어 표현하기(Formulate the theological idea) … 136
6. 설교 아이디어 표현하기(Formulate the homilectical idea) … 137
7. 설교 목적 결정하기(Determine the sermon's purpose) … 142
8. 설교 목적을 이루는 방법을 결정하기(Decide how to accomplish this purpose) … 151
9. 설교 얼거리 짜기(Outline the sermon) … 168

새뮤얼 존슨(Samuel Johnson)은 사람들이 알아야 할 만큼 상기하게 해야 한다고 말했다. 그가 한 조언에 따라, 잠시 멈춰서 우리가 지나온 영역을 살펴보자. 성경 본문 연구로, 저자가 무엇을 이야기하고 있는지 그리고 저자가 이야기하는 바에 관해 무엇을 말하고 있는지 명확하게 진술함으로써, 석의 아이디어를 결정했다. 석의 아이디어를 현대 청중과 연관 지으려고, 세 가지 전개 질문으로 아이디어를 탐구했다.

1. "이는 무슨 뜻인가?" 아이디어를 설명하자!
2. "이는 사실인가?" 아이디어를 입증하자!
3. "그래서 어떻다는 말인가?" 아이디어를 적용하자!

이러한 과정을 거쳐, 신학 아이디어를 추출하고, 신학 아이디어에서 성경 개념을 회중과 연결하는 설교 아이디어를 구상했다. 또한 설교 목적을 설정했다.

그러므로 이 시점에서, 설교자는 무엇을 전해야 하는지, 왜 그것을 전해야 하는지 알아야 한다. 이제 해야 할 질문이 있다. 설교 목적을 이루는 데 설교 아이디어를 어떻게 써야 하는가? 설교는 어떤 형태이어야 하는가?

8단계, 설교 아이디어를 생각하면서, 설교 목적을 이루는 데 설교 아이디어를 어떻게 다뤄야 하는지를 스스로 묻는다

(Thinking about the homiletical idea, ask yourself how this idea should be handled to accomplish your purpose)

설교는 여러 방식으로 전개할 수 있다. 가장 두드러진 전개 방식은 세 가지, 곧 연역법 전개 방식, 반귀납법 전개 방식, 귀납법 전개 방식이다.

- 연역법 전개 방식—설교 서론 부분에서 아이디어를 완전히 진술하고서, 그 아이디어를 바탕으로 설교를 전개한다.
- 귀납법 전개 방식—서론은 첫째 요점으로 이어지고, 강력한 전환으로 새로운 요점마다 이전 요점과 연결되어 설교 아이디어가 결론에서 드러난다.
- 반귀납법 전개 방식—귀납법 전개 방식과 연역법 전개 방식은 설교에서 결합할 수 있다. 서론에서 설교 주제(무엇을 이야기하는지)만 진술하고, 설교 요점마다 주제를 부연하는 방식으로 제시할 수 있다. 귀납법-연역법 전개 방식의 또 다른 변형은 서론에서 첫째 요점으로 이끌어 귀납법으로 전개한다. 두 번째 요점도 그렇게 할 수 있으며, 여기에서 처음으로 아이디어를 완전히 진술한다. 아이디어를 진술하고서는 연역법으로 전개, 곧 아이디어를 설명하거나 증명하거나 적용해야 한다.

설교를 전개하는 여러 모양새 비교는 다음 〈그림 1〉을 참조하라.

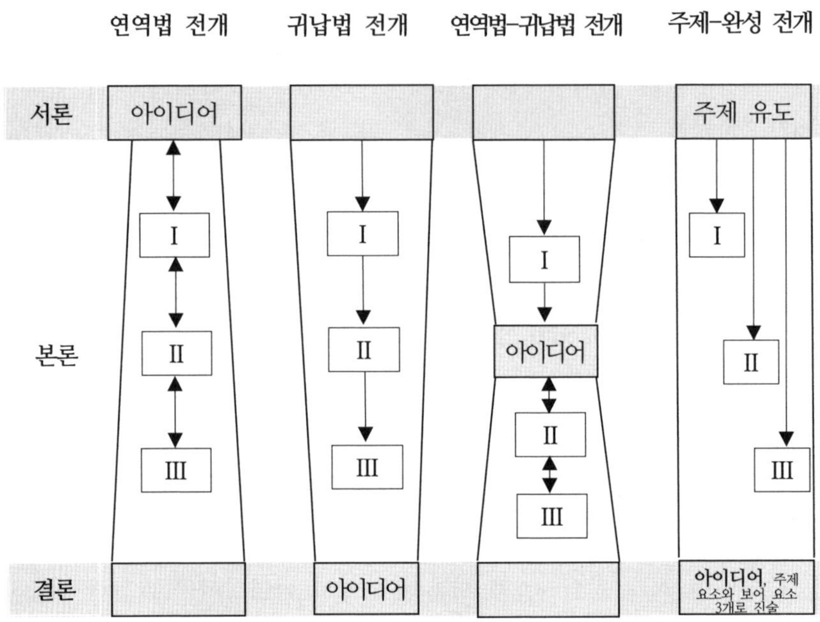

〈그림 1〉 **설교 전개 방법** (밝힘. 제목은 옮긴이가 덧붙임).

이 모든 것이 소득세 신고서 양식처럼 명확할 수도 있다. 이 여러 전개 방식을 염두에 두고 연역법 전개 배열을 더 자세히 살피겠다. 기본적으로 설교 아이디어는 폭넓은 설교 목적에 따라 커진다. 우리가 하는 모든 진술이 설명, 증명, 적용 등으로 전개하듯이, 설교 아이디어도 설명, 검증, 적용 등을 요구한다.

연역법 전개 배열(Deductive Arrangements)

그러므로 연역법으로 전개하는 설교는 세 가지 다른 양식일 수 있다.

아이디어 설명하기 배열(An Idea to Be Explained)

때로는 어떤 개념을 설명해야 할 때가 있다. 회중이 성경 교리를 이해하길 바랄 때이다. 올바르게 이해한 진리는 그 자체로 적용일 수 있다. 예를 들어, 자동차 타이어가 펑크 나서 덜컹거리며 멈추면, 타이어를 교체해야 한다. 직접 교체하려 할 때 방법을 모른다면, 명확한 설명이 가장 필요하다. 고속도로 갓길에 멈춰서 타이어가 펑크 났다는 사실을 안다면, 타이어 교체 방법에 관한 설명을 자세히 듣는다. 설명을 이해했다면, 도구를 꺼내 차를 들어 올리고 펑크 난 타이어를 예비 타이어로 교체하는 작업을 할 마음을 먹는다. 설교에서 성경 구절을 청중에게 명확히 설명하는 일이 설교로 할 수 있는 가장 큰 이바지이다.

설교 전개에 흔히 사용하는 한 공식은, "무엇을 말하려 하는지 말하고, 무엇을 말하고 있는지 말하고, 무엇을 말했는지 말하라"이다. 설교 목적이 어떤 개념을 설명해야 할 때, 이는 훌륭한 조언이다. 이러한 설교에서 서론은 완전한 아이디어를 제시하고, 본론은 그 아이디어를 분해하고 분석하며, 결론은 그 아이디어를 반복한다. 이렇게 전개하면 긴장감은 떨어져도 명확성을 거쳐 목적하는 바를 분명히 이룬다.

예를 들어, 목회자 · 저술가 알렉산더 맥클라렌(Alexander Maclaren)은 골로새서 1:15~18을 설명하며 설교했다.

> 그분은 보이지 않는 하나님의 형상, 곧 모든 피조물의 맏이이시다. 만물, 곧 하늘과 땅에서 보이는 것들과 보이지 않는 것들, 곧 왕좌들이나 주권들이나 통치자들이나 권세들이나 다 그분으로 만들어졌고, 만물이 그분을 거쳐 그리고 그분을 위해 창조되었고, 또한 그분이 만물에 앞서 계시고 만물이 그 안에 이뤄져 있다. 그분은 몸, 곧 교회의 머리시라, 시작, 곧 죽은 자들 가운데서 맏이이시다. 그분은 만물에 으뜸이다. (ASV를 옮김)

이 구절은 이해하기가 참으로 어렵다. "무슨 뜻이지?"라고 물을 수밖에 없다.

맥클라렌은 설교 목적을 다음 말로 밝힌다. "제가 설교하는 주요 목적은 바울의 말을 증명하기보다, 그 말을 설명하고서 그 말을 마음에 새기게 하는 일입니다."

주제 요소, 부연 요소, 석의 아이디어는 다음으로 진술할 수 있다.

- 주제 요소—"왜 예수 그리스도는 모든 것에서 모든 피조물보다 으뜸인가?"
- 부연 요소—"하나님과 관계, 창조와 관계, 교회와 관계 때문이다."
- 석의 아이디어—"예수 그리스도는 하나님과 관계, 창조와 관계, 그리고 교회와 관계 때문에 모든 것에서 모든 피조물보다 으뜸이다."

아이디어를 설명하며 전개함으로, 맥클라렌은 그리스도인이 그리스도를 자기 삶에서 가장 중요하게 여기도록 동기를 부여하고자 한다.

그렇다면 맥클라렌은 이 설교를 어떻게 전개하는가? 서론에서 아이디어를 두 번 제시한다. "그리스도께서는 하나님과 인간 사이 공간을 채우십니다"라고 선언한다. "하늘과 땅을 연결하는 일에 그림자 같은 존재들의 무리가 필요하지 않습니다. 예수 그리스도께서 당신 손을 양쪽에 얹으십니다. 그분은 교회의 머리이시며 생명의 근원이십니다. 그러므로 모든 일에 으뜸이며, 사람에게 경청과 사랑과 경배를 받으셔야 합니다." 설교 전체는 이것만을 말한다. 다음 문단에서 맥클라렌은 이 생각을 다시 축약 형태로 제시한다. "여기 그리스도의 관계에 관한 세 가지 웅장한 개념이 있습니다. 곧, 그리스도와 하나님, 그리스도와 창조, 그리스도와 교회 관계 등이 있으며, 이 관계에 기반해 그리스도께시 이 모든 면에서 모든 피조물보다 으뜸이라고 강력하게 신포합니다."

설교 본론에서, 맥클라렌은 그 여러 관계가 무엇을 포함하는지를 설명한다. 얼거리로 추리면, 설교는 이렇게 전개한다.

I. **그리스도와 하나님 관계에서, 그리스도는 "보이지 않는 하나님의 형상"이시다**(골 1:15a).

   A. 하나님은 본질적으로 우리가 이해할 수 없으며 가까이 갈 수도 없는 분이시다.

   B. 그리스도께서는 하나님의 완전한 현현이며 형상이다.

1. 보이지 않는 분이 그분으로 보이셨다.
2. 그분만이 우리가 삶의 시련에 맞서 견딜 힘을 얻을 수 있는 충분히 확고한 확신을 주신다.

II. **그리스도와 피조물 관계에서, 그리스도는 "모든 피조물의 맏이"이시다**(골 1:15b~17).

A. 그리스도는 모든 창조의 주체이시며, 바울이 사용한 어구들은 존재의 우선성과 모든 것보다 뛰어나심을 암시한다.

B. 그리스도는 우주와 다양한 관계를 유지하시는데, 이는 바울이 사용한 여러 전치사로 전개한다.

III. **그리스도와 교회 관계에서, 그리스도는 "시작, 곧 죽은 이들 가운데 맏이"인 "몸의 머리"이시다**(골 1:18).

A. 하나님의 말씀이 성육신 이전에 우주에 그러했듯이, 성육신하신 그리스도는 당신 교회에 그러하다. 그분은 둘 다에게 "맏이"이시다.

B. 그분께서는 '몸의 머리'로서 교회 생명의 근원이자 중심이시다.

C. 당신 부활로 교회 '시작"으로서 그분은 교회가 시작한 능력이며, 우리가 살려지게 할 능력이다.

맥클라렌은 다음 말로 결론을 맺는다. "사도는 그리스도께서 모든 것에서 맏이이시며, 모든 것은 그분이 맏이가 되시게 존재한다고 결론짓습니다. 자연에서든 은혜에서든, 으뜸은 절대적이며 지고합니다. … 그러므로 우리 모두에게 가장 중요한 질문은 '그리스도에 관해 어떻게 생각하는가?'입니다. … 그분은 우리에게 이름 그 이상인가? … 우리가 예수님께 탁월함을 드리고, 우리 마음이 '그분을 처음, 그분을 마지막, 그분을 중간, 그리고 끝없이' 모신다면 우리는 행복합니다."[1]

---

1 이 얼거리는 설교가 아니다. 이 설교를 지지하는 자료와 함께 읽으려면, Faris D. Whitesell, ed., *Great Expository Sermons* (Westwood, NJ: Revell, 1964), 68~77을 보라.

이 설교 전체에서, 맥클라렌은 "이 구절은 무엇을 의미하는가?"라는 질문에만 대답한다. 그는 그것을 설명함으로써 적용한다. 한 가지 중요한 면에서 맥클라렌의 설교는 더 강력할 수 있었다. 서론에서 청중에게 왜 이 구절을 이해해야 하는지를 보여주려고 더 힘쓸 수 있었다. 그것을 이해하지 못한다는 점(필요하지만, 강력한 필요는 아님) 외에도 현대 청중은 "왜 이것을 말할까?"라고 궁금해한다.

설교에서 아이디어는 설명해야 함에 관해 또 한 가지 중요한 점은 서론이 성공에 결정적인 역할을 함이다. 설명할 필요를 찾아야 한다. 이 설교 형태는 성도의 가려운 데를 긁어줄 때만 효과가 있다. 달걀조차 삶아본 적이 없는 사람에게 수플레(soufflé, 달걀의 흰자위를 거품이 일게 하여 구운 것) 만드는 법을 아무리 설명해도 소용이 없다.

명제 입증하기 배열(A Proposition to Be Proved)

그러나 연역법 전개 설교는 다른 모양새이기도 한데, 때로 어떤 개념을 설명하기보다는 입증해야 할 때가 있다. 이때 그 개념은 서론에 명제로 제시하고서, 변호해야 한다. 설교자 입장이 토론자 입장과 비슷하기에, 요점은 개념에 대한 이유나 증거가 된다. "그것이 사실인가?" 그리고 "왜 내가 그것을 믿어야 하는가?"라는 전개 질문에 답하고 있다.

명제를 입증하는 설교의 한 예는 고린도전서 15:12~19에서 확인할 수 있는데, 여기서 바울은 몸의 부활을 주장한다. 바로 앞 문맥에서, 바울은 고린도 교인이 예수님이 죽은 자 가운데서 살아나셨다고 믿으면 부활이 없다고 주장할 수 없다고 주장했다. 12~19절을 본문으로 한 설교는, "그리스도인이 죽은 자 가운데서 살아나지 않는다면, 기독교 신앙은 가치가 없다"라는 명제를 변호한다. 설교자는 청중에게 부활 교리가 기독교 신앙의 중심임을 확신하게 함을 설교 목표로 삼는다. 이 아이디어는 서론에서 말하며, 주요 요점들은 일련의 논쟁으로 그 아이디어를 변호한다. 이 설교의 얼거리는 이렇다.

I. **그리스도인이 살아나지 않는다면, 기독교 신앙 내용은 타당성을 잃는다**(고전 15:12~14).

A. 죽은 이가 살아나지 않으면, 그리스도께서 살아나지 않으셨다고 할 수 있다.

B. 그리스도께서 살아나지 않으셨다면, 복음은 망상일 뿐이다.

C. 복음이 망상이면, 우리가 믿는 복음에 실체가 없는 셈이다.

(그리스도인이 살아나지 않으면 기독교 신앙이 무가치한 둘째 이유는 …)

II. **그리스도인이 살아나지 않으면, 사도는 경멸스러운 거짓말쟁이이다**(고전 15:15).

A. 사도들은 모두 예수님의 부활을 전파했기에, 부활이 없다면 그분 부활이 일어날 수 없었을 것이므로, 그들은 '거짓 증인'이다.

B. 그들은 가장 악한 거짓을 저질렀는데, 하나님을 거짓으로 증언했기 때문이다. 그들이 주장하는 바에 따르면 하나님께서 예수를 죽은 자 가운데서 일으키셨다.

(그리스도인이 살아나지 않으면 기독교 신앙이 무가치한 셋째 이유는 …)

III. **그리스도인이 살아나지 않으면, 기독교 신앙은 헛되다**(고전 15:16~17).

A. 그리스도의 부활이 일어나지 않았으면, 죽은 자의 부활이 없는 경우이므로, 그것에서 비롯한 효과는 유효하지 않다.

B. 그러면 그리스도인은 여전히 죄 가운데 죽어 있다. 죽은 구원자는 전혀 구원자가 아니다.

(고려해야 할 네 번째 논거…)

IV. **그리스도인이 살아나지 않으면, 그리스도인에게는 소망이 없다**(고전 15:18~19).

A. 부활이 없다면, 예수님은 살려지지 않으셨고, 그분 죽음은 아무것도 이루지 못했다.

B. 그렇다면 죽은 성도는 "멸망했다"는 결론에 이른다.

C. 다가올 삶을 기대하며 그리스도를 위해 고난을 받는 그리스도인은 불쌍할 뿐이다. 부활이 없다면 그들을 지탱하는 소망은 바라는 생각일 뿐이다.

결론—죽은 사람 부활은 기독교 신앙의 중요한 교리이다. 부활 교리가 무너지면, 기독교 신앙의 전체 체계가 함께 무너지고, 기독교 복음과 그 전파자는 모두 세상에 아무것도 제공하지 못한다. 그러나 그리스도께서 부활하셨기에, 부활을 믿는 믿음과 기독교 신앙은 강력한 기초 위에 놓여 있다. 우리는 소망하며 산다.

아이디어 설명하기 설교와 아이디어 입증하기 설교가 처음에는 똑같은 듯한데, 두 가지 설교는 모두 서론에 설교 아이디어를 제시하고서 그 아이디어를 전개하기 때문이다. 그러나 알아야 할 바는 설교가 서로 다른 목적을 이루려고 다른 방향으로 펼쳐진다는 점이다.

원리 적용하기 배열(A Principle to Be Applied)

연역법 전개 설교의 셋째 모양새는 적용 질문, 곧 "그래서 무엇을 해야 할까요?"에서 비롯한다. 이 모양새 설교에서는 서론이나 첫째 주요 요점에서 성서 원리를 확립한다. 그러고서 설교 나머지 부분에서는 그 원리가 담고 있는 뜻을 실핀다.

베드로전서 2:11~3:9에서, 원리를 적용하는 설교 얼거리를 추릴 수 있다. 서론에서는 우리 태도가 행동을 결정하는 방식을 논의하고서, "하나님과 은혜를 모르는 세상에서 그리스도의 남녀로서 우리 태도는 어떠해야 하는가?"라고 질문한다. 설교 목적은 그리스도인이 관계에서 순종하는 정신을 함양하게 함이다. 적용할 원리는 첫째 요점에 제시한다.

I. **우리는 하나님의 영광을 위하여 모든 인간 제도를 따라야 한다**(벧전 2:11~12, 21~25).

A. 순종은 하나님께 영광을 돌린다(11~12절).

B. 그리스도는 자신에게 악을 행한 제도에도 순종하셨다(21~25절).

1. 그분은 죄가 전혀 없으셨다(22절).

2. 그분은 침묵하시며 당신을 하나님께 맡기셨다(23절).

3. 그분 고난은 구속력이 있었다(24~25절).

(인간 제도에 이러한 복종 원칙은 우리 일상생활에서 무슨 차이를 내야 하는가?)

II. 하나님의 뜻을 이루려고 순종하는 정신을 가지는 이 원칙은 우리 관계를 다스려야 한다(2:13~20; 3:1~7).

A. 우리는 하나님의 뜻을 이루려고 시민 지도자에게 복종해야 한다(2:13~17).

B. 우리는 하나님의 뜻을 이루려고 고용주에게 복종해야 한다(2:18~20).

C. 우리는 하나님의 뜻을 이루려고 배우자에게 복종해야 한다(3:1~7).

1. 아내는 남편에게 순종하는 마음을 가져야 한다(3:1~6).

2. 남편은 아내에게 순종하는 마음을 가져야 한다(3:7).

결론—"마지막으로 말합니다. 여러분 모두는 한마음이 되고, 서로 동정하며, 형제를 사랑하고, 불쌍히 여기며, 겸손하기를 바랍니다. 악을 악으로 갚지 말고 욕설을 욕설로 갚지 말고, 오히려 복을 빌어 주십시오. 여러분은 복을 상속받도록 부르심을 받았습니다."(8~9절, NASB를 옮김)

연역법으로 전개하는 설교 모양새 세 가지—아이디어 설명하기, 명제 입증하기, 원리 적용하기—를 살폈다. 세 가지 모두에서 아이디어는 설교 서론 또는 첫째 요점에 제시한다. 그러고서 설교에서 모든 내용은 그 아이디어와 관련을 짓는다.

반귀납법 전개 배열(Semi-inductive Arrangements)

반귀납법으로 전개하는 여러 설교 모양새도 있다. 이들은 연역법 전개 모양새와 귀납법 전개 모양새의 중간 모양새이다.

주제 완성하기 배열(A Subject to Be Completed)

반귀납법으로 전개하는 설교 모양새 첫째는 서론에 주제만 제시하지 전체 아이디어는 제시하지 않고, 그 주제는 주요 요점에서 완성한다. 이러한 주제 완성하기 전개 방식은 강단에서 가장 흔하게 쓰며, 많은 설교자가 이 방식에서 벗어나지 않는다.

숙련된 설교자는 설교를 이러한 전개 방식으로 구성해 긴장감과 강력한 절정을 만들 수 있다. 제임스 S. 스튜어트(James S. Stewart) 목사는 **히브리서 12:22~25** 강해설교로 사례 연구를 제공한다. 그는 서론에서 자기 주제를 확립한다. 그는 히브리서 기자가 “교회에서 우리 기독교 예배 공동체에 관해 다섯 가지를 말합니다”라고 한다. 설교 목적은, 그가 말한 대로 “우리가 예배 장소에 모일 때 우리 유산의 풍요로움을 깨닫게 힘”이다. 시론에 “무엇이 우리 예배를 풍요롭게 하는가?”라는 주제를 제시하고서, 본론에서 각 요점은 그 주제를 완성하게 돕는다.

I. **영적 교제이다**(It is a spiritual fellowship). “여러분은 시온산 그리고 살아 계신 하나님의 도성인 하늘 예루살렘에 이르렀습니다”(히 12:22). 그리스도인은 궁극적인 유일한 실재인 보이지 않는 영적 세계와 직접 접촉한다.

(“이제 우리 본문이 강조하는 기독교 예배의 교제에 관한 둘째 사실을 살피겠습니다.”)

II. **우주적 교제이다**(It is a universal fellowship). “여러분은 하늘에 쓰인 맏이 교회에 이르렀습니다”(히 12:23). 그리스도인은 땅에서 가장 위대한 교제, 곧 우주적 교회의 구성원이다.

("이제 히브리서가 그리스도인 예배에서 우리 교제에 관해 말하는 셋째 서술을 살피겠습니다.")

III. **영원한 교제이다**(It is an immortal fellowship). "여러분은 축제 행렬하는 수많은 천사와 완전한 이들 영에 이르렀습니다"(히 12:23). 그리스도인이 예배할 때, 영원 저편에 있는 사랑하는 사람들이 그들 가까이에 있으며, 구름 같은 증인들이 그들을 둘러싸고 있다.

IV. **하나님과 교제이다**(It is a divine fellowship). "여러분은 모든 이를 심판하시는 하나님 그리고 새 언약의 중보자 예수님께 이르렀습니다"(히 12:23~24). 여러분이 예배할 때, 히브리서 저자가 하는 말에 따르면, 문제의 핵심에 이른다. 곧, 그리스도께서 계시하신 대로 하나님께 이르렀다.

("예배에서 우리 교제에 관한 또 다른 한 가지 요소가 있습니다.")

V. **구속하는 교제이다**(It is a redeeming fellowship). "여러분은 뿌리는 피, 곧 아벨의 피보다 더 나은 피에 이르렀습니다"(히 12:24). "우리 죄가 하나님께 형벌과 복수를 외칠 때, 다른 일이 일어납니다. 곧 그리스도 피가 더 크게 부르짖어 우리 죄 외침을 압도해 잠잠하게 하고, 하나님께서는 그리스도 때문에 용서하십니다."[2]

스튜어트는 결론 요소 없이 설교했는데, 오히려 마지막 요점이 더 효과를 내며 설교를 마치는 역할을 했다. 그는 개별 요점을 이전 요점과 연결해 전환하지 않고, 오히려 주제와 연결해 전환함으로 주제를 완성했다.

이 설교 모양새는 요점을 하나로 묶는 핵심어에 달려 있다. 스튜어트가 한 설교에서 그것은 일반어 '**일**(things)'이다. 그 다섯 가지 요점마다 우리가 예배하려고 함께 모일 때 우리 교제에 관한 '일'이다.

반귀납법 전개 설교의 주제 완성하기 모양새는 지루할 수 있다는 단점이 있다. 설교자 자신을 지루하게 하고, 계속하면 청중도 지루하게

---

2 탄탄한 언어와 효과적인 보조 자료를 포함한 설교 전문은 Whitesell, ed., *Great Expository Sermons*, 138~46에 있다.

한다. 더 중요하게는, 성경 저자가 말하지 않는 내용을 설교자 생각에 강요할 위험도 있다. 우리는 구절 생각을 미리 짠 틀에 억지로 끼워 넣는다. 그러나 이 모양새의 장점은 단순하고 사용하기 쉽다는 점이다.[3]

귀납법-연역법 배열(Induction-Deduction)

설교에 귀납법과 연역법을 결합할 수 있다. 아이디어는 설교 중간쯤에 제시한다. 서론과 첫째 또는 둘째 요점은 그 아이디어로 이어지고, 나머지 부분은 연역법으로 전개, 곧 그 아이디어를 설명하거나, 증명하거나, 적용한다.

설교를 귀납법-연역법으로 전개하는 한 가지 구체적인 방법은, 문제 탐구하기이다. 서론과 첫째 요점에서 개인적 또는 윤리적 문제를 식별하고, 그 뿌리를 탐구하며, 부적절한 해결책을 논의할 수 있다. 둘째 요점에서 문제에 관한 성경 원리나 접근 방식을 제시하고, 나머지 부분에서 그것을 설명하거나, 옹호하거나, 적용한다.

이 귀납법-연역법 배열은 '삶의 자리' 설교("life situation" preaching)에도 적용한다. 서론에서 우울증이나 슬픔과 같은 질문, 문제, 또는 당혹스러운 경험을 개인적인 용어로 논의한다. 그런 다음 제기한 특정 사례가 실제로 더 일반적인 신학적 또는 철학적 문제를 반영한다고 입증한다. 마지막으로 실용적이며 유용한 방식으로 성경에 기반해 긍정적 해결책을 제시한다. 그러므로 설교는 개인 필요와 성경 진리 사이를 잇는 가교 건설이다.

---

3 이 모양새에 관한 더 자세한 내용은, Charles W. Koller, *Expository Preaching without Notes* (Grand Rapids: Baker, 1962), 또는 Faris D. Whitesell and Lloyd M. Perry, *Variety in Your Preaching* (Old Tappan, NJ: Revell, 1954)을 보라. 화이트셀과 페리는 다양성을 이루는 데 쓰일 여러 핵심어에 관해 여러 쪽에서 말한다.

귀납법 전개 배열(Inductive Arrangement)

설교는 귀납법으로도 전개할 수 있다. 귀납법 전개 설교는 설교가 끝날 때 아이디어를 완전하게 진술한다. 그러므로 서론에서는 설교 아이디어를 완전히 진술하지 않는다. 서론에서는 첫째 요점과만 관련짓는다. 첫째 요점 다음에는 청중이 고려할 수 있도록 직간접적으로 또 다른 질문을 제기해야 한다. 그러면 둘째 요점은 첫째 요점에서 비롯한다. 둘째 요점을 전개했으면, 셋째 요점에서 대답하는 또 다른 질문을 제기해야 한다. 이렇게 모든 요점을 전개하고서 설교 아이디어를 진술한다.

분명히, 귀납법으로 전개하는 설교에서 전환은 매우 중요하다. 청중은 중심 아이디어를 참조할 수 없는데, 제시한 바가 없기 때문이다. 청중은 완전히 설교자에게 맡겨진 상태이다. 설교자가 어디서 전환해 전개하는지 그리고 대답해야 할 질문이 무엇인지를 청중이 상기하지 못하면, 청중은 길을 잃는다. 특히 초보 설교자는 주의해서 귀납법 설교를 전개해야 한다. 초보 설교자가 전개하는 귀납법 설교에, 회중은 집으로 돌아가는 길을 찾으려고 헤맬 수 있다.

그런데 귀납법 설교는 장점도 있다. 청중은 발견하는 느낌을 즐길 수 있다. 설교자로서 우리가 성경에 먼저 가서 진리를 발견하고 청중에게 전달하는 모습을 이따금 본다. 설교는 보여주기-말하기(show-and-tell)이다. 청중은 귀납법 설교를 들으면서 스스로 진리를 배운다. 이는 발견하는 느낌을 강하게 할 수 있나.

귀납법 설교는 무관심하거나 심지어 적대적인 청중에게 특히 효과가 있다. 설교의 핵심 아이디어를 곧바로 거부하는 청중에게 적합하다. 귀납법으로 청중이 동의할 여러 아이디어를 잇달아 제시하여 주요 아이디어에 이르면 그 아이디어를 받아들일 수밖에 없다. 이를 '그래-그렇지(yes-yes)' 접근 방식이라고 한다. 청중이 동의하지 않을 개념을 제시하기에 앞서, 그들이 동의할 여러 가지 사항을 제시해 "그래"라고 말하게 할 수 있다. 베드로가 오순절에 군중, 곧 최근 예수님을 십자가에 못 박은 군중에게 연설했을 때 귀납법 접근 방식을 사용했다. 서론에서는 청중이 오순절 현상을 두고서 속으로만 하는 질문에 대답했다. 요엘 선지자의 말을 인용하여 그들 성경과 경험으로 예수께서 그들이 살해한 그리스도이자 주님이시며, 심판으로부터 그들을 구원할 수 있는 유일한 분이시라고 증명했다. 메시지 결론에서는 자기 아이디어를 밝혔다. "그러므로 이스라엘 온 집이 확실히 알아야 할 바는, 하나님께서 너희가 십자가에 못 박은 이 예수님을 주님과 그리스도로 삼으셨다"(사도행전 2:36, NKJV를 옮김). 베드로가 설교 초반에 그 아이디어를 제시했다면, 아마 청중은 그를 죽였을 테다. 그는 귀납법 접근 방식을 써서 의심스럽고 적대적인 청중을 "우리는 어찌해야 하는가?"(37절)라고 묻게 했다.

전통적 얼거리로 귀납법 전개 설교 구조를 짜기는 어려울 수 있다. 따라서 설교 빅 아이디어에 이르는 여러 이동으로 귀납법 전개 설교를 구상하라고 제시한다. 또한 **솔직한 인간 문제로 시작해서 성경에 기반한 해결책으로 이동하는 방법**도 유익하다. 그 설교는 다음처럼 펼칠 수 있다. (밝힘. 아래에서 숫자는 옮겨 엮은이가 덧붙임.)

1) **누군가 어려움에 맞닥뜨린다.** 개인이 겪는 문제를 전개한다. 특정 개인이 어려움을 어떻게 경험하는가? 자기가 겪는 일을 어떻게 이야기하는가? 모든 신학적 질문은 어떻게든, 어딘가에서 삶에 나타나며, 그렇지 않다면 고민할 가치가 없다. 설교를 누군가의 삶에 관한 이야기로 시작하자.
2) **하지만 살피자! 개인이 겪는 이 어려움은 더 큰 어려움의 한 부분이다.** 개인이 맞닥뜨린 상황은 훨씬 더 폭넓은 상황의 한 부분일 뿐이다. 이 문제가 사람들의 경험에서 여러 방식으로 나타나는 예를 제시하자. 이 더 큰 문제가 우리 자신이나 우리가 아는 사람에게 어떤 결과를 일으키는가? 이 문제는 무슨 질문을 하게 하는가?
3) **게다가, 이 어려움은 우리에게서 시작하지 않는다.** 우리는 인간 경험의 근본 문제를 이야기한다. 역사에서, 특히 성경 인물에게 일어났던

문제를 이야기하자.

4) **그것은 더 깊은 질문—어떻게 해서 사람들이 이 어려움에 빠졌는가? —을 한다.** 의도했는가? 우연히 빠져들었는가?

5) **사람들은 무너지지 않으려고 발버둥 친다. 자기가 맞닥뜨린 어려움을 해결하려고 무엇을 시도했는가?** 성경 인물들은 어떻게 반응했는가? 그 해결책은 효과가 있었는가, 아니면 상황을 어렵게 했는가?

6) **마지막으로, 좋은 소식이 있어야 한다. 이 어려움에서 벗어날 길이 있다!** 선택한 구절에서 작용하는 성경적 원리를 드러내자. 그것은 성경에서 남성과 여성에게 어떻게 작용하는가? 그런 다음 그 원리를 설교 서론에서 소개한 개인과 연결하자. 같은 종류의 문제로 씨름하는 다른 사람에게 적용하자.

이 모든 이동이 설교에서 차지하는 비중은 똑같지 않다. 그 문제를 자세히 말하고 싶겠지만, 청중에게 성경 본문에서 말하는 해결책과 삶에서 작동하는 해결책을 보여주는 데 시간을 충분히 할애해야 한다.

귀납법 전개 설교는 강의라기보다는 대화(conversation)에 더 가깝다. 이것이 효과를 발휘하려면 사람들이 실제로 어떻게 생각하고 행동하는지 알아야 한다. 청중은 "저 사람이 바로 나일 수 있다"라고 느껴야 한다. 또한 우리는 성경으로 돌아가는 방식을 느껴야 합니다. '신앙 담론'과 '생명력 넘치는 설교'의 차이는, '가난에 관한 책 읽기' 그리고 '지역 자선 단체에서 음식을 얻으려고 차례를 기다리는 어머니가 세 명의 굶주린 아이들과 함께 줄을 서 있는 모습'의 차이이다.

- 바울이 갈라디아서를 쓸 때 느낀 분노를 함께 느끼자.
- 시편 73편에서, 아삽의 믿음을 흔들어대는 의심에 가슴이 쓰리고 아파함을 느끼자.
- 욥의 종기에 풍기는 악취를 맡자.
- 에베소에서 디모데가 자기 사역에 짓눌리고 동역할 사람이 없어서 느끼는 불안감을 경험하자.

성경이 위대한 문학이지만, 그렇다고 문학이 삶은 아니다. 귀납법 전개 설교는 처음에 현재 문제에서 시작해 성경에 기반한 해결책에 이르기까지 실제 사람을 말해야 효과가 크지, 조각 휴지 플롯에 나오는 판지 등장인물을 말하면 효과가 그리 크지 않다.

귀납법 전개 설교는 텔레비전, 영화, 여러 플랫폼 등에서 실시간 재생으로 내보내는 수많은 쇼가 지배하는 문화에 사는 사람에게 특히 매력이 있다. 이제 우리 문화는 이야기 중심이다. 미스터리 드라마든, 코미디든, 심지어 스포츠 경기든, 거기에는 귀납법 요소가 많다. 드라마는 마지막 막이 끝날 때까지 해결되지 않고, 농담은 마지막 반전으로 이어지며, 스포츠 경기는 유리한 최종 점수를 얻으려고 엎치락뒤치락한다. 귀납법 전개 설교는 이러한 사고방식에 딱 어울린다. 특히 특정 유형의 귀납법 전개 설교, 곧 이야기하는 설교가 그렇다. 통찰력과 상상력을 발휘하여 성경 이야기를 전하면, 현대 청중과 더 잘 소통할 수 있다.

어리석게도, 우리는 억지스럽게 추론함으로, 이야기는 아이들에게 적합하고 어른은 아무런 미사여구 없이 원칙을 곧바로 받아들인다고 스스로 설득했다. 그래서 이야기를 육아실에나 어울린다고 낮추거나, 소설을 휴가 때 그저 시간을 보내는 방법으로 휴대할 뿐이다. 이야기 영향력을 제대로 관찰하고서, 이야기에 낮게 매긴 점수를 다시 높게 매겨야 한다. 텔레비전과 실시간 재생 서비스는 이야기로 가득 차 있다. 어떤 것은 조잡하고, 어떤 것은 수상하며, 어떤 것은 불안정하고, 어떤 것은 중요하지만, 드라마는 관객을 끌어들이고 그들 가치관을 형성한다. 드라마가 미칠 수 있는 영향력은, 악당과 위대한 영웅이 등장하는 영화 「스타워즈 사가(the Star Wars saga)」, 「반지의 제왕(the Lord of the Rings)」 3부작, 「마블(Marvel)」 등의 영향력을 생각만 해도 알 수 있다. 우리 문화의 미래는 이 세대와 아이들의 상상력과 마음을 사로잡는 이야기에 달려 있을 수 있다.

성경을 사랑하는 사람은 누구나 이야기를 소중히 여겨야 하는데, 성경은 그 무엇보다 이야기책이기 때문이다. 구약 신학은 자기들 손으로 만든 신을 세우러 떠나는 여러 남자와 여자에 관한 이야기, 그리고 하나님을 진지하게 여겨 그분께 자기 생명을 거는 사람들 이야기에 담겨 있다. 예수님께서 나타나셔서 이야기를 들려주셨고, 그 이야기들은 대부분 민간 전승에 파고들었다. 예수님은 아주 훌륭한 이야기꾼이셨기에, 반항하는 불량배와 참을 수 없는 그의 형, 경건한 바리새인과 회개한 세리, 묻힌 보물, 그리고 예기치 않은 죽음을 맞이한 장사꾼에 관한 이야기에 숨긴 심오한 신학을 때때로 놓치기도 한다.

그러나 내러티브 설교는 무의미하고 낡은 농담을 되풀이하듯이 단순히 이야기를 반복하는 형식이 아니다. 이야기로 아이디어를 소통한다. 다른 설교와 마찬가지로, 내러티브 설교에서도 주요 아이디어는 다른 아이디어가 뒷받침하지만, 요점을 뒷받침하는 내용은 이야기가 말하는 사건에서 직접 가져온다. 다시 말해, 이야기 세부 사항은 요점을 만드는 데 함께 엮이고, 모든 요점은 설교의 중심 아이디어를 전개한다.

내러티브 효과가 가장 좋을 때는, 청중이 이야기를 듣고서 어떤 설명을 듣지 않고서도 이야기 아이디어를 알아차릴 때이다.

영화감독 스탠리 큐브릭(Stanley Kubrick)은 『타임지』에 실린 인터뷰에서 간접적인 아이디어의 힘에 관해 말했다. "극적 형식의 본질은 어떤 아이디어를 명확하게 언급하지 않고도 사람들에게 전달하는 데 있습니다. 직접 말하기는 사람들이 스스로 발견하도록 하는 것만큼 강력하지 않습니다."[4] 요점을 드러내서 말할지, 넌지시 전달할지는 설교자로서 기술, 설교 목적, 청중의 인식에 따라 달라진다. 어떤 경우든 이야기는 듣는 이들이 성경 인물의 생각, 동기, 반응, 합리화에 공감하고, 그 과정에서 자기에 관한 통찰력을 얻도록 전개해야 한다.

지금까지 설교 모양새 여러 개를 살폈다. 몇몇은 연역법 전개 설교이고, 몇몇은 귀납법 전개 설교이며, 다른 몇몇은 이 둘 사이 어떤 모양

4 Martha Duffy and Richard Schickel, "Kubrick's Grandest Gamble," *Time*, December 15, 1975.

새이다. 우리가 살핀 설교 모양새 내용이 완전하지 않기에, 한 가지 제안으로만 여겨야 한다. 마지막 분석으로, '**어떤** 설교 모양새(*a* sermon form)'와 같은 것은 없다. 어쩌면 설교한다는 생각을 아예 하지 않으면, 하나님의 진리가 더 잘 드러난다. 우리가 어떤 구절의 의미라고 믿는 바에 도달했고 청중의 필요와 질문을 생각했다면, 이제 질문은 "이 아이디어를 전개하는 가장 좋은 방법은 무엇인가?"이다. 신발이 발에게 어떻게 자라야 한다고 말하지 말아야 한다. 그러므로 설교 아이디어와 설교 목적이 스스로 여러분 마음에서 형태를 갖추게 해야 한다. 설교 모양새를 검증하려면, 적어도 두 가지 질문을 해야 한다.

1) 이 전개는 그 구절이 가르치는 바를 전달하는가?

2) 이 전개가 이 청중을 대상으로 내 목적을 달성하는가?

이 전개가 메시지를 전달한다면, 반드시 이 전개를 쓰자. 그런데 이 전개가 메시지를 방해한다면, 성경의 아이디어와 목적 그리고 회중의 필요에 더 들어맞는 모양새를 생각해 내자.

건축가가 건물을 설계할 때, '**역할**(function, 건물이 무슨 일을 하는가?)' 그리고 '**모양새**(form, 건물이 어떤 모습일까?)'에서 비롯한 개념으로 시작한다. 건물을 지으려고, 건축가는 그 아이디어를 청사진으로 바꿔서, 어떻게 개념이 철재, 석재, 유리로 바뀌는지를 자세히 제시한다.

9단계, 설교 아이디어를 전개해서 설교 목적을 이루는 방법을 결정하고서, 설교 얼거리를 짠다 (Having decided how the idea must be developed to accomplish your purpose, outline the sermon)

성경 자료에서 개념을 긷고 회중 필요에 맞춰 모양새를 갖췄으면, 이제 청사진 그리기, 곧 설교 얼거리를 짜야 한다. 내용은 형식 없이도 존재할 수 있으나, 구조는 설교에 통일성, 질서, 진행 등을 느끼게 한다. 확실히, 성공을 거두는 설교에는 튼튼한 얼거리가 있기 마련이다.

설교 얼거리는 설교자에게 유익할 뿐이다. 회중은 설교 얼거리를 듣지 않고, 설교자가 말하는 바를 듣는다. 그러므로 설교 얼거리는 설교자를 적어도 네 가지 방식으로 돕는다.

1) 설교 전체를 보며 통일성을 높이게 한다.
2) 설교의 각 부분의 관계를 마음에 명확하게 한다.
3) 또한 아이디어 순서를 명확히 하여, 청중에게 적절한 순서로 전달하게 한다.
4) 설교에서 요점을 전개하는 데 써야 할 추가 뒷받침 자료가 필요한 부분을 알게 한다.

때로는 성경 구절에 있는 아이디어의 배열은 설교 얼거리에서 바뀌야 할 수도 있다. 성경 저자는 오늘날 청중을 염두에 두지 않았다. 성경 저자가 귀납법으로 전개했어도, 설교자는 청중을 고려해 연역법 얼거리를 선택할 수도 있다. 서신서를 본문으로 한 설교 얼거리 짜기가 시, 비유, 이야기 등을 본문으로 한 설교 얼거리 짜기보다 더 쉽다. 구절을 전달하는 방식이 유연해야만 특정 구절이 목적하는 바를 청중에게 이룰 수가 있다. 예를 들어, 잠언 결론을 다루려면 해당 구절을 논리적으로 개괄할 수 없다. 잠언 31:10~31은 히브리어 알파벳 알레프(א)에서 타브(ת)까지, 곧 첫 글자부터 마지막 글자까지로 시작해 지혜로운 여성의 자질을 묘사하는 시, 곧 히브리어 아크로스틱(Hebrew acrostic) 시이다. 이는 잠언에 자세히 설명한 지혜의 미덕을 삶의 경험으로 구체화하는 요약이다. 아크로스틱 시가 히브리어 독자에게는 효과적인 기억 장치이지만, 영어 청취자에게는 전적으로 무의미하다. 따라서 이 구절을 전달하려면, 그것을 느끼게 하는 얼거리로 새로 짜야 한다.

얼거리는 일반적으로 서론, 본론, 결론으로 짠다.

- '서론'은 아이디어, 주제 요소, 또는 귀납법 설교에서는 첫째 요점을 소개한다. (이는 자세히 살피겠다.)

- 얼거리에서 '본론'은 아이디어를 자세히 설명한다.
- '결론'은 아이디어에 초점을 맞추고, 설교를 마무리한다. (이도 자세히 살피겠다.)

설교 한 편은 여러 아이디어로 구성하는데, 모든 아이디어는 서로 관련이 있다. 설교에서 모든 아이디어가 똑같이 중요하지는 않다. 몇몇은 다른 몇몇보다 더 기본 아이디어일 수 있다. 가장 근본적인 아이디어가 주요 요점이고, 이 아이디어가 설교를 이루는 기본 틀이다. 주요 요점은 메시지 본론에서 로마숫자로 표기한다. 예를 든다.

- **아이디어**—그리스도인은 하나님을 찬양해야 하는데, 하나님께서 우리를 위해 하신 모든 일 때문이다.

I. **우리는 하나님을 찬양해야 하는데, 하나님께서 그리스도로 우리를 택하셨기 때문이다**(엡 1:4~6).

II. **우리는 하나님을 찬양해야 하는데, 하나님께서 당신 은혜의 풍성함으로 우리를 대하셨기 때문이다**(엡 1:7~12).

III. **우리는 하나님을 찬양해야 하는데, 우리 유업을 완전히 소유하기까지 성령으로 인치셨기 때문이다**(엡 1:13~14).

그러나 이 주요 요점들을 열거한다고 해서 설교를 완전하게 전개하지는 않는다. 주요 요점들은 확장해야 하고, 주요 요점을 설명하는 부차적 요점들을 얼거리에 더해야 한다. 이 지지하는 요점들은 로마자 알파벳 대문자로 표시하고, 게다가 들여쓰기한다.

I. **우리는 하나님을 찬양해야 하는데, 하나님께서 그리스도로 우리를 택하셨기 때문이다**(엡 1:4~6).

A. 하나님께서 세상이 시작하기도 전에 우리를 택하셨다(4절).

B. 하나님께서 우리를 택하셨는데, 양자 삼기로 미리 정하셨기 때문이다(5절).

C. 하나님께서 우리는 택하셨기에 당신 은혜의 영광으로 찬양받으신다(6절).

이러한 부차적 요점을 더함으로 전개를 더 분명하며 구체적으로 해서 얼거리를 더 좋게 만든다. 부차적 요점을 뒷받침하는 더 구체적인 사항을 제시하면, 얼거리를 더 좋게 짤 수 있다.

II. 우리는 하나님을 찬양해야 하는데, 하나님께서 당신 은혜의 풍성함으로 우리를 대하셨기 때문이다(엡 1:7~12).

A. 하나님께서는 그리스도 피로 우리 죄를 용서하셨다(7절).

B. 하나님께서는 당신 뜻의 신비를 이해하는 지혜를 우리에게 주셨다(8~10절).

1. 하나님 뜻은 당신 기쁘신 뜻에 따르는데, 이를 그리스도 이루시고자 하셨다(8~9절).

2. 하나님 뜻은 적절한 때 그리스도로 만물을 통합한다(10절).

C. 하나님께서는 우리를 택하고 예정하셔서 우리가 당신을 영화롭게 하게 하신다(11~12절).

얼거리를 이루는 요점마다 확장하면, 설교 본질은 더 도드라진다. 에베소서 구절을 한 번도 들여다본 적이 없는 사람도 이 얼거리를 읽으면, 설교자의 설교 구성과 전개에 관한 아이디어를 얻을 수 있다.

추가로 전개해야 하면, 로마자 알파벳 소문자를 쓰고 더 들여 쓰는 방식으로 나타낸다. 논문 또는 학술 논문 얼거리와는 대조적으로, 설교 얼거리는 단순해야 하며 요점이 비교적 적어야 한다. 복잡한 얼거리가 여러 들여쓰기한 하위 구분으로 나뉘어 있으면 보기에는 인상적일 수 있지만, 실제 설교할 때 설교자와 청중 모두를 당황하게 할 뿐이다.

얼거리를 이루는 요점마다 한 아이디어를 나타내므로, 문법상 완전한 문장이어야 함을 명심하자. 단어나 구절만을 항목으로 제시하면 헷갈리게 하는데, 불완전하고 모호하기 때문이다. 일부만 진술하면 우리 생각이 기름칠한 축구공처럼 우리 마음을 빠져나간다. 요약한 얼거리는 설교할 때 사용할 수는 있지만, 연구에 쓰려할 때는 실패했음을 안다.

기억해야 할 또 다른 사항이 있다. 모든 요점은 질문이 아니라, 서술문장(declarative sentence)이어야 한다. 질문은 아이디어가 아니므로, 관계를 나타내지는 않는다. 설교 얼거리에서 요점은 질문을 제기하는 것이 아니라, 질문에 대답이어야 한다. 질문은 설교할 때 새로운 요점을 소개하는 전환으로 쓸 수 있다. 이러한 전환 질문은 요점 앞에 포함할 수 있으며, 설교 얼거리에서는 일반적으로 괄호에 넣어서 쓴다.

여러분이 짠 얼거리가 앞에 있는 종이에 있어 설교할 때 볼 수 있더라도, 청중은 얼거리를 듣지 않는다는 점을 기억하자. 청중은 얼거리 내용만 듣는다. 이 명백한 사실은 전환 진술을 특히 중요하게 만드는데, 이는 부분과 전체의 관계를 나타내기 때문이다. 청중이 주요 요점을 뒷받침하는 자료와 따로 떼어서 듣도록 도와야 한다. 그렇기에 청중에게 명확하게 전달하려면, 요점을 적어도 서너 차례 진술하고 재진술해야 한다. 신중하게 구성한 전환은 청중이 설교자와 함께 생각하도록 도와서, 설교를 통해 더불어 나아가게 한다. 효과적인 전환은 설교가 다음 단계로 이동한다고 청중에게 알린다. 종종 지나온 과정을 검토하고, 이동하려는 생각을 식별하고, 말한 내용을 주요 주제 또는 아이디어와 관련시키고, 다음에 나올 생각에 청중이 관심을 기울이게 한다.

명확한 전환은 쉽게 떠오르지 않기에 미리미리 계획해야 한다. 효과적인 전환은 서론과 본론, 본론에서 여러 요점, 그리고 본론과 결론 사이에 논리적 또는 심리적 연결을 명시하거나 암시한다. 그것들은 "왜 이러한 요점들이 이 순서인가?"라는 질문에 대답한다. 설교의 하위 요점을 연결하는 일부 전환은 몇 마디 말로 이룰 수 있지만, 다른 주요 전환은 설교의 통일성, 요점의 순서, 전개를 확립하는 단락이 필요하기도 하다. 전환은 작성하여 얼거리에 괄호 안에 넣어야 하지만, 실제로 설교할 때는 종종 그것들을 더욱 확대하고 확장하기도 한다.

용어 정의(definition)

귀납법 전개 배열(Inductive arrangement)—서론에서는 설교 첫째 요점만 제시하고서, 강하게 전환함으로 새로운 요점마다 앞 요점과 연결해서 마지막에 아이디어가 나온다.

명제 입증하기(Proposition proved)—아이디어는 논쟁의 명제처럼 서론에 제시한다. 설교 요점들은 그 명제를 증명한다.

반귀납법 전개 배열(Semi-inductive arrangement)—설교 첫 부분은 설교 아이디어를 구축하지만, 설교 뒷부분은 그 아이디어를 증명하고 적용한다.

아이디어 설명하기(Idea explained)—아이디어를 서론에 제시하고, 설교 요점은 그 아이디어를 설명하는 단계를 거친다.

얼거리(Outline)—설교에서 아이디어 사이 관계를 설교자에게 보여준다. 설교자는 한눈에 어느 아이디어가 주요하고, 부차적이고, 동등한지를 안다.

연역법 전개 배열(Deductive arrangement)—아이디어가 서론 일부로 나오고, 본론은 그 아이디어를 설명, 입증, 또는 적용한다.

원리 적용하기 배열(Principle applied)—아이디어는 서론에 또는 첫째 요점에서 신앙 또는 삶의 원리로 제시한다. 설교 나머지는 그 원리를 매일 경험에 적용한다.

이야기 말하기(Story told)—성경 이야기를 설교 아이디어를 직접 또는 암시로 전개하는 방식으로 말한다.

전환(Transition)—서론과 본론 사이, 본론에서 요점 사이, 본론과 결론 사이에 논리적 · 심리적 연결을 진술함으로 (또는 이따금 암시함으로) 설교자가 설교를 전개한다고 청중에게 알린다.

주제 요소 완성하기(Subject completed)—설교 주제는 서론에 제시한다. 설교 주요 요점들은 그 주제 요소를 보충하는 요소이다.

심화 독서 자료(For Further Reading)

귀납법 전개 설교 모양새 독서 자료가 있다.

Lewis, Ralph L., with Gregg Lewis. *Inductive Preaching: Helping People Listen*. Wheaton: Crossway, 1983. 귀납법 설교를 더 자세히 살피니, 이 책으로 시작한다.

Craddock, Fred B. *As One without Authority*. 4th ed. Nashville: Christian Board of Publication, 2001 ‖『권위 없는 자처럼—귀납적 설교의 이론과 실제』. 4판. 김운용 옮김. 서울: 예배와설교 아카데미, 2003. 자기 사상-형성에서 귀납법 설교를 제시한다.

내러티브 설교 모양새 독서 자료가 있다.

Freeman, Harold. *Variety in Biblical Preaching*. Waco: Word, 1987. 1인칭 내러티브 설교를 포함해 내러티브 설교를 준비하는 구체적인 방법을 제시하니 읽자.

Borden, Paul. "Is There Really One Idea in That Story?" In *The Big Idea of Biblical Preaching: Connecting the Bible to People*, 67~80. Edited by Keith Willhite and Scott Gibson. Grand Rapids, MI: Baker Books, 1998 ‖「그 이야기에 정말로 하나의 중심 사상이 존재하는가」. 『빅 아이디어 설교—해돈 로빈슨을 기념하며, 성경과 사람을 정확하게 연결하는 설교법』, 89~108. 이용주 옮김. 서울: 디모데, 2003. 이 장은 "정말로 아이디어가 하나 있는가?"를 묻고서 어떻게 만드는지를 보여준다.

Buttry, Daniel L. *First-Person Preaching: Bringing New Life to Biblical Stories*. Valley Forge, PA: Judson, 1998. 이 책은 1인칭 설교 10편을 제시하고, 어떻게 준비해서 전달했는지를 말한다.

Robinson, Haddon W. *Biblical Sermons*. Grand Rapids: Baker, 1989. 이 책은 내러티브 설교를 분류한다.

Lowry, Eugene L. *Doing Time in the Pulpit: The Relationship between Narrative and Preaching*. Nashville: Abingdon, 1985. 이 책은 어느 설교도 강한 내러티브 특성으로 구성할 수 있다고 주장한다.

Lowry, Eugene L. *The Homiletical Plot: The Sermon as Narrative Art Form*. Exp. ed. Louisville: Westminster John Knox, 2000. 이 책에서도 같은 접근법을 말하니, 살피자.

1인칭 내러티브 설교에 참고하면 유익한 책을 아래에 더 소개한다.

Edwards, J. Kent. *Effective First-Person Biblical Preaching: The Steps from Text to Narrative Sermon*. Grand Rapids: Zondervan, 2009.

Garner, Stephen Chapin. *Getting into Character: The Art of First-Person Narrative Preaching*. Grand Rapids: Brazos, 2008.

Robinson, Haddon W., and Torrey W. Robinson. *It's All in How You Tell It: Preaching First-Person Expository Messages*. Grand Rapids: Baker Books, 2003 || 『1인칭 내러티브 설교』. 전광규 옮김. 서울: 이레서원, 2004.

절마다 설교(verse-by-verse preaching)도 또 하나 설교 모양새인데, 최근 사그라지고 있다. 이 모양새를 반대하는 설교자만큼이나 지지하는 설교자도 이 설교 모양새에 실패했다. 그러나 절마다 설교 모양새는 색소폰 연주하기와 비슷한데, 곧 서투르게 하기는 쉽다. 그러나 잇따른 주석 설교 지지는 전형적인 '새로운 설교학자(new homiletician)'인 두 공동 저자에게서 비롯했다.

Allen, Ronald J., and Gilbert L. Bartholomew. *Preaching Verse by Verse*. Louisville: Westminster John Knox, 1999. 이 작은 책은 절마다 설교를 변호하고, 또한 그 방법을 제시한다.

설교 구조에 더 새롭게 접근하기도 한다.

Stanley, Andy, and Lane Jones. *Communicating for a Change: Seven Keys to Irresistible Communication*. Colorado Springs: Multnomah, 2006 ‖ 『(최고의 설교자를 만드는) 설교코칭』. 김창동 옮김. 서울: 디모데, 2007. 이 책에서는 '나(me)/우리(we)/하나님(God)/너(you)/우리(we)' 방법이다. (옮긴이 덧붙임. 이재기. 「하나님 나라의 성공 레시피 (마 25:14~30)」. 『성침논단』 12 (2018): 225~48. 이 논문에서는 이 방법으로 작성한 설교문을 예시하고서 분석도 한다.)

Keller, Tim. *Preaching: Communicating Faith in an Age of Skepticism*. New York: Viking, 2015 ‖ 『(팀 켈러의) 설교』. 채경락 옮김. 서울: 두란노, 2016. 『(팀 켈러의) 설교』 'hook, book, stuck, crux' 전략을 쓴다. (옮긴이 덧붙임. 참고로, 『(팀 켈러의) 설교』, 299~308에서는 '1. 우리는 무엇을 행해야 하는가, 2. 그러나 우리는 행할 수 없다, 3. 그러나 행하신 분이 한 분 계신다, 4. 이제야 비로소 우리는 변화할 수 있다.'를 예시한다.)

Joel C. Gregory(George W. Truett Theology Seminary)는 '그때/지금(Then/Now), 그때/지금(Then/Now), 그때/지금(Then/Now)' 모델이라는 새로운 모양새를 만들었고, 이 모델에 따르는 그의 설교 "It's Good to Get Out Alive"은 preaching-today.com에 접속해 시청할 수 있다.

이 장에서 살핀 내용에 관한 질문과 실제는 부록 「설교 준비 연습문제」, 336~342쪽에 있다.

설교 얼거리에 활기를 불어넣기

Making Dry Bones Live

7

❑ 새로운 개념

□ 성경 강해설교 준비 단계

설교 얼거리는 설교 사상의 뼈대 역할을 하며, 그 뼈대는 대부분 몸에서처럼 완선히 숨겨지지는 않는다. 그렇다고 얼거리를, 마치 그 뼈대가 '전시품 C, 굶주린 희생자'라고 이름표를 달듯이, 지나치게 드러내지 말아야 한다. 설교의 앙상한 뼈대를 숨기는 가장 효과적인 방법은 뼈대를 없애기가 아니라, 살로 덮기이다. 뒷받침하는 자료가 얼거리에 하는 일은, 피부가 뼈에 하는 일이나 벽이 골조에 하는 일과 같다.

10단계, 설교 얼거리는 요점을 설명, 증명, 적용, 또는 확충하는 뒷받침 자료로 채운다 (Fill in the outline with supporting materials that explain, prove, apply, or amplify the points)

청중은 추상 개념에 반응하지 않으며, 로마서 얼거리만 읽고서 믿는 사람은 많지 않다. 그러므로 얼거리를 전개하지 않은 채로 두면, 청중은 그 의미를 놓치고 확신하지도 못한다. 설교가 전개함에 따라 청중은 여러 가지 질문을 제기한다. "저분이 무슨 뜻으로 저렇게 말하는 걸까?" "저 주장에 증거는 뭘까?" "흥미롭게 들리지만, 내 삶에는 어떻게 적용할까?" "제대로 못 들었는데, 다시 말씀해 주시겠어요?" 설교 아이디어를 확충, 설명, 증명, 또는 적용해서 청중이 이해하기 쉽고 매력적으로 만들려면, 여러 뒷받침 자료를 잘 활용해야 한다.

재진술(Restatement)

재진술에 관해서는 전환을 논의할 때 이미 살폈다. 재진술은 같은 내용을 다른 말로 표현하기인데, 설교 다른 부분에서도 쓴다. 재진술하는 목적은 적어도 두 가지이다. **첫째, 개념이 또렷이 드러나도록 돕는다.** 청중은 독자와 달리, 설교자가 하는 말을 듣고서 그 내용을 이해한다. 독자는 읽는 동안 혼란스러우면 몇 페이지를 뒤로 넘겨 저자의 사고 흐름을 다시 파악할 수 있지만, 청중에게는 그런 선택지가 없다. 청중은 설교자가 하는 말을 듣고서 바로 이해하지 못하면, 설교자가 다른 말로 다시 설명하지 않는 한 설교 흐름을 따라가지 못한다.

재진술은 반복과 다르다. 반복은 같은 말을 같은 단어로 다시 말하기이지만, 재진술은 같은 말을 다른 단어로 말하기이다. 반복은 설교 전반에 걸쳐 주요 아이디어를 강화하는 후렴처럼 유익하게 활용할 수 있지만, 능숙한 설교자는 여러 가지 방법으로 한 가지 요점을 여러 번 재진술하는 법을 안다. 재진술은 컴퓨터 화면에 깜박이는 커서(cursor)와 비슷하다. 다시 말해, 청중에게 그들이 지금 어디에 있는지를 나타낸다. 재진술은 제자리에서 행진과 같다. 나아가지는 않지만, 그래도 행진 일부이다. 재진술은 같은 말을 다른 단어로 말하기이다.

클로비스 G. 채펠(Clovis G. Chappell)은 간음하다 잡힌 여인(요 8:1~11)에 관한 설교 서두에서 재진술을 활용한다.

> 학자들은 이 이야기가 성경 기록 어디에 속하는지를 확신하지 못합니다. 어떤 이들은 이 이야기가 성경에 아예 쓰이지 않았다고 여깁니다. 고대 사본 중 일부에서는 이 이야기 부분이 없습니다. 그러나 저는 학자로서가 아니라 단순한 성경 독자로서, 이 이야기가 성경에 정말로 있다고 확신합니다. 진정한 이야기라고 느낍니다. 이 이야기가 사실이 아니더라도, 진리 자체를 배울 수 있는 이야기입니다. 이 이야기는 단순히 사실일 뿐만 아니라, 제 판단으로는 실제로 일어난 사건을 기록했습니다. 삶에 충실한 이야기를 이렇게 고안하려면, 정말로 뛰어난 천재만이 할 수 있습니다. 분명히 이 이야기는 서기관들과 바리새인들에 관해 우리가 아는 바와 일치하며, 예수님에 관해 아는 바와도 더욱 일치합니다.[1]

채펠이 이 단락에서 말하는 바는, "저는 이 이야기 사건이 실제로 일어났다고 생각합니다"이다.

피터 마샬(Peter Marshall)은 설교 「산을 옮기는 예술(The Art of Moving Mountains)」에서 재진술로 한 가지 요점을 강조한다.

> 저는 여러분 각자가 이 진술을 수차례나 읽으셨다고 확신합니다.
>
> **기도는 상황을 바꾼다.**
>
> 여러분은 이 진술이 우리 주일학교 교실 벽을 장식한 포스터에 그려진 것을 보셨습니다.
>
> 이 진술이 작은 접시에 새겨진 것을 보셨고,
>
> 성경에서 읽으셨고,
>
> 강단에서 외치는 소리도 여러 차례나 들으셨습니다.
>
> 그런데 여러분은 믿으십니까?
>
> 여러분은 기도가 상황을 바꾼다고 실제로, 정직하게 믿으십니까?

---

1 Clovis G. Chappell, *Questions Jesus Asked* (1948; Reprint, Grand Rapids: Baker, 1974), 154.

여러분 삶에서 기도가 상황을 바꾼 적이 있습니까?
여러분 태도를
여러분 환경을
여러분 장애물을
여러분 두려움을?[2]

그러므로 재진술은 설교자가 말하는 개념을 또렷하게 한다. 청중은 설교자가 처음 말할 때는 요점을 이해하지 못할 수 있지만, 그것을 다른 말로 재진술할 때는 "아, 당신이 무슨 말씀을 하시는지 이제 알겠어요"라고 말할 수 있다.

재진술 목적의 **둘째는, 청중의 마음에 아이디어를 새기는 역할**을 함이다. 한 번 말하면 무시할 수 있지만, 여러 차례나 하면 청중의 생각과 감정에 영향을 끼친다. 광고주들은 매년 수백만 달러를 투자하여 TV와 라디오, 잡지와 신문, 광고판과 소셜 미디어, 음악 및 비디오 실시간 재생에서 그들 아이디어를 재진술한다. 설교자로서 우리도 이러한 기술을 개발해야 한다.

정의(Definition) · 설명(Explanation)

'정의'는 한계(limits)를 설정함이다. 용어나 진술로 포함해야 할 바와 배제해야 할 바를 규정한다. 정의를 떠올리면 흔히 사전을 생각하는데, 사전에서는 단어에 관한 간결하며 빠른 설명을 찾는다.

'설명'은, 정의와 마찬가지로 경계(boundaries)를 정하지만, 아이디어가 서로 어떻게 관련되는지 또는 어떤 아이디어가 무엇을 암시하는지를 확대함으로써 경계를 정한다. 얼 F. 팔머(Earl F. Palmer)가 헬라어 단어 ἔρως[에로스] 뜻을 어떻게 설명하는지 주목하자. "에로스는 얻는 사랑,

---

2 Peter Marshall, *John Doe, Disciple: Sermons for the Young in Spirit*, ed. Catherine Marshall (New York: McGraw-Hill, 1963), 144.

우리가 다퉈서 얻는 사랑이다. 부모나 자녀, 가족이나 사회적 · 인종적 구조에 갖는 본능적 사랑이 아니다. 지혜나 인류에 품는 사랑이 아니다. 에로스는 사람이나 사물, 또는 현실의 설득력 있는 탁월함으로 우리에게서 얻는 사랑이다. 아름다움, 권력, 힘을 사랑함이다."[3]

정의와 설명은 여러 방식으로 작용한다. 어떤 용어나 아이디어는 그것이 속한 더 넓은 범주에 둠으로 정의한다. 그러나 동시에 그것이 그 범주에 있는 다른 것들과 무엇이 다른지를 제시해야 한다. 그러므로 분류(classification)는 비슷한 점과 다른 점을 모두 설명한다. 팔머는 "에로스는 얻는 사랑[그것이 속한 넓은 범주], 우리가 얻는 사랑[다른 종류의 사랑과 무엇이 다른지]"이라고 말한다. 이렇게, 비교와 대조는 우리가 아이디어를 전개하고 설명하도록 돕는다. 팔머는 비교하고 대조함으로 에로스를 설명한다.

때로 동의어(synonyms)를 써서 용어를 정의하며 설명한다. 그러나 동의어는 듣는 사람이 이전에 경험한 바에 닿아서 의도한 그 의미를 이해하고 느끼게 할 때 비로소 효과가 있다. 아마도 모든 사람이 사이비 신앙(cult)이 무엇인지 알겠지만, 우리가 바라는 특정한 방식으로는 알지 못한다. 그래서 우리는 "사이비 신앙은 교회가 지급하지 않은 청구서다(The cults are the unpaid bills of the church)"[4]라고 말한다.

예화도 설명을 돕는 데 쓸모가 크다. 레이 C. 스데드만(Ray C. Stedman)은 한 설교에서 묻는다. "우리가 어떤 것이 **거룩하다**(holy)고 말할 때, 무슨 뜻일까요? 여러분, 성경을 보십시오. '거룩한 성경(the holy Bible)'이라고 쓰였습니다. 무엇이 그것을 거룩하게 할까요? 이스라엘 땅은 '거룩한 땅(the holy Land)'이라고 불리고, 예루살렘은 '거룩한 도시(the holy City)'라고 불립니다. 왜 그럴까요?" 그러고서 그는 대답한

---

3 Earl F. Palmer, *Love Has Its Reasons: An Inquiry into New Testament Love* (Waco: Word, 1977), 38~39.

4 이는 자주 인용하는 진술로, 예를 들어 Anthony A. Hoekema, *The Four Major Cults* (1963; Reprint, Grand Rapids: Eerdmans, 1989), 1에 있다.

다. "이 세 가지에는 공통 특징이 있습니다. 그것들은 모두 하나님께 속해 있다는 점입니다. 성경은 하나님의 책이고, 이스라엘은 하나님의 땅이며, 예루살렘은 하나님의 도시입니다. 곧, 그것들은 하나님의 소유입니다! 그렇기에 거룩합니다. 그것들은 하나님께 속해 있습니다."

설교자가 청중을 제대로 알지 못하면, 설명은 더 어렵다. 설교자가 주제에 익숙할수록 회중이 그 주제에 얼마나 동떨어져 있는지 깨닫지 못할 수 있다. 청중 대부분은 설교자와는 다른 지식 세계에서 산다. 사실, 청중은 스스로 연구할 수 없기에 설교자에게 재정을 지원해서 대신 연구하게 한다. 설교자는 청중이 설교자가 하는 말을 곧바로 이해한다고 가정해서는 안 된다. 설교자는 청중에게 정확히 무엇을 의미하는지 명확하게 설명해야 할 의무가 있다. 불필요하게 전문 용어나 추상 언어를 사용해서는 안 된다. 신학 용어를 사용해야 한다면, 청중이 이해할 수 있는 언어로 모든 중요한 용어를 정의해야 한다. 분명히, 용어를 너무 적게 정의하기보다는 오히려 아주 많이 정의하는 게 좋다. 아이디어의 관계와 의미를 설명할 때는 설명 자체가 명확하여 마음에 모호함이 없게 해야 한다. 그러고서 설명 단계를 논리적 또는 심리적 순서로 진행해야 한다. 강단에서 짙은 안개가 퍼지기 시작하면 쉽게 교회 전체를 덮어버릴 수 있다.

사실 정보(Factual information)

사실 정보는 관찰, 예시, 통계, 그리고 화자와는 별개로 검증할 수 있는 그밖에 자료 등이다. "헬라어는 사랑을 여러 단어로 풍부하게 표현할 수 있다. 그러나 이 단어 중 φιλία[필리아]와 ἔρως[에로스]라는 두 단어만이 1세기 헬라 문학이나 사상에 큰 영향을 끼쳤다."라고 말할 때, 사실을 진술한다. 청중이 바란다면, 그리스인이 사랑에 쓴 단어를 확인하여 그 진술의 정확성을 확인할 수 있다. 강해설교에서 구절 내용에 관한 관찰은 사실 정보인데, 청중 스스로가 성경이 말하는 바를 볼 수 있기 때문이다.

사실로 나열하는 많은 것은 '사실로 위장한 개인 의견'이다. 한 설교자가 "사실, 미국 도덕성에 가장 큰 위협은 인터넷과 소셜 미디어입니다."라고 말한다. 물론 이는 전혀 사실이 아니며, 단지 그 사람 의견일 뿐이다. 그 의견은 사실에 따라, 유효할 수도 있고 그렇지 않을 수도 있다. 사실은 서로 연관성이 있고 결론을 이끌 때까지는 최소 유용성만 있다. 하지만 의견이 사실에 근거하지 않으면 도움을 주지 못한다. 강해설교자는, 윤리 연설가가 하듯이, 사실을 알고 그 타당성을 확인해야 한다. 사실은 청중이 이해하게 도우며, 또한 화자가 사실을 올바르게 잘 쓰면 존경을 받는다.

통계는 우리가 광대한 영역을 매우 빠르게 개관하게 하는 특별한 형태를 갖춘 사실 정보이다. 통계는 숫자에 민감한 사회에서 시민에게 특히 매력이 있다. 실제로, 미국인이 드러낸 통계 욕구는 끝이 없으며, 통계학자는 일반 가정이 매일 TV를 시청하는 시간부터 불행한 결혼 생활 비율에 이르기까지 통계를 끊임없이 쏟아낸다. 숫자 맹신은 순진한 사람에게는 함정을 파고, 부정직한 사람에게는 기회를 줄 수 있다. 측정할 수 없거나 터무니없는 경우에도 소수점이나 세분화 백분율에는 확실성이라는 분위기가 감돈다. 고전적인 예는 수년 전에 발표한 보고서인데, 존스홉킨스대학교(Johns Hopkins University)의 여학생 3분의 1이 교수진과 결혼했다는 내용이었다. 그 비율은 정확했다. 당시 존스홉킨스대학교에는 여학생이 3명밖에 없었고, 그중 1명이 교수와 결혼했다. 통계는 정확했지만, 그 진술에는 오해할 소지가 있다. 자기주장을 옹호하려는 설교자는 근거 없는 통계에 특히 취약할 수 있다. 한 복음전도자는 "얼마 전에 헤비메탈 그룹의 50%가 악마 숭배와 마술을 하고 있으며 그 수치는 매일 증가하고 있다는 내용을 읽었다"라고 했다. 누가 세었는가? 누구를 세었는가? 언제? 어디서?

설교에서 통계는 정확성을 유지해야 하며 또한 단순해야 한다. 많은 경우, 어림잡은 숫자(round number)만으로도 충분하다. 회계사는 1950년 시카고 인구가 3,620,962명이었다는 정보에 감탄할 수 있지만, 대부분 사람은 "350만 명을 약간 넘는 정도"를 더 쉽게 이해한다. 통계를 사용하면, 청중은 자료를 자기 경험에서 의미 있고 생생하게 만들 수 있다. 에베소에 있는 다이애나(Diana) 신전을 설명하면서, 우리는 "그 폭이 55m, 길이가 114m가 넘고, 기둥은 높이가 18m였습니다"라고 말하고서, "그 신전은 엔드존을 포함한 미식축구 경기장보다 더 넓고 길었으며, 기둥은 5층 건물보다 더 높았습니다"라고 덧붙일 수 있다. 한 연사는 전자(electron)가 얼마나 작은지를 말할 때, 먼저 이해할 수 없는 소수점 이하까지 제시하고서, "전자의 크기가 사과만큼 커지고, 인간이 같은 비율로 커진다면, 그 사람은 태양계 전부를 손안에 쥘 수 있으며, 그것을 보는 데 돋보기를 사용해야 합니다"라고 덧붙여 말함으로 이해하기 쉽게 만들었다. 놀랍다!

인용(Quotations)

인용문을 제시하여 어떤 주장을 뒷받침하거나 확장하는 데에는 두 가지 이유가 있다. 인상적인 **효과**와 **권위** 때문이다. 다른 사람이 우리보다 더 효과적으로 그 아이디어를 표현했을 때, 우리는 그 사람의 말을 사용한다. 제임스 S. 스튜어트(James S. Stewart)는 이사야 5:30 설교를 시작할 때 로버트 브라우닝(Robert Browning)의 표현 구절을 인용한다. "브라우닝이 말했듯이, 우리 영혼을 '두드리고 들어올 수 있는' 모든 의심 중 가장 파괴적인 것은 하나님의 궁극적인 목적을 의심함입니다." 스튜어트는 여러 다른 인용문들을 사용하여 설교 서론을 전개하는데, 이 모든 인용문은 그 표현력 힘 때문에 선택됐다. 그는 이렇게 말했다.

> 이 의심이야말로 오늘날 많은 사람의 삶을 어마어마한 무게로 짓누릅니다. 그들은 테니슨(Tennyson)의 믿음에 동의하기에 앞서서 두 차례나 생각합니다.
>
> **그러나 나는 의심하지 않네, 세대를 거쳐 하나의 커다란 목적이 흘러감을, 그리고 사람들 생각이 해가 거듭할수록 넓어짐을.**

"그러한 목적을 증거하는 바가 어디 있는가?"라고 묻고자 한다.

… 그래서 전도서로 다시 돌아간다. "헛되고 헛되며 모든 게 헛되다." 토마스 하디(Thomas Hardy)가 부르짖길, 기도하시는 여러분, 이렇게 기도하는 것 말고는 무슨 쓸모가 있을까요.

꿈꾸고, 어둡고, 언어장애인 존재, 이 쓸모없는 쇼의 손잡이를 돌리는 이는 누구인가?

"엉터리 농담"—볼테르(Voltaire)가 인생에 내린 마지막 판결이었습니다. 죽어가는 배우는, "막을 내려라, 희극은 끝났다"라고 말했습니다.[5]

고통이 우리 삶에서 하는 역할을 이야기하는 방법은 여러 가지이다. 한 설교자는 자기 말보다 더 인상적인 말을 인용하여 한 가지 관점을 요약한다. "고통은 반역하는 마음의 요새에 현실이라는 깃발을 꽂는다."

설교자가 설교에 인용문을 사용하는 주요 이유는, 마음을 파고드는 어구로 요점을 고정하려 함이다. 그러한 인용문 출처를 밝힘은 주로 윤리적 이유 때문이다.

또한 권위를 얻으려고 인용문을 사용한다. 이 경우, 인용하는 내용에 출처를 밝히는 이유는 그 말을 한 사람이 우리보다 더 나은 위치에서 말할 수 있기 때문이다. 어니스트 T. 캠벨(Ernest T. Campbell)은 우리가 하는 일의 겉보기 무익함을 말할 때 이렇게 하는데, 이는 우리를 사회적 행동에서 물러서게 할 수 있다. 캠벨은 다음 내용을 보고한다.

얼마 전, 레너드 울프(Leonard Woolf)는 자기 생업에 가진 견해에 깊은 인상을 받았다. 그는 "나는 내가 사실상 아무것도 이루지 못했음을 분명히 안다"라고 말했다. "내가 위원회에 앉아 책과 각서를 쓰는 대신 탁구를 했더라도 오늘날 세계와 지난 5~7년 동안 인간

---

5 James S. Stewart, *The Gates of New Life* (1940; Reprint, Grand Rapids: Baker, 1972), 1~2.

개미 언덕의 역사는 지금과 똑같을 것이다. 그러므로 나는 기나긴 인생 동안 15~20만 시간 동안 완전히 쓸모없는 일을 해왔다는 다소 불명예스러운 고백을 해야 한다."[6]

또한 다른 사람이 한 말도 인용하는데, 이는 그들이 사실을 더 잘 알거나, 해석할 위치에 있거나, 청중이 그들 평가를 더 잘 받아들일 가능성이 있기 때문이다. 누가 말하느냐가 중요하다. 하나님의 심판을 선포함의 중요성에 관해 근본주의 설교자를 인용함은 쿠란의 미덕에 관해 무슬림을 인용함과 같다. 그들은 그러한 대의명분을 옹호하리라고 예상할 수 있다. 이 주제에 관해서는 존 스타인벡(John Steinbeck)을 인용하는 편이 훨씬 더 인상 깊다. 스타인벡은 『찰리와 함께한 여행—존 스타인벡의 아메리카를 찾아서』에서 뉴잉글랜드 교회를 방문한 일요일에 관해 묘사한다. 목사는 단도직입적으로 불과 유황이 쏟아지는 설교를 했습니다. 유명한 작가는 그 경험을 좋은 느낌으로 회상한다.

> 몇 해 동안, 하나님은 우리 친구처럼 지내시며 함께하셨습니다. 그래서 아버지가 아들과 함께 소프트볼하는 듯한 공허함을 일으킵니다. 그러나 이 버몬트주 하나님(Vermont God)은 저를 충분히 염려하셔서 정신 번쩍 차리게 걷어차는 많은 수고를 하셨습니다. 그분께서는 내 죄를 새로운 관점으로 보게 하셨습니다. 여태껏 내 죄는 작고 비열하고 더러워서 잊히는 편이 최선이었지만, 이 목사님은 그 죄가 큼시막하녀 한창때며 심각하다고 했습니다. 나는 몇 년 동안 내 자신을 그다지 좋게 여기지 않은 터이지만, 내 죄에 이런 차원이 있어도 조금이나마 자부심이 남아 있었습니다. 나는 한낱 철부지가 아니라, 가장 악한 죄인이라 벌을 받아야 했습니다.[7]

---

6 Ernest T. Campbell, *Locked in a Room with Open Doors* (Waco: Word, 1974), 117.

7 John Steinbeck, *Travels with Charley: In Search of America* (1966; Reprint, London: Penguin, 1980), 78 ‖ 『찰리와 함께한 여행—존 스타인벡의 아메리카를

다른 때, 전문가는 특정 주제에 관해 권위 있게 더 잘 말할 수 있다. D. M. 베일리(D. M. Baillie)는 역사가 T. R. 글로버(T. R. Glover)를 불러 초기 그리스도인이 그들 신앙에 지적 자질이 있었다고 증명한다.

> 베일리 T. R. 글로버 박사는 그 시기[초대교회 시대] 권위자인데, 기독교가 세상을 정복한 이유 중 하나는 그리스도인이 세상 사람보다 더 나은 생각을 했기 때문이라고 말합니다. 기독교는 어떻게 살고 어떻게 죽어야 하는지 더 잘 알았으며, 어떻게 생각해야 하는지도 더 잘 알았습니다. 기독교는 세상을 "생각으로 이겼습니다." 여기에 매우 흥미로운 표현이 있습니다. "그리스도인은 최고 책을 읽고, 그것을 받아들이고, 세상에서 가장 자유로운 지적 생활을 했습니다. 예수님은 당신을 그 사실에 충실하도록 자유롭게 하셨습니다. 무지한 그리스도인을 위한 자리는 없습니다. 처음부터 모든 그리스도인은 알고 이해해야 했고, 복음을 읽어야 했으며, 자기가 믿는 이유를 제시해야 했습니다. 그들은 예수님에 관해 읽고, 그분을 알았으며, 자기가 어디에 서 있는지 알았습니다. … 그 고대 세계에서 누가 생각했습니까? 거듭해서 말하지만, 그리스도인이었습니다. 그들은 세상을 생각으로 이겼습니다."[8]

권위에는 자격 증명이 따라야 한다. 전문가 역량을 입증하려면, 다음 몇 가지 질문을 해야 한다.

1. 이 주제를 권위 있게 말할 자격을 경험이나 훈련으로 갖췄는가?
2. 증언이 직접적인 지식에 근거하는가?
3. 그 권위자에는 편견이 있는가? 편견이 있는 권위자는 자기 의견을 뒷받침하는 증거를 더 좋아해도 나머지는 얕잡는 경향이 있기에, 신

찾아서』, 이정우 옮김 (서울: 궁리출판, 2006), 114~15.

[8] D. M. Baillie, *To Whom Shall We Go?* (1955; Reprint, Grand Rapids: Baker, 1974), 62~63.

뢰를 얻지 못한다. 물론 경향에 반대하여 말하는 편견을 가진 권위자는 훌륭한 증인일 수 있다. 기독교를 옹호하는 불가지론자나 무신론자는 강력한 지지자일 수 있는데, 그들이 기독교에 반대하여 말하리라고 예상되기 때문이다.

4. 청중은 그 증언을 어떻게 여기는가? 청취자는 증인을 아는가? 그들을 존경하는가? 알려지지 않은 개인을 권위자로 말할 때, 설교자는 그 사람이 그 문제에 관해 말할 자격이 무엇인지 알려야 한다.[9]

인용문은 되도록 자제해야 한다. 설교가 논문처럼 들려서는 안 된다. 일반적으로 인용문은 짧아야 한다. 인용문이 길어지면, 종종 불분명해지고 의사소통을 방해한다. 때로는 긴 인용문은 풀어서 말하고서, 인용문에서 몇 가지 중요한 문장을 청중에게 직접 읽어 줄 수도 있다.

설교에서 인용문은 신선하게 소개하자. 다음 소개는 노력을 거의 하지 않은, 버릇으로 하는 소개로 신선하지가 않다.

- “스펄전은 말했습니다”
- “바울은 썼습니다”
- “성경은 말합니다”

더 많이 생각해야겠지만, 다음 소개로 하면 더 큰 효과를 거둘 수 있다.

- “성경에는 이 문구를 대담하게 기록하고 있습니다. ….”
- “바울은 …을 예리하게 느꼈습니다. ….”
- “찰스 디킨스(Charles Dickens)는 …을 관찰했을, 때 우리에게 …을 말하려고 했습니다. ….”
- “10절에 담긴 그 단어들의 중요성을 알 수 있습니다. ….”

---

9 Alan H. Monroe, *Principles and Types of Speech*, 3rd ed. (Chicago: Scott, Foresman, 1949), 233.

이야기 서술(Narration)

수군거릴 때, 아이디어를 말하지 않고 사람에 관해 말하곤 한다. 『타임(*Time*)』과 같은 인기 있는 뉴스 잡지가 인공지능이나 최첨단 의학 연구와 같은 복잡한 주제를 다룰 때, 그들은 부분적으로 관련 인물을 도드라지게 함으로 그렇게 한다. 설교에서 이야기 서술은 성경에 기록된 개인과 사건을 묘사한다. 모든 구절에는 사람이 있다. 때로는 그들이 웃거나, 저주하거나, 음모를 꾸미거나, 기도하면서 드러난다. 다른 때에는 그들이 숨바꼭질하며 숨어 있어서 찾아야 한다. 그러나 모든 본문에는 항상 글을 쓰는 사람과 읽는 사람이 있다. 교리를 제쳐두면, 그 사람을 찾을 수 있다. 예를 들어, 은혜는 천국 냉동 보관소에 있지 않다. 은혜를 주시는 분과 받는 이가 있을 뿐이다.

갈라디아에 있는, 바울의 독자는 자기들을 '율법주의자(legalist)'라고 여긴 적이 전혀 없었다. 그들은 자기들이 구약성경에 헌신하고 있다고 느꼈고, 아마도 사도 바울 왜 자기들에게 그토록 화를 내는지를 이해하지 못했을 수 있다. 성령께서는 성경을 영감으로 기록하실 때 이야기의 가치를 아셨고, 예수님께서는 비유로 말씀하심으로 이야기의 영향력을 드러내셨다.

설교에서 이야기 서술로 역사 배경, 환경, 사건 전개 과정 등을 설명하고 관련 인물들을 도드라지게 할 수 있다. 존 허커스(John Hercus)는 다윗이 시편 24편을 쓸 때 생생한 이야기를 다음 내용으로 전달한다.

> 다윗은 몸을 똑바로 일으켜서 팔을 뻗으며 하품했습니다. 그날은 음악가들, 가수들, 그리고 발레단과 함께 행렬 순서를 전체적으로 연습하고 점검하는 날이었습니다. 악보와 안무는 상당히 진척됐고, 다윗은 매우 만족했습니다. 시편은 짧고 명확하며, 그 행사에 아주 적합했습니다. 흠 … "주님 산에 오르며 … 그분 거룩한 곳에 설 자가 누구인가?"라는 구절은 정말 훌륭했습니다. 아주 좋습니다. 심

> 벌즈와 트럼펫, 그리고 합창단과 함께 연주하기에 좋은 배경입니다. 그리고 발레단은 그의 지도를 받아 영적 드라마에 고조되는 감정을 표현할 훌륭한 기회를 얻습니다.
>
> 그 거룩한 곳에 들어가는 네 가지 조건은 더할 나위 없이 적절했습니다. 간결하고, 압축적이며, 깔끔합니다. 깨끗한 손, 순수한 마음, 천박한 가치관에 대한 강조 없음(그것이 바로 그가 "그의 영혼을 거짓된 것에 두지 아니하며"라고 말한 진정한 의미입니다), 그리고 속임수나 기만이 없음 등. 그렇습니다. 그것은 여러분이 바랄 수 있는 만큼 완전하고 철저하게 사람을 점검합니다.
>
> 깨끗한 손 … 자기 깨끗한 손처럼 …
>
> 문득 한 기억이 그의 뇌리를 스쳤습니다. 자기 손을 씻고, 씻고, 또 씻어 핏자국을 씻어내 깨끗하게 하려 했으나, 지울 수 없었던 기억 말입니다. 어떻게 그런 일이 일어났을까요? 아, 그렇죠. … 미갈 때문에.[10]

이야기 서술은 설교자가 사용하는 여러 동사와 명사가 청중 마음에 그림을 그리면, 힘을 점점 얻는다. 다른 관점은 종종 자주 이야기되는 이야기에 신선함을 더한다. 간음하다 잡힌 여인이나 우물가의 여인은 예수님을 처음 만났을 때, 그분을 어떻게 생각했을까? 서신서에서 바울은 반대자가 벌떡 일어나 그와 논쟁하는 모습을 묘사한다. "유대인이 되면 무슨 유익이 있는가?"(로마서 3:1, NIV를 옮김)라고 누군가가 묻는다. "음식은 배를 위하고 배는 음식을 위한다"(고린도전서 6:13, NIV를 옮김)라고 당시 쾌락주의자가 주장한다. 그들은 어땠을까? 그들이 어떻게 토론을 이어갔을지 묘사할 수 있는가?

대화(dialogue)를 활용하자. 복음서 이야기와 비유에는 대화가 가득하다. 사람들 입을 빌려 말하게 하자. 한 사람만 등장할 때는 독백, 곧

---

10 John Hercus, *David*, 2nd ed. (Chicago: InterVarsity, 1968), 55~56.

'혼잣말'을 사용하십시오. 허커스가 다윗에게 그렇게 했고, 예수님께서도 약삭빠른 청지기(눅 16:2~7)와 먼 나라에 있는 가난한 소년(눅 15:11~32)에게 그렇게 하셨다. 탕자는 스스로에게 묻는다. "내 아버지에게는 양식이 풍족한 품꾼이 얼마나 많은가, 나는 여기서 굶주려 죽는구나!"(17절, ASV를 옮김).

이야기 서술은 상상력으로 소통을 뜻하며, 상상력은 믿음의 통찰력을 반영한다. 상상력은 해석과 줄무더기형제와 같은데, 이는 둘 다 본문과 관련이 있기 때문이다. 해석에서는 구절이 말하는 바로 그 구절의 의미를 결정한다. 마찬가지로, 상상력은 성경 사실에서 한 걸음 더 나아가지만, 여전히 그 사실에 묶여 있다.

예화(Illustrations)

S. I. 하야카와(S. I. Hayakawa)는 명확성을 키우고 싶어 하는 연설가에게 요리책을 공부하라고 조언하는데, 요리법은 일반 개념을 구체적인 내용으로 세분화하여 설명하기 때문이다. 비프 웰링턴(beef Wellington) 요리법에는 "오픈 로스팅 팬의 랙에 안심을 놓으십시오. 물을 넣지 마십시오. 덮지 마십시오. 오븐 온도 425도로 20~25분 동안 굽습니다."라고 적혀 있다. 하야카와가 한 조언은 특히 전문가에게 유익하다. 특정 주제에 관한 광범위한 지식으로는 효과적인 의사소통을 이루지 못할 수 있기 때문이다. 때로 전문가들 교육은 구체적인 것에서 추상적인 모호한 영역으로 이동하게 한다.

예를 들어, 신학자는 '**죄**(sin)'라는 말 대신 '**죄론**(hamartiology)'을 말할 수 있는데, 그 이유는 추상어가 그 주제의 다양한 측면을 포괄하는 더 나은 우산 역할을 하기 때문이다. 그러나 신학자가 자기 학문에 익숙하지 않은 청중을 대상으로 이야기할 때는 추상적인 수준에서 내려와 일상 수준, 곧 살인, 거짓말, 도둑질, 간음 등을 이야기해야 한다. 이렇게 할 수 없거나 하지 않으려 한다면, 소통자로서 실패하는 신학자이다(물론 학자로서는 높은 점수를 받을 수는 있겠지만). 쇠렌 키르케고르(Søren Kierkegaard)는 철학자 게오르크 헤겔(Georg Hegel)에게 코펜하겐에 있는 특정 거리를 묻자, 유럽 지도를 받았다고 불평했다.

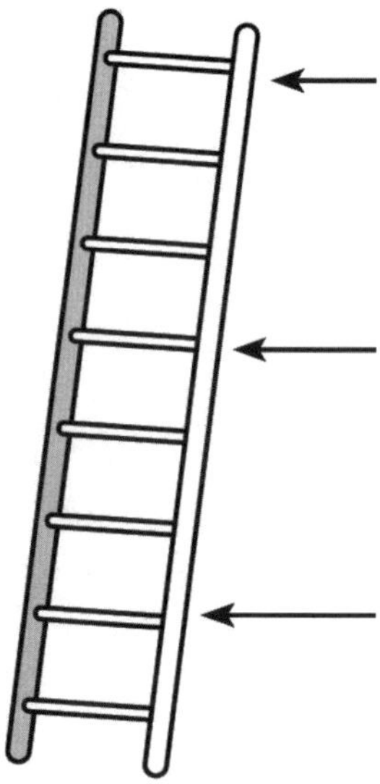

더 추상적, "가서 먹자."

덜 추상적, "가서 피자 먹자."

훨씬 덜 추상적, "정오에 중앙로 88번길 11에 있는 피자헛에 가서 피자 먹고, 뷔페도 주문하자."

〈그림 2〉 **추상 표현 사다리**

숙련된 설교자는 추상화의 높은 수준과 낮은 수준을 다루는데, 마치 사다리를 타는 숙련공처럼 자유롭게 오르내린다〈그림 2 참조〉. 의미를 표현하려면 개별 내용은 일반화하고, 추상 내용은 이해하기 쉽도록 구체적 표현으로 낮춰야 한다. "흥미로운 작가, 유익한 연설가, 정확한 사상가, 그리고 건전하며 분별력 있는 개인은 추상 표현 사다리의 모든 수준에서 활동하며, 질서정연하게 더 높은 곳에서 더 낮은 곳으로, 더 낮은 곳에서 더 높은 곳으로 빠르며 우아하게 움직인다. 그들 마음은 마치 나무를 타는 원숭이처럼 유연하고 능숙하며 아름답다."[11]

---

11 S. I. Hayakawa, *Language in Thought and Action,* 2nd ed. (New York: Harcourt, Brace, and World, 1964), 190 ‖ 『(삶을 위한) 생활 의미론』,

설교를 현실성 있게 만드는 한 가지 방법은 예화 사용하기이다. 잘 선택해 능숙하게 사용한 예화는 아이디어를 유형적인 경험과 연관 지어 재진술하기, 설명하기, 입증하기, 적용하기 등을 거의 다 할 수 있다. 진리를 청중 마음에 확고히 심으려면, 진술하고 또 진술해야 한다. 대부분 재진술은 명제적 진술을 반복하는 방식이지만, 예화는 청중을 지치게 하지 않으면서 진리를 다시 한번 제시한다. 비유와 일화로도 이해하게 할 수 있다. 텔레비전 화면처럼, 예화는 연사가 설명하는 내용을 뚜렷하게 한다.

예화는 또한 진리를 믿게 한다. 논리적으로 예가 증거일 수 없지만, 심리적으로는 주장을 뒷받침하여 받아들이게 한다. 모든 진리가 동등하게 유효해도 동등하게 가치가 있지는 않다고 주장하고 싶다면, 유추(analogy)로 청중이 당신 말을 받아들이게 할 수 있다. 예를 들어, 1센트 동전과 1달러 지폐는 둘 다 진짜이지만, 가치는 같지 않다고 지적할 수 있다. 그러므로 '1센트' 진리와 '1달러' 진리를 구별해야 한다. 이 유추는 논리적인 주장만큼이나 동의를 얻는다.

예화는 또한 설교자 아이디어를 사람들 경험에 적용한다. 청중은 성경 개념을 이해해야 하며, 또한 그것이 어떤 차이를 만드는지 알아야 한다. 본보기는 진리를 행동으로 나타낸다. 윌리엄 E. 생스터(William E. Sangster)는 창세기 41:51을 바탕으로 "우리는 잊으려고 기억해야 한다"라는 아이디어를 전개해 설교했다. 그는 다음 일화(anecdote)로 설교를 마무리했다.

> 우리 가족은 크리스마스 시즌을 보내고 있었습니다. 손님 중 한 분이 며칠 일찍 오셔서 제가 크리스마스카드를 마지막으로 부치는 모습을 지켜보셨습니다. 그분은 제가 카드에 쓴 특정 이름과 주소를

개역 · 수정판, 김영준 옮김 (서울: 박이정, 2006), 201~02. (옮긴이 덧붙임. 참고로, 5th ed.은 S. I. Hayakawa and Alan R. Hayakawa, Harvest Original, 1991에 출간됐다.)

보시고서 깜짝 놀라며 "설마 그 사람에게 이 카드를 보내는 건 아니겠지요?"라고 말했습니다.

"왜, 안 되나요?"라고 제가 물었습니다.

"하지만 기억나시죠," 그분이 말하기 시작했습니다, "18개월 전에 …."

그때 나는 그분이 제게 공개적으로 말한 바를 기억했습니다. 그러나 저는 또한 그때 하나님의 도움으로 그 사실을 잊기로 결심한 일을 기억했습니다. 그리고 하나님은 제가 "잊게" 하셨습니다!

저는 그 카드를 부쳤습니다.

오늘날 사람들에게는 '어떻게 해야 하는지'를 보여주는 적용 사례가 있어야 하며, 그것도 많은 사례가 있어야 한다. 신앙 경륜이 있는 이도 때로는 도움을 받아야 한다. 역기능 가정에서 자랐거나 성장 과정에서 교회 생활은 전혀 하지 않고 냉담한 세속주의에서 살다가 믿은 사람은 어떠한가? 그들에게는 신앙생활에 필요한 기술이 이따금 부족하다. 그들은 설교자가 그림 그려주기를 바란다. 아버지가 자녀를 노엽게 하지 않으려면 정확히 어떻게 해야 하며, 어떻게 노엽게 하지 않을 수 있을까? 위기 상황에서 하나님을 신뢰하겠다는 생각은 멋지나, 실제로 어떻게 신뢰할 수 있을까? 죄를 자백하라고 권고받는데, 어떻게 해야 하며, 모든 죄를 자백하라는 말인가? 성경은 형제나 자매가 회개하면 그들을 용서해야 한다고 가르친다. 빌 워터슨(Bill Watterson)의 연재 만화에서 캐릭터 캘빈(Calvin)은 호랑이 조수 홉스(Hobbes)에게 "수지(Suzie)에게 나쁘게 말하고 감정을 상하게 해서, 기분이 안 좋아. 그래서 미안해."라고 말한다. 홉스는 "수지에게 사과해야겠네"라고 제안한다. 캘빈은 이 조언을 곰곰이 생각하고서, "덜 분명한 해결책이 있기를 바라고 있어."라고 대답한다. 홉스는 캘빈이 옳은 일을 하도록 도와야 한다. 설교를 들으려고 오는 청중도 그러한 도움을 받고자 한다.

린 앤더슨(Lynn Anderson)은 크게 유익을 끼치는 책, 『내가 정말로 믿는다면, 왜 이런 의심이 들까?』에서 살아있는 하나님의 말씀이 스스로 증명한다는 개념을 적용하려고 다음 예화를 사용한다.

> 예수님은 "주는 것이 받는 것보다 복이 있다"라고 말씀하셨습니다. 그런데 여러분은 "글쎄요, 좋은 이론이지만 정말 사실일까요?"라고 말합니다. 이를 알 수 있는 방법은 하나뿐입니다. **주십시오!** 관대하게 꾸준히 주십시오. 그러면 머지않아, 위대한 주는 이가 되는 축복을 경험하기 시작합니다. 그리고 그런 일이 일어나면 "이봐, 나는 그것이 사실이라는 것을 **알아!**"라고 말할 수 있습니다.
>
> 샤론은 믿음으로 생활 방식이 적합함을 알았습니다. 몇 년 전, 샤론의 믿음은 제자리에 머물러 있었습니다. 그녀는 하나님의 일에 더 많이 이바지해야 한다고 느꼈지만, 정말로 그렇게 하고 싶지는 않았습니다. 게다가 그녀는 자신이 줄 중요한 것이 없거나 아무도 그녀가 주는 '선물'을 바라지 않는다고 생각했습니다. 샤론은 더 큰 믿음을 바랐습니다. 그래서 그녀는 4학년 주일학교 반을 가르치기로 결심했습니다.
>
> 그러나 이 이야기에서 그녀 개인에 관한 조금 더 많은 내용이 있습니다. 샤론은 다발성 경화증을 앓고 있으며 휠체어에 의존해 생활합니다. 다니기 자체가 힘든 상황입니다. 그녀는 교재를 자기 집, 차, 교실로 운반하는 일이 크게 힘듦을 알았지만, 믿음으로 할 일을 하고 싶었습니다.
>
> 이는 몇 년 전 일이었습니다! 이제, 샤론은 영향력이 막강한 교육팀의 소중한 일원입니다. 그녀 아이들은 그녀를 존경하고, 장애에 관해서도 많은 것을 배웠습니다. … 샤론은 믿음이 할 일을 하는 것이 '적합함'을 깨달았습니다. 새로운 자존감 그리고 하나님의 돌보심에 신뢰로 그녀는 놀라운 축복을 경험하는 삶을 누립니다.[12]

위대한 진리를 삶에 적용할 방법을 찾으려고 노력해야 한다. 때로는 설교자 자신의 삶과 사역에서 얻은 예화가 있을 수 있다. 때로는 청중 중 누군가가 경험할 수 있는 상황을 상상하고, 그 상황에서 성경 통찰력이 어떻게 쓰일 수 있는지 생각할 수도 있다. 가능한 한 구체적으로 설명해서, 청중이 "아, 무슨 말씀인지 알겠어요!"라고 반응하도록 자세히 말한다. 설교가 항상 '방법 안내서'일 수는 없지만, 구체적이기에 설교가 실패하는 일은 거의 없다. 우리 중 너무 많은 설교자가 겉만 번지르르하고 알맹이가 없는 설교를 한다.

예화는 설교자와 청중을 다른 방식으로도 돕는다. 예화는 기억을 돕고, 감정을 불러일으키며, 필요를 만들고, 주의를 집중하게 하며, 설교자와 청중 사이에 친밀감을 형성한다.[13]

예화를 사용하는 기본 원칙은 예화가 예시한다는 원칙이다.

'**예시한다**(illustrate)'는 타동사라서 목적어를 가진다. 예시는 '**무언가**'를 예시해야 한다. 그러므로 '좋은 예시' 그 자체는 없으며, 특정 진리를 잘 예시하는 예시만 있을 뿐이다. 어원적으로 '**예시한다**'는 '주제에 빛을 비춘다'라는 뜻이다. 예시는 무대 위 배우를 잘 보이게 하려고 무대 아래서 비추는 불빛과 같다. 그런데 그 불빛이 관객 눈을 비추면, 관객은 봐야 할 장면을 볼 수가 없다.[14] 들려주는 이야기 그 자체가 청중을 즐겁게 하거나 재미있게 하는 데서 그치면, 오히려 설교에 방해거리이다. 일화는 그 자체가 아니라 설교 아이디어에 집중하게 해야만 진리를 도드라지게 하는 효과를 낸다.

---

12 Lynn Anderson, If I Really Believe, Why Do I Have These Doubts? Rev. ed. (New York: Simon and Schuster, 2000), 166.

13 Ian Macpherson, *The Art of Illustrating Sermons* (1964; Reprint, Grand Rapids: Baker, 1976), 13~33에서는 예화 목적 17개를 나열한다.

14 John Nicholls Booth, *The Quest for Preaching Power* (New York: Macmillan, 1943), 146.

예화는 이해하기 쉬워야 한다. 알려지지 않은 내용은, 예를 듦으로 명확하게 알려지게 해야 한다. 명확하게 드러내려고 쓰는 예화를 더 설명해야 한다면, 차라리 예화를 들지 말아야 한다. 개념을 설명하는 예화를 다시 설명하는 일은, 잘 모르는 내용으로 잘 모르는 내용을 설명하려는 꼴이다. 성경에서 가져온 예화는 알려지지 않은 내용으로 알려지지 않은 내용을 설명하기에, 이 규칙을 위반하는 경우가 더러 있다. 성경을 잘 모르는 시대에, 성경 이야기는 고대 중국 역사만큼 현대 청중에게 낯설 수 있다. 성경에 있는 다른 구절을 예로 든다면, 다람쥐 쳇바퀴 돌리기에 지나지 않을 수 있다. 성경에서 가져온 이야기를 한다면, 청중이 그 안에 들어가 그 힘을 느낄 수 있도록 시간과 주의를 기울여 이야기해야 한다. 일반적으로 현대 생활에서 가져온 예화로 성경 진리를 예시하는 편이 훨씬 좋다. 알려지지 않은 것을 알려진 것으로 밝히고 싶기에, 청중 삶에 가장 가까운 데서 가져온 예화가 가장 큰 효과를 낸다. 인간적인 이야기는 어린이, 동물, 만화 캐릭터와 같이 우리 공통 경험에서 벗어난 주제를 다루기에 큰 힘이 있다.

어떤 예화는 다른 예화보다 효과가 더 크다. 효과적인 의사소통은 이-메일 메시지보다 악수와 같다. 그것은 우리가 듣는 것이며 또한 경험하는 바이다. 가장 좋은 예화는 사람들 마음을 사로잡을 뿐만 아니라 그들 감정도 어루만진다. 가장 강력한 예화는 우리 삶에서 흘러나와 듣는 사람들 삶으로 들어간다.

큰 원 두 개가 겹쳐 있다고 생각하자. 이 원은 각각 설교자 삶과 청중 삶을 나타낸다〈그림 3 참조〉. 큰 원 안에는 또 다른 원이 있다. 설교자 큰 원 안에 있는 이 작은 원은 설교자가 경험한 모든 것, 곧 설교자가 자라면서 함께한 애완동물, 사귄 친구, 하던 게임, 다닌 고등학교, 첫 데이트 등을 나타낸다. 바깥쪽 큰 원은 읽은 내용, 영화에서 본 내용, 텔레비전에서 본 내용, 학교에서 들은 내용 등을 나타낸다. 생생한 영화처럼 이 중 일부는 안쪽 작은 원에 매우 가깝게 느껴집니다. 18세기 사건과 같은 다른 것들은 훨씬 더 멀리 떨어져 있다. 설교자가 하는 말을 듣는 청중에게도 직접 경험과 간접 경험을 각각 나타내는 안쪽 원과 바깥쪽 원이 있다.

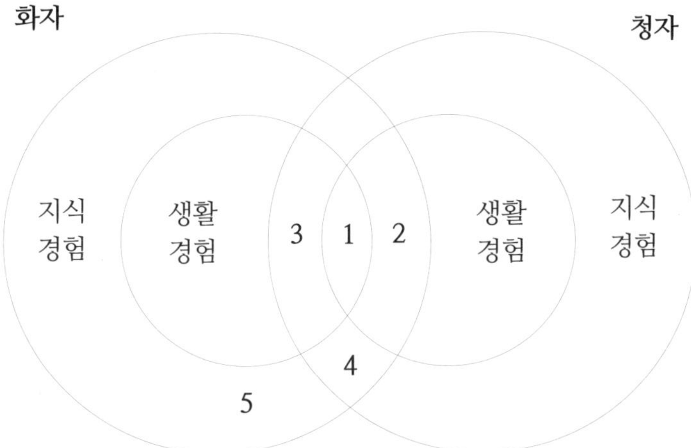

1. 화자의 생활 경험과 청자의 생활 경험이 겹치는 영역
2. 화자의 지식 경험과 청자의 생활 경험이 겹치는 영역
3. 화자의 생활 경험과 청자의 지식 경험이 겹치는 영역
4. 화자의 지식 경험과 청자의 지식 경험이 겹치는 영역
5. 화자의 생활 경험 또는 지식 경험이 청자의 생활 경험 또는 지식 경험과 겹치지 않는 영역

〈그림 3〉 **화자와 청자의 경험 공유 관계**

효과가 가장 큰 예화는 설교자 개인 경험이 청중 개인 경험과 겹칠 때이다. 이러한 공통 영역에서 끌어낸 예화를 흔히 인간적인 이야기라고 한다. 이러한 예화는 우리를 웃게 하고, 울게 하고, 또는 움찔하게 한다. 우리도 거기에 있었고, 그것을 해봤으며, 그것을 증명할 증거, 예를 들어 티셔츠도 있기 때문이다.

효과가 두 번째로 좋은 예화는 설교자 지식 경험이 청중의 생활 경험과 겹치는 경우이다. 가능하다면, 청중의 생활 경험을 다루고자 한다. 도시에서 자라서 농촌 교회에서 사역하는 목사는 농촌 청중에게 설교를 효과적으로 설명하려면, 농부와 농사일을 가능한 한 많이 배워야 한다.

효과가 세 번째로 좋은 예화는 설교자의 생활 경험에서 나오고 청중의 지식 경험과 겹치는 경우이다. 농장에서 자란 목사가 도시 청중에게 설교할 때, 송아지를 분만하는 이야기를 아주 생생하게 전달해 도시 청중조차도 공감하게 할 수 있다.

효과가 네 번째로 좋은 예화는 화자의 지식 경험에서 청중의 지식 경험으로 전달인데, 이는 인격이 맞닿아 있지는 않은 수준이다. 청교도, 우드로 윌슨(Woodrow Wilson)의 삶, 알렉산더 대왕의 이야기 등이 이 범주에 든다. 청중은 예화를 이해할 수는 있어도, 경험하지는 못한다.

효과가 다섯 번째이자 가장 떨어지는 예화는 청중에게 아무런 영향을 주지도 못하는 이야기이다. 이는 청중의 인식 범위에서 완전히 벗어난다. 설교자는 추상적 진리를 청중에게 전혀 알려지지 않은 사건으로 설명한다. 시간과 노력을 들여 그 사건을 회중의 외부 영역으로 가져올 수는 있다. 하지만 왜 그래야 할까? 예화 목적은 알려지지 않은 내용을 알려진 내용으로 익숙하지 않은 내용을 익숙한 내용으로 설명하려 함이다. 이런 이야기로는 소통하지 못한다. 예화를 말하는 기본 원리를 모두 무시한다. 대체로 다른 구절을 설명하는 데 말하는 성경 이야기가 이 범주이다. 간단히 말해, 현대 회중은 대체로 성경을 잘 모르며, 안다고 해도 그 이야기들은 마치 「스타워즈(*Star Wars*)」의 서론처럼 들릴 뿐이다. 곧, 아주 오래전, 아주 먼 은하계에서 일어난 일처럼 들린다.

대부분 경우, 설교하는 본문을 설명하는 데 성경의 다른 부분 사용은 피해야 좋다.

첫째, 성경은 오래전에 다른 문화권에서 쓰였기에 예시 자료로 사용이 추상화 단계를 제대로 거치지 못할 가능성이 아주 크다.

둘째, 성경을 예시 자료로 오용할 위험이 있다. 설교자는 다윗이 저지른 간음이 왜 그렇게 파괴적인지 보여주는 예로 제시하고 싶겠지만, 사무엘하 11~12장에서 저자가 의도하는 바를 살피면 다윗이 저지른 간음은 왕으로서 권력 남용에서 비롯했음을 알 수 있다.

셋째, 청중이 설교자가 예시로 사용하는 성경 예에 익숙하지 않다면, 전달하려는 요점을 밝히는 데 실패한다.

예화 역시 설득력이 있어야 한다. 가능한 한, 사실에 근거해야 한다. 설교 아이디어를 사실과 다른 이야기로 설명할 수는 있겠지만, 오류를 아는 청중에게 사용하면 설교자 신뢰도를 떨어뜨린다. 더욱이 예화는 청중의 건전한 상식을 거슬러서도 안 된다. 진실은 소설보다 더 이상할 수 있지만, 청중은 있을 법하지도 않은 일화를 듣고서 설교자가 이상하다고 의심한다. 터무니없어 보이는 사건을 사용해야 한다면, 그 점을 인정하고서 뒷받침할 만한 근거를 제시해야 한다. 그래서 다른 사람이 책임지게 한다.

목회자는 자기 자녀 이야기를 예화로 자주 쓴다. 설교자가 똑똑하고 재치 있는 자기 자녀 이야기를 너무 많이 하면, 회의적 청중은 설교자가 항상 진실을 말하는지를 의심하는 눈초리로 바라본다. 게다가 개인 예화는 큰 효과를 낼 수 있기에, 실제로 겪지 않은 일인데도 마치 일어난 일처럼 이야기하려는 유혹에 빠질 수 있다. 복음은 그것을 전파하는 데 쓰는 방법을 심판하며, 궁극적으로 하나님의 진리는 우리 거짓말에서 어떤 이익도 얻지 않는다. 설교자가 요점을 만들려고 거짓말한다고 청중이 의심하면, 설교자가 누군가를 개종하게 하려고 거짓말한다고 여길 수도 있다.

설교자가 사용하는 예화는 설교 주제와 청중에게 적합해야 한다. 위대한 진리가 예화로 하찮게 여겨져서는 안 된다. 한 학생 설교자는 하나님의 편재하심을 강조하고 싶어서, "하나님은 저 쓰레기통에도 계십니다."라고 말했다. 그 예화는 정확했지만, 적절성은 부족했다. 어떤 예화는 한 청중에게는 받아들여질 수 있지만 다른 청중에게는 적절하지 않을 수 있다. 예를 들어, 다음 이야기는 우리 시대 도덕성을 반영하지만, 여러 그룹에 적절한지는 잘 살펴야 한다.

> 한 남성이 식당에 앉아 매력적인 젊은 여성과 이야기를 나누고 있었습니다. 대화 도중 그는 구석 테이블에 앉아 있는 옷을 잘 차려입은 젊은 남성을 가리켰습니다.
>
> "저기 있는 사람, 보이나요? 그가 당신에게 오늘 밤 잠자리를 같이하는 대가로 5,000달러를 제안한다면, 그렇게 하시겠어요?"
>
> "5,000달러요?" 젊은 여성이 대답했습니다. "글쎄요, 5,000달러면 할 것 같아요."
>
> 몇 분이 지나고, 그 남성은 방 다른 쪽에 앉아 있는 또 다른 남성을 가리켰습니다.
>
> "저기 있는 남성, 보이나요? 그가 당신에게 밤을 보내는 대가로 20달러를 제안한다면, 그렇게 하시겠어요?"
>
> "20달러요?" 그녀는 코웃음을 쳤습니다. "당연히, 그리는 안 하죠! 제가 뭐로 보이는 거예요?"
>
> 그 남성이 대답했습니다. "저는 당신이 어떤 사람인지 이미 알아냈어요. 당신 가치를 알려 했을 뿐입니다."

이 예화는 대학 캠퍼스나 사업가를 대상으로 하는 강연에서는 용납할 수도 있겠으나, 주일 아침 예배에 참석한 회중에게 적합할지는 신중하게 고려해야 한다.

예화는 열정과 열의를 다해 전달하자. 조각가가 사자도 없이 어떻게 사자상을 조각했느냐는 질문을 받았을 때, 그는 "저는 사자처럼 보이지 않는 부분을 그저 깎아냈을 뿐입니다."라고 대답했다. 이는 설교자에게도 좋은 조언이다. 숙련된 이야기꾼은 이야기 분위기나 반전 묘미에 이바지하지 않는 불필요한 세부 사항을 잘라낸다. 내러티브를 포함한 예화를 사용할 때는 대화와 직접 인용을 활용하자. 이야기를 단순하게 다시 말하지는 말자. 그 이야기를 다시 살아내자. 그 이야기에 몰입하자. 이야기에서 행동을 보면, 청중도 그렇게 행동한다. 청중이 예화로 들어가 그것을 이해하고 느낄 수 있도록 가능한 한 생생하게 이야기를 전달하자. 그러면 설교 요점은 청중에게 전달돼 청중은 그 요점을 느낀다.

예화는 어디에서 찾을 수 있는가? 좋은 예화는 어디에서나 찾을 수 있다. 설교자 자신 경험에서 시작하자. 모든 인생은 서커스이다. 어떤 사람은 동네를 거닐면서 다른 사람이 세계 여행에서 찾는 예화보다 더 많이 찾는다. 차이는 경험하는 바에 있지 않고, 경험에서 무엇을 보느냐에 있다. 보려면 잘 살펴봐야 한다. 일상생활 사건에서 유추, 적용, 영적 진리 등을 찾는다면, 이 세상은 하나님의 그림책일 수 있다.

개인 예화는 설교에 따뜻함과 활력을 더하지만, 효과적으로 사용하려면 일반 규칙 세 가지를 명심하고 따라야 한다.

- 첫째, 이미 말했듯이, 예화는 진실해야 한다. 실제로 일어나지 않은 일을 마치 자기가 겪은 듯이 말하지 않는다.
- 둘째, 예화는 겸손해야 합니다. 청중은 설교자가 영웅으로 자주 등장하는 1인칭 이야기를 싫어한다. 자기가 영리하며 유머러스하며 영적이라고 자랑하는 수다쟁이에게는 대체로 부정적으로 반응한다. 설교자가 강단에서 자랑해도 청중은 그렇게 반응한다. 물론, 우리 경험의 대부분은 우리를 승리자나 악당으로 만들지 않으며, 겸손하고 큰 유익을 끼치며 이야기할 수 있다. 개인 예화를 사용할 때는 변명하지 말고 말하자. 설교자가 "개인 예화를 용서하신다면…"이라고 말하면, 전혀 주목받지 않아야 할 바에 주의가 집중된다. 그 사건을 사용해야 하면 굳이 변명하지 않고 사용한다. 물론 사용해서는 안 된다면, 양해는 구해야 한다.

- 셋째, 개인 예화를 사용할 때는 비밀을 누설하지 않아야 한다는 규칙은 반드시 지켜야 한다. 교인은 다음 주 설교에 자기 이야기가 나올까 봐 걱정돼서 목회자에게 고민 털어놓기를 꺼린다. 개인 사건이 누구에게도 상처를 주거나 당황하게 하지 않고 공유할 수 있더라도, 미리 사용 허락을 받자. 설교자가 기분 좋게 누군가를 치켜세우려고 말해도, 당사자는 개인 내용 공개에 언짢을 수 있다.

예화는 직접 경험에서 얻을 수 있으며, 또한 독서, 팟캐스트, 또는 다른 형태 미디어에서도 얻을 수 있다. 우리 중 벨크로(Velcro)처럼 줄지어 늘어선 기억력을 가진 사람은 거의 없다. 언젠가 설교를 도드라지게 할 자료이면, 미루지 말고 곧바로 정리한다. 만화, 동요, 잡지, 소설, 신학책, 역사, 블로그 등 모든 종류 글이 설교 자료일 수 있다. 재능 있는 설교자의 설교를 읽고 시청하자. 그러한 설교는 상황에서 예화를 제공하며, 이는 예시하는 바와 동떨어진 이야기 모음보다 우월하다.

물론 설교를 준비할 때, 많은 예화가 떠오른다. 전달하려는 설교 요점을 명확하게 적고, 그 요점 중에서 설명이 필요한 부분을 생각하자. 마음과 기억이 필요한 바를 제공하게 하려면, 무엇을 예시해야 할지 정확히 알아야 한다. 적절한 유추와 합당한 적용을 만드는 능력은 연습으로 연마할 수 있다.

좋은 예화는 삶의 거의 모든 면에서 찾을 수 있지만, 지혜로운 사람은 자기가 수집한 예화를 저장하고 정리할 수 있는 시스템을 만든다. 시중에는 에버노트(Evernote)와 같은 시스템이 있지만, 직접 만드는 편이 더 나을 수도 있다.[15] 우선, 정보를 어떻게 얻고 내용에 어떻게 접근하는지 생각하자. 방문한 웹사이트, 읽은 책이나 잡지, 봤던 영화나 쇼, 또는 휴대폰으로 찍은 링크나 이야기 사진을 통해 정보를 얻는가? 아니면 이 모든 것을 조합해서 얻는가?

---

15 이와 더불어 더 많은 아이디어는 다음 링크를 접속해서 살핀다. https://www.rookiepreacher.com/20-great-tools-and-apps-for-pastors.

둘째, 어떤 종류의 파일 시스템이 자기에게 적합한지 결정하자. 과거에 저는 설교자에게 설교 노트, 소책자, 관련 서적 및 논문 토론 자료를 담을 수 있는 편지 크기 자료철을 만들라고 조언했습니다. 또한 개별 아이디어와 예화를 위한 작은 3x5인치 카드 파일을 보충하도록 제안했다. 그러나 그러한 유형 시스템은 오늘날 디지털 시대에 대부분 사람에게 너무 구식일 테다. 이러한 현실을 고려할 때, 컴퓨터나 태블릿에 '믿음', '돈', '성', '그리스도의 죽음', '하나님의 주권' 등과 같은 특정 레이블로 태그된 데이터베이스를 만들라고 강하게 권장한다. 또한 여러 항목이 서로 연결돼 검색할 때 나타날 수 있도록 하는 게 좋다.

셋째, 매주 시간을 내어 새로 수집한 예화를 입력하거나 사진이나 링크를 발견하는 대로 올리자. 예화 정리를 설교 준비에서 일반 과정의 하나로 삼자. 이렇게 오랫동안 정리하면, 설교를 향상하는 수천 개 유용한 이야기, 일화, 예화 등에 쉽게 접근할 수 있다.

다시 한번 강조하지만, 설교자는 예화 정리 시스템을 갖춰야 한다. 어느 시스템으로 정보를 저장하든, 아예 없는 것보다는 낫다. 예화 정리 시스템도 설교자를 필요로 한다. 유지 관리하고 업데이트하지 않으면 어떤 시스템도 가치가 없다. 잠언 작가 아굴은 개미의 큰 지혜를 칭찬한다. "개미는 강한 민족이 아니나,/ 여름에 먹거리를 준비한다"(잠언 30:25, NASB를 옮김). 설교자는 개미에게서 이 교훈을 배워야 한다.

용어 정의(definition)

- **반복**(repetition)—같은 말을 똑같이 해서 설교 메시지를 강조한다.
- **사실 정보**(factual information)—관찰, 사례, 통계, 그밖에 자료 등으로, 설교자와는 별개로 진위를 확인할 수 있는 정보이다.
- **설명**(explanation)—한 아이디어와 다른 아이디어의 관계 또는 한 아이디어가 내포하는 바를 부연함으로 경계를 정한다.

- **예화**(illustration)—아이디어를 실제 경험과 연결함으로 재진술하기, 설명하기, 입증하기, 또는 적용하기이다.
- **이야기 서술**(narration)—성경 이야기로 누가 무엇을 누구에게 무슨 영향을 끼쳤는지를 서술한다. 구절과 관련한 역사, 상황, 인물을 논의함으로 설교에 배경을 제공하는 데 쓰일 수 있다.
- **인용**(quotation)—다른 이가 한 말을 사용하기로, 간략하게 진술하고 적절하게 출처를 밝혀, 설교 메시지를 확충한다.
- **재진술**(restatement)—같은 내용을 다르게 표현해서 설교 메시지를 강조한다.
- **정의**(definition)—용어나 진술이 포함할 바와 제외할 바를 정한다.

심화 독서 자료(For Further Reading)

예화에 관한 책은 아주 많다. 여기에 제시하는 책은 오래됐어도 여전히 가치가 있다. 한 가지를 제안하자면, 시간을 내어 읽으면서 효과가 있다고 여기는 예화는 표시해 두자. 그것들을 서재에 추가하거나, 관련 페이지 사본을 정리 시스템에 추가하자. 나중에 사용하면, 더 신선하게 느낄 가능성이 크다. 참고할 만한 예화 모음집 몇 가지를 소개하겠다.

Hughes, R. Kent. *1001 Great Stories and Quotes.* Wheaton: Tyndale, 1998. 자기가 정리한 파일을 모아 출간했다. 모두 다 좋지는 않아도 가치 있는 예화가 많다.

Green, Michael P., ed. *Illustrations for Biblical Preaching.* Grand Rapids: Baker, 1989. 예화로 바꿀 수 있는 유추 그리고 이야기 모음집으로 특히 가치가 있다.

Rowell, Edward K. *Fresh Illustrations for Preaching and Teaching.* Grand Rapids: Baker, 1997. *Leadership Journal*에서 200개 넘게 모아 출간한 예화집으로, 예화 가치는 평균치를 넘는다.

Swindoll, Charles. *The Tale of the Tardy Oxcart and 1501 Other Stories.* Nashville: Word, 1998. 유용한 예화 모음집이다.

Fadiman, Clifton, ed. *The Little, Brown Book of Anecdotes.* Boston: Little, Brown, 1985. 여러 사람에 관한 수많은 짧은 이야기를 담고 있으며, 쉽게 사용할 수 있도록 주제별 찾아보기가 있다.

PreachingToday.com에는 매우 귀중한 설교 그리고 설교 논문이 있다. 또한 최근 예화가 수천 개에 이르는 데이터베이스이다.

Ortberg, John. *The Life You've Always Wanted: Spiritual Disciplines for Ordinary People.* 1997. Reprint, Grand Rapids: Zondervan, 2015. 이 책을 시작으로, 효과적인 의사소통자가 예화를 실제로 어떻게 활용하는지를 알 수 있다.

물론, 가장 좋은 예화는 여전히 설교자 자신의 삶과 독서에서 얻은 예화이다.

이 장에서 살핀 내용에 관한 질문과 실제는 부록 「설교 준비 연습문제」, 343~345쪽에 있다.

설교 서론은 인상 깊게 시작하고 설교 결론은 완벽하게 마무리 짓기 8

Start with a Bang and Quit All Over

❑ 새로운 개념

- 서론(introduction) … 179
- 효과적인 서론의 주요 특징(major characteristics of an effective introduction) … 179
- 결론(conclusion) … 181

❑ 성경 강해설교 준비 단계

1. 성경 구절 선택하기(Select the passage) … 80
2. 성경 구절 연구하기(Study the passage) … 86
3. 석의 아이디어 찾기(Discover the exegetical idea) … 94
4. 석의 아이디어 분석하기(Analyze the exegetical idea) … 108
5. 신학 아이디어 표현하기(Formulate the theological idea) … 136
6. 설교 아이디어 표현하기(Formulate the homilectical idea) … 137
7. 설교 목적 결정하기(Determine the sermon's purpose) … 142
8. 설교 목적을 이루는 방법을 결정하기(Decide how to accomplish this purpose) … 151
9. 설교 얼거리 짜기(Outline the sermon) … 168
10. 설교 얼거리 채우기(Fill in the sermon outline) … 178
11. 설교 서론과 결론 준비하기(Prepare the introduction and conclusion) … 210

설교 한 편에서 서론과 결론은, 그 길이와는 상관없이 그 자체로 의미가 크다. 서론에서, 청중은 설교자에게서 어떤 인상을 받는데, 이는 청중이 설교자가 전하는 설교를 받아들일지를 이따금 결정한다. 설교자가 초조하거나 적대적이거나 준비하지 않은 듯하면, 청중은 곧바로 설교 듣기를 거부하려 든다. 그런데 설교자가 기민하고 친절하면, 자기와 다른 청중에게 긍정적인 태도를 가진 유능한 사람이라고 여겨 귀를 기울인다. 그러므로 설교 서론은 설교자 자신을 청중에게 소개하는 역할을 한다. 결국, 청중은 설교를 듣는 게 아니라 설교자를 듣는다. 청중이 설교자를 좋아함은 항상 중요했지만, 오늘날에는 특히 더욱 중요하다. 우리 문화에서 청중은 관계를 중요하게 여기며, 설교자가 말하려는 내용에 주의를 기울이기에 앞서서 설교자와 그 태도를 먼저 가늠한다.

11단계, 설교 서론과 결론을 준비한다 (Prepare the introduction and the conclusion of the sermon)

서론(The Introduction)

설교 서론에서, 설교자는 자기를 청중에게 소개할 뿐만 아니라, 설교 아이디어의 주제 요소, 중심 사상, 또는 귀납적 설교에서는 첫째 주요 요점을 청중에게 소개해야 한다. 효과적인 서론의 특징은 그러한 목적에서 비롯한다.

효과를 내는 서론은 주의를 집중하게 한다
(An Effective Introduction Commands Attention)

설교자는 서론으로 청중의 주의를 집중하게 해야 한다. 설교자가 강단에 섰을 때, 청중이 설교를 들으려고 간절히 기다리며 예배당 의자에서 몸을 내밀며 귀를 쫑긋 세우고 있다고 착각하지 말자. 현실적으로 청중은 아마 약간 지루해하고, 설교자가 상황을 더 좋지 않게 만든다고 의구심을 품고 있을 수 있다. 러시아 속담은 설교자에게 현명하게 조언한다. "사람과 당나귀는 같은 점이 있다. 붙잡으려면 양쪽 귀를 아주 잘 잡아야 한다!" 따라서 설교에서 첫 마디는 극적일 필요도 없고 평범할 필요도 없으나, 청중의 마음을 사로잡아 그들이 설교를 듣게 만들어야 한다. 설교를 시작해 처음 30초 만에 그들 주의를 사로잡지 못하면, 설교를 마칠 때까지 사로잡지 못할 수도 있다. 텔레비전 드라마 제작자는 이를 아주 잘 안다. 그래서 곧바로 액션으로 시작한다. 그러고서 제목이나 남녀 배우 이름을 알린다. 제작자는 시청자가 리모컨을 손에 들고 화면 앞에 앉아 있는 상황을 잘 안다. 주의를 끌지 못하면 100개도 넘는 다른 채널이나 최신 실시간 재생 서비스로 바꿔서 새로운 프로그램을 찾는다. 청중이 교회에 올 때, 그들은 머릿속에 리모컨을 가지고 온다. 그들 주의를 최대한 빨리 집중하게 하지 못하면, 그들 생각은 점심 메뉴, 오후 야구 경기, 직장에서 겪는 갈등 등으로 치달을 수 있다.

호머 시대부터, 작가들은 이야기 시작을 정의하려고 고군분투했다.

- Charles Dickens, *The Tale of Two Cities*∥『두 도시 이야기』는 "최고 시대이자 최악 시대였다(It was the best of times, it was the worst of times)"로 시작하는데, 이는 기억에 오래 남는다. 몇몇 출판사는 독자가 첫 단락의 힘에 이끌려 책을 구매한다고 평가한다.
- Herman Melville, *Moby Dick*∥『모비딕』/『백경』은 세 단어로 시작한다. "나를 이스마엘이라고 부르시오(Call me Ishmael)."
- Leo Tolstoy, *Anna Karenina*∥『안나 카레니나』는 "행복한 가정은 모두 비슷하지만, 불행한 가정은 저마다 방식으로 불행하다(Happy families are all alike; every unhappy family is unhappy in its own way)"라는 문장으로 시작하며 우리 마음을 사로잡는다.
- Amy Tan, *The Kitchen God's Wife*; 『부엌 신의 아내』는 독자의 시선을 사로잡으며 시작한다. "어머니께서 제게 말씀하실 때마다, 논쟁이 이미 한창이듯이 대화를 시작하신다(Whenever my mother talks to me, she begins the conversation as if we were already in the

middle of an argument).”

- Joseph Heller, *Catch-22*의 『캐치-22』는 “첫눈에 반한 사랑이었다. 요사리안이 처음으로 군종병을 봤을 때, 그는 그를 미친 듯이 사랑했다(It was love at first sight. The first time Youssarian saw the chaplain, he fell madly in love with him)”라고 시작하기에, 독자는 뒤에 무엇이 나올지 궁금해하지 않을 수가 없다.

설교는 설교자와 청중이 나누는 대화라 할 수 있다. 설교자가 어떻게 시작하느냐에 따라, 청중은 그 대화를 이어갈지 말지를 결정한다.

주의를 집중하게 하는 여는 말을 할 가능성은 설교자 창의성만큼이나 폭넓다.

- **역설**(paradox)로 시작한다. “하나님의 자녀 중 많은 이가 고아처럼 살고 있습니다.”
- 익숙하지 않은 상황에서 **익숙한 사상**(familiar thought)을 말한다. “‘정직이 최상책이다.’ 누군가 이 말을 하면, 그 사람은 정직하지 않을 수 있습니다. 아마 자기를 위장하고 있을 수 있습니다.”
- **수사 질문**(rhetorical question)으로 관심을 끈다. “하나님께서 죽을 수 있어 오늘 아침에 죽으셨다면, 여러분이 그것을 깨닫는 데는 시간이 얼마나 걸릴까요?”
- 놀라운 **사실**(fact)이나 **통계**(statistic)는 청중이 귀 기울여 듣도록 매료시킬 수 있다. “결혼한 세 쌍 중 한 쌍은 이혼 법정으로 갑니다. 결혼한 여섯 쌍 중 한 쌍만이 행복합니다.”
- 설교 본문을 읽고서, **도발적인 말**(provocative comment)을 할 수도 있다. “이 본문에는 맛깔스러운 유머가 담겨 있습니다. 예수님은 매우 진지하시지만, 그 사실이 그분 웃음을 방해하지는 않습니다.”[1]

---

[1] Clovis G. Chappell, *Questions Jesus Asked* (1948; Reprint, Grand Rapids: Baker, 1974), 30.

- 때로는 **유머**(humor)로 관심을 끌 수 있다. "한 사업가는 연례 건강 검진을 마치고 의사에게서 '선생님은 1달러만큼만 건전한 상태입니다!'라는 말을 들었습니다. 그는 곧바로 쓰러졌습니다."
- **설교 본문 자체**(passage itself)로 관심을 불러일으키게 할 수 있다. "많은 사람에게 히브리서 6장은 성경에서 가장 난해한 구절입니다." 때로는 본문으로 곧바로 들어갈 수도 있다. "오늘 아침 저는 고백으로 시작하겠습니다. 다른 설교자의 메시지를 여러분에게 전하겠습니다. 결국 솔로몬, 곧 전도서 저자가 자기를 소개하는 방식이기도 합니다."
- **이야기 결말**(prospect)을 기대하며 귀를 기울여 듣게 한다. "메리 왓슨(Mary Watson)은 30대 후반 주부였습니다. 그녀는 결혼 생활 15년 차로 세 아이 엄마였지만, 여전히 젊고 매력적이라고 생각했습니다. 그러나 한 달 만에 추하게 늙었습니다."
- 때로 **도전하는 말**(confrontive statement)로 설교 주제로 곧바로 다가간다. "여러분이 그리스도인이시라면, 삼위일체 하나님을 믿으셔야 합니다."

어떻게 시작하든, 처음 25~30개 단어로 청중의 주의를 사로잡아야 한다. 귀를 사로잡는 시작은 뒤따르는 내용이 모든 사람의 30분을 투자할 가치가 있다는 단서이다.

효과를 내는 서론은 필요를 드러낸다
(An Effective Introduction Uncovers Needs)

효과를 내는 서론은 또한 필요를 드러낸다. 청중이 억지로 듣는 게 아니라, 들을 수밖에 없게 해야 한다. 설교자가 설교하기 시작하면, 청중은 들어야 해서 어쩔 수 듣지만, 그다음부터 설교자는 듣지 않고서는 못 배기도록 동기를 부여해야 한다. 폴 오닐(Paul O'Neil)은 『라이프(*Life*)』 작가인데, 오닐 법칙을 썼다. 곧, "첫째 문단에서 독자의 목을 잡고, 둘째 문단에서 그 숨통을 조이고, 마지막 문장까지 그를 벽에 밀어붙인다."[2] 사회 과학자 아서 R. 코헨(Arthur R. Cohen)은 청중이 느끼는 필요를 충족하는 정보를 받으면 두 가지 일이 일어난다고 결론지었다. (1) 더 많이 배우고, (2) 정보를 받아서 삶에 적용할 때보다 의견이 더 빠르며 영구적으로 바뀐다.[3] 이 모두는 회중과 중요한 접촉점이 "왜 이 이야기를 꺼내는가? 왜 들어야 하는가?"라는 질문에 대답하는 데 있음을 말한다.

찰스 R. 스윈돌(Charles R. Swindoll)은 고린도후서 1:3~11을 본문으로 설교를 시작하면서 필요의 핵심을 드러내는 질문을 제기했다.

> 엘 타블라조(El Tablazo) 봉우리는 아주 가까이에 있었습니다. 너무 가까웠습니다. 모든 일은 순식간에 벌어졌습니다. 비행기 DC-4는 해발 4,267m 험준한 봉우리에 부딪히면서 찢어지는 금속성 소리를 내며 산산이 부서졌습니다.
>
> 에콰도르 키토(Quito, Ecuador)행 아비앙카 항공편의 잔해는 미친 듯이 불타오르며 산비탈을 따라 깊은 협곡으로 굴러떨어졌습니다. 끔찍한 순간, 차가운 콜롬비아의 산을 밤에 잠시 비추더니, 다시 어둠이 찾아왔습니다. 그리고 침묵.
>
> 그날 일찍 공항을 떠나기 전, 글렌 체임버스(Glenn Chambers)라는 이름의 젊은 뉴요커는 터미널 바닥에서 발견한 종이 조각에 급히 휘갈겨 썼습니다. 그 조각은 인쇄 광고의 일부였는데, 중앙에 단어 "왜?"가 큼지막하게 쓰여 있었습니다.

---

2 George Hunt, "Editor's Note: Attila the Hun in a Tattered Sweater," *Life*, November 13, 1964, 3.

3 Arthur R. Cohen, "Need for Cognition and Order of Communication as Determinants of Opinion Change," in *The Order of Presentation in Persuasion*, ed. Carl I. Hovland (New Haven: Yale University Press, 1966), 79-97.

체임버스는 급하게 종이가 필요했기에 바닥에서 집어 든 종이 조각 가운데 단어를 중심으로 어머니에게 편지를 휘갈겨 썼습니다. 마지막 순간에 떠오른 생각을 써서 재빨리 접어 봉투에 넣고 우체통에 넣었습니다. 물론 할 이야기가 더 많았을 겁니다. 에콰도르에서 '안데스의 소리(Voice of the Andes)'와 함께 사역을 시작하려는 평생의 꿈이 싹틈에 관한 더 많은 이야기.

하지만 이야기가 더는 이어지지 않았습니다. 체임버스가 편지를 부치고 그 편지를 배달하는 사이, 엘 타블라조가 그의 비행과 그의 꿈을 밤하늘에서 낚아챘습니다. 편지는 그의 사망 소식보다 더 늦게 도착했습니다. 어머니가 그 편지를 받았을 때, 그 종이에서 '왜?'라는 질문만이 크게 보였습니다.

이는 가장 먼저 떠오르고 가장 오래 머무는 질문입니다. 왜? 왜 내게? 왜 아니지? 왜 이렇지?[4]

필요에는 아주 빠르게 반응할 수 있다. "일하는 여성은 좋은 엄마가 될 수 있을까요? 여러분은 어떻게 생각하십니까? 성경은 무엇이라고 말합니까?"라는 질문은, 필요를 20단어 이내로 말하게 한다.

부싯돌이 강철을 칠 때 불꽃이 튀듯이, 설교도 그렇다. 어떤 사람의 문제가 부싯돌이 되어 하나님의 말씀이라는 강철을 칠 때, 불꽃이 그 사람 마음에서 튄다. 청중 필요에 맞춰 설교하기는 단순한 설득 기술이 아니라, 사역 과제이다. 레슬리 J. 티자드(Leslie J. Tizard)는 설교가 무엇인지를 이해하고, 설교자는 "그들 영혼이 짓눌리는 상황까지 알고서"[5] 양 떼의 필요를 채우려고 해야 한다고 선언했다.

---

[4] Charles R. Swindoll, *For Those Who Hurt* (1977: Reprint, Grand Rapids: Zondervan, 1995), 7~8.

[5] Leslie J. Tizard, *Preaching: The Art of Communication* (London: Allen and Unwin, 1958), 22.

필요는 그 모양새가 여러 가지이다. 그리스도인과 비그리스도인의 차이는 필요 자체가 아니라, 필요가 채워지는 방식에 있다. 저명한 심리학자 에이브러햄 H. 매슬로(Abraham H. Maslow)는 필요가 서로 영향을 끼친다고 했다. 사는 동안, 한 욕구 덩어리에서 또 다른 욕구 덩어리로 이동하며 우리 행동 동기로 작용한다.[6] 그는 기본 필요가 우리 몸에서 비롯한다고 주장한다. 이러한 생리적 필요(physiological needs)는 음식, 음료, 휴식, 성적 표현, 휴식으로 채워지며, 이 기본 필요가 채워지지 않으면 이것이 생각과 삶을 지배한다.

남성과 여성은 또한 다른 이들과 더불어 생활하면서 필요를 느낀다. 이러한 사회적 필요(social needs)는 존경, 사랑과 애정, 안전, 자아실현, 자기표현 등 욕구를 포함한다. 사랑받고, 가치 있다고 여겨지며, 성장하고 발전하며 자기 잠재력을 실현할 수 있기를 바란다.

다른 차원에서, 사람들은 또한 호기심(curiosity)을 채우고자 한다. 매슬로우는 강한 동기로서 호기심은 육체적 및 사회적 의존 욕구(physical and social-dependency needs)가 채워진 다음에야 나타난다고 주장했다. 설교 서론에서, 청중의 호기심을 채워야 한다고 말할 수 있다. 그러나 호기심을 충족하기는 자존감, 안정감, 애정, 사랑 등 갈망을 하나님께서 어떻게 채우시는지 이해할 때와 같은 깊이로 반응하게 하지는 않는다는 사실을 알아야 한다. 욕구가 더 기본적인 것일수록 관심은 더 세진다.

그러므로 설교자는 설교 앞부분에서 청중이 자기에 관해 이야기한다고 깨닫게 해야 한다. 설교자는 질문을 던지고, 문제를 탐색하고, 필요를 확인하고, 성경 구절이 다루는 중요한 문제를 제기한다. 전통 설교 방식에서는 적용을 결론 부분까지 미루지만, 적용은 서론에서부터 시작한다. 설교자가 능력이 부족하더라도 사람들의 질문, 문제, 상처, 욕망을 수면 위로 끌어올려 성경에 기반해 다룬다면, 청중은 일상생활의 고

---

6 Abraham H. Maslow, *Motivation and Personality*, 3rd ed. (London: Longman, 1987) ‖ 『동기와 성격—끝이 없는 인간 욕구에 관한 고찰』, 오혜경 옮김 (고양: 연암서가, 2021).

통스러운 걱정과 긴장에서도 하나님의 은혜를 경험할 수 있다.

효과를 내는 서론은 설교 본론으로 이어진다
(An Effective Introduction Leads into the Body of the Sermon)

설교 서론은 설교 본론과 그 전개 방향을 청중에게 알리는 역할을 해야 한다. '**소개하다**(introduce)'라는 단어는 타동사이다. 서론은 반드시 '**무언가**(something)'를 소개해야 한다. 그러므로 그 자체로 '좋은 서론'은 없고, 특정 설교를 '잘 소개하는 서론'만이 있다. 다시 말해, 서론은 소개하는 역할을 해야 한다. 적어도, 설교 주제를 소개해서 설교자가 무슨 말을 하려는지를 청중이 굳이 짐작하지 않게 해야 한다. 서론에서 주제만 소개하고서, 본론에서 주요 요점들은 그 주제를 완성한다. 예를 들어, 설교자가 "우리는 어떻게 하나님의 뜻을 알 수 있을까요?"라는 질문하면, 청중은 설교에서 주요 주장이 그 대답을 단계에 따라 이어진다고 기대한다.

서론은 주제를 넘어, 청중을 주요 아이디어로 이끈다. 로마서 1:1~17을 강해함으로 사회를 복음화하려면 무엇을 해야 하는지로 문제 제기한다면, "복음 효력이 교회에서 가장 중요할 때, 복음의 힘은 세상에서 거침이 없다"라는 진술로 이어질 수 있다. 그러나 완전한 아이디어를 진술했다면, 그것에 관해 다음과 같은 기본 질문 중 하나를 제기해야 한다. 이것은 무엇을 의미하는가? 이것은 사실인가? 이것은 어떤 차이를 만드는가? 이러한 정확한 단어를 사용하지 않을 수도 있지만, 아이디어를 확장하려고 이러한 질문 중 하나를 제기해야 한다. 직접이든 간접적으로든 그렇게 하지 못하면, 30분 동안 계속 말하더라도 설교는 끝맺지 못했다. 효과적인 설교는 긴장감을 유지합니다. 곧, 뭔가 더 들어야 메시지가 마무리된다는 느낌이 들어야 한다. 긴장감이 사라지면 설교도 끝난다. 따라서 전개 질문으로, 설교의 나머지 부분에서 아이디어로 무엇을 해야 하는지 탐구한다. 설명해야 할 아이디어, 증명해야 할 명제, 또는 삶에 적용해야 할 원칙으로 전개할 수 있다.

설교를 귀납법 전개로 펼치면, 서론은 첫째 요점을 소개하는 역할을 한다. 청중이 알기로는, 이 첫째 요점이 메시지 전체의 아이디어이다. 메시지를 전개함으로, 첫째 요점은 강력한 연결 어구를 거쳐 둘째 요점에 이어져야 한다. 이 연결 어구는 또 다른 서론 역할을 한다. 이 연결 어구는 첫째 요점에서 비롯한 질문을 제기하거나 필요를 드러낸다. 그래서 청중을 둘째 요점으로 안내한다. 같은 방식으로, 둘째 요점은 셋째 요점으로 이어진다. 귀납법 전개 설교에서는, 완전한 아이디어가 설교 마지막 부분에서 비로소 드러난다.

효과를 내는 서론에는 또 다른 특징도 있을 수 있다
(An Effective Introduction May Exhibit Other Characteristics)

효과를 내는 서론은 주의를 끌고, 필요를 드러내며, 청중을 메시지의 본론으로 안내해야 한다. 이러한 특징은 필수이다. 그러나 좋은 서론에는 흔히 다른 요소도 있다. 예를 들어, 대부분 서론은 그 시대에 적합하다. 설교 시작은 기원전 21세기가 아니라, 지금 21세기로 한다. 궁극적으로, 설교자는 성경을 기반으로 오늘날 청중에게 그들에 관해 이야기하지, 청중에게 성경에 관해 이야기하지 않는다. 설교 대상은 청중이므로, 설교 시작은 현대 청중의 필요와 씨름한다. 그러나 이것이 항상 사실은 아니라고 말함이 정확한 보고이다. 어떤 설교는 성경 본문에 관해 곧바로 이야기한다. 질문을 제기하거나, 인상적인 묘사를 제공하거나, 오늘날의 유사한 필요를 분명히 반영하는 성경적 배경의 필요를 제시한다. 그러나 설교 시작을 현대 세계가 아니라, 고대 세계로 시작하는 데는 타당한 이유가 있어야 한다.

가장 강력한 서론은 대개 개인 내용이다. 우리 사회의 가정 파탄과 결혼 실패에 관한 통계를 인용할 수도 있지만, 청중의 결혼 생활에 관해 직접 이야기하면 더 강력한 서론일 수 있다. 가정에서 관계 문제 설교는 청중이 3주 전에 배우자와 다투고 아직 해결되지 않은 문제를 이야기할 때 더 큰 힘을 발휘한다. 남녀는 결혼 서약을 지키려고 노력하면서 느끼는 압박과 유혹을 이야기한다고 느낄 때 귀를 더 기울인다. 그러나 때로는 너무 강력하기에, 개인 내용에서 물러서야 할 때도 있다. 서론에서 청중이 두려움, 불쾌감, 또는 분노를 느끼면, 다른 내용에는 귀를 닫을 수 있다. 예외는 있지만, 일반적으로 가장 강력한 서론은 개인적 내용이다.

서론에 관한 다른 점들도 말하겠다. 예를 들어, 설교를 변명으로 시작하지 말자. 변명으로 동정을 얻으려 하다간, 기껏해야 가엾게 여겨질 뿐이다. 청중은 자기가 가엾이 여기는 사람에게 설득되는 경우가 드물다. 설교자가 자기가 바라는 만큼 설교 준비를 제대로 하지 않았다고 생각하면, 청중이 스스로 그 사실을 파악하게 하자. 많은 경우에, 청중은 설교자가 생각하는 것만큼 설교를 비판하지 않는다.

설교 서론은 짧게 한다. 펌프질해서 물길을 때, 물이 나오면 펌프질은 멈춘다. 안타깝게도 여기서는 설교 구성 백분율이 도움이 되지 않는다. 대부분 서론은 설교 시간의 약 10%를 차지하지만, 서론은 관심을 끌고, 필요를 드러내고, 청중을 주제, 아이디어 또는 첫 번째 요점으로 향하게 할 만큼 충분히 길어야 한다. 이 일을 이루기까지 서론은 불완전하다. 이 일을 이뤘는데도 서론을 계속한다면 너무 길다. 한 할머니는 웨일스 설교자 존 오웬(John Owen)을 두고, "그가 밥상을 너무 오래 차려서, 오히려 나는 식욕을 잃었다"라고 말했다.

서론은 본론에서 제시하는 내용을 넘어서는 바를 약속해서는 안 된다. 그렇게 하면 고작 완두콩을 쏘면서도 대포를 쏜다고 말하는 셈이다. 설교가 평범한데도 서론에서 부풀려 말하면, 청중과 약속을 깨버리는 꼴이다. 제기한 필요를 채우지 못하면, 청중은 속았다고 느낀다.

설교를 시작하는 한 지점에서, 설교자는 흔히 본문을 읽는다. 어떤 설교자는 설교가 성경 구절을 해설해야 하기에 성경 봉독은 설교 직전에 한다. 하지만 본문 봉독이 친숙하지 않으면, 청중은 성경에 관해 들으려고 자리에 앉기 전에 거쳐야 하는 필수 순서로 여길 수 있다. 일반적으로 설교 본문이 짧으면 서론 다음에 읽자. 이렇게 하면 청중이 낭독에 집중하는데, 설교를 들으려는 마음가짐을 갖기 때문이다. 설교 서론을 말하기에 앞서서 본문을 읽으면 청중이 본문을 더 잘 이해할 수 있게 '안경'을 끼워주기에, 참으로 유익하다.

예를 들어, 야고보서 2:1~13을 본문으로 한 설교 서론에서, "우리는 안내 위원에 관해 자주 설교하지 않지만, 그들은 교회에서 중요한 역할을 합니다. 야고보서 2장에서 야고보는 안내 위원이 제대로 일을 처리하지 못해서 일어난, 교회 예배에서 잘못을 묘사합니다. 야고보가 말하는 바를 들어봅시다."라고 말할 수 있다. 그러면 청중은 본문을 더 분별력 있게 읽는다. 이렇게 하는 데에는 미묘하게 유익한 점이 있다. 청중이 본문을 읽을 때 무엇을 찾아야 하는지 알면, 종종 성경을 스스로 읽을 수 있음을 발견한다. 성경 이해는 전문가 전유물이 절대 아니다.

서론에서 유머 사용은 어떨까? 간단한 대답은 "주의해서 하라"이다. 유머가 청중의 관심을 아이디어로 집중하게 하면, 유익한 도구이다. 그러나 단순히 즐거움을 주는 데 그친다면, 유머는 설교를 실망스럽게 만들 수 있다. 때로는 새로운 청중에게 이야기할 때 유머가 다리를 놓는데 유익하지만, 그렇다고 농담을 너무 많이 하면 청중은 설교자를 코미디언으로 여길 수 있다. 그러므로 유머를 사용할 때는 신중해야 한다. 유머로 청중을 설교자 또는 메시지와 연결 지어야 한다.

설교자가 강단에 오르는 모습은 청중에게 설교자에 관한 많은 내용을 드러낸다. 서두르지 않고 자신감 있는 태도로 움직이면, 설교자가 자기를 제어하고 있으며 중요한 말을 하겠으며 청중이 귀 기울여 듣는 게 좋음을 풍긴다. 말하기 전에 몇 초간 멈춰서 주의를 집중하게 해야 한다. 함께 끝마치지 못할 수도 있지만, 설교자와 청중은 함께 시작해야 한다. 처음에는 청중을 바라봐야지, 설교 원고나 성경조차 보지 말자. 개인이 대화할 때는 서로 눈을 쳐다보지 않으면, 불안감을 느낀다. 설교자가 강단에서 청중에게 말할 때도 마찬가지이다.

긴장하면, 목소리가 높아지고 듣기에 거북한 소리를 낼 수 있다. 그러므로 침착하고 편안하게 첫마디를 말하려면, 통제해야 한다. 말을 시작하기 전에 심호흡을 하자. 설교를 시작하기 전에 어떻게 시작할지 정확히 알면, 긴장과 불안도 줄일 수 있다. 찰스 스윈돌은 자기 설교에서 외우는 유일한 부분이 첫 문장이라고 말한다.[7]

설교를 시작하기 전에 목을 푸는 여러 방법이 있다. 예를 들어, 서재에 있는 동안에 목을 푸는 방법이다.

- 머리를 천천히 움직여 왼쪽 어깨에 닿게 하고서 반대 방향으로 천천히 움직여 오른쪽 어깨에 닿게 한다. 네다섯 차례 반복한다.
- 그런 다음 머리를 최대한 왼쪽으로 천천히 돌리고서, 최대한 오른쪽으로 천천히 돌린다.
- 마지막으로, 머리를 가슴에 떨어뜨린 다음 천천히 뒤로 제쳐다가 다시 가슴으로 떨어뜨린다. 이 운동을 다섯 차례 반복한다.

강단에 들어가기 전에 목을 푸는 방법이다.

- 혀를 입 안쪽으로 움직인다. 편도선을 핥으려고 한다.
- 아니면 입을 다문 채 하품을 한다.

이 모든 운동은 목을 푸는 데 아주 좋다.

청중은 설교자를 세 종류로 나눈다. 도저히 들을 수 없는 설교자, 들을 수 있는 설교자, 반드시 들어야 하는 설교자 등이다. 청중은 보통 서론을 들으면서 그날 아침 자기에게 설교하는 사람이 어떤 종류 설교자인지 결정한다.

---

7 Charles R. Swindoll, *Saying It Well: Touching Others with Your Words* (New York: FaithWords, 2012), 127.

결론(The Conclusion)

노련한 조종사는 비행기 착륙에 특별히 집중해야 함을 잘 알듯이, 유능한 설교자도 결론을 사려 깊게 준비해야 함을 잘 안다. 노련한 조종사처럼, 설교자는 설교가 어디에 착륙할지 알아야 한다. 사실, 결론은 매우 중요하기에, 많은 목회자는 설교 아이디어와 설교 목적을 결정하고서 결론 윤곽을 잡는다. 그러한 기술을 사용하든 사용하지 않든, 특별한 주의를 기울여 결론을 작성해야 한다. 그렇지 않으면, 모든 것이 헛수고일 수 있다.

설교 결론의 목적은 잘 마무리 짓기이지, 그저 멈추기가 아니다. 결론은 어색한 상황에서 벗어나려는 단순한 몸짓에 머물러서는 안 된다. "하나님께서 우리가 이 위대한 진리에 따라 살도록 도와주시기를 바랍니다"와 같은 말이나, 청중이 기도하려고 머리 숙인 틈을 타서 강단에서 몰래 빠져나와서는 안 된다. 설교자는 결론을 내려야 하며, 청중이 그 결론에 마침내 끝났다고 느껴야 한다. 유능한 변호사가 판결을 요구하듯이, 설교자는 청중에게 설교 결론을 느꼈는지를 요구한다. 청중은 설교 아이디어가 전체적으로 완전했다고 알아야 하며, 하나님의 진리가 자기에게 무엇을 요구하는지 알고 느껴야 한다. 결론은 직간접적으로 "그래서 무엇을 해야 하는가? 이것이 무슨 차이를 만드는가?"라는 질문에 대답한다. 그리고 청중은 효과적인 결론에 또 다른 질문에 맞닥뜨린다. "나는 하나님께서 내 경험에서 그러한 변화를 일으키시도록 기꺼이 허용할 것인가?" 빅 밴드 리더 폴 화이트먼(Paul Whiteman)이 한 말을 인용하려는데, 그는 서론과 결론의 요구 사항을 이해하고서 다음 말로 조언했다. "인상 깊게 시작해서, 완벽하게 마친다(When you begin, start with a bang, and when you quit, quit all over)!"

설교 결론은 설교, 청중, 설교자 등에 따라 여러 모양새일 수 있다. 신선함이라는 요소는 설교에 흥미를 더하기에 결론을 다양하게 만들려고 노력하자. 설교를 마무리하고 불타는 듯한 집중력을 모으는 데는 어떤 요소가 있는가? (요약, 예화, 인용, 질문, 기도, 구체적인 지시, 시각화 등이니, 하나씩 차례로 살피겠다. [밝힘. 옮긴이 덧붙임])

요약(A Summary)

많은 결론에서, 설교자는 설교 여정을 되돌아보며 주요 요점을 다시 말한다. 그러나 이렇게 할 때, 중요한 주장을 검토하여 설교 주요 아이디어와 연결할 수 있어야 한다. 좋은 요약은 흩어진 끝맺음을 하나로 묶는다. 그러나 설교를 다시 설교하는 형태여서는 안 된다.

예화(An Illustration)

아이디어를 요약하거나 삶에서 어떻게 작용하는지 더 잘 보여주는 예화는 결론에 큰 영향을 끼친다. 예화는 설명 없이도 청중이 그 의미를 곧바로 파악할 수 있도록 핵심을 정확히 꿰뚫어야 한다. 예화를 제시하고서는 멈춘다. 예화는 아주 뚜렷하게 한두 문장만 덧붙이는 정도여야 한다. 예화를 설명할 필요가 전혀 없을 때, 훨씬 더 강력한 힘을 발휘한다.

피터 마셜(Peter Marshall)은 야고보서 4:14에 관한 설교를 아주 감동적인 이야기로 마무리한다.

> 옛날 바그다드(Bagdad)에 살던 한 상인에 관한 전설인데, 어느 날 그 상인은 하인을 시장에 보냈습니다. 얼마 지나지 않아, 하인은 얼굴이 창백하고 몸은 떨면서 몹시 흥분한 채로 주인에게 돌아와 말했습니다. "저잣거리에서 어떤 여자가 저를 밀쳤는데, 돌아보니 저를 밀친 사람이 죽음(Death)이었습니다. 죽음은 저를 쳐다보며 위협적인 몸짓을 했습니다. 주인님, 말을 제게 빌려주십시오. 죽음을 피하려면 서둘러 떠나야 합니다. 사마라(Samarra)로 달려가서 숨으면, 죽음이 저를 찾지 못하겠지요."

그 주인은 하인에게 말을 빌려줬고, 하인은 말을 타고 서둘러 떠났습니다. 조금 있다가 주인은 저잣거리에 갔다가 군중 가운데 서 있는 죽음을 봤습니다. 그는 죽음에게 다가가 물었습니다. "오늘 아침에 왜 내 하인을 놀라게 했소? 왜 위협적인 몸짓을 했소?"

죽음이 말했습니다. "그것은 위협적인 몸짓이 아니었습니다. 단지 놀라서 그랬을 뿐입니다. 나는 그를 오늘 밤 사마라에서 만나기로 약속했는데 그가 바그다드에 있기에, 그저 놀랐을 뿐입니다."

우리 각자는 사마라에서 약속이 있습니다. 그러나 그것은 기뻐해야 할 이유이지, 두려워할 이유가 아닙니다. 오직 생사와 흥망성쇠를 주관하시는 그분만을 믿는다면 말입니다.[8]

인용(A Quotation)

때로는 결론에 적절한 인용문 선택으로 설교 핵심 아이디어를 설교자가 만든 것보다 더 강력하고 생생하게 표현할 수 있다. 인용문은 짧아야 하고, 외워서 전달해야 한다. 긴 인용문은 제대로 읽기가 어렵고, 직접성이 필요한 순간에 오히려 간접성이 돼 버린다. 시나 찬송가에서 가져온 몇 줄은 설교로 전하는 진리를 효과적으로 표현할 수 있다. 일반적으로 시는 간결하고 요점을 명확히 한다. 찬송가를 인용하고 청중이 함께 부를 때 그 영향력은 배로 더 커질 수 있다. 때로는 설교자가 해설한 본문에서 가져온 성경 구절 하나가 설교 전체를 요약하고 적용할 수도 있다. 강해 마지막에 그 구절을 인용하면 설교로 강화한 그 힘은 듣는 이 마음에 진리를 새길 수 있다.

질문(A Question)

적절한 질문, 심지어 잇따른 질문으로 설교를 효과적으로 마무리할

8 Peter Marshall, *John Doe, Disciple: Sermons for the Young in Spirit*, ed. Catherine Marshall (New York: McGraw-Hill, 1963), 219~20.

수 있다. 선한 사마리아인에 관한 설교는 다음 질문으로 끝맺을 수 있다. "제가 시작한 곳에서 결론을 맺겠습니다. 여러분은 하나님을 사랑하십니까? 훌륭합니다. 그 말을 들으니 기쁩니다. 둘째 질문입니다. 여러분은 이웃을 사랑하십니까? 우리가 하나님을 보지 못해도 그분을 사랑한다고 어떻게 말할 수 있겠습니까? 우리가 보고 있는 형제자매와 이웃을 사랑하지 않는다면 말입니다. 여러분이 이웃을 사랑한다면, 제가 그들에게 물어볼까요?"

기도(A Prayer)

설교 결론에서 기도가 적절해지려면 진실한 간구이어야지, 설교를 요약하거나 청중에게 간접적으로 적용하려는 장치이어서는 안 된다. 하나님의 일에 갈망이 설교에 반응으로 나타날 때, 그것은 진지한 기도로 표현할 수 있다. 예를 들어, 세리와 바리새인에 관한 설교가 끝날 때, 설교자는 청중에게 기도하라고 하지 않고, "오 하나님, 우리 죄인에게 자비를 베푸소서. 아멘."이라고 외쳤다.

구체적인 지시(Specific Directions)

필자 목양실 책상에는 서투른 시가 적혀 있다.

> 토미 스눅스(Tommy Snooks)와 베시 브룩스(Bessie Brooks)가
> 주일 예배를 마치고서 나가네,
> 토미 스눅스가 베시 브룩스에게 말하네,
> 내일은 월요일이야.

이 대화가 사회에서는 최악일 수 있지만, 설교자에게는 최고일 수 있다.

청중은 주일 설교에 들은 진리를 월요일에 세상에서 어떻게 실행할 수 있을까? 설교 결론은 이 질문에 답해야 한다. 설교자가 청중에게 이를 질문하지 않으면, 청중은 전혀 대답하지 않는다. 어떤 사람은 "왜?"

라는 질문 때문에 성경이 말하는 진리에 걸려 넘어지지만, 훨씬 더 많은 사람은 "어떻게?"를 알아내지 못하기에 성경이 말하는 진리를 자기 적용하지 못한다. 스스로에게 이 질문을 하자. 청중이 설교 아이디어를 진지하게 받아들이면, 세상에서 어떻게 작용할까? 그들은 일하는 곳에서 그것을 사용할 수 있을까? 그것이 부엌에서 어떤 차이를 만들까? 아니면 침실에서? 이 설교 아이디어가 또래 압력으로 어려움을 겪는 십 대에게 적용할 점이 많을까? 은퇴를 앞둔 부부에게 할 말이 있을까? 이 설교 아이디어가 슬픔에 잠겨 예배에 참석하고 싶지 않아도 그저 일상 의무감으로 참석한 이들을 위로할까? 다시 말해서, 여러분 청중을 훑어보면서 "사람들이 이 성경 진리를 그들 삶의 방식에 어떻게 적용할까?"라고 스스로 묻자. 그러고서 하나님의 이름으로, 그리고 그들을 위해, 그들에게 말하자!

모든 설교가 삶에 적용하거나 행동 변화를 요구함으로 마무리 짓지는 않는다. 어떤 설교는 심오한 질문을 탐구하며, 청중이 세상에서 하나님이 어떻게 일하시는지 이해할 때 비로소 그 목적을 이룬다. 명확하고 구체적인 의무를 명시할 수 없는 때도 있다. 때로는 위대한 성경 본문에 유일한 적절한 반응은 엎드려 경배하는 일이다. 그러나 성경 진리를 삶의 경험으로 어떻게 전환할 수 있는지에 관한 실제 제안을 제공할 때, 설교는 청중 삶의 구조에 더 잘 통합된다.

시각화(Visualization)

태평양 북서부 산길에서 고속도로 표지판은 운전자에게 '낙석 주의'라고 경고한다. 참으로 한심하기 짝이 없는 표지판이다. 그 거대한 바위가 굴러떨어지기 시작하면, 도무지 피할 시간도 없기 때문이다.

모든 진리를 곧바로 실행할 수는 없다. 흔히, 설교는 불확실한 미래에 닥칠 '굴러떨어지는 바위'에 대비하게 한다. 시각화는 청중을 미래로 투영하여 우리가 설교한 진리를 적용할 상황을 묘사하는 한 방법이다.

시각화는 제시하는 상황이 가능하거나, 더 나아가 개연성이 있을 때 힘을 발휘한다. 청중은 그러한 상황이나 그 비슷한 상황이 발생하기 전에 자기 모습을 상상할 수 있다. "근무일을 거룩하게 지키려고 기억하라(Remember the workday to keep it holy)"라는 기본 아이디어가 있는 노동에 관한 설교를 마무리하면서 다음 장면으로 시각화할 수 있다.

> 이 진리를 진지하게 받아들인다면 앞으로 힘든 날들을 겪을 수도 있습니다. 미래 어느 시점에 직장 상사에게서 여러분이 보시기에 잘못된 일을 하라는 지시를 받을 수 있습니다. 여러분에게 지출 항목을 허위로 작성하라고 강요할 수도 있습니다. "정직해야 좋지만, 자네 양심을 지나치게 내세우다간 부서의 다른 사람들까지 나쁘게 보이네!"라고 말할 겁니다. 그러나 여러분은 궁극적으로 부서 내 다른 사람들과 회계하는 게 아니라, 하나님과 회계한다는 사실을 깨닫습니다. 여러분은 가장 정중하고 은혜로운 방법으로 "죄송합니다. 저는 그렇게 할 수 없습니다."라고 말할 겁니다.
>
> 여러분은 상사가 정직에 헌신을 높이 평가하지 않는다는 사실을 압니다. 얼마 지나지 않아 문건 조작 혐의로 직장을 잃을 수도 있습니다. 그런 일이 발생하면 당황합니다. 여러분은 즐거운 합창을 부르라는 유혹에 빠져서는 안 됩니다. 여러분은 위협을 받을 것입니다. 여러분 미래를 염려할 겁니다.
>
> 그 암울한 시간에, 여러분은 이 본문이 말하는 진리를 아마 기억할 겁니다. 여러분 주인은 하늘에 계십니다. 그분께서 매달 1일이나 15일에 급여를 주시지는 않습니다. 그러나 그분께서는 여러분이 직장에서 하는 모든 좋은 일에 보상하겠다고 약속하십니다. 여러분은 여러분 직업, 여러분 안전, 여러분 미래까지 하나님의 말씀에 걸었던 삶의 자리에 이릅니다. 얼마나 큰 헌신입니까! 얼마나 큰 증거입니까! 얼마나 큰 용기입니까! 하나님을 믿는 믿음으로, 여러분 직업까지도, 여러분은 근무일을 기억하고 거룩하게 지켰습니다.[9]

너무나도 자주, 우리 설교는 개인에게만 초점을 맞추고 있다. 우리 기본 사고방식은 우리 설교가 그 남성이나 그 여성, 또는 그 학생에게 어떤 영향을 끼칠지를 생각한다. 물론 잘못은 아니다! 그러나 때로는 결론이 우리, 곧 회중으로서 성경 진리를 공동으로 살아갈 때 우리가 성취할 수 있는 일에 초점을 맞춰야 한다. 예를 들어, 미국 문화에서 교회의 충실한 기독교적 삶을 강조하는 설교는 다음 방식으로 결론을 내릴 수 있다.

> 학교와 기업, 운동팀, 그리고 우리 도시의 이웃 사람이 우리 교회 교인을 보면서 "나도 저들이 가진 바를 갖고 싶다"라고 생각한다면 얼마나 좋을지 상상해 봅시다.
>
> 사람들이 여러분과 우리 교회를 만날 때, "와, 저 사람들은 정말 하나님을 사랑하고, 서로를 진심으로 아끼며, 우리를 돕고 싶어 하는구나"라고 말한다면 얼마나 좋을지 상상해 봅시다.
>
> 삶이 바뀌고, 가정이 감동하고, 사람들이 구원되고, 이 지역 사회가 바뀔 수 있다면 얼마나 좋을지 상상해 봅시다.
>
> 그 모든 일은 가능한데, 우리가 주변 문화에 참여하되 그 문화로 부패하지 않고, 주 예수님의 은혜를 신뢰하며 그분과 구원의 복음을 증거하는 증인으로 우리를 사용하신다면 정말로 가능합니다.

결론이 어떤 모양새이든, 명심해야 할 몇 가지 사항이 있다. 예를 들어, 결론에서는 새로운 내용을 소개하지 않는다. 설교 마지막 순간에는 설교한 내용만을 강조해야 하며, 청중을 또 다른 새로운 아이디어로 이끌어서는 안 된다. 설교는 대포를 제자리에 옮기는 일이다. 이제 청중의 마음과 감정에 발사할 때이다. 이 중요한 순간에는 설교 중심 아이디어를 강조하는 데 쓰자.

---

9 시각화에 관한 자세한 논의는, Alan H. Monroe, *Principles and Types of Speech*, 3rd ed. (Chicago: Scott, Foresman, 1949), 327~29를 보라.

청중에게 설교를 끝맺겠다고 말하고서도, 계속 설교해서는 안 된다. 불행히도, "마지막으로" 또는 "결론적으로"라는 말로 설교를 끝내겠다고 약속하고서도 때로 이행하지 않는다. 사실, 이러한 표현은 절제해서 말해야 한다. 잘 계획한 설교에서 결론은 결론이라고 알리지 않고도 설교를 마무리한다.

결론은 굳이 길어야 할 이유가 없다. 때로는 급종결, 곧 갑작스러운 끝맺음이 강력한 효과를 낸다. 가장 강력한 결론이 청중이 예상하기 한두 문장 전에 끝맺는 결론임을 알아야 한다. 제대로 준비하지 않은 결론은 출구를 찾아 방황하며 오히려 청중이 출구를 찾아 바라보게 한다. 옛 농부가 말했듯이, "펌프질을 마쳤으면, 그만 손잡이를 놓아라." 윌리엄 E. 생스터(William E. Sangster)는 분명히 말한다.

> 마침내 끝에 다다랐다면 거기서 멈추라. 수영 선수가 바다에서 돌아와 지친 채로 걸어 올라갈 수 있는 경사진 해변을 찾을 때까지 첨벙거리듯이, 착륙할 곳을 찾아 여기저기로 돌아다니지 말라. 곧바로 들어와 곧바로 착륙하라. 해야 할 말을 끝내는 동시에 마무리 지으라. 마지막 구절에 기억에 남을 만한 산뜻함이 있다면 더할 나위 없이 좋겠지만, 그것을 찾아 더듬거리지는 말라. 여러분 설교가 찰스 웨슬리(Charles Wesley)가 평생토록 갈망했던 자질을 갖게 하라. 즉, 일과 여정이 함께 끝나게 하라.[10]

---

10 William E. Sangster, *The Craft of Sermon Construction* (1951; Reprint, Grand Rapids: Baker, 1972), 150.

용어 정의(definition)

- **서론**(Introduction)—설교 주제, 주요 아이디어, 첫째 요점을 회중에게 제시한다.
- **효과적인 서론의 주요 특징**(Major characteristics of an effective introduction)

  —주제에 주의를 집중하게 한다.

  —청중에게 절실한 필요를 드러낸다.

  —청중을 설교 본론과 그 전개로 이끈다.

- **결론**(Conclusion)—온전하며 완전한 아이디어를 청중에게 제시한다. 핵심 개념에 온전히 집중하게 하고, 청중 마음과 삶에 그 진리를 깊이 새겨 넣는다.

이 장에서 살핀 내용에 관한 질문과 실제는 부록 「설교 준비 연습문제」, 346~359쪽에 있다.

설교 사상 빛내기

The Dress of Thought 9

❑ 새로운 개념

- 말씨(Style) ··· 234
- 효과적인 설교 말씨 특징(Characteristics of effective sermon style)
  —뚜렷함(Clear) ··· 236
  —직접적이며 개인적임(Direct and personable) ··· 241
  —눈에 보이는 듯함(Vivid) ··· 243

전도서 설교자는 결론 부분에 가서야 자기가 지혜를 말할 자격이 있다고 밝힌다. 그는 감동을 주는 솔직함으로 말한다. "전도자는 지혜로울 뿐 아니라, 백성에게 지식을 가르쳤고 깊이 생각하고 연구하여 많은 잠언을 정리했습니다. 전도자는 올바른 말을 찾으려고 애썼고, 그가 쓴 말은 옳고 진실했습니다"(전도서 12:9~10, NIV를 옮김). 자기 지식을 전달하고 적절한 말을 생각하려고, 고대 설교자는 원고를 분명하게 썼다.

설교자가 모두 원고를 작성하지는 않으며 원고를 작성하는 설교자라고 해서 설교 내용을 다 작성하지도 않지만, 원고 쓰기 훈련은 더 좋은 설교를 준비하게 한다. 글쓰기는 우리 생각에서 곰팡이를 긁어내고, 생각을 순서대로 정리하며, 중요한 아이디어를 강조한다. 프랜시스 베이컨(Francis Bacon)는, "글쓰기는 꼼꼼한 사람을 생각과 말에서 정확하게 만든다"[1]라고 했다. 성경 영감을 고백하는 강해설교자는 말씀의 능력을 존중해야 한다. 성경에 있는 개별 단어가 하나님의 영감으로 쓰였다고 주장하면서, 설교자 자신의 언어 선택을 무시함은 심각한 모순이다. 우리 신학은, 적어도 우리 상식이더라도, 생각과 단어가 나뉠 수 없다고 말해야 한다. 젤로(Jell-O)처럼, 개념은 그것들이 부어지는 단어라는 틀에 맞춰진다. 물감이 화가의 그림을 정의하듯이, 단어는 설교자의 생각을 꼭 붙잡아 색칠한다.

잠언에서 지혜자는 적절한 말을 "은쟁반에 담긴 금 사과"(잠언 25:11, NIV를 옮김)에 빗대어 말한다. 마크 트웨인(Mark Twain)은 "적절한 단어와 거의 적절한 단어의 차이는 번개와 반딧불의 차이와 같다"라는 유명한 말을 했다. 영국 시인 존 키츠(John Keats)는 '단어가 생각을 어떻게 형성하는지'를 예리하게 인식했는데, 이는 다음 일화에서 잘 드러난다.

어느 날 저녁, 키츠가 자기 서재에서 친구 리 헌트(Leigh Hunt)와 함께 앉아 있을 때, 헌트는 책을 읽고 키츠는 시를 쓰느라 고심하고 있었다. 그러던 중 키츠가 고개를 들어 "헌트, 이 표현 어떤가? '아름다운 것은 끝없는 기쁨이다(A beautiful thing is an unending joy)'"라고 물었다.

"좋은데," "그러나 아주 완벽하지는 않아."라고 헌트가 말했다.

잠시 침묵이 흘렀다. 키츠는 다시 고개를 들어 "이 표현은 어때? '아름다움은 끝없는 기쁨이다(A thing of beauty is an unending joy)'"라고 물었다.

"더 좋은데", "그러나 여전히 아주 옳지는 않아"라고 그 친구는 대답했다.

키츠는 다시 책상에 몸을 숙이고 펜으로 조용히 긁적였다. 마침내, "이제 어때? '아름다움은 영원한 기쁨이다(A thing of beauty is a joy forever)'"

"그렇지, 영어가 쓰이는 한 길이길이 남을 말이야"라고 헌트가 칭찬했다.

---

1 Francis Bacon, "Of Studies," in *The Major Works*, ed. Brian Vickers, Oxford World's Classics (Oxford, UK: Oxford University Press, 1996), 439.

우리가 가장 좋아하는 성경 구절은 대부분 시편 23편, 고린도전서 13장, 로마서 8장, 요한복음 3:16처럼, 기억하기 쉬운 언어로 하나님의 진리를 표현한다. 바울은 웅변 자체를 그리 가치 있게 여기지 않았겠지만, 영감받은 서신들을 감동적인 언어로 기록했다. 렘브란트(Rembrandt)의 「엠마오에서 그리스도 만찬(*Christ at Emmaus*)」와 같은 그림은 우리를 말문이 막히게 할 수 있지만, "그림 한 장이 천 마디 말의 가치가 있다"라고 일반화하는 사람은 요한복음 3:16, 영어 단어 25개로 이뤄진 문장을 그림으로 표현하려고 시도해 본 적이 없다.[2]

열대 지역에서 일출처럼 찬란하게 빛나는 단어가 있는가 하면, 시골 버스 정류장처럼 매력 없이 칙칙한 단어도 있다. 권투 선수가 휘두르는 주먹처럼 강하게 때리는 단어가 있는가 하면, 티백을 한 번 담갔다 뺀 차처럼 맛없이 약한 단어도 있다. 사람을 위로하는 베갯머리 말과 같은 단어가 있는가 하면, 사람을 위협하는 강철처럼 차가운 단어도 있다. 어떤 단어는 듣는 이를 잠시나마 하나님의 궁정 가까이 옮겨 놓는가 하면, 어떤 단어는 듣는 이를 시궁창으로 보낸다. 우리는 단어로 살고, 단어로 사랑하고, 단어로 기도하고, 단어로 저주하고, 단어를 위해 죽는다. 조지프 콘래드(Joseph Conrad)가 "내게 올바른 단어와 올바른 억양을 주면, 세상을 사로잡겠다!"라고 선언한 말은, 지나친 과장이 아니다.

"하지만 제게는 말하는 재주가 없습니다!"라는 말로, 한 달란트 받은 종은 자기 사역을 묻어버리면서 대든다. 재능이 있든 없든, 우리는 말을 사용해야 하며, 딱 한 가지 질문은 우리가 그 말을 서투르게 사용할 것인가, 잘 사용할 것인가일 뿐이다. 노력할 의지가 있다면, 현재보다 더 능숙하게 말할 수 있다. 자기를 C. S. 루이스(C. S. Lewis), 맥스 루카도(Max Lucado), 필립 얀시(Philip Yancey)와 비교하면, 파산 선고하고 싶을 수 있다. 오히려 이 대가들에게서, 설교자가 나아갈 이상적인 목

---

2 Kyle Haselden, *The Urgency of Preaching* (New York: Harper and Row, 1963), 26.

표를 확인하자. 우리 설교자는 모든 설교에서 의미하는 바를 명확하고 정확하게 전달하려고 노력할 수 있다.

우리가 단어를 선택하고 배열하는 방식을 **말씨**(style)라고 한다. 누구에게나 말씨가 있다. 밋밋하거나, 지루하거나, 활기차거나, 정확할 수 있다. 우리가 단어를 다루는 방식, 또는 잘못 다루는 방식이 우리 말씨이다. 말씨는 우리가 생각하는 방식과 삶을 바라보는 방식을 반영한다. 말씨는 말하는 이에 따라 다르며, 말하는 이는 청중과 상황에 따라 말씨를 바꾼다. 예를 들어, 고등학생에게 연설하는 말씨는 주일 예배에서 말하는 말씨와는 달라야 한다. 학위 수여식 설교에서 사용하는 세련된 표현은 소그룹 성경 공부 모임에서는 전혀 어울리지 않을 수 있다.

훌륭한 글쓰기 규칙을 설교 원고 쓰기에도 적용할 수 있지만, 설교는 힘 있게 서 있는 에세이가 아닌데 설교자가 쓰는 바는 실제로 말할 내용을 폭넓게 준비하기 때문이다. 설교자가 작성한 원고는 최종 결과물이 아니다. 설교 원고를 회중에게 읽어 줘서는 안 된다. 단순히 읽기는 생생한 소통 감각을 죽인다. 설교 원고를 암기하려고 해서도 안 된다. 암기는 일주일에 여러 번 설교하는 사람에게 큰 부담일 뿐만 아니라, 청중은 설교자가 자기 마음의 벽에서 단어를 읽고 있다는 사실을 바로 알아챈다. 책상에 차분히 앉아 생각하고 단어로 표현하려고 힘쓰자. 그러면 설교자가 쓰려는 바가 설교자 마음에 스며든다. 설교 원고 없이 여러 번 소리 내어 연습하자. 정확한 표현을 의식적으로 떠올리려고 하지 말자. 사고 흐름을 뚜렷이 하려고만 노력하자. 강단에 오르면, 설교자가 쓴 글은 언어 사용을 형성하는 역할을 다한 셈이다. 설교할 때 많은 표현이 떠오르겠지만, 모든 표현이 떠오르지는 않을 테다. 설교를 전달하는 열정에, 문장 구조가 바뀌기도 한다. 새로운 표현이 떠오르고, 설교는 자연스러운 대화처럼 반짝인다. 그러므로 설교 원고는 설교 사상과 표현에 이바지하지만, 그것을 결정하지는 않는다.

설교 원고 쓰기는 에세이나 책 쓰기와 다르다. 설교 원고는 누군가와 대화하듯이 써야 한다. 대화할 때처럼, 상대방이 곧바로 이해하게 쓰자.

작가는 독자가 아이디어를 곧바로 파악할 필요가 없다는 점을 잘 안다. 독자는 여유롭게 한 쪽 한 쪽을 검토하고, 읽은 내용을 곰곰이 생각하고, 아이디어를 주제로 논쟁하고, 편안하다고 생각하는 속도로 읽을 수 있다. 독자는 익숙하지 않은 단어를 우연히 만나면 일어나서 사전을 찾아볼 수 있다. 작가가 전개하는 사고 경로를 놓치면 다시 되짚어갈 수 있다. 곧, 독자가 독서 경험을 마음대로 다룬다. 그러나 청중에게는 여유롭게 성찰하는 사치를 누릴 여유가 없다. 다시 들으려고 되돌아갈 수도 없다. 말하는 내용을 말하는 대로 받아들이지 않으면, 완전히 놓치고 만다. 말하는 이가 펼친 주장을 검토하다간, 말하는 이가 말하는 내용은 놓친다. 청중은 설교자의 자비에 맡긴 상태이다. 작가와 달리, 설교자는 청중이 곧바로 이해하게 말해야 한다.

강력한 전환 표현(Strong Transitions)

설교자가 맹렬하게 생각하고 명확히 소통하도록 도움을 주는 몇 가지 기술이 있다. 설교 얼거리에 따라 설교 원고를 들여쓰기하고 레이블을 붙인다. 예를 들어, 로마숫자로 표시한 자료는 왼쪽 여백에서부터 시작한다. 어느 요점을 뒷받침하는 자료는 들여쓰기한다. 이렇게 쓰면, 설교에서 아이디어의 동등 관계와 종속 관계를 마음에 새길 수 있다. 물론 청중은 얼거리를 듣지 않는다. 그들은 설교를 듣는다. 설교 얼거리와 설교 원고는 설교자를 이롭게 돕는다.

게다가, 전환 표현(translation)은 구두 의사소통에서 중요한 역할을 하므로, 설교 원고에서 이 부분을 더 많이 쓴다. 청중은 설교를 잇따른 문장으로만 듣는다. 전환 표현은 설교가 어디에서 왔고 어디로 향하고 있는지 알리는 도로 표지판 역할을 한다. 그러므로 전환 표현은 글쓰기에서보다 더 길고 자세히 말한다.

명확히 의사소통하려면 명확하게 전환이 참으로 중요하다. 주요 전환(major translation)은 서론에서 첫째 주요 요점 사이, 설교 본론에서 주요 요점 사이, 그리고 설교 본론과 결론 사이에서 전환이다. 강력한 전환은 일반적으로 이미 다룬 주요 요점을 검토하고 청중에게 요점이 주요 아이디어 및 서로 어떻게 관련되는지 알려주고서 다음 요점을 소개한다. 결과적으로 주요 전환은 설교 원고에서 한 단락 또는 그 이상을 차지할 수 있다.

곁딸린 전환(minor translation)은 하위 요점을 연결하기에 더 짧을 수 있다. 때로는 한 단어(예. **그러므로**[therefore], **게다가**[besides], **그러나**[yet], **결과적으로**[consequently]), 다른 경우에는 구(예. **그 외에도**[in addition to that], **더 중요하게는, 더욱이**[what is more], **이 결과로**[as a result of this]), 그리고 훨씬 더 자주 한두 문장일 수 있다. 글쓴이는 전환을 암시할 수 있지만, 설교자는 전환을 말로 펼쳐야 한다. 요점을 말하고, 다른 말로 다시 말하고, 심지어 다시 반복한 다음, 다시 반복함이 중요하다. 명확하고 완전하며 확실한 전환을 글로 쓰면 어색하겠지만, 설교에서는 자연스러우며 청중이 설교자 여러분과 함께 생각하게 한다. 설교가 명확하지 않은 주된 이유는, 전환을 제대로 하지 않기 때문이다.

뚜렷한 말씨(A Clear Style)

설교자는 말씨의 어느 특징을 길러야 하는가? 무엇보다, 설교자는 뚜렷하게 말해야 한다. 프랑스 외교관 샤를 모리스 드 탈레랑-페리고르(Charles Maurice de Talleyrand-Périgord)는 언어가 사람들 생각을 드러내기보다는 숨기려고 발명됐다고 말했다. 교육받은 사람은 때때로 탈레랑이 그들 연설 강사였듯이 말한다. 그들은 어려운 말로 청중에게 자기 생각이 심오하다는 인상을 주려고 한다. 설교는 진흙탕이기에 깊지가 않다. 깊이 생각한 바는 무엇이든 간단하고 명확하게 말할 수 있다. 프랑스 뛰어난 수학자 앙리 푸앵카레(Henri Poincaré)는, 어떤 것을 얼마나 잘 아는지를 아는 법은 다른 사람에게 설명할 때 드러난다고 주장했다. 마찬가지로, 성경 구절이나 신학적 요점을 앞에 앉아 있는 청중에게 뚜렷하게 말할 수 없다면, 그것을 이해하지 못한 상태일 테다.

그런 실수는 저지르지 말자. 뚜렷함은 설교자에게 있어 도덕성 문제이다. 단순한 수사법 문제가 아니라, 생사 문제이다. 의사가 약을 처방하면서 약을 어떻게, 언제 사용해야 하는지를 명확히 지시하지 않는다고 생각해 보라. 그 의사는 환자의 생명을 위태롭게 하는 처사이다. 의사가 뚜렷하게 설명하는 일은 도덕성 문제이다. 마찬가지로, 우리 설교자도 하나님의 진리를 뚜렷하게 선포해야 한다. 우리가 전하는 내용이 청중을 하나님께로 이끌거나 하나님에게서 멀어지게 한다고 믿는다면, 우리 설교자는 하나님을 위해서 그리고 청중을 위해서 뚜렷하게 전달해야 한다. 헬무트 틸리케(Helmut Thielicke)는 설교의 걸림돌은 청중이 설교자를 이해하지 못할 때가 아니라, 너무나 잘 이해할 때 또는 적어도 이해해야 할까 봐 두려워할 때 일어남을 상기하게 한다.[3]

중국에서 공산주의자가 기독교를 비난하는 대규모 집회를 연다고 치자. 누군가가 벌떡 일어나 "예수님은 메시아이시다!"라고 외친다. 청중은 깜짝 놀라겠고, 그 그리스도인은 집회를 방해한 죄로 쫓겨날 테다. 그러나 그가 "예수 그리스도는 하나님이시다! 유일한 주님이시며, 공산주의를 신으로 만드는 모든 이는 그 지도자들과 함께 지옥에 갑니다!"라고 외친다고 하자. 이의를 제기한 사람은 당국에 의해 갈기갈기 찢길 위험을 감수해야 한다. 명확성은 복음의 공격성을 드러냅니다. 또한 우리 청중에게 생명과 소망을 제공한다.

뚜렷한 얼거리(A Clear Outline)

그렇다면 어떻게 설교를 뚜렷하게 할 수 있는가? 뚜렷한 설교 원고는 뚜렷한 설교 얼거리에서 비롯한다. 소통은 손가락이 아니라 마음에서 시작하고, 입에서가 아니라 머리에서 시작한다. 어떤 설교자는 정신이 어수선하게 흩어져있다. 뛰어난 통찰력이 있지만, 그들 생각은 자연

---

3 Helmut Thielicke, *Encounter with Spurgeon*, tr. John W. Doberstein (1963; Reprint, Cambridge: Lutterworth, 2016), 34.

스러운 순서를 따르지 않으며 그들 지그재그식 사고는 청중을 지치게 한다. 정신없이 말을 더듬는 사람을 따라가느라 어지럽게 30분을 보내면, 청중은 차라리 지루한 말을 듣는 편이 다람쥐를 붙잡으려고 애쓰다가 고양이를 무릎에 앉히는 듯한 위안을 느낀다고 한다. 이랬다저랬다 하는 사고(zigzag thinking)는 세부 사항을 작업하기에 앞서서 전체적인 생각을 개략적으로 설명해야만 바로잡을 수 있다. 설교에서 생각의 광범위한 흐름을 모르면, 개별 단락이나 문장을 공들여 작업한다 해도 무의미하다. 뚜렷한 원고와 뚜렷한 설교는 뚜렷한 얼거리에서 비롯한다.

짧은 문장(Short Sentences)

게다가, 뚜렷하게 표현하려면, 문장이 짧아야 한다. 루돌프 플레시(Rudolph Flesch)는 『평범한 화법 기술(*The Art of Plain Talk*)』에서 뚜렷함은 문장 길이가 짧을수록 늘어난다고 주장한다. 그가 주장하는 공식에 따르면, 뚜렷하게 쓰는 작가는 문장을 (영어로) 평균 17~18개 단어로 쓴다. 또한 (영어로) 30개 단어가 넘는 문장은 허용하지 않는다.[4] 설교 원고에서 짧은 문장은 생각을 엉키지 않게 한다. 따라서 기억하기 쉽다. 실제로 설교할 때 문장 길이에 전혀 신경 쓰지 않는데, 쉼표, 마침표, 느낌표 등을 생각하지 않음과 같다. 설교할 때 말은 길고 짧거나 심지어 끊어진 문장으로 쏟아지며, 멈춤, 음성 슬라이드, 또는 음높이, 속도, 강도 등 변화로 구두점이 찍힌다. 설교 원고에서 짧은 문장은 설교자 생각을 돕는다. 그것들은 전달과는 거의 관련이 없다.

단순 문장 구조(Simple Sentence Structure)

단순 문장을 쓰자. 주어, 동사, (필요한 곳에서는) 목적어 순으로 생각하면, 더 뚜렷하며 더 역동적인 문체로 쓸 수 있다. 문법 용어로 말하면, 종속절을 덧붙이기 앞서서 독립절에 집중하자. (여기서 독립절은

---

4 Rudolf Flesch, *The Art of Plain Talk* (New York: Harper, 1946), 38~39.

완전한 문장으로 홀로 설 수 있지만, 종속절은 그렇지 않다.) 강조하고 싶은 바를 정하지 않고 문장을 시작하면, 중요하지 않은 세부 사항을 강조하기도 한다. 복잡한 문장은 이해하기도 기억하기도 어렵다는 점을 명심하자. 일반적으로 한 문장에 한 가지 생각만 담으면 문체가 더 뚜렷해진다. 두 가지 생각을 표현하려면, 두 문장을 쓰자. 아서 쇼펜하우어(Arthur Schopenhauer)는 독일인을 꾸짖으며 "만약 … 다른 사람이 말하지 못하게 방해하는 일이 무례하다면, 스스로 방해하는 일도 그에 못지않게 무례하다"[5]라고 했다. 복잡한 문장은 설교 속도를 늦추는 또 다른 단점이 있다.

단순한 단어(Simple Words)

단순한 단어도 뚜렷한 말씨에 이바지한다. 어니스트 T. 캠벨(Ernest T. Campbell)은 좌절한 순간에 "모든 전문직은 일반인을 대상으로 음모를 꾸민다"[6]라고 선언한 익살꾼에 관해 말한다. 소득세 신고와 씨름한 적이 있는 시민이라면, 누구나 국세청이 의미하는 바를 왜 말할 수 없는지 궁금해한다. 변호사는 법을 법률 용어로 포장하여 자기들 자리를 차지한다. 과학자는 자기들만 이해할 수 있는 기호와 언어에 의존하여 풋내기를 멀리한다.

신학자와 목사도 보통 사람이 이해하기 힘든 언어를 사용하여 자기 지위를 유지하려는 듯하다. 전문 용어 사용에 조심하자! 특별한 용어는 특정 분야에서 전문가가 소통하는 데는 쓸모가 있다. 그러나 불필요하게 쓰거나 이해하지 못하는 이에게 쓰면, 그저 전문 용어일 뿐이다. 신학교를 졸업하는 데는 3년이 넘게 걸리지만, 그 영향력에서 벗어나는 데는 10년이 걸릴 수 있다. 설교에 '종말론', '성령론', '석의', '실존주

---

5 Arthur Schopenhauer, *The Art of Literature*, tr. T. Bailey Saunders, 6th ed. (1910; Reprint, Mineola, NY: Dover, 2004), 30.

6 Ernest T. Campbell, *Locked in a Room with Open Doors* (Waco: Word, 1974), 46.

의', '요한학파', '그리스도 사건' 등과 같은 단어를 섞으면, 청중과 소통을 가로막는 방햇거리를 세우는 셈이다. 전문 용어를 씀은 주요 단어를 아는 척함과 진부한 표현을 결합하며, 청중에게 정보를 전달하기보다는 자기 인상만을 깊게 새기고자 한다.

더 긴 단어가 정말로 필요하지 않다면, 할 수 있는 대로 짧은 단어를 쓰자. 긴 단어는 그 꼬리가 마비된다. 수십 년 전, 한 젊은 광고 카피라이터가 새로운 비누 광고를 만들었다고 한다. "이 제품의 알칼리 성분과 지방은 잘 섞여 비누 최고 품질을 보장하며, 특정 비중으로 섞여서 물 위에 뜨므로 목욕할 때 욕조 바닥에서 비누를 찾느라 고생하고 짜증을 낼 필요가 없습니다." 더 노련한 카피라이터는 이 아이디어를 "잘 뜬다"라는 두 단어로 표현했다. 조지 G. 윌리엄스(George G. Williams)는 W. 서머싯 몸(W. Somerset Maugham; 20세기 초중반에 영국에서 유명한 소설가이자 극작가), 싱클레어 루이스(Sinclair Lewis; 1920년대 미국 문학계에서 중요한 작가), 로버트 루이스 스티븐슨(Robert Lewis Stevenson; 19세기 스코틀랜드 출신으로 영국 소설가이자 시인), 찰스 디킨스(Charles Dickens; 19세기 영국에서 가장 유명한 소설가 중 한 명)가 사용한 (영어) 단어의 70~78%가 단음절 단어라고 살폈다.[7] '삶', '죽음', '평화', '전쟁', '새벽', '낮', '밤', '희망', '사랑', '가정' 등 인생에서 중요한 것들은 짧은 단어이다. 작은 단어를 크게 사용하는 법을 배우자.

말하는 이가 한 어구나 단어로 뜻하는 바를 제아무리 정확히 표현하더라도, 듣는 이가 그 의미를 모르면 가치가 전혀 없다. 에이브러햄 링컨(Abraham Lincoln)은 "가장 낮은 사람도 이해할 수 있도록 말하면, 나머지 사람은 이해하는 데 어려움을 겪지 않습니다"라고 했다. 유명한 복음전도자 빌리 선데이(Billy Sunday)는 단순함의 가치를 이해하고서 다음 말을 했다.

---

7 Williams, George G. *Creative Writing for Advanced College Classes*. Rev. ed. New York: Harper, 1954), 106. (밝힘. 언급한 주요 작가를 소개하는 내용은 옮긴이가 Logos Bible Software 검색 기능으로 작성했다.)

> 어떤 사람이 고기 한 조각을 집어 냄새를 맡고 역겨운 표정을 지을 때, 어린 아들이 "아빠, 왜 그러세요?"라고 물으면, 아빠가 "새로운 화학 화합물을 형성하는 과정에서 분해 중이란다."라고 대답하면, 아이는 전혀 이해하지 못한다. 그러나 아버지가 "썩었어!"라고 말한다면, 아이는 이해하고서 코를 막는다. "썩었다"라는 단어는 앵글로색슨어에서는 좋은 단어이며, 그 의미를 알려고 굳이 사전을 찾아볼 필요도 없다.[8]

이는 설교자가 청중을 얕잡아보라는 말이 아니다. 오히려 설교자 경험 법칙은 이렇다. 청중의 종교 어휘나 신학 지식을 과대평가하지 말고, 그들 지성을 과소평가하지도 말자.

직접적이며 개인적인 말씨(A Direct and Personal Style)

훌륭한 입말체 특징은 우선이 뚜렷함이며, 게다가 직접적이며 개인적이다. 에세이는 "관계자 여러분께" 전달하지만, 설교는 지정 장소에서, 미리 정한 시간에, 연사와 친숙한 특정 그룹의 청중에게 전달한다. 작가와 독자는 서로 멀리 떨어져 홀로 앉아 있으며 서로를 모른다. 그러나 설교자는 청중과 얼굴을 맞대고 이야기하며 그들 이름을 부른다. 문어체는 사고 결과(the results of thinking)를 전달하지만, 구어체는 도널드 브라이언트(Donald Bryant)와 칼 윌리스(Karl Wallace)가 "말하는 순간에 아이디어의 생생한 구현"[9]이라고 묘사하는 사고 자발성(a spontaneity of thought)을 나타낸다. 그러므로 설교가 회중에게 읽어 주는 논문처럼 들려서는 안 된다. 연사가 말하는 행위에서 생각하는 생생한 대화가 들려

---

8 John R. Pelsma, *Essentials of Speech*, Rev. ed. (New York: Crowell, 1924), 193에서 인용함.

9 Donald C. Bryant and Karl R. Wallace. *Fundamentals of Public Speaking*, 3rd ed. (New York: Appleton-Century-Crofts, 1960), 129.

야 한다. 훌륭한 설교는 청중과 함께 이야기한다는 느낌이 있다. 설교자는 그 아이디어를 말하는 바로 그 순간에 생각하고 있다. 그래야 설교자와 청중 모두 서로 소통한다고 느낀다.

설교는 직접 화법을 사용한다. 작가는 "그들 대화에서, **그리스도인**은 다른 사람에 관해 말할 때 조심해야 한다"라고 말할 수 있지만, 설교자는 "**여러분**은 다른 사람에 관해 말할 때 조심해야 합니다"라고 말할 가능성이 더 크다. 인칭 대명사 '**여러분**'은 목사와 청중 모두에게 일체감을 느끼게 한다. '**여러분**'이 효과적일 수 있지만, 때로는 '**우리**'라고 말한다. '여러분과 나'를 의미하기 때문이다. 직접 화법에서 '**우리**'는 대명사 '나'를 대신하는 편집상 '**우리**'와 대조를 이루지만, 편집상 '**우리**'는 설교자가 위원회를 대변하듯이 들린다. 구어체에서 '**우리**'는 좋은 대화에서 '**우리**'처럼, '여러분과 나' 모두를 뜻한다.

말하는 이는 글 쓰는 이가 질문하지 않는 데서도 질문할 수 있다. 질문은 설교자가 청중에게 다음에 말할 내용을 생각하도록 유도하며, 종종 주요 요점이나 새로운 아이디어를 소개하는 전환으로 쓴다. 질문은 때때로 설교 결론에서도 쓴다. 질문은 청중과 설교자가 얼굴을 맞대고 있음을 분명히 보여준다. 좋은 질문은 생각을 자극하고 청중이 다음에 나올 내용을 예상하도록 돕는다.

말하기에서 개인적 말씨는 격식 있는 글쓰기 관례에 거의 주의를 기울이지 않는다. 대중 연설가는 줄여 쓰기(예. ~할 수 없다[can't]], ~할 것이다[we'll], ~하지 않을 것이다[wouldn't])을 사용하고, 이따금 분리 부정사(split infinitives; 예. 강력히 반대하다[to deeply disapprove])를 나눈다. 생생한 대화에 적합한 모든 연설은 설교에도 적합하다. 그렇다고 모두 허용한다는 말은 아니다. 형편없는 문법, 저속한 언어, 또는 잘못된 발음은 청중을 불안하게 할 수 있으며, 기도 모임에서 낄낄거림처럼, 이 모두는 설교자의 능력에 의구심을 갖게 한다.

설교에서 속어 사용은 어떤가? 평가는 엇갈린다. 의도해서 쓰면, 속어는 관심을 끌고 서로 속마음을 터는 듯한 편안한 느낌을 불어넣을 수도 있다. 그러나 생각 없이 속어를 쓰면, 진부하고 값싸게 들리며 게다가 게으른 마음을 드러낸다. 개인적이며 직접적인 화법은 부주의하거나 부적절하거나 품위 없는 언어 사용을 요구하지 않는다. 효과적인 설교에 쓰는 언어는 사려 깊은 사람들 사이에 서로 격려하는 대화 언어여야 한다.

눈에 보이는 듯한 말씨(A Vivid Style)

훌륭한 입말체 특징 셋째는 '눈에 보이는 듯함'이다. 웨인 민닉(Wayne Minnick)은 청취자 경험을 활용하는 소통은 지성과 감성에 호소한다고 주장한다. 우리는 듣고, 보고, 냄새 맡고, 맛보고, 만짐으로 우리 주변 세계를 배운다. 따라서 청중이 설교 메시지를 경험하게 하려면, 그들 감각에 호소해야 한다.[10] 설교자는 이를 시각과 청각으로 직접 한다. 청중은 설교자 몸짓과 표정을 보면서 말하는 바를 듣는다. 또한 설교자는 단어 사용으로 감각을 간접적으로 자극한다. 언어는 청중이 과거 경험의 인상을 떠올리도록 돕고, 어느 정도는 그 사건에 반응했듯이 반응하게 한다. 예를 들어, '**뜨거운 버터 바른 빵**'이라는 말을 들으면 위액이 분비하고, 바퀴벌레가 그 위를 기어다니는 모습을 생각하면 몸서리치며 멈춘다. 설교자가 하는 말은 청중이 과거 경험에서 감정으로 새로운 경험과 연결 짓게 한다.

구체적이며 명확한 세부 시항을 많이 사용할수록, 생동감은 더 커진다. 명시적이며 정확한 표현을 '**구체적**(specific)'이라고 하고, 마음에 그림을 그리는 표현을 '**명확한**(concrete)'이라고 한다. 1,923,212.92달러라는 수치는 센트 단위까지 구체적이지만, 명확하지는 않다. 매달 전기 요금으로 청구되는 275달러는 명확하다. 첫째 수치는 시각화할 수 없지

10 Wayne C. Minnick, *The Art of Persuasion* (Boston: Houghton Mifflin, 1957), chap. 7.

만, 둘째 수치는 시각화할 수 있기 때문이다. 구체적인 세부 사항이 명확할 때 흥미를 더한다. 청중 경험과 관련되기에 소통할 수 있다. 따라서 '**농산물**' 대신, '**양배추, 오이, 당근, 오렌지**'라고 말하자. '**무기**' 대신, '**무거운 납 파이프**'을 말하자. '**주요 도시**' 대신, '**뉴욕, 시카고, 댈러스, 샌프란시스코**' 등을 구체적으로 말하자. 다음 진술은 추상적이다.

- "인간 경험 과정에서, 우리 존재의 사건들에 명확한 주기적 특성이 있다고 관찰한다. 이를 인식하면, 관찰자는 행동에서 높은 수준의 적절성을 얻는다."

전도서 설교자는 같은 생각을 다음 말로 표현한다.

- "모든 일에 시기가 있고, 천하에 모든 목적에 때가 있으니, 곧 날 때, 죽을 때, … 울 때, 웃을 때, 슬퍼할 때, 춤출 때, … 잠잠할 때, 말할 때가 있다"(전도서 3:1, 2, 4, 7, ASV를 옮김).

화가나 소설가처럼, 설교자는 그림으로 생각하는 법을 배워야 한다. 이는 세부 사항을 시각화하라는 말이다. 귀스타브 플로베르(Gustave Flaubert)는 자기 제자이자 작가인 기 드 모파상(Guy de Maupassant)에게 다음 과제를 냈다. "[기차역]에 가면, 택시 50대 정도가 있을 테다. 모두 비슷해 보이지만, 같지 않다. 그중 하나를 골라 아주 정확하게 묘사해서, 그 택시가 지나갈 때 내가 절대로 착각할 수 없게 하라."[11]

(영어) 명사와 동사를 써서 의미를 전달하면, 표현이 더욱 그림을 그리는 듯하다. 형용사와 부사는 표현을 어수선하게 하고, 이들은 의미가 약한 명사와 동사와 어울린다. E. B. 화이트(E. B. White)에 따르면, "의미가 약하거나 부정확한 명사를 곤경에서 구할 있는 형용사는 아직 만들어지지 않았다."[12] 의미가 강한 명사와 동사는 홀로 설 수 있다.

---

11 Christian Gauss, *The Papers of Christian Gauss*, ed. Katherine Gauss Jackson and Hiram Haydn (New York: Random House, 1957), 145.

12 William Strunk Jr. and E. B. White, *The Elements of Style*, 4th ed. (New York: Macmillan, 2000), 71.

- '**키가 큰 남성**'은 '**거인**'이어야 한다.
- '**큰 새**'는 '**펠리컨**'이나 '**독수리**' 또는 '**콘도르**'이어야 한다.
- '**매우 크게 말했다**'가 아니라, '**외쳤다**'라고 말하자.
- '**빨리 갔다**'가 아니라, '**서둘러 갔다**'라고 말하자.

'**매우**', '**너무**', '**꽤**', '**다소**'와 같은 수식어는 특히 주의해서 쓰자. 이들은 실질적 단어를 선택하지 못했다는 실패를 드러낸다.

- '**데일 듯한**'은 '**아주 뜨거운**'보다 훨씬 더 강렬한 느낌이다.
- '**극심한 고통**'은 '**아주 고통스러운**'보다 더 심한 고통을 묘사한다.
- '**번뜩임**'은 '**매우 흥미로운**'보다 더 생생한 그림을 그린다.

동사를 선택할 때는 **움직씨 동사**(live verb)를 사용하자. 정형동사 능동형(finite, active verbs)은 문장을 움직이게 한다. 따라야 할 원칙은 "누군가가 무언가를 한다"이다. 너무 많은 동사 수동형(passive verbs)은 말에서 생명력을 앗아간다.

- "의견과 판단은 우리가 알고 있는 것을 바탕으로 우리에 의해 형성된다"라는 말은, 죽은 듯이 들린다.
- "우리는 우리가 알아 온 대로 생각한다"라는 말은 생명력이 넘친다.

- "모두에게 즐거운 시간이었다"라는 말은 그 자리에 누워 있다.
- 그러나 "모두가 즐거운 시간을 보냈다"라는 말은 움직인다.

동사도, 명사처럼, 정확하게 써야 상상력을 일깨운다.

- "그녀가 갔다"에서 "**갔다**"는 그녀를 그곳으로 감을 표현하지만, **기어갔다, 비틀거리며 갔다, 질질 끌려갔다, 휘청거리며 갔다** 등등만큼 분명하지 않다.
- '**외친다**', '**소리친다**', '**격렬히 말한다**', '**속삭인다**' 등은 '**말한다**'가 표현하지 않는 바까지 표현한다.

참신한 **수사법**(figure of speech)으로 훨씬 더 눈에 보이는 듯하게 표현할 수 있다. 은유(metaphor)와 직유(simile)는 청중에게 감각을 불러일으키고 과거 경험의 이미지를 떠올리게 한다. 알렉산더 맥클라렌(Alexander Maclaren)은 다음 말로 촉각을 자극한다.

- "모든 죄는 바닷말처럼 끈적끈적한 덩어리로 연결돼서, 그 끈적한 손가락에 잡힌 사람은 빠져나오지 못하고 죽을 수밖에 없습니다."[13]

바이런 경(Lord Byron)은 「산헤립 파괴」에서 시각에 호소하며 말한다.

아시리아 사람이 이리처럼 양 떼를 덮쳤고,
그 군대는 은과 금으로 빛났다.[14]

찰스 H. 스펄전은 과거 시대를 언급하는 직유로 감각을 사로잡는다.

- "위대한 우주는 도토리 컵 안에서 태어나지 않은 숲처럼 하나님의 마음에 놓여 있었습니다."[15]

알프레드 노스 화이트헤드(Alfred North Whitehead)는 다음 말로 시각과 후각을 자극한다.

- "지식은 생선보다 너 잘 보존되지 않는다."[16]

---

13 Alexander Maclaren, *Expositions of Holy Scripture* (1912; Reprint, Grand Rapids: Baker, 1988), 창세기 4:7 설명.

14 Lord Byron, "The Destruction of Sennacherib," Poetry Foundation, https://www.poetryfoundation.org/

15 C. H. Spurgeon, *The Autobiography of Charles H. Spurgeon*, vol. 1, 1834~1854 (Chicago: Curtis and Jennings, 1898), 1:170.

16 Alfred North Whitehead, *The Aims of Education, and Other Essays* (1929; Reprint, Washington, DC: Free Press, 1967), 98 ‖『교육의 목적』, 유재덕 옮김 (서울: 소망, 2009), 144 ‖『교육의 목적』, 오영환 옮김 (파주: 궁리, 2004), 209.

수사법은 문단으로 장황하게 표현하는 내용을 한 어구로 함축하기에 시간을 줄인다. 다음 몇 가지를 고려하자.

- "벌거벗은 무지를 가리는 무화과 잎사귀 같은 문구"
- "속은 텅 비고 휘핑크림으로 채운 단어"
- "죽은 아이디어에 묘비처럼 서 있는 진부한 표현"
- "개신교가 주검으로 드러난다면, 설교가 그 심장을 찌른 칼일 테다."
- "그는 뜨거운 타르 웅덩이를 피하듯 껄끄러운 문제들을 피했다."

은유와 직유는, 갓 잡은 바닷가재처럼 신선해야 한다. 문자적 의미와 비유적 의미는 모두 듣는 이의 마음에 동시에 와닿아야 한다. 비유를 너무 많이 쓰면 문자적 이미지가 흐릿해져서, 그 힘을 잃는다. 듣는 이는 그 비유에 무감각해진다. 다음 비유는 한때 강력한 효과를 냈지만, 이제는 효과가 거의 없다.

- "교회 봉사 활동(Outreach of the church)"
- "검증해 믿을만한(Tried and true)"
- "잃은 채 죽어가는 세상(Lost and dying world)"
- "거듭난 그리스도인(Born-again Christians)"
- "사소한 일을 처리하려다, 핵심 신앙을 잃지 말라(Throw the baby out with the bathwater)"
- "영혼 구원에 헌신(Souls for your hire)"
- "기도를 들으시고 응답하시는 하나님(A prayer-hearing and prayer-answering God)"
- "울타리에 양다리 걸치기(Straddle the fence)"
- "나눔(Sharing)"
- "교제(Fellowship)"

비교가 진부하면 버리고, 요점을 명확히 하며 청중의 주의를 사로잡는 새로운 표현을 생각하자. 연관성(relevance)은 내용뿐만 아니라 말씨에도 드러나야 한다. 영원한 메시지를 전할 때, 오늘날 언어로 표현해야 한다. 잡지 광고, 소셜 미디어 광고, 또는 실시간 재생 광고를 연구하여 우리 문화에 맞는 이해하기 쉬운 언어를 찾자. 일반 관찰로도 언어학적 검증으로 입증한 사실을 알 수 있다. 곧, 설교자가 강단에서 사용하는 언어의 상당 부분은 "부정확하고, 부적절하며, 무의미하다."[17]

효과를 내는 말씨는 수학 공식처럼 배울 수 없다. "잘 차려입은 단어"를 능숙하게 구사하려면, 세부 사항을 꿰뚫어 보는 안목 그리고 언뜻 보기에는 서로 연관되지 않은 것들 사이에 중요한 유사점을 찾아내려고 노력해야 한다. 간단히 말해, 진부하고 낡은 표현을 없애려면, 상상력을 발휘해야 한다. 강해설교에서 이보다 더 필요하거나 더 허투루 다룬 것도 없다. 창조주 하나님을 대변하는 강해설교자는, 로버트 브라우닝(Robert Browning)이 묘사한 대로, "불꽃 하나도 없이 완성되고 유한한 흙덩이"[18]이어서는 안 된다.

설교자는 청중을 지루하게 하는 죄에서 어떻게 벗어날 수 있는가?

첫째, 설교자 자신의 언이 사용에 관심을 기울이자. 개인 대화에서 마음을 중립 상태로 두고서 공회전만 하는 말은 사용하지 말고, 감동을 주는 말을 하려 한다. 일상 대화에서 참신하게 비교하는 말을 찾으면, 설교할 때 사용하기가 더 쉽다. 헨리 워드 비처(Henry Ward Beecher)는 예화를 두고 말한 바 있는데, 이는 말씨에도 적용된다. "예화는 내게 숨 쉬는 일만큼 자연스럽다. 사역 초기와 비교하면, 지금은 50배나 더 많이 사용한다. … 나는 잠재 능력을 계발했고, 그 능력을 스스로 교육했다. 연구와 훈련으로, 진지한 생각으로, 수많은 연습으로, 쓰면서 그

---

17 Donald O. Soper, *The Advocacy of the Gospel* (New York: Abingdon, 1961), 36.

18 Robert Browning, "Rabbi Ben Ezra," Poetry Foundation, https://www.poetryfoundation.org/poems/43775/rabbi-ben-ezra.

리고 혼자서 즉흥적으로, 여기저기를 걸으면서 그렇게 했다."[19]

둘째, 다른 사람 말씨를 연구하자. 작가나 연설가가 설교자를 일깨우는 방식을 주의 깊게 살피자. 시는 비유와 은유로 가득 차 있기에, 시를 연구함으로 비유 언어 감각을 키울 수 있다. 톰 클랜시(Tom Clancy; 정치 스릴러 소설가)와 코맥 매카시(Cormac McCarthy; 현대 미국 문학가로 철학, 과학, 신학을 융합)의 소설, 그리고 플레밍 러틀리지(Fleming Rutledge; 회중교회 여성 사역자·설교자)[20]의 신학 저서와 설교는 생생하고 설득력 있는 비유와 은유를 제공한다. 짐 낸스(Jim Nance)나 조 벅(Joe Buck)과 같은 유명 스포츠 해설가의 말을 새겨들어도 유익하다.

셋째, 크게 소리 내어 읽자. 크게 소리 내어 읽으면, 두 가지 효과가 있다. 1) 어휘력이 늘어난다. 어렸을 때, 읽거나 쓰기에 앞서서 듣고 따라 하면서 말하는 법을 배웠다. 소리 내어 읽기는 그 경험을 재현한다. 2) 자기 말씨보다 더 나은 말씨로 소리 내어 읽으면, 새로운 말 패턴과 창의적 표현이 마음에 새겨진다. 그림을 그리는 듯한 언어 감각을 키울 수 있다. 배우자나 자녀에게 읽어 주어서, 들은 내용을 해석하게 하자. 소설, 희곡, 설교, 특히 성경을 읽자. KJV는 하나님의 진리를 셰익스피어 시대의 웅장함으로 제시하고, NIV는 더 현대적인 말씨로 표현한다. 둘 다 인상적인 말씨로 표현한다.

목회자는 정기적으로 사람들이 그들 설교를 들으러 오는 유일한 전문인이다. 의사, 변호사, CEO도 전문인이지만, 그들이 하는 말을 들으

---

19 Henry Ward Beecher, *Yale Lectures on Preaching* (New York: J. B. Ford, 1872), 175.

20 이 각주는 옮긴이가 덧붙임. 『죽음의 취소』, 류호영 옮김 (서울: 대서, 2011); 『예수가 선택한 길—십자가의 죽음부터 부활의 기쁨까지』, 류호영 옮김 (파주: 비아토르, 2020); 『예수와 십자가 처형—예수 그리스도의 죽음에 대한 신학적 해석』, 노동래·송일·오광만 옮김 (서울: 새물결플러스, 2021); 『부끄럽지 않은 복음—플레밍 러틀리지의 로마서 설교』, 김지호 옮김 (파주: 100, 2022); 『예수의 마지막 말들—십자가에서 하신 일곱 말씀』, 손승우 옮김 (서울: 비아, 2023) 등이 번역됐다.

려고 매주 사람들이 모이지는 않는다. 우리 설교자는 말을 도구로 사용하며, 생각과 기술을 다해 말을 사용해야 한다. 우리는 주일마다 우리 설교를 들으러 오는 성도에게 그렇게 해야 할 의무가 있다.

용어 정의(definition)

- **말씨**(Style)—단어 선택과 그 수사법
- **효과적인 설교 말씨 특징**(Characteristics of effective sermon style)
    - 뚜렷함(clarity)—청중이 이해하고 공감할 수 있는 언어 사용
    - 직접성과 개인성(directness and personableness)—대화로 청중과 연결하기
    - 눈에 보이는 듯함(vividness)—청중의 감각을 일깨워 공감하게 하는 구체적인 단어 선택하기

이 장에서 살핀 내용에 관한 질문과 실제는 부록 「설교 준비 연습문제」, 359~365쪽에 있다.

청중이 알아듣게 설교하기 10

How to Preach So People Will Listen

설교에 관한 책 대부분은 설교 전개 과정에 관해서는 많이 설명하지만, 설교 전달 방식에 관해서는 거의 언급하지 않는다. 이는 설교자가 설교하는 방식에 그대로 드러난다. 목회자는 매주 설교 구성에 많은 시간을 들이지만, 설교를 어떻게 전달할지에 관한 생각은 1년에 몇 시간도 쓰지 않는다. 그러나 설교는 얼거리나 원고로 세상에 나오지 않는다. 설교는 설교할 때 비로소 살아 움직인다. 서투르게 전달한 설교는 회중 삶에 영향을 거의 끼치지 못할 수 있다.

설교 효과는 두 가지 요소, 곧 '무엇을 말하는가'와 '어떻게 말하는가'에 달려 있다. 둘 다 중요하다. 성경에 기반해 적용할 내용이 없다면 전달할 가치도 없지만, 능숙한 전달력이 없다면 그 내용을 회중에게 전달할 수가 없다. 중요도 순으로 설교를 구성하는 요소는 생각, 구성, 언어, 음성, 몸짓이다. 그러나 인상을 우선순위로 하면, 순서는 반대이다. 몸짓과 음성이 설교에 가장 분명하고 결정적인 요소로 도드라진다. 전달과 그것이 연설이나 설교의 결과에 미치는 영향에 관한 모든 경험 연구는, 똑같은 결론이다. 곧, 전달 방식이 매우 중요하다.[1]

---

1 Wayne N. Thompson, *Quantitative Research in Public Address and Communication* (New York: Random, 1967), 83.

설교자 목소리와 몸짓은 청중 감각에 가장 먼저 와닿으며, 억양과 행동은 설교자 감정과 태도를 말보다 더 정확하게 전달한다. 심리학, 인류학, 사회학, 언어 소통 이론 등 여러 학문 분야의 학자가 '비언어 의사소통 효과(the effects of nonverbal communication)'를 연구했다. 이 연구자들은 우리가 앉거나 서 있는 방식, 표정, 몸짓, 심지어 우리 자신과 만나는 사람들 사이에 얼마나 많은 공간을 허용하는지에 따라 메시지를 어떻게 전달하는지 관찰했다.[2] 이러한 연구 부산물로, 몇 권이 침묵 언어(silent language)를 해석하여 독자에게 유익하게 쓸 수 있다고 약속했다. 이 여러 책이 과장한 탓에 많은 이가 지지했지만, 많은 이는 의구심을 품었다. 비언어적 의사소통에서 개인적, 문화적 차이는 몸짓 언어의 의미에 대한 독단적 주장을 단순하게 만들고, 잠재적으로 위험하게 만든다. 예를 들어, 팔짱을 낌으로 주변 사람을 차단하고 싶음을 나타낸다고 항상 주장함은, '**모델**(model)'이라는 단어가 항상 큰 물체의 축소 모형을 의미한다고 말하는 것과 같다. 상황이 행동 자체보다 더 중요하다는 말이다.

그러나 주의 깊은 사람이면 우리가 말하지 않을 때조차 메시지를 전달하고 있음을 심사숙고하며, 이를 부정하지는 않는다. 친구는 그들 관계 깊이를 측정하는 척도 중 하나가 조용히 함께 앉아 있을 때조차 서로를 이해할 수 있는 능력에 있다고 여긴다. 우리는 옳든 그르든, 피상적인 지인이나 심지어 낯선 사람이 그들 자세, 표정, 목소리 톤 등에 반응하여 우호적인지, 화가 났는지, 걱정하는지 판단한다. 미소, 찡그림,

---

2 비언어 의사소통에 관한 더 자세한 내용은 앨버트 메라비안(Albert Mehrabian)의 자료를 https://www.kaaj.com/psych에 접속해서 보라. Paul Ekman, "Facial Expressions of Emotion: New Findings, New Questions," *Psychological Science* 3, no. 1 (1992): 34~38;Fatemeh Bambaeeroo and Nasrin Shokrpour, "The Impact of the Teachers' Non-verbal Communication on Success in Teaching." *Journal of Advances in Medical Education and Professionalism* 5, no. 2 (2017): 51~59; Tim Wharton, *Pragmatics and Non-verbal Communication* (Cambridge: Cambridge University Press, 2009) 등도 보라.

응시, 윙크, 눈 맞춤, 흘끗거림 등은 우리가 만나는 사람을 좋아하고 싫어하고 신뢰하고 불신하는지에 영향을 미친다. 잠언 기자는 다음과 같이 관찰하면서 비언어적 의사소통의 힘을 강조했다.

> 불량하고 악한 이는
> 패역을 입에 품고 다니며,
> 눈짓하고, 발로 신호를 보내고,
> 손가락으로 가리키며,
> 패역을 마음에 품고 끊임없이 악을 꾀하는 이다.
>
> (잠언 6:12~14, NASB를 옮김)

눈, 손, 얼굴, 발은 우리가 말하는 말만큼이나 회중에게 많은 정보를 전달하며, 사실상 그 이상을 전달한다. 유명한 연구에서 심리학자 앨버트 메라비언(Albert Mehrabian)은 이를 공식으로 정리했다. 연사가 전달하는 메시지 중 7%만이 말로 전달되고, 38%는 목소리로, 55%는 표정으로 전달된다.[3]

이 연구 결과는 설교자 그리고 설교와도 관련이 있다. **첫째, 비언어 표현은 대중 연설에서 전략적으로 중요하다**. 설교자가 청중에게 연설할 때, 세 가지 다른 소통 네트워크가 동시에 작동한다. 곧, 우리 말, 억양, 몸짓 등이다. 이 세 가지 모두가 아이디어를 전달한다. 배우 조지 알리스(George Arliss)가 희곡 『디스레일리(*Disraeli*)』를 처음 읽고서, 작가에게 두 쪽을 빼라고 조언했다. 그는 "나는 표정으로 그것을 말할 수 있습니다."라고 말했다. 작가가 "어떤 표정으로요?"라고 묻자, 알리스는 시범을 보였고, 그래서 작가는 그 두 쪽을 삭제했다.[4] 사실, 우리 행동은 종

---

3 메라비언 연구는 Flora Davis, "How to Read Body Language," in *The Rhetoric of Nonverbal Communication: Readings*, ed. Haig A. Bosmajian (Glenview, IL: Scott, Foresman, 1971), 3~14에서 살폈다. 메라비언이 주장하는 바가 과학적으로 정확하지는 않아도, 그의 연구에 따르면 우리 목소리 톤과 표정이 설교를 받아들이는 방식에 크게 영향을 미친다.

4 Loren D. Reid, *Speaking Well* (Columbia, MO: Artcraft, 1962), 141.

종 그 표현력이 우리 말보다 더 강할 수 있다.

- 입술에 손가락을 대는 몸짓으로, "쉿, 조용히 하세요!"라고 하는 말보다 더 많은 내용을 전달한다.
- 눈을 크게 뜨고 눈썹을 치켜올리는 행동은, 말로 표현하는 놀라움보다 더 잘 표현한다.
- 어깨를 으쓱하기는, 우리가 말하는 것 이상으로 아이디어를 전달한다.

일반적으로 비언어 요소가 감정과 태도를 더 자주 표현한다. 에드워드 T. 홀(Edward T. Hall)은 여러 사회과학자 연구 결과를 요약하면서 다음 말을 한다. "우리가 언어적 언어로 말하는 것 외에도, 우리 침묵 언어, 곧 행동 언어로 우리 진정한 감정을 끊임없이 전달한다."[5]

둘째, 연구와 경험 모두 비언어 메시지가 언어 메시지와 모순일 때, 청중은 침묵 언어를 더 믿는다는 데 동의한다. 말로만 거짓말하기보다, 온몸으로 거짓말하기가 더 어렵다. 이것이 바로 지크문트 프로이드(Sigmund Freud)가 관찰한 요지이다. "누구도 비밀을 지킬 수 없다. 그 사람 입술이 침묵하면 손가락 끝으로 수다를 떨고, 모든 땀구멍에서 배신이 새어 나온다."[6] 설교자가 말로 "이것은 중요합니다"라고 주장해도, 그 목소리가 평탄하고 무표정하며 몸이 흐느적거린다면, 청중은 그 설교자를 믿지 않는다. 꾸짖는 어조로 "이 교회에는 더 많은 사랑과 서로에게 더 깊은 관심이 필요합니다!"라고 말하면서 청중에게 주먹을 휘두른다면, 청중은 설교자가 말하는 사랑을 정말로 이해하고 있는지 궁금해한다. 우리 설교의 엄청난 양이 우리 말을 강화하거나 모순되는 감정과 태도를 포함하기에, 우리는 전달을 무시할 수 없다.

---

5 Edward T. Hall, *The Silent Language* (1959; Reprint, Greenwich, CT: Fawcett, 1968), 10.

6 Sigmund Freud, *Collected Papers*, vol. 3 (New York: Basic Books, 1959), 3:94.

셋째, 효과를 내는 전달은 열망에서 비롯한다. 이는 아마추어와 프로의 차이만큼 뚜렷한 차이는 없다는 관찰에서 잘 드러난다. 한편으로, 대중 연설에서 아마추어는 그저 말하지만, 프로는 소통하려는 깊은 열망으로 말한다. 아마추어는 자기 생각을 머릿속에서 꺼내는 데 만족하지만, 프로는 자기 생각을 다른 사람 머릿속에 넣으려고 노력한다. 설교자가 대중 연설 기술을 배우고 훈련했더라도, 이것이 확신과 책임감을 대신할 수는 없다. 청중이 메시지를 이해하고 그대로 따라 살기를 바람은, 설교를 효과적으로 전달하도록 자극한다. 이는 설교하게 하는 감점을 '준비'하게 한다. 우리 설교자는 설교 원고를 단순히 암송하지 않는다. 오히려 우리와 하나님께 중요한 아이디어를 전달한다.

우리가 청중이 이해하고 받아들이기를 바라는 마음으로 설교 아이디어에 집중하면, 강력한 전달력은 자연스럽게 따라온다. 이는 일련의 규칙을 맹목적으로 따르는 데서 나오지 않는다. 찰스 R. 브라운(Charles R. Brown)은 「예일대학교 설교학 강의(Yale Lectures on Preaching)」에서 조지 맥도널드(George Macdonald)가 런던에서 한 설교 사역을 다음 말로 묘사했다.

> 그분께서 그날 아침 성경 봉독 시간에 히브리서 11장을 읽으셨다. 설교 시간이 되자, 이렇게 말씀하셨다. "여러분은 모두 이 믿음의 사람들에 관해 들어보셨겠죠. 저는 여러분에게 믿음이 무엇인지는 설명하지 않겠습니다. 신학교 교수님들이 저보다 훨씬 더 잘 설명하십니다. 저는 여러분이 믿도록 도우려고 여기 있습니다." 그러고서 그분께서는 영원한 보이지 않는 실재에 관한 자기 믿음을 단순하며 진심으로 그리고 웅장하게 드러내어 듣는 모든 사람의 마음과 심령에 믿음을 불러일으키셨다. 온 마음을 쏟아 설교하셨고, 전달은 효과적이었는데 그분 내면생활의 진정한 아름다움에 의존했기 때문이다.[7]

[7] Charles R. Brown, *The Art of Preaching* (New York: Macmillan,

"온 마음을 쏟아 설교하셨다." 어느 규칙도 이를 대신할 수 없다. 진실성, 열정, 깊은 진지함은 장벽을 허물어 자유로워지게 한다. 이러한 의미에서 효과적인 전달은 일상에서 주고받는 정직한 대화와 비슷하다.

그러나 설교 전달이 대화와 비슷하다고 해서, 평범한 말하기 방식이 반드시 가장 좋은 방식이라는 말은 아니다. 개인적으로 말하는 방식은 평생 쌓인 습관에서 비롯한다. 자세나 식습관에 나쁜 습관이 생기듯이, 의사소통에도 나쁜 습관이 생길 수 있다. 게다가, 개인 상황에서는 눈에 띄지 않던 행동 중 일부가 대중 연설에서는 당혹스러울 정도로 두드러지게 나타나기도 한다. 청중에게 연설할 때는 우리 모든 것이 커지고 도드라진다. 어떤 행동, 곧 주머니에 손을 넣거나, 머리카락이나 얼굴을 쓰다듬거나, 반지를 만지작거리거나, 넥타이나 스카프를 만지작거리거나, 발을 질질 끄는 행동 등은 친구들과 이야기할 때는 눈에 띄지 않을 수 있으나, 설교 전달에서는 부적절한 몸짓이다. 설교자에게 굳은 버릇과 반복하는 행동에 친구들은 그리 신경을 쓰지 않으며 동료는 참지만, 설교자가 강단에서 그렇게 하면 청중은 신경이 쓰여서 설교 내용에서 멀어진다. 그러므로 강단에서 몸짓이 설교를 효과적으로 전달하게 하려면 훈련해야 한다.

처음에는 전달력을 향상하려는 노력이 부자연스러울 수 있다. 초보자는, 목사는 배우가 아니며 전달력을 향상하려 함은 자기 개성을 침해하기에 포기해야 한다고 주장할 수 있다. 그러나 어떤 습관을 새로 들이려면 처음에는 의식해서 행동해야 한다. 예를 들어, 처음으로 차를 운전하거나 테니스를 칠 때는 어색함을 느끼면서 자기 행동을 제어하는 방법을 배워야 한다. 그러나 연습과 경험으로 의식해서 하는 행동은 사라지고, 새롭게 배운 행동이 오히려 자연스럽다. 청중 앞에서 자연스럽게 행동하려면, 노력하고 훈련해야 한다.

우리가 주의를 기울여야 할, 전달력의 비언어 요소에는 어떤 것들이 있을까?

1922), 170.

몸단장(Grooming)과 옷차림(Dress)

사도 바울이 "어떻게 해서든지 몇 사람이라도 구원하고자 내가 모든 사람에게 모든 것이 됐습니다"(고린도전서 9:22, NKJV를 옮김)라고 선언했을 때, 그는 기독교 의사소통의 기본 전략을 확립했다. 도덕적으로 사소한 문제에서, 설교자 감정이 아니라 다른 사람 감정과 태도가 가장 중요하다. 설교자 몸단장과 옷차림은 청중이 설교자에게 반응하는 방식에 영향을 미치기에, 결국 설교자에게도 영향을 미친다.

몸단장과 옷차림 관한 기본 규칙은 청중, 상황, 말하는 사람에게 적합함이다. 변하는 패션, 헤어스타일, 문화 전환으로 절대 규칙을 정하기는 가능하지 않다. 설교자가 속한 공동체와 그 기준을 알고 있다면, 외모가 사역에 방해거리이기는 바라지 않는다. 대부분 경우, 청중은 설교자가 깔끔하고 가지런하기를 바란다.

건강을 중시하는 문화에서, 건전한 식이요법과 규칙적인 운동 프로그램은 하나님께서 우리에게 선물로 주신 몸을 충실히 관리하는 청지기로서 우리 자신을 드러낼 수 있게 한다. 자기 건강을 소홀히 하는 설교자에게서 영적 지혜를 받기를 꺼리는 청중이 있을 수 있다는 점을 명심해야 한다. 이는 외모에 민감한 지역에서는 특히 그렇다. 좋은 몸단장에는 탈취제, 치약, 구강 청결제 사용도 포함한다. 실시간 재생 광고에서 입냄새가 암보다 더 심각하다고 강조하지만, 하여튼 입냄새와 몸내는 우리가 다리를 놓고 싶어 하는 곳에 벽을 쌓는 불쾌감을 줄 수도 있다.

어떤 사람은 설교자 옷차림을 판단하는데, 때로는 왜 그렇게 판단하는지도 모른다. 편안한 옷차림을 할 수 있지만, 설교자 옷차림에 청중도 편안함을 느끼게 해야 한다. 설교자는 자기가 속한 공동체의 문화 기대를 인식하고 그것에 맞게 옷을 입어야 한다. 일반적으로 설교자는 청중보다 한 단계 더 격식을 갖춰 입는다. 예배 인도자가 예복을 입는 예배 의식에서는 옷차림이 그다지 중요하지 않다. 알렉산더 포프

(Alexander Pope)는 옷차림을 결정하는 데 유익한 조언을 한다.

> 유행할 옷을 입는 첫째 사람이 되지 말고,
> 유행이 지난 옷을 입는 마지막 사람도 되지 말라.[8]

설교자 상황에 맞는 최고 옷차림을 선택하는 데 다소 부족함을 느낀다면, 교회 지도자나 행사 주최자에게 맡기자. 그들 조언을 따르면, 절약하면서도 더 멋지게 차려입을 수 있다. 옷차림 유행은 일었다가 사라지고 스타일은 적어도 북미에서는 정기적으로 바뀌지만, 우리는 변화하는 문화에 어울리는 방식으로 옷을 입고자 한다. 궁극적으로 청중이 설교자 외모에 관심을 집중하지 않고, 오히려 그들 관심이 하나님의 말씀에 집중하게 해야 한다.

움직임(Movement)과 몸짓(Gestures)

하나님께서는 우리 몸이 움직이도록 설계하셨다. 청중이 조각상을 보고 싶으면, 박물관에 가서 볼 수 있다. 하지만 박물관에서 가장 인상적인 조각상은 살아있는 듯한 조각상이다. 대부분 분야에서 전문가는 온몸을 사용한다. 교향악단 지휘자, 콘서트 피아니스트, 심판, 배우, 골프 선수 모두 온몸으로 자기 일을 한다. 뛰어난 연사도 몸으로 말한다. 여기 움직임과 몸짓에 관한 기본 원리가 있다. 곧, 내용이 움직임을 이끌어야 한다.

이 원리는 두 가지 방식으로 적용할 수 있다. 첫째, 때로는 움직여야 한다. 청중 앞에서 거의 움직이지 않으며 몸이 메시지와 서로 작용하기를 거부하는 채 그저 서서 말하는 머리가 된다면, 큰 이점을 포기하는 셈이다. 몸이 마음과 감정이 바라는 바를 자유롭게 하게 해야 한다. 활발한 사고를 동반하는 신체적 표현을 억제하지 말자. 개인 대화에서 자유롭게 손, 팔, 머리를 움직이듯, 설교할 때도 그래야 한다. 일부 설교

---

8 Alexander Pope, “An Essay on Criticism, Part 2,” Poetry Foundation, https://www.poetryfoundation.org/poems/44897/an-essay-on-criticism-part-2.

자는 다른 설교자보다 몸짓을 더 많이 하지만, 개인 대화에서 몸짓하는 만큼 설교할 때도 해야 한다. 사실, 공개적으로 말할 때는 몸짓을 더 크게, 더 강력하게, 그리고 신중하게 해야 한다.

둘째, 내용이 움직임을 이끌어야 함은, 몇몇 설교자는 조금 덜 움직여야 한다는 말이다. 앞뒤로 왔다 갔다 한다면 불안감이 드러나고, 그런 움직임 때문에 청중은 설교에 집중하지 못한다. 설교자 행동은 내용에 따라서 해야지, 그렇지 않다면 단순히 신경 에너지를 쏟아낼 뿐이다. 왔다 갔다 하는 걸음이 설교자에게는 도움일 수 있지만, 회중에게는 아무런 도움이 되지 않는다. 설교할 때 그저 습관으로 움직인다면, 차라리 가만히 서 있으라. 설교 내용에 따라 움직인다면, 억제하지 말고 자유롭게 표현하자. 예를 들어, 설교에서 새로운 요점을 소개할 때, 여러분은 서 있는 곳에서 한두 걸음 옮겨서 생각의 전환을 움직임으로 보여줄 수 있다. 그 아이디어를 전개하고서 또 다른 아이디어를 전개할 때, 다시 원래 위치로 돌아가자. 주요 요점을 제시하고서 청중이 편안하게 듣기를 바라면, 뒤로 물러서서 잠시 멈출 수 있다.

대부분 움직임은 청중의 관점을 반영해야 함을 기억하자. 청중은 왼쪽에서 오른쪽으로 읽는다. 그러므로 청중을 향할 때, 설교자는 오른쪽에서 왼쪽으로 움직이자. 첫째 주요 요점을 강조하려면, 오른쪽으로 움직이자. 둘째 주요 요점은 중앙으로 움직이자. 셋째 주요 요점은 왼쪽으로 움직여 강조하자. 셰익스피어가 『햄릿』의 등장인물로 전한 조언은 여전히 유효하다. “행동은 말에 맞게, 말은 행동에 맞게 하라.” 그리고 행동과 말을 청중에게 맞게 하라고 덧붙일 수 있다.

신체 특정 부분 움직임이 몸짓이다. 몸짓과 말하기 관계는 도표와 책 관계에 빗댈 수 있다. 몸짓은 표현을 도울 뿐이지 그 자체로 전시품이 아니며, 몸짓은 여러 방식으로 소통한다. 몸짓은 설명하고 묘사하는 데 쓸모가 있다. 바빌로니아 성벽을 묘사하고 싶다면, 그것들을 묘사할 때 몸짓까지 하면 효과가 훨씬 더 크다. 다음 설명을 몸짓 없이 말로만 할 때와 몸짓과 함께 말로 할 때를 비교해 보자. “바빌로니아는 이교도 권력의 기념비로 서 있었습니다. 그 도시는 복잡한 이중 성벽으로 둘러싸여 있었는데, 바깥 성벽은 너비가 27km나 됐고, 성벽 위로 전차가 지나갈 수 있을 만큼 튼튼하고 넓었습니다. 이 거대한 성벽에는 거대한 망대들이 서 있었고, 큰 문이 8개나 있어서 그곳으로 드나들었습니다."

설교자 몸짓은 설교 내용을 도드라지게 한다. "이는 매우 중요합니다"라고 말할 때 손을 늘어뜨린 채 말함과, "**매우**"라는 단어에서 주먹을 꽉 쥐고 흔들면서 말함을 비교해 보자. 설교자 몸짓은 목소리에 활력을 불어넣는다. 강단을 두드려야 한다면 가볍게 두드리고, 청중에게 손가락질은 하지 않는다. 이는 청중을 꾸짖고 가르치려 드는 행동일 수 있다. 손가락질 대신에 손을 펴서 하면, 훨씬 덜 위협적이다.

몸짓은 흥미를 유지하고 주의를 집중하게 한다. 움직이는 물체는 서 있는 물체보다 시선을 더 사로잡는다. 길가에 서서, 지나가는 차는 곧바로 알아볼 수 있지만 거리에 주차한 차는 거의 알아차리지 못한다.

몸짓은 설교자를 편안하게 한다. 몸이 생각을 강화하도록 움직일 때, 더 자신감 있고 기민하다고 느낀다. 설교를 시작할 때 느끼는 긴장을 극복하는 한 가지 방법은 몸짓하기이다. 크고 분명한 몸짓을 한두 번 하면 초조함은 긍정적인 행동으로 바뀐다.

몸짓은 또한 청중이 설교자와 공감하면서 설교자가 느끼는 바를 경험하게 돕는다. 축구 경기에서 팬은 자기가 좋아하는 선수가 끔찍한 태클에 걸려 넘어지면, 자기도 움찔한다. 관중은 중요한 필드 골을 보고서 때로 앞 좌석을 발로 차기도 한다. 이러한 반사적 행동은 '**공감**(empathy)'이 동기 부여해서 일어난다. 본질적으로, 공감은 동정심인데, 청중이 제한된 방식으로 설교자와 함께 행동하는 근육 반응을 포함한다. 설교자의 잠재의식 행동이 청중의 감정을 건드리기에, 청중은 설교자가 느끼는 바, 그리고 설교자가 청중이 설교 아이디어에 느끼기를 바라는 바를 더 잘 느낄 수 있다. 설교자가 어찌할 바를 모르거나 몸짓을 제어하지 못하면, 그러한 행동은 곧 불편함을 반영함이다. 청중은 몸을 비틀거나 다른 방식으로 그러한 행동에 공감하여 불편함을 느낄 수도 있다. 우리 중 누가 피아노 발표회에 참석하여 자기 아이가 연주곡을 잊어버리고 같은 음표를 반복해서 연주할 때, 손바닥에 땀이 나는 일을 겪지 않았겠는가? 그러나 설교자 몸짓에, 청중이 설교자 생각과 목적에 적합한 방식으로 반응하고 느끼도록 할 수 있다면—비록 이것이 잠재의식 수준에서 일어나더라도—설교자는 청중에게서 자기 메시지에 긍정하는 반응을 얻을 가능성을 키울 수 있다.[9]

다음 네 가지는 **표현력이 강한 몸짓의 특징**이다.

자발적인 몸짓(Spontaneous Gestures)

첫째, 설교자 몸짓은 자발적이어야 한다. 몸짓하되, "몸짓을 만들지는" 않는다. 설교자 몸짓은 설교자 확신과 느낌에서 자연스럽게 우러나와야 한다. 몸짓을 연습할 수 있어도, 계획하지는 않는다. 설교할 때, 몸짓이 자연스럽지 않으면, 그냥 내버려두자.

분명한 몸짓(Definite Gestures)

둘째, 설교자 몸짓은 분명해야 한다. 몸짓할 때는 확실하게 하자. 어정쩡한 몸짓은 긍정적인 효과를 내지 못한다. 온 힘을 다해 몸짓하자. 검지나 펼친 손으로 하는 간단한 몸짓이라도 손가락, 손, 손목뿐만 아니라 팔뚝, 어깨, 등까지 써서 하자. 체중을 더 실음도 힘을 넣는 방법이다. 설교자 몸짓이 어색하면, 온몸으로 하지 않기 때문이다.

여러 가지 몸짓(Varied Gestures)

셋째, 몸짓은 여러 가지로 해야 한다. 아무리 자연스럽고 강렬한 몸짓이더라도, 한 몸짓만 반복하면 청중은 그 몸짓에 신경을 쓰다가 마침

---

9 Jon Eisenson and Paul H. Boase, *Basic Speech*, 3rd ed. (New York: Macmillan, 1975), 334~35을 보라.

내 짜증을 낸다. 예를 들어, 팔을 사용하는 몸짓이 시선을 사로잡지만, 그 몸짓을 너무 자주 반복하면 초조하거나 집중력이 없어 보일 수 있다. 몸을 사용할 수 있는 여러 가지 방법을 염두에 두자. 어떤 사람은 팔, 손목, 손, 손가락으로 70만 가지의 서로 다른 기본 신호할 수 있다고 주장한다.[10] 한 손 또는 양손, 펼친 손, 주먹 쥔 손, 손바닥을 위로 향하게, 손바닥을 아래로 향하게 하는 등 다양하게 시도하자. 팔, 머리, 눈, 얼굴로도 실험하자. 연습한 결과는 강단에서 결과가 더 나은 몸짓으로 나온다.

때에 맞는 몸짓(Properly Timed Gestures)

마지막으로, 설교자 몸짓은 적절한 때에 해야 한다. 설교자가 전하려는 의미를 가장 잘 표현하는 단어나 어구와 함께 몸짓하거나 그보다 먼저 몸짓하면, 좋다. 그런 단어나 어구 다음에 몸짓하면, 우스꽝스러울 수 있다. 때에 맞지 않은 몸짓은 대개 자발성과 적절한 동기 부여가 부족하기 때문이다. 설교하기에 앞서서 몸짓을 계획하다간, 때에 맞지 않게 몸짓할 수도 있다.

눈 맞추기(Eye Contact)

눈 맞추기는 아마도 설교자가 사용할 수 있는 가장 효과적인 비언어 의사소통 수단일 테다. 눈으로 소통한다. 눈은 설교 반응을 알리는 동시에 청중의 주의를 사로잡는다. 청중과 눈을 맞춤으로, 청중이 설교를 이해하는지, 관심이 있는지, 설교를 계속 들을 만큼 즐거워하는지를 알리는 신호를 느낀다. 주의 깊은 설교자는 그러한 반응을 해석해, 예를 들어 설명이나 예화를 추가하는 등으로 설교 내용을 조정한다. 더욱이 청중의 눈을 바라보면, 청중이 설교자와 개인적으로 대화하고 싶음을

---

10 Richard Paget, *Human Speech: Some Observations, Experiments, and Conclusions as to the Nature, Origin, Purpose, and Possible Improvement of Human Speech* (New York: Harcourt, Brace, 1930).

느낄 수 있다. 그러므로 청중의 머리를 바라보거나, 설교 원고를 읽거나, 기록물을 내려다보거나, 파워포인트 슬라이드를 보거나, 말하는 동안 눈을 감는 설교자는 스스로 심각한 불이익을 부른다. 거의 예외 없이, 청중은 자기를 바라보지 않는 설교자에게는 주의 깊게 듣지 않는다. 또한 사람들은 눈 맞추기를 피하는 사람은 믿지 않으며 결과적으로 그 사람이 말하는 내용도 과소평가하는데, 이는 중요한 점이다.

청중 전체를 대상으로 설교하더라도, 개개인과 대화하듯이 설교하자. 강단에 서서 설교를 시작하기 앞서서, 잠시 멈춰 청중과 눈을 맞추자. 시선을 회중 전체로 옮겨 여러 사람에게 잠시 머무르자. 설교하는 동안에도 계속해서 눈을 맞추자. 한 번에 한 사람씩 1~2초 동안 눈으로 대화하자. 한 사람의 눈을 보고, 또 다른 사람의 눈을 보자. 예배당 모든 구역을 차례로 선택하며 거기서 듣는 이와 잠시 눈을 맞추며 개인적으로 말하고 있다고 느낄 수 있게 하자. 청중이 매우 아주 많으면, 한 구역을 다시 작은 그룹으로 나눠서 잠시 한 그룹을 바라보고 계속 또 다른 여러 그룹으로 옮겨가며 바라보면서 설교하자. 청중을 바라볼 뿐만 아니라 그들과 대화해야 한다. 전체 그룹이 이해하기를 바라는 메시지를 각 사람에게 전달하는 데 집중하자.

설교 효과를 내는 데 표정이 매우 중요하므로, 청중이 설교자 얼굴을 볼 수 있게 해야 한다. 따라서 설교자 눈에 그림자가 지지 않도록 적절한 각도로 빛을 비추게 하고, 강단도 밝게 한다. 설교자는 어두운 데서 설교하지 말아야 하는데, 청중이 설교자 표정을 제대로 볼 수 없기 때문이다. 강단을 사용해야 한다면 청중에게 최대한 가까운 곳에 두고, 청중이 설교자의 눈과 표정을 쉽게 볼 수 있는 각도로 배치해야 한다.

소리로 전달(Vocal Delivery)

설교 또는 연설은 단어와 문장 그 이상으로 이뤄진다. 설교자 목소리는 단어와는 별개로 생각과 감정을 전달한다. 청중은 설교자 목소리의 음색, 크기, 속도, 높낮이를 기준으로 설교자의 신체적, 감정적 상태, 곧 설교자가 두려워하는지, 화가 났는지, 피곤한지, 아픈지, 행복한지, 자신감이 있는지 등을 판단한다. 설교자 목소리는 설교 사역에 중요한 도구이므로, 설교자는 발성 기관이 작동하는 방법, 그리고 발성 기관을 능숙하게 사용하는 법을 이해해야 한다.

사람 목소리는 관악기가 소리를 내는 방식과 조금 비슷하게 난다〈그림 4를 보라〉. 관악기는 리드(reed)가 진동해야 소리가 나듯이, 폐에서 공기가 나올 때 후두 성대도 진동해야 소리가 난다. 따라서 목소리는 폐에서 기관지를 통해 공기를 펌프질할 때 나기 시작한다. 기관지는 폐와 기도를 잇는다. 내쉬는 숨이 기도 상단에 있는 후두 성대를 지나갈 때, 소리 파동이 되는 진동을 일으킨다. 이 소리는 후두, 목, 부비동, 입에서 진동하면서 증폭한다. 공명기라고 불리는 이 공명체는 현악기의 속이 빈 부분이나 울림판과 조금 비슷하게 작용한다. 그것들은 현에서 만드는 소리 크기(volume of sound)를 키운다. 입천장, 턱, 치아, 입술, 혀, 인두 뒷벽의 움직임으로 공명 공간의 모양이 변함에 따라, 목소리의 최종 음질이 만들어진다. l[ㄹ], p[ㅍ], t[ㅌ], d[ㄷ], s[ㅅ], r[ㄹ]과 같은 자음 소리도 이러한 움직임으로 난다.[11]

---

11 말하기의 생리적 기초에 관한 자세한 논의는 Giles W. Gray and Claude M. Wise, *The Bases of Speech*, 3rd ed. (New York: Harper, 1959), 135~99를 보라.

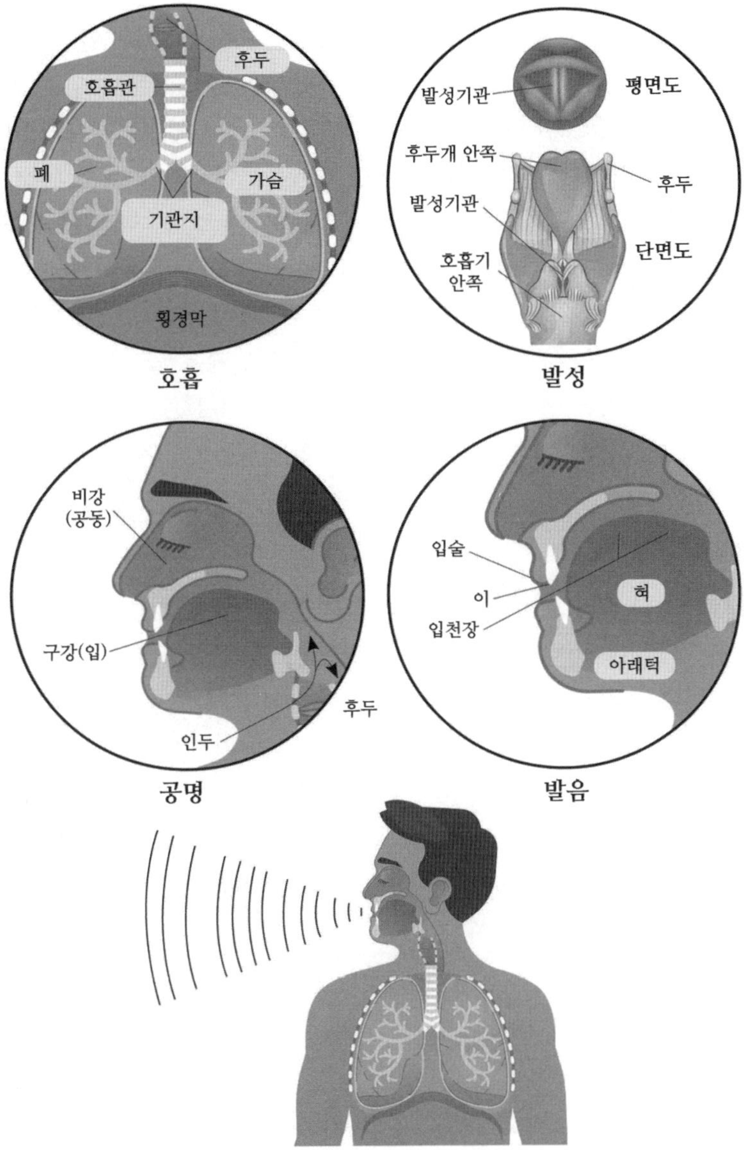

〈그림 4〉 **발성 기관 구조**

John A. Grasham and Glenn G. Gooder, *Improving Your Speech* (New York: Harcourt, Brace, 1960), 14~15.

발성 기관을 어렴풋이만 알아도, 음색(tone)이 내뱉는 숨결 흐름에서 만들어지기에 꾸준히 조절해서 충분히 공급하는 숨결이 필수임을 알 수 있다. 음색은 성대 진동에서 시작하므로, 쓸데없는 부담이나 긴장이 없이 성대를 자극해야 한다. 최종 소리는 공명 공간에서 변형으로 생기므로, 목, 입, 코 등 공명 기관에 주의를 기울여야 한다. 발성 소리가 만들어지는지 방법을 이해하면, 광범위한 훈련 없이도 목소리의 질을 좋게 할 수 있다. 예를 들어, 효율적으로 호흡하려면 가슴이 아니라 허리통(belt line)을 확장해야 한다. 한숨에 알파벳 전체를 발음할 수 있어야 한다. 일부 연사는 성량을 키울 때 목소리 높이를 올린다. 이는 발성 기관에 부담을 줄 수 있다. 힘을 더할 때는 음높이 낮추기 연습을 하자. 이는 더욱 강력한 전달로 이어지게 하며, 목소리를 오랫동안 보존하게 할 수 있다.

꽉 다문 턱, 게으른 혀, 또는 꽉 조인 치아로 말하면 소리를 죽인다. 그러니 말할 때는 입을 크게 벌리자. 말할 때 바람이 너무 많이 새면 목소리가 숨소리처럼 들리니, 주의하자. 너무 빨리 말하다간 발음이 흐릿해진다. 단조로운 어조(monotone)로 말하지 말자. 연설에 관한 대부분 기본 교재는 이러한 흔한 결점들을 교정할 수 있는 연습문제를 제공하니, 참고하자.[12] 주요 대학과 많은 소규모 대학은 유능한 강사를 섭외해 대중 연설 강좌와 연수회를 제공하며, 참여해 훈련하면 더 복잡한 문제를 해결하는 도움을 받을 수 있다. 그러한 도움을 받아서, 목소리 능력을 최적화하자.

글을 쓰는 이에게는 자기가 쓰는 내용을 강조하는 여러 방법이 있다. 느낌표, 쉼표, 물음표, 밑줄, 이탤릭체, 들여쓰기, 굵은 글씨체 등을 사용할 수 있다. 그러나 연설자는 소리 높이, 강세, 속도, 멈춤의 변화라는 네 가지 방법으로만 자기가 **말하는 내용을 강조**한다. 이러한 수단

12 Alan H. Monroe, and Douglas Ehninger, *Principles and Types of Speech Communication*, 7th ed. (Glenview, IL: Scott, Foresman, 1974), 203~23.

또는 그 조합의 사용은 말에서 구두점이다. 이러한 요소들의 다양성이 전달을 흥미롭게 만든다.

소리 높이(Pitch)

소리 높이는 여러 어조로, 여러 굴절로 음계에서 목소리를 높이기와 낮추기이다. 때로는 피치 변화를 **가락**(melody)이라고도 한다. 낮은 소리에서 높은 소리로 급격하게 올라가는 억양으로 "지옥을 믿으세요?"라고 물으면, 질문이다. 정확히 똑같은 문장이라도 피치 진행이 다르면, 다른 의미일 수 있다. "당신이—당신 같은 사람이—중세 시대의 미신과 같은 것을 믿을 정도로 현대 신학과 동떨어져 있을 리는 없겠죠!" 그 사람이 갑작스럽게 소리를 내리며 "믿지 않습니다."라고 대답한다면, 이 가락은 "아니요, 제 견해는 그렇지 않습니다. 절대 아니에요! 그런 어리석은 짓으로 저를 비난하지 마세요."라는 의미를 전달한다. 말 자체는 혐오감을 표현하지 않지만, 소리 높이는 혐오감을 표현한다.

단조로운 소리 높이(monopitch)는 듣는 이를 잠들게 하거나, 아이가 피아노의 같은 건반만을 두드리는 소리를 듣듯이 지치게 한다. 소리 높이를 효과적으로 조절하지 못하면 우스갯소리도 청중에게 통하지 않는다. 청중은 설교자가 우스갯소리인지를 단조로운 소리 높이로 하면 우스갯소리로 알아채지 못한다.

소리 크기(Punch)

소리를 크게 하거나 작게 해서 관심을 끌거나 강조할 수 있다. 소리 크기 변화는 아이디어의 상대적 중요성을 전달한다. "The Lord is my shepherd(여호와께서 제 목자이십니다)"라는 서술은 다섯 단어로만 이뤄졌지만, 그 문장을 다섯 번 반복하면서 매번 다른 단어의 소리 크기를 다르게 하면 의미가 바뀐다. 단어뿐만 아니라 설교에서 부분마다 큰 소리로 말하면, 청중의 생각에 밑줄이 그어질 수 있다.

불행히도, 몇몇 설교자는 설교 요점을 강조하는 방법을 몰라서, 결과적으로 그들 설교는 고함치는 싸움처럼 들린다. 그들은 큰소리를 영적 능력으로 여기며 하나님께서 회오리바람처럼만 말씀하신다고 생각한다. 단조로운 소리 높이처럼, 소리 크기 단조로움도 듣는 사람을 지치게 한다. 과거에 설교자는 청중이 듣게 하려고 소리를 질러야 했다. 오늘날에는 성능 좋은 음향 설비가 있기에, 더는 소리를 지르지 않는 게 더 바람직하다. 소리 크기를 여러 가지로 해서 강조한다. 목소리를 속삭이듯이 작게 함으로도 큰소리를 치는 것만큼 아이디어를 효과적으로 강조할 수 있다. 강렬함은 소리 크기만큼 효과를 낼 수 있다. 불행히도 많은 목회자가 한 가지 강도만 사용하지만, 큰 소리에서 작은 소리에 이르기까지 여러 음량을 사용함으로 전달력을 높일 수 있다.

소리 빠르기(Progress)

전달하는 속도를 바꿔서 강조 효과를 낼 수 있다. 예를 들어, 아들 압살롬이 반역하고 결국 죽자, 다윗은 슬퍼하며 말한다. 이를 똑같은 속도로 말해 보자. “내 아들 압살롬아, 내 아들, 내 아들 압살롬아! 내가 너를 대신하여 죽었더라면, 압살롬아, 내 아들, 내 아들!”(사무엘하 18:33, NASB를 옮김). 이제 이를 아주, 아주 천천히 말해 보자. 이제는 앞 문장은 감정을 담아 빠르게 말하고, 뒤 문장은 천천히 말해 보자. 속도 변화는 다양한 의미와 감정을 전달한다.

강조하는 다른 방법과 마찬가지로, 빠르기를 사용하는 비결도 여러 가지이다. 이야기를 들려주거나, 사실을 전달하거나, 구절을 요약할 때는 보통 빠른 속도로 전달한다. 그러다가 핵심 내용이나 중요한 요점에 이르면, 속도를 늦춰서 청중이 그 중요성을 인식하게 한다. 천천히 말하는 문장은 주변 내용과 강한 대조를 이루기에 도드라진다. 또한, 천천히 말하다가 속도를 높여서 단어를 강조할 수도 있다. 그러나 강조는 속도를 높이기보다 늦춤으로써 더 자주 이뤄진다.

몇몇 설교자는 너무 빠르게 말한다고 해서 악평을 받았지만, 사실 빠르기를 여러 가지로 조절하지 못했을 수 있다.

소리 멈추기(Pause)

"침묵으로 말하라(By your silence you shall speak)"라는 말은, 러디어드 키플링(Rudyard Kipling)이 한 말로 알려졌다. 노련한 연설가는 소리 멈추기가 쉼표, 세미콜론, 마침표, 느낌표 등 역할을 함을 잘 안다. 소리 멈추기는 말할 때 주요한 구두점이다. 소리 멈추기는 '사려 깊은 침묵'이다. 이는 단순히 말하기 그침을 넘어, 청중이 생각하고 느끼고 반응할 짧은 여유를 준다. 잠시 멈췄다가 다시 이어지는 첫 단어나 어구는 그 앞에 나온 것보다 도드라지게 들린다. 단어나 어구를 더욱 강조하려면, 그 앞뿐만 아니라 뒤에서도 소리를 멈출 수 있다. 이야기 절정 앞에서 소리를 멈추면 긴장감이 커지고, 연설자가 깊은 감정을 느낄 때 극적으로 소리를 멈추면 오히려 말보다 더 효과적으로 감정을 전달할 수 있다. 그러나 생각이나 감정으로 동기 부여하지 않은 침묵은, 무작위 구두점이 독자를 당황하게 하듯이, 청중을 어지럽게 한다.

많은 설교자는 침묵을 두려워한다. 그들에게는 충분히 오랫동안 멈출 수 있는 자제력이 없다. 아마도 그들은 계속 말해야 한다고 느끼거나 청중이 그들이 말하고 싶은 내용을 잊었다고 생각할까 봐 걱정할 테다. 그러므로 멈추는 대신, 말을 끊임없이 이어가려고 서두르거나, 더 나쁘게는 설교를 **'어'**, **'그리고'**, **'음'**, **'그래서'**, **'아'**와 같은 불필요한 단어로 이어간다. 어떤 기독교 모임에서는 설교자가 목적 없이 "아멘"과 "하나님을 찬양합니다"를 덧붙이는데, 이는 단지 소리 내어 표현된 멈춤 역할을 할 뿐이다. 의미 없는 소리와 단어는 아무것도 전달하지 못한다. 오히려 관심을 아이디어에서 멀어지게 하고 청중을 산만하게 한다.

설교자는 멈춤이 조금 길다고 느껴도 청중은 길다고 느끼지 않을 수 있다. 설교자가 매우 집중해서 생각하고 말하는 내용에 감정을 느껴 잠시 말하기를 멈춘다면, 그 멈춤은 그 중요한 요점을 강조한다. 멈추는 동안 청중을 계속해서 주의 깊게 바라보자. 청중은 설교자가 뭔가를 열심히 생각하고 있다고 눈치채고서, 다시 말하기를 기다린다. 누군가가 즉석에서 생각하는 모습을 지켜보기는 참으로 매력이 있다. 몇몇 설교자는 이 기술을 잘못 사용해서 너무 오랫동안 멈춤으로써 애정극처럼 들리게 한다. 멈춤은 설교 사상에 관심을 기울이게 할 만큼 충분히 길어야 하지만, 침묵이 멈춤 자체에 관심을 기울이게 할 정도로 길어서는 안 된다.

예행연습(Rehearsal)

설교하기에 앞서서, 미리 연습하자. 설교 원고는 치워두고서 기억에 의존해 설교 전달을 연습하자. 연습은 메시지 구조를 시험한다. 글로 쓸 때는 명확했던 사고 흐름이 실제로 말할 때는 어색하게 느껴질 수 있다. 설교 전달을 연습하면서 원고에 있는 아이디어 진행을 더 자연스럽게 흐르는 패턴으로 바꿀 수 있다.

연습은 또한 말씨를 더 좋게 만들 수 있다. 연습하면서, 설교자는 특정한 아이디어를 특히 효과적인 방식으로 제시하는 표현을 찾을 수 있다. 설교를 암기하려고는 하지 말자. 강단에 전달할 때는 단어나 어구를 자유롭게 바꾸자. 사상을 명확하게 전개하고, 말하려는 그 사상을 언어로 표현하려고 연습한다. 그러니 연습은 자유롭게 하자. 그래야 효과를 낼 수 있다.

연습은 또한 전달력을 좋게 한다. 전문 남성 배우와 여성 배우는 자기 대사를 구두로 검토하고서—보통 여러 차례나— 그래서 그 대사가 쉽게 떠오르는지 확인한 다음에야 관객 앞에 선다. 그들은 묻는다. “어떻게 하면 이것을 명확하게 말할 수 있을까? 언제 힘을 더하고, 빠르기를 바꾸고, 소리 높이를 바꾸거나, 잠시 멈춰서 한 줄이 마음에 와닿게 해야 할까?” 설교자는 배우 그 이상이어야지, 그 이하가 되어서는 안 된다. 전달에 효과를 내려면 연습해야 하는데, 말하는 동안에는 전달을 많이 생각할 수 없기 때문이다. 준비 과정에서 얻은 좋은 습관은 강단에서 더 쉽게 나타난다. 초보자는 스마트폰, 태블릿, 또는 컴퓨터의 거울이나 카메라 앞에서 서서 큰 소리로 연습하면 좋다. 경험이 많은 설교자는 조용한 목소리로 설교를 중얼거리기로도 만족할 수 있다. 몇몇 설교자는 그냥 앉아서 설교 전달을 생각, 곧 회중 앞에서 자기 모습을 상상하며 생생하게 그려보기만으로 만족할 수 있다. 한 차례 걸어본 길을 따라서 다시 걷기는 훨씬 더 쉽다.

피드백(Feedback)

효과적인 설교자는 피드백을 받는다. 그들은 자기 설교를 오디오 녹음으로 듣거나, 더 좋은 방법으로는 비디오로 시청한다. 설교하고서 며칠이 지나 설교 경험이 식었을 때가 피드백하기 가장 좋은 시점이다. 몇몇 설교자는 자기 설교 반응을 파악하려고 교회 내 누군가 또는 청중 몇 사람을 초대해 30분 정도 만나서 피드백을 듣는다. 다음 질문 몇 가지를 한다.

- "오늘 설교자가 무엇을 말하려고 했다고 생각하십니까?"
- "설교 본문을 이해하셨습니까?"
- "예화가 도움이 됐습니까?"
- "오늘 설교를 들으신 대로 앞으로 며칠 동안 무엇을 실천하실 생각입니까?"
- "설교 전달에 어떻게 반응하셨습니까?"
- "설교를 개선하시는 데 참고할 두세 가지 점은 무엇일까요?"

그들이 자유롭게 이야기하면서 관찰한 내용을 기록하도록 격려하자. 그런 다음 그들이 하는 말을 경청하자. 대개 긍정적인 평가를 받는다. 설교자가 그들 반응에 관심이 있음을 알기에, 그들은 친절하게 온화하게 한다. 동시에, 설교자는 설교 효과를 개선하는 데 무엇을 할 수 있는지에 관한 통찰력을 얻을 수 있다. 우리 설교자는 모두 하나님과 우리 말을 들으려고 모인 사람들에게서 가능한 한 많은 도움을 받아야 한다.

마치는 말

A Final Word

성경을 공부할 때, 때로는 세부 내용에 매달릴 때가 있다. 그러지 말아야 함을 알면서도 그렇게 한다. 예수님께서 약 만 오천 명의 남성, 여성, 아이에게 저녁 식사를 제공하신 사건을 예로 들겠다. 복음서 저자 네 명은 모두 예수님의 급식 이적 사역을 서술한다. 그 사건을 서술함으로 주님에 대한 그들 숭고한 통찰력을 드러낸다. 그 웅장한 교훈으로 넘어가고 싶지만, 요한복음 저자는 예수님께서 기적을 행하는 데 사용하신 빵 다섯 개와 작은 물고기 두 마리를 제공한 사람이 이름 없는 어린아이였다는 세부 사항을 더 들여다보게 이끈다. 솔직히 말하면, 그 아이를 지나칠 수가 없다.

사실, 그 아이가 점심을 먹지 않은 것 자체가 사실은 기적이었다. 그렇지 않은가? 때는 늦은 오후였고, 다른 모든 사람은 배가 고팠다. 내가 아는 남자아이는 항상 배고프다. 손자들을 야구 경기장에 데려가면, 그들이 가장 먼저 하고 싶어 하는 일은 핫도그와 탄산음료를 사는 일이다. 사실, 그들은 오후 내내 매점에서 먹기만 해도 크게 만족한다. 그런데 요한복음에서, 그날 시간은 저녁으로 흘러가고 있었고, 이 어린 소년은 자기 어머니가 그날 아침에 싸주신 점심에 손도 대지 않았다.

아마도 그는 너무 흥분해서 먹지 못했을 수 있다. 작은 공동체에서는 많은 일이 일어나지 않는다. 마을 사람은 볼거리가 있는 곳이면, 어디든 찾아 나선다. 이 경우, 인기 있는 젊은 교사가 이 지역에 왔고, 그는 몇 가지 기적을 행했다. 그가 오는 일 자체가 관심을 끄는 '사건'이었다. 모든 사람은 그가 하는 말을 듣고 싶었고, 하는 일을 보고 싶었다. 이 아이는 그 큰 사건을 놓치고 싶지 않았다. 그는 군중보다 앞서서 가려고, 앞자리를 차지하려고, 무슨 일이 일어나는지 알아보려고 달려갔다. 그는 어른들 등만 보면서 반나절을 보내고 싶지 않았다.

아마, 바삐 움직이느라 제때 점심을 먹지 못했을 수 있다. 또 다른 질문이 있다. 무엇 때문에 그 아이는 자기 점심을 예수님께 드리기로 했을까? 물론 안드레가 그 아이에게 부탁했다. 하지만 그 대화를 상상해 보자. "얘야, 사람들이 배고파하고, 우리는 어떻게든 그들을 먹여야 한단다. 그게 네 점심이니? 예수님께 드려도 괜찮겠니? 우리는 뭐라도 모아야 해. 네 점심이 도움이 될 텐데."

보통 아이라면, 이렇게 대답하지 않았을까? "아저씨, 정신이 나가셨어요! 저한테는 빵 다섯 개랑 정어리 두 마리밖에 없어요. 그리고 저도 정말 배가 고파요. 아침부터 아무것도 못 먹었거든요. 이걸로는 저도 충분하지 않아요. 제 가방에 있는 먹거리로 이 많은 사람을 먹일 수 있다고 생각하신다면, 햇볕을 너무 많이 쬐어서 정신이 이상하신 거예요." 저는 그렇게 말했을 거예요. 여러분도 그렇지 않겠어요?

그런데 어찌 된 영문인지, 이 아이는 순순히 따랐다. 자기 점심을 안드레에게 넘겨주었고, 안드레는 그것을 예수님께 드렸다. "여기 아이에게 보리빵 다섯 개와 작은 물고기 두 마리가 있습니다. 그러나 이 많은 사람에게 얼마나 도움이 되겠습니까?"라고 그는 보고했다.

그 물음에 대답은 아주 쉽다. 곧, 얼마 되지 않는다. 전혀 도움이 되지 않는다.

또 다른 점이 있다. 제자들이 군중에게 나눠 줄 때, 똑같은 음식을 어떻게 나눠 줬을까? 그 음식에 불평하는 사람이 있지 않았을까? 그들 중 상당수는 음식을 가려 먹는 사람이지 않았을까? 빵과 함께 나오는 생선은 모든 사람이 그리 좋아하지 않는다. 그렇게 큰 모임에서는 어릴 때 상한 생선을 먹고 자라서 어른이 되어서도 그것을 소화할 수 없는 사람들도 있었을 테다. 군중을 이루는 모든 사람이 그날 오후에 얼마나 배가 고팠는지, 영양가 있는 음식을 얼마나 간절히 먹고자 했는지 깨달았을까? 본문에 따르면 모든 사람이 충분히 먹었다고 하지만, 남아서 바구니에 담은 음식은 거부한 사람이 남기지는 않았을까?

대체로 이 아이나 안드레와 동일시하지 않는가? 설교자라면, 그리한다. 제정신인 사람이라면 예수님과 같은 설교자가 되기를 선택하지는 않는다. 불가능한 일에 헌신이기 때문이다. 강단에 설 때마다 "내가 준비한 것이 어떻게 이 많은 사람들을 먹일 수 있을까?"라는 의문이 든다. 잘 준비한 설교라도 생선튀김 정도에 지나지 않으며, 때로는 기름기가 좀 많다. 이것으로 온 청중의 굶주림을 채울 수 있다고 믿음은 어리석지 않은가?

> 설교 준비에 최선을 다하는데,
> 곧, 할 수 있는 대로 가장 부지런히 석의하고,
> 가장 좋은 주석을 읽고 능숙하게 설교를 작성한 다음 열정적으로 전달하고,
> 심지어 이 책에서 한 모든 조언을 따르더라도,
> 현실을 똑바로 알자. 곧, 여러분에게는 기껏해야 작은 물고기 두 마리와 빵 다섯 덩이만 있다. (좋아요, 정말 재능이 있다면, 물고기 세 마리와 빵 한두 덩이를 더 가질 수도 있다.) 그래도 청중을 먹이기에는 절대 충분하지 않다.

오직 예수 그리스도께서 당신 성령으로 하실 수 있다. 설교자는 자기가 준비한 설교를 그분께 드려야 한다. 설교는 궁극적으로 그분 사역이다. 그분께서 우리 노력을 키우시며 청중이 우리 설교를 갈망하게 만드심은 참으로 놀라운 일이다.

모든 설교자는 이 놀라운 일을 경험한다. 주중에 한 여성이 전화로 설교에 감사하는데, 특히 설교를 망쳤다고 여기는 설교에서 '자녀에게 사과하는 내용'에 감사하다고 말한다. 그런데 그 설교는 그런 내용이 전혀 아니었다. 또는 성찬식을 거행할 때 예수님의 죽음과 부활을 짧게 이야기했다. 나중에 안 사실은, 청중 중 한 사람이 그 짧은 이야기에서 하나님께서 자기에게 말씀하셨기에 불륜을 끊은 일이었다. 그런데 설교자는 그런 사람을 염두에 두지 않았다. "하나님께서 목사님을 설교자로 사용해 주셔서 감사합니다. 목사님 설교는 제 삶을 크게 바꿨습니다"라고 적힌, 서명 없는 쪽지를 받는다. 그런데 설교자인 여러분은 어떻게, 왜, 언제인지 궁금해한다. 그리스도께는 여러분과 제가 거의 알지 못하는 사람들 삶으로 들어가는 비밀 통로가 있다. 그러니 여러분 설교를 그분께 드리자.

물론 우리 설교자는 아무런 대가도 치르지 않은 설교를 하나님께 드리지는 않는다. 우리는 그분께 최선을 다해야 한다. 그러나 궁극적으로, 누구도 위대한 설교자는 아니다. 설교자가 자신과 설교를 그분 손에 맡길 때, 그리스도께서 놀라운 일을 하신다.

윌리엄 바클레이(William Barclay)는 자기 믿음을 떨리는 손으로 붙잡으며 A. J. 가십(A. J. Gossip)에 관해 "내가 아는 한, 그 누구보다 하나님과 가까이 살았다"라고 말했다. 한때, 가십은 글래스고의 세인트매튜교회(St. Matthew's Church in Glasgow) 목사였다. 그는 모든 설교자가 느끼는 압박감, 곧 마땅히 해야 할 준비를 할 수 없게 하는 압박감을 겪으며 한 주를 보냈다.

> "세인트매튜교회 강단으로 올라가는 계단을 아시죠?" 가십이 물었습니다. "계단의 굽은 곳을 아시나요? 예수 그리스도께서 거기서 저를 만나셨습니다. 제가 여러분을 뚜렷이 보는 것만큼, 그분을 뚜렷이 뵀습니다. 그분께서 제 손에 있는 설교문을 보셨습니다. '가십,' 그분께서 제게 말씀하셨습니다. '이것이 이번 주에 나를 위해

> 할 수 있는 최선인가?'" 가십은 말을 이어갔습니다. "그 주간의 압박을 되돌아보며, 저는 정직하게 말할 수 있었습니다. '예, 주님, 이것이 제 최선입니다.'" 그러고서 가십은 말했습니다. "예수 그리스도께서 그 볼품없는 설교문을 그 주일 아침에 가져가셔서 당신 손으로 나팔이 되게 하셨습니다!"

늘 그렇다. 가장 좋은 한 주에도, 우리에게는 물고기 몇 마리와 빵 몇 개밖에 없다. 그러나 우리는 살아 계신 주님을 섬긴다. 설교자 여러분에게 있는 작은 도시락을 그분께 드리면, 그분께서 당신 백성을 먹이신다고 믿자.

설교 본보기 및 평가

Sample Sermon and Evaluation

이 설교는 마태복음 20:1~16을 본문으로 한 내용이다. 이 설교 본문을 살피면 19장에 뿌리를 두고 있음을 알 수 있는데, 따라서 장 구분, 곧 19장과 20장으로 나뉨이 아쉽다. 이 설교는 그저 설교 본보기이지 모범 설교는 아니고, 지금까지 논의한 설교 준비 과정을 거친 결과물일 뿐이다. 잠시 시간을 내어 본문을 읽고 마음에 새기면 좋다. 설교문을 읽고서, 앞에서 논의한 내용을 토대로 다시 살피겠다. (문단마다 번호를 매겼는데, 이는 마지막 토론에서 다시 언급할 때 활용하려 함이다.)

설교 제목, 「위대한 임금 분쟁(The Great Wage Dispute)」

1. 예수님은 현명하게 직업을 바꾸셨습니다. 서른 살이 될 때까지는 나사렛 마을에서 '요셉과 아들들 목공소'에서 일했습니다. 그때 하나님께서 그분을 설교자로 부르셨습니다. 많은 사람은 그 이직을 다행스러운 일로 여겼습니다. 그가 목공소를 계속 운영했다면, 파산했을 테니까요.

2. 적어도 많은 완고한 사업가는 마태복음 20:1~16에서 예수님이 분명히 칭찬하며 말씀하신 노동 임금 분쟁 이야기를 읽을 때, 분명히 그렇게 느낍니다. 노동 관리 관계를 처리하는 방법에 관한 사례 연구로, 이는 경영 분석가를 오싹하게 합니다.

3. 이야기는 꽤 합리적으로 시작합니다. 때는 포도 추수철이고, 이른 아침에 한 포도원 주인이 마을 중심지로 차를 몰고 갑니다. 그는 일자리를 구하는 일꾼이 모이는 길모퉁이로 가서, 그들 중 몇 명을 골라 포도를 수확하게 합니다. 포도밭으로 가기 앞서서, 그는 그들에게 하루 품삯으로 한 데나리온을 지급하기로 계약합니다. 그때 노동 시장에는 인력이 남아돌았고, 한 데나리온은 아주 후한 하루 품삯이었습니다. 주인은 굳이 그만큼 지급하지 않아도 됐지만, 그가 사업 수완이 뛰어나지 않았기에 흥정하지 않은 일은 눈감아줄 수 있습니다.
4. 그러다가 나중에 오전 9시에 포도원 주인이 다시 마을로 돌아와서 여러 또 다른 이가 일자리를 기다리며 서 있는 모습을 봤습니다. 주인은 이 사람들도 포도원으로 보냈는데, 이번에는 임금 계약 없이 보냈습니다. 그는 단지 "옳은 대로 하겠다"라고만 약속했습니다. 이러한 진행에, 어떤 노동조합 지도자라도 불안할 수밖에 없습니다. 느슨한 합의가 계약을 대신할 수 없기 때문입니다. 하지만 솔직히 말해서, 일자리를 찾기 어려울 때는 이런 합의도 감수해야 합니다.
5. 12시에도 그리고 오후 3시에도, 포도원 주인은 다시 마을로 돌아와서 일자리를 찾는 또 다른 이들을 보고서 그들도 포도밭으로 보내 포도를 따게 했습니다. 앞에서와 똑같은 조건입니다. 임금 계약도 하지 않았습니다. 단지 그가 그들에게 옳은 대로 하겠다고 약속했을 뿐입니다.
6. 마침내 오후 5시, 곧 하루 일을 마칠 무렵, 주인은 다른 일꾼들이 연장을 들고 길모퉁이에 서 있는 모습을 봤습니다. 그는 멈춰 서서 그들에게 왜 일하지 않느냐고 물었습니다. 그들은 "저희는 하루 종일 누가 고용하기를 바라며 여기서 기다리고 있었습니다"라고 대답했습니다. 그래서 해가 지기 한 시간 전인데도 주인은 그 일꾼들을 보내 포도원에서 포도를 따게 했습니다. 그 일꾼들은 감사했으리라 생각합니다. 결국, 어떤 일을 하든 아무것도 안 하는 것보다 낫습니다. 적은 급여라도 그들 식탁에 음식을 올려놓을 수 있을 테니까요.

7. 문제는 한 시간 후, 곧 일과를 마쳤다는 나팔이 크게 울리는 6시에 터졌습니다. 포도원 주인은 중간 관리자에게 일꾼들에게 품삯을 지급하라고 지시했습니다. 주인은 효율성을 따져서 일하기보다는 괴팍하게 했습니다. 모든 일을 거꾸로 했습니다. 가장 늦게 고용된 사람이 먼저 품삯을 받게 하고, 가장 먼저 고용된 사람이 끄트머리에 받게 했습니다. 그래서 일꾼들은 마지막에 고용된 사람부터 줄을 서자, 관리자는 딱 1시간만 일한 일꾼에게 하루 품삯인 한 데나리온을 지급했습니다. 줄 뒤쪽에 있던 이들 그리고 해돋이 때부터 더 많이 일한 사이들은 기대에 부풀었습니다. "야, 오늘 상여금을 받는 날이다!" 그런데 3시에 출근한 일꾼들과 12시에 합류한 일꾼들에게도 한 데나리온만 지급했습니다. 사실, 아침 9시부터 일한 사람에게도 마찬가지로 한 데나리온만 지급했습니다.
8. 일꾼들은 큰 상여금 기대와는 달리, 임금이 합의한 대로 한 데나리온만 들어있는 사실을 알았습니다. 그들 분노가 폭발했고, 대표자를 뽑아 보내서 주인과 담판을 지으려 했습니다. "보십시오," 그가 항의했다. "당신이 마지막으로 고용한 이 사람은 한 시간밖에 일하지 않았는데, 우리를 그와 똑같이 대우했습니다. 이건 옳지 않습니다. 우리는 땡볕 아래에서 하루 종일 그 형편없는 포도를 땄습니다. 힘든 일이고, 우리 손마디와 등짝이 쑤십니다. 우리는 불만을 제기합니다. 우리는 더 나은 대우를 받을 자격이 있습니다. 당신은 불공정 노동 행위를 저질렀습니다."
9. 이 사건이 여러분에게 어떻게 다가올지 모르겠지만, 아마도 여러분은 팻말을 들고 노동자 시위에 동참하고 싶을 것입니다. 이렇게 뒤바뀐 임금 체계가 매우 불공정하다고 느낍니다. 그 이야기를 처음 들었던 노동자들과 청중에게 그랬던 것처럼 말입니다. (무슨 일이 일어나고 있는 걸까요? 예수님은 왜 이 이야기를 하셨을까요? 그분은 무엇을 말씀하시려는 걸까요?)

10. 물론 예수님께서 이 비유를 21세기 기독교인이 임금 분쟁을 해결하는 본보기로 제시하시지는 않았습니다. 오늘날 고용주, 특히 대기업 고용주가 이런 식으로 한다면, 언론이 얼마나 큰 소란을 피울지 상상해 보십시오. 더는 사업을 할 수도 없습니다. 임금 시위 소란으로 출근할 수도 없습니다. 고용주가 한 주 동안 이런 식으로 노동자에게 임금을 지급한다면, 다음 주에 곧바로 교훈을 얻습니다. 근로자들은 오후 5시부터만 일하려고 몰려듭니다. 그러면 생산 체제는 무너집니다. 그들이 하루에 한 시간만 일한다면, 시간에 맞춰 생산할 수가 없습니다. (우리는 예수님께서 왜 이 이야기를 하셨는지 더 잘 이해해야 합니다. 그분은 사업이 어떻게 돌아가는지 전혀 모르시는 걸까요? 왜 이렇게 터무니없는 이야기를 하셨을까요?)

11. 문맥은 예수님께서 말씀하시려는 바에 단서를 제공합니다. 이 비유는 하나님과 계약을 맺으려는 두 사람에 관한 예수님의 응답에 이어서 나옵니다. 첫째 사람은 부유한 젊은이였습니다(마 19:16~26). 그는 예수님께 나아와 영생을 얻으려면 정확히 무엇을 해야 하는지 설명해 달라고 요청했습니다. 그는 자기가 십계명을 지켰다고 생각했지만, 영생을 얻는 데 다른 어떤 자격을 예수님께서 더 요구하시는지 알고 싶었습니다. 예수님은 이 사람에게는 근본적인 수술이 필요함을 아시고, 그 사람 삶에 있는 암에 수술칼을 대셨습니다. "네 소유를 팔아 가난한 이들에게 주라. 그리하면 하늘에서 보화가 있으리라. 그리고 와서 나를 따르라." 그가 계약을 체결하려 했다면 그리했을 겁니다. 그러나 그 대가는 그 젊은이가 기꺼이 지급하려는 것 그 이상이었습니다. 그는 모든 것을 취소했습니다. 그의 투자와 은행 계좌는 그에게 모든 것을 의미했습니다. 하나님, 영생, 천국보다 훨씬 더 중요했습니다. 그래서 이 부유한 젊은이는 거래에서 물러섰습니다.

12. 계약 협상을 하려 든 둘째 사람은 베드로였습니다(마 19:25~30). 그와 다른 제자들은 부유한 문의자가 예수님과 나누는 대화를 엿들었

습니다. 그 결과, 베드로는 솔직하게 질문했습니다. "보십시오, 우리는 모든 것을 버리고 당신을 따랐습니다. 우리에게는 무엇이 있습니까?" 베드로가 한 질문은 자기 이익을 구하는 소리로 들리지만, 우리 대부분은 언젠가는 그 질문을 합니다. 처음 예수를 따르기로 결심했을 때, 우리는 그 질문을 제기하지 않을 수도 있습니다. 그러나 한낮 더위에서 수고한 다음에는 불안해합니다. 여러 가지 일들이 일어납니다. 우리는 묻습니다. "대가가 무엇입니까?" "우리에게는 무엇이 있습니까?"

13. 언제가 또는 다른 때, 우리는 모두 베드로가 하는 질문을 합니다. 어쩌면 여러분은 재정적인 어려움에 직면했을지도 모릅니다. 여러분은 자기를 예수님을 헌신적으로 따르는 사람으로 여깁니다. 하지만 빠듯한 예산으로 겨우 생활을 유지해야 합니다. 그런데 다른 사람들은 빠듯한 예산에 겪는 어려움을 겪지도 않습니다. 공평하지 않다고 느낍니다. 여러분 헌신에 보상은 무엇입니까? 여러분에게 돌아오는 것은 무엇입니까?

14. 어쩌면 건강 문제로 씨름하고 있을 수도 있습니다. 온 힘을 다해 그리스도를 섬겼지만, 이제는 아무런 힘도 남지 않습니다. 건강과 기력이 모두 잃었습니다. 당신은 궁금해합니다. "주님, 무슨 일이 일어나고 있는 건가요? 저는 주님의 일을 하려고 노력했습니다. 하지만 저만큼 오랫동안 충실하게 섬기지 않은 새로운 신자들이 활기차고 건강합니다. 불공평합니다. 저에게 보상은 무엇인가요? 저에게는 무엇이 남는 건가요?"

15. 어쩌면 여러분은 세상 다른 지역에서 예수님을 섬기려고 갔다가 다른 문화에 적응하는 데 따르는 불안과 좌절감으로 어려움을 겪고 있을 수도 있습니다. 어떤 그리스도인은 풍요로운 자기 나라에 머물면서 호화로운 생활을 누립니다. 여러분은 자기와 가족에게 압박감을 주지만, 모든 승리에는 좌절감도 뒤따릅니다. 여러분은 몇 번 이기기도 하나, 몇 번은 지기도 했습니다. 그렇다면 여러분 희생에

보상은 무엇입니까? 여러분은 "나에게 무슨 이득이 있습니까?"라고 묻습니다.

16. 또는 교회에서 사람들에게 부당하게 대우받고 이용당했다고 느낄 수도 있습니다. 그만두고 싶을 때도 꿋꿋이 버팁니다. 다른 그리스도인들은 봉사하면서 번성하는 듯합니다. 그들은 여러분만큼 열심히 또는 오래 수고하지 않은데도, 잘 지내고 있습니다. "그래서 나는 무엇을 얻는가?"라는 물음에 괴로워합니다.

17. ("우리에게는 무엇이 있습니까?" 베드로가 한 질문에는 거래하려는 의도가 깔려있습니다. 그러나 우리는 그를 이해해야 합니다. 베드로는 질문할 만한 충분한 이유가 있다고 느꼈습니다. "우리는 당신을 따르려고 모든 것을 포기했는데, 우리에게 돌아오는 것은 무엇입니까?")

18. 예수님께서는 베드로가 한 질문에 온유함과 은혜로 대답하셨습니다. 베드로가 죄책감을 느끼게 하실 수도 있었으나, 그렇게 하시지 않았습니다.

19. 예수님은 이렇게 말씀하셨을 수도 있습니다. "베드로야, 자, 우리가 볼 수 있도록 모든 것을 내려놓자. 정확히 무엇을 포기했느냐? 네가 세베대 어업 회사의 부사장 자리를 포기했다고 말했지. 유망한 어업 경력을 포기했구나. 그거 인상적이군. 또 뭐가 더 있느냐?"

20. "그래, 아내를 포기했다는 말도 맞네. 사랑스럽게 예쁘고 아름다운 아내를. 그녀와 함께 시간을 보내길 좋아했지. 사실, 그대는 그녀와 함께 인생을 보내리라 생각했지. 베드로, 우리가 그렇게 적어두자. 그대는 나를 따르려고 네 배를 등졌다."

21. 베드로가 그리스도를 따르려고 포기한 목록을 작성했다면, 예수님은 그를 부끄럽게 하실 수도 있었습니다. 그것들은 대수롭지도 않습니다. 대신에 예수님은 베드로와 그와 같은 사람들이 충분히 보상받는다고 확신하게 하셨습니다. 예수님께서 당신 왕국을 세우실 때, 베드로와 그의 친구들은 갈릴리 어부의 가장 황당한 꿈을 초월

하는 지위를 갖습니다. 누구든지 예수님을 따르려고 포기한 것은 영생을 받는 것 말고도 백 배로 돌려받습니다. 베드로와 그와 같은 사람들에게는 최고 날들이 아직 오지 않았습니다. 하나님은 그들에게 절대 빚지지 않습니다.

22. 그러자 예수님은 "그러나 첫째는 꼴찌가 되고, 꼴찌는 첫째가 되는 일이 많아진다"라고 말씀하셨습니다(마 19:30). 참으로 이상한 말씀입니다. 하지만 너무나 중요하기에 예수님은 이야기 끝에 다시 "이처럼, 꼴찌는 첫째가 되고, 첫째는 꼴찌가 된다"라고 순서를 바꿔서 말씀하셨습니다(20:16). 그게 다 무슨 뜻일까요? 경건한 헛소리처럼 들립니다. "첫째는 꼴찌가 되고, 꼴찌는 첫째가 된다"라는 말은 슈퍼마켓 계산대에서 줄을 서거나, 공항에서 긴 줄을 서서 기다리거나, 빵집에서 번호표를 받고 차례를 기다릴 때는 통하지 않습니다.

23. 사실, 제가 생각할 수 있는 어떤 곳에서도 이런 일은 일어나지 않습니다. 우리 사회에서는 첫째는 첫째이고, 꼴찌는 꼴찌입니다. 스포츠, 정부, 교육, 사업, 포도원 등에서 시스템은 그렇게 작동합니다. 그러한 영역에서는 꼴찌는 꼴찌이고 첫째는 첫째입니다. 그러나 예수님은 당신 왕국에서는 이렇게 작동하지 않는다고 선언하십니다. 그분 체제에서는 "첫째는 꼴찌가 되고, 꼴찌는 첫째가 되는 일이 많아집니다." (무슨 뜻일까요? 그분 왕국에서 질서가 뒤바뀜은 무슨 뜻일까요? 말이 됩니까?)

24. "첫째는 꼴찌가 되고, 꼴찌는 첫째가 된다"라는 말은, 예수님께서 세상 질서를 바꾸신다는 뜻입니다. 이렇게 뒤집으시는 이유는, 하나님께서 우리 실적이 아니라, 당신 선하심을 바탕으로 우리를 대우하시기 때문입니다. 우리는 실적 위주 체제(merit system)에서 살아갑니다. 먼저 도착한 사람이 먼저 서비스를 받습니다. 더 많은 시간을 일한 사람이 돈을 더 많이 벌고, 최고 성적을 받은 학생이 반에서 1등을 차지합니다. 그러나 하나님께서는 그러한 체제로 일하시지 않습니다. 우리 실적이 아니라, 당신 선하심을 바탕으로 우리

에게 보상하십니다. 우리가 마땅히 받아야 한다고 생각하는 것을 주시지 않고, 우리가 받아야 할 것 그 이상을 주십니다. 항상 공정하시지만, 공정함보다 훨씬 더 나아가 항상 선하십니다.

25. 이 이야기로 말씀하시려는 바에 귀를 기울입시다. 그분 포도원에서 일하도록 허락받음은 하나님의 선하심을 반영합니다. 봉사 그 자체가 과분한 보상입니다. 해지기 전에 광장에 빈둥거리고 서 있던 사람들은 '놀고먹는 부자'가 아니었습니다. 그들은 '일자리가 없는 가난한 사람'이었습니다. 그 나라 실업률은 꽤 높았습니다. 일자리를 찾기가 어려웠습니다. 그들 애처로운 설명은 왜 그들이 거기에 서 있었는지 알려줍니다. "누구도 우리를 고용하지 않기 때문입니다." 이는 "누구도 우리를 원하지 않는다" 또는 "누구도 우리를 필요로 하지 않는다"라는 뜻입니다. 며칠 또는 몇 주 동안 필사적으로 일자리를 찾아본 적이 있다면, 실업 수당을 받으려고 줄을 서 있기가 생산 조립 설비에서 일하기보다 더 지치는 일임을 압니다.

26. 제 친구는 회사가 규모를 축소하는 바람에 50대 초반에 일자리를 잃었습니다. 몇 주 동안 그는 다른 자리를 찾으려고 도시를 샅샅이 뒤졌습니다. 그는 거의 모든 일자리를 감수할 의향이 있었지만, 어떤 회사도 관심을 보이지 않았습니다. 이러한 상황이 그를 거의 죽일 뻔했습니다. 사실, 그는 너무 우울해서 자살까지 생각했습니다.

27. 아침에 잠자리에서 일어나도록 깨우는 자명종 시계를 원망하는 대신, 여러분이 할 의미 있는 일이 있다면 그 일을 하러 갈 일자리가 있음에 감사하는 기도를 드리십시오. 사회가 일하고 싶어 하는 사람에게 일자리를 제공하지 못하면, 참으로 끔찍한 일입니다. 사람들은 힘든 노동 압박에는 잘 무너지지 않습니다. 오히려 할 일이 없어 빈둥거리다 무너집니다. 인생에서 가장 힘든 도전은 열심히 일해야 할 때가 아닙니다. 아무 할 일이 없을 때입니다.

28. 예수님은 할 일 없이 빈둥거리는 사람, 실업자, 시간이 남아도는 길 잃은 이에게 오셔서 당신 포도원에서 할 의미 있는 일을 제안하십

니다. 그 일 자체가 선물입니다. 포도원 주인을 섬기는 일에는 보람이 있습니다. 그분 일을 함으로 우리는 그분과 그분 추수와 관계를 맺습니다. 불쌍히 여겨야 할 사람은 포도원의 일꾼이 아니라, 장터에서 빈둥거리는 사람입니다.

29. 이 점이 의심스럽습니까? 베드로를 그 부자 청년과 비교해 봅시다. 잠시 모든 종교적 전문 용어를 제쳐두고, 누가 더 가치 있는 삶을 살았습니까? 베드로가 어업에 종사해 거물이 되었다면 더 나았으리라고 진지하게 말씀하시겠습니까? 그들 사회 기준으로 볼 때, 그 부유한 젊은이는 "첫째"였고 베드로는 "꼴찌"였습니다. 그러나 예수님 따르기를 거부하고 하나님의 영원한 생명을 놓친 그 젊은이에게는 안타까움을 느끼지 않으십니까? 불쌍히 여겨야 할 사람은 아침에 침대에서 기어 나와, 지역 스타벅스에서 커피를 한 잔을 마시고, 매일 같은 사무실로 출근하며 교통 체증과 싸우며, 같은 식당에서 밥을 먹고, 같은 액수의 봉사료를 남기고, 같은 시간에 집으로 운전해 가서, 텔레비전을 보고, 잠자리에 드는 사람입니다. 그는 65세쯤에 은퇴하여 73세까지 골프를 치다가 삶에 대한 영원한 감각 없이 죽습니다. 누가 결국 첫째입니까? 누가 결국 꼴찌입니까?

30. 예수님은 우리를 포도원에 들여보내 일하게 하심으로써 영원한 무의미함에서 건지십니다. 중앙아시아에 사는 타타르족(the Tartar)은 적을 저주할 때 "지옥에나 가라"라고 말하지 않습니다. 오히려 "영원히 아무것도 하지 않기를 바란다"라고 말합니다. 예수 그리스도는 당신 선하심으로 우리를 그 저주에서 건지십니다. (포도원에서 일하는 것만으로도 보상이 있으며, 보상 자체에 관해서는 하나님의 관대한 선하심이 우리 보상을 결정한다고 믿을 수 있습니다.)

31. 이 비유는 우리 주인이 공의로우시며, 또한 그 이상임을 확신하게 합니다. 그분께서 항상 공의로우시지만, 그 이상입니다. 관대하시며 게다가 선하십니다. 포도원 주인이 불만을 품은 일꾼들과 나눈 대화를 다시 들어봅시다(마 19:12~15). 그들은 주인이 불공평하다고

항의합니다. 결국, 그들은 어떤 이들은 포도를 따는 데 한 시간만 일했지만, 자기들은 열두 시간 동안 땀을 흘려야 했다고 주장합니다. 주인은 자기를 변호합니다. "보시오, 내가 당신에게 불의를 행하지 않았소. 당신은 우리가 합의한 대로 다 받았소. 당신은 내가 내 소유물에 모든 권리를 가지고 있지 않다고 주장할 수는 없소, 그렇지 않소? 나는 당신에게 준 만큼 다른 사람들에게 자유롭게 줄 수 있소." 주인이 불평등하게 대우한 듯하지만, 사실 그것은 불의한 대우가 아니었습니다. 그는 친구들을 편애하려고 일찍부터 일한 일꾼들에게 잘못을 저지르지 않았습니다. 일찍부터 일한 일꾼들은 그들이 합의한 모든 것을 받았습니다. 모든 것을.

32. 포도원 주인은 일꾼들에게 품삯을 지급할 때, 모든 사람에게 공의를 베풀었습니다. 그러나 대부분 일꾼에게는 공의를 넘어, 은혜를 베풀었습니다. 그는 마음의 선함에서 우러나온 행동을 했습니다. 정의는 이 이야기 배경을 이루며, 그 배경에서 선함은 불공정함이 아니라 선함으로 드러납니다. 주인이 일찍 온 일꾼들과 약속한 품삯을 속였다면, 그는 악한 사람입니다. 이 비유에서 강조점은 오후 5시에 온 일꾼들에게 베푸는 숭고한 관대함에 있습니다. 이야기에 등장하는 모든 사람은 공정하게 대우받았지만, 마지막에 온 사람들은 넘치는 관대함으로 대우받았습니다.

33. 여러분이 예수 그리스도를 섬길 때, 일한 품삯을 받지 않고 보상을 받습니다. 그분을 섬길 때 여러분 실적이 아니라, 그분 관대함에 근거하여 보상을 받습니다. 여러분이 일한 질에—맛있는 포도를 따기에 근거해 보상받지 않습니다. 여러분이 한 일의 양에—다른 사람이 12시간 한 일보다 1시간 만에 더 많이 따기에 근거해 보상받지 않습니다. 예수 그리스도를 섬길 때, 그분께서는 여러분을 계약 아래 두지 않으십니다. 은혜 아래 두십니다.

34. 이는 그리스도인이 되는 방법입니다. 구원은 전적으로 하나님의 은혜에 근거하지, 여러분 실적에 근거하지 않습니다. 여러분이 자기

행위에 근거하여 하나님과 관계를 맺는다고 생각한다면, 영원한 생명을 결코 얻지 못합니다. 부자가 영원한 생명을 놓친 이유가 바로 그것입니다. 그는 그리스도께서 우리 체제를 완전히 뒤집어 놓으신다는 사실을 이해할 수 없었습니다. 그는 자기 실적에 근거한 계약을 바랐지만, 정작 계약을 맺었을 때 그것을 감당할 수 없었습니다. 그는 하나님께서 첫째가 첫째이고 꼴찌가 꼴찌인 체제로 일하시지 않는다는 사실을 자기 생각에서 떨쳐낼 수 없었습니다.

35. 베드로는 예수를 따르고서도, 여전히 모든 것을 이전 정산 체제로 되돌리려는 경향이 있었습니다. 가장 먼저 모든 것을 포기한 사람이 맨 나중에 그렇게 한 사람보다 우선권을 가져야 하지 않을까요? 베드로는 임금 체제로 돌아가고 싶어 했습니다. 그러나 임금 체제는 하나님께서 우리를 대우하시는 방식을 생각하는 데 적합하지 않습니다. 이 이야기의 초점은 급여를 받는 방법에 있지 않고, 하나님의 관대한 보상에 있습니다. 하나님과 흥정하려 함은 잘못된 생각입니다. 우리는 의미 있는 일을 할 수 있다는 감사함으로 그분 봉사에 참여하고, 궁극적인 보상은 그분께 맡겨야 합니다. 예수님은 처음 온 사람과 나중에 온 사람 모두를 당신 관대한 선하심의 대상으로 대우하시고자 하십니다.

36. (여러분은 하나님께서 베푸시는 선하심에 어떻게 반응하십니까?) 우리 대부분은 그분 풍성함을 우리 삶에 느낄 때, 기뻐하고 심지어 감사하기까지 합니다. 한 시간만 일하고도 하루 품삯이나 받은 사람은 주인의 선함에 환호했을 겁니다. 그러나 검증(test)은 하나님의 선하심이 여러분에게 쏟아질 때 어떻게 반응하느냐가 아니라, 그 선하심이 다른 사람들에게 나타나는 것을 볼 때 어떻게 반응하느냐에 있습니다.

37. 주인이 묻습니다. "내가 후하게 대우한다고 해서 시기하느냐? 내가 다른 사람에게 베푸는 관대함을 못마땅하게 여기느냐?" 다시 말해, 그는 묻습니다. "내가 다른 일꾼들에게 그들이 받을 자격이 없는

관대함을 베풀었다고 해서, 그리도 불편하냐? 나는 네가 받아야 할 금액보다 적게 주지는 않았다, 그렇지 않냐? 내가 다른 일꾼들에게 후하게 보상했다고 해서 네가 조금이라도 손해를 보지는 않았다, 그렇지 않냐? 내가 네 다른 동료들에게 그들이 번 것보다 더 많이 줄 권리를 행사하는 게 그리도 못마땅하냐?"

38. 우리는 이렇게 대답합니다. "주님, 물론 아닙니다. 주님께서 저희 친구들을 후하게 대우하심에 기뻐합니다. 정말이지 좋은 일입니다." 하지만 속으로는 늘 이렇게 생각합니다. "왜 나는 안 돼? 왜 내 친구들은 하루 종일 빈둥거릴 수 있는데 나는 오후 뜨거운 햇볕 아래서 땀을 흘려야 하지? 왜 다른 그리스도인은 나보다 더 쉽게 사는 거지? 나는 언제 보상을 받지?"

39. 하나님께서 친한 친구나 동료에게 특별하게 역사하심을 볼 때, 하나님께서 나를 대하신 방식에 불만을 품지는 않습니까? 그럴 때, 내 삶에서 하나님의 선하심은 완전히 무시한 채로 마음으로 하나님이 몹시 불공평하다고 비난할 수 있습니다. 계약에 기반한 사고방식은 결국 그렇습니다.

40. (이러한 태도는 어떻게 해결할 수 있을까요? 하나님의 관대하심에 불평하지 않으려면 어떻게 해야 할까요? 하나님께서 당신 선하심으로 꼴찌는 첫째가 되게 하시고 첫째는 꼴찌가 되게 하셔도, 화내지 않는 방법은 무엇일까요?)

41. 일꾼들은 주인하고 상대하는 동안만 만족했습니다. 그들은 데나리온 그리고 주어진 일에 집중하는 동안만 만족했습니다. 다른 일꾼들이 와서 품삯을 받자, 소란해졌습니다. 그때 시기하기 시작했습니다. 우리가 하나님의 선하심에 분노하는 감정은, 우리가 포도원의 다른 일꾼들을 바라보며 하나님께서 우리에게 하신 일과 비교하여 그들 삶에서 하나님께서 무엇을 하셔야 하는지 또는 하셔서는 안 되는지를 정할 때 시작하지 않았습니까?

42. 포도원 주인을 위해 일하고 그분 수확물을 거두는 데 집중하는 한, 다른 것은 그다지 중요하지 않습니다. 그분이 여러분에게 생산적인 일을 주셨고 항상 관대한 선하심으로 보상하심을 이해한다면, 만족합니다. 우리 주님은 "첫째는 항상 첫째이고, 꼴찌는 항상 꼴찌이다"라는 시장 체제로 일하시지 않는다는 점을 깨달으십시오. 그분 선하심은 그 체제를 완전히 뒤집으십니다. "첫째는 꼴찌가 되게 하시고, 꼴찌는 첫째가 되게 하십니다." 신비주의자 마이스터 에크하르트(Meister Eckhart)는 이를 이해하고서, "영적 축복의 기초는 이것—영혼이 하나님의 선하심을 바라봄, 곧 사이에 어떤 것도 받아들이지 않은 채 직접 바라봄—이다"라고 썼습니다.

43. 여러 해 전, 우리 아들 토리(Torrey)가 열 살이나 열한 살쯤이었을 때, 어느 토요일 오후에 친구들과 놀다가 일찍 집에 돌아왔습니다. 엄마는 그날 저녁 손님을 대접하려고 정신없이 준비하고 있었습니다. 토리는 시키지도 않았는데 진공청소기를 꺼내 집 전체를 청소했습니다. 아내 보니(Bonnie)는 내가 집에 돌아왔을 때 그 이야기를 제게 했습니다. 저는 아이들이 그런 일을 하면 으레 50센트를 줬습니다. 아들 토리에게 얼마를 받고 싶냐고 물었을 때, 아들은 "아빠, 그냥 돕고 싶었어요"라고 대답했습니다. 그때 지갑을 꺼내 2달러를 줬습니다. 아들은 그것을 받고서 "아빠, 저는 우리 가족이 참 좋아요. 아빠는 제가 요구했을 것보다 더 많이, 그리고 제가 한 일의 가치보다 더 많이 주셨어요!"라고 말했습니다. 그는 자기가 아는 것보다 더 저를 존경했습니다. 그 일이 있은 지 30년이 넘었지만, 저는 그 일을 결코 잊지 못합니다. 가족을 사랑하고 돕고, 또한 부모님의 관대함을 당연하게 여기지 않는 아들이 있으니, 참으로 만족합니다!

설교 평가(Evaluation)

이제 설교 내용을 되살피면서 몇몇 물음에 대답하자.

구절의 주제 요소, 부연 요소, 석의 아이디어는 무엇인가?

- **주제 요소**—하늘 왕국(the kingdom of heaven)에서는 왜 지급 체제가 뒤집히는가?
- **부연 요소**—하나님께서는 실적에 따라서가 아니라, 당신 선하심과 관대하심에 따라서 대우하시기 때문이다.
- **아이디어**—하늘 왕국에서, 하나님께서는 인간 지급 체제를 뒤집으시는데, 하나님께서는 실적에 따라서가 아니라 당신 선하심과 관대하심에 따라서 대우하시기 때문이다.
- **석의 관찰**—이 비유는 마태복음 19:30의 수수께끼 같은 말씀, 곧 "그러나 첫째인 많은 이는 꼴찌가 되고, 꼴찌인 많은 이는 첫째가 된다"를 상세히 설명한다. 마태복음 20장이 **"왜냐하면**(for)"로 시작하여 그 비유가 그 진술을 상세히 설명함에 주목하자. 이것이 비유의 **아이디어**이다.

설교 아이디어는 무엇인가?

설교 아이디어를 몇 가지로 정리하기 시작했다.

- "하나님께서는 보상 체제를 뒤집어 일하신다."
- "하나님께 보상을 받으려고 일하지 말고, 주시는 대로 받아라."
- "삯을 바라며 일하지 말고, 하나님을 위해 일하라."

그런데 이것 중 어느 것도 내 상상력을 자극하지 못했다. 그래서 예수님의 말씀 자체를 설교 아이디어로 선택했다.

- "첫째가 꼴찌가 되고, 꼴찌가 첫째가 된다."

이는 일상 대화에서 가끔 들었을 말이다. 그러나 대부분은 이 말이 어디에서 왔는지, 무엇을 의미하는지는 잘 모른다. 이 말을 설명하면 청중은 이해하겠고, 다시 들으면 그 신학적 진리를 마음에 되새길 테다.

이 설교를 전달하는 목적은 무엇인가?

설교 목적은 청중이 자기 삶에서 하나님의 선하심에 긍정적으로 반응하고, 다른 사람들 삶에서 하나님의 선하심을 목격할 때도 긍정적으로 반응하게 하려 함이다.

이 설교를 전달해야 할 필요는 무엇인가?

많은 그리스도인은 하나님이 공정하시지 않다고 느낀다. 이는 하나님께서 자기를 대하신 방식과 다른 사람을 대하신 방식을 비교하는 데서 비롯한다. 이는 시기로 이어지고, 시기는 영혼을 갉아먹는다. 예수님께서 죄인을 환영하셨을 때 바리새인이 불쾌감을 느꼈듯이, 그리스도인도 하나님의 선하심이 다른 사람들에게 나타날 때 불쾌감을 느낄 수 있다. 우리만이 그분 관대하심의 특별한 대상이어야 한다고 느낄 수 있다. (이러한 느낌이 일지 않게 해야 한다.)

이 설교에는 얼거리가 있는가?

그렇다. 얼거리는 다음과 같다.

1. **서론—"이 비유에서 무슨 일이 일어나는가?"라는 질문을 야기한다**(문단 1~10).
2. **우리는 하나님과 계약 관계를 맺고자 한다**(문단 11~23).
   1) 예수님은 이 비유를 21세기에 임금 분쟁을 해결하는 모델로 제시하지 않으셨다.
   2) 이 비유에서, 예수님은 하나님과 계약을 맺고 싶어 했던 두 사람에게 응답하신다.

3) 한 부유한 젊은이는 영생을 얻으려는 사업 거래의 세부 사항에 관해 질문하며 예수님께 접근했다.

4) 베드로와 다른 제자들은 자기들이 제공한 봉사에 관해 하나님과의 계약 관계를 전제로 하는 또 다른 질문을 했다.

5) 우리는 하나님과 계약 협상 중임을 암시하는 질문을 이따금 한다.

6) 예수님은 그 질문의 기본 전제, 곧 하나님께서 우리와 계약을 맺으신다는 전제를 거부하셨다.

7) 예수님은 베드로의 질문에 은혜로 응답하셨다.

8) 예수님은 베드로가 보수 지급에 관한 질문을 꺼냄에 죄책감을 쉽게 느끼게 할 수도 있었다.

9) 예수님은 베드로 그리고 그와 같은 사람들이 자기들 봉사에 충분히 보상을 받는다고 확실히 말씀하셨다.

10) 그런 다음 예수님은 "그러나 첫째인 많은 이는 꼴찌가 되고, 꼴찌인 많은 이는 첫째가 된다"(19:30)라고 말씀하셨다. (이 원리는 우리 생각에 중추이어야 한다. 이는 하나님께서 우리를 어떻게 대우하시는지에 관한 기본 교훈이다.)

3. **우리는 보상을 우리 실적에 따라 받지 않고, 오히려 하나님의 선하심과 관대하심에 따라 받는다**(문단 24~35). (이 이야기가 우리에게 제시하는 바를 눈여겨보자.)

1) 포도원에서 봉사하는 것 자체가 하나님의 선물이다.

2) 해 질 녘 직전에 장터에서 빈둥거리고 있던 일꾼들은 부유한 게으름뱅이가 아니라, 가난한 게으름뱅이였다.

3) 예수님은 게으른 자, 실업자, 길 잃은 자에게 오셔서 당신 포도원에서 의미 있는 일을 하도록 우리에게 제안하신다.

4) 주님의 포도원에서 주님을 섬기면, 크게 만족한다.

5) 계약 봉사, 곧 율법주의(legalism)는 생산적인 일을 하는 만족감을 놓치게 한다.

6) (이 이야기가 우리에게 말해주는 둘째는,) 하나님의 선하심은 당신 보상을 항상 결정한다.
7) 일꾼들은 불평등한 대우를 받았지만, 불공정한 대우는 아니었다.
8) 하나님은 우리에게 보상하실 때 항상 당신의 크신 관대함으로 보상하신다.
9) 정의는 하나님의 선하심이 불공정함으로가 아니라 선하심으로 나타나는 배경을 형성한다.
10) 하나님께서 우리를 대하실 때 우리에게 임금 지급하시기를 바라지 않으시고, 우리에게 보상하시기를 바라신다.
11) (이 이야기에서 우리에게 분명해지는 또 다른 것이 있다.)
12) 우리는 하나님과 관계에서 거래할 자격이 없다.

4. **자기중심적인 사람만이 하나님의 선하심에 불평한다**(문단 36~41).
   1) (하나님께서 베푸시는 관대함과 선하심에 어떻게 반응하는가?)
   2) 우리는 모두 하나님께서 우리에게 베푸시는 선하심에 감사하며, 우리 삶에서 그분께 감사로 응답한다.
   3) 그러나 나를 검증하는 질문은 "하나님의 선하심이 다른 사람들에게 나타날 때, 나는 어떻게 반응하는가?"이다.
   4) 모든 일꾼은 포도원 주인과만 관계를 맺는 한 완전히 만족했다.
5. **결론—아버지가 계약 없이 일하는 아들로 존경받듯이, 하나님은 우리가 섬기고 보상을 그분께 맡길 때 영광을 받으신다**(문단 42~43).

이 설교 얼거리는 어떤 전개 모양새인가?

이 설교 얼거리는 귀납법-연역법 전개 모양새이다. 핵심 아이디어는 설교의 상당히 뒤쪽인 문단 22에 가서야 나온다. 아이디어가 나오고, 문단 23~24절에서는 아이디어를 간략하게 설명한다. 그 이후 모든 내용은 아이디어와 다시 관련되기에 연역법 전개인데, (아이디어를 제시하고서는 항상 그렇다).

설교에 쓴 뒷받침 자료는 어떤 종류인가?

설교 전체에 걸쳐 '**재진술**(restatement)'을 많이 쓴다. 예를 들어, 문단 9, 10, 23, 40 끝부분에서 질문 형태로 부문을 전환하는 역할을 한다. 문단 30 끝부분에서는 앞 부문의 아이디어를 다시 진술하는 재진술이다. 문단 10은 전체가 기본적으로 재진술이다. 문단 17과 37도 그렇다.

설교 전체에 걸쳐 '**반복**(repetation)'을 쓴다. (재진술은 같은 내용을 다른 단어로 말하고, 반복은 같은 내용을 같은 단어로 말함을 기억하자.) 문단 12~18에는 "나에게 무슨 이득이 있는가?"라는 질문에 집중하려고 반복을 많이 쓴다.

이 설교에는 '**설명**(explanation)'도 있다. 예를 들어, 문단 11은 문맥의 중요성을 설명합니다. 문단 24절 일부는 "첫째는 꼴찌가 되고, 꼴찌는 첫째가 된다"를 설명합니다. 그리고 문단 32는 비유에 나오는 모든 일꾼이 어떻게 공정하게 대우받았는지 설명한다.

설교에는 '**인용문**(quotation)'이 하나만 있다. 그것은 문단 42에서 마이스터 에크하르트가 한 말이다. 그 권위에 기대기보다는, 그 통찰력이 유익하기에 인용했다. 대부분 사람은 에크하르트(옮긴이 덧붙임. 독일 신학자로 도미니칸 수도회 소속)가 누구인지 모를 테다.

설교에는 '**이야기하기**(narration)'도 쓴다. 처음 8개 문단에서는 비유를 현대 감각으로 이야기한다. '대화(dialogue)'는 이야기하기의 특별한 유형인데, 대화는 설교 전체에 흩뿌려져 있다. 문단 19~20에는 예수님이 베드로와 나누신 대화가 있다. 문단 37과 38은 '질문(question)'과 '대답(answer)'이다.

마지막으로, 형식상 '**예화**(illustration)' 세 개가 설교를 뒷받침한다. 문단 30에는 타타르족에 관한 짧은 예화-인용문이 있다. (그것은 제 예화 파일에서 나온 유일한 것이다.) 다른 예화는 모두 개인적이다. 문단 26에는 친구가 직장을 잃은 짧은 예화이고, 마지막 문단에서는 제 아들에 관한 더 긴 일화로 설교를 끝맺는데, 이 예화는 중심 아이디어를 요약하는 역할을 한다.

이 설교 서론은 어떤가?

서론이 효과를 내려면, 세 가지 목표를 달성해야 한다. 1) 관심 끌기, 2) 필요 드러내기, 3) 청중을 설교 본론으로 안내하기 등이다. 이 설교 서론은 세 가지 목표를 모두 이루려고 노력했다. (성공했는지는 여러분이 판단할 수 있다.)

서론 첫 마디, 곧 "예수님은 현명하게 직업을 바꾸셨습니다"라는 말은, 청중의 '**관심**(attention)'을 끌려고 고안했다. 대부분 사람은 예수님이 '경력'이 있거나 직업을 바꾼다고 생각하지 않는다.

또한 호기심에 호소함으로 '**필요**(need)'를 느끼게 하려고 노력했다. 비유를 듣는 사람이 "그게 다 무슨 소리야? 전체적으로 공정해 보이지 않아. 왜 예수님은 그런 합의를 승인하실까?"라고 묻도록, 비유를 이야기하려고 노력했다. 필요를 느끼게 했다면, 청중은 스스로에게 "설교자는 오늘 아침에 이 문제를 설명하실 거야!"라고 말한다.

"호기심이 고양이를 죽였고, 만족이 되살렸다"라는 옛 속담은, 호기심 충족만으로는 삶을 바꾸지 못한다는 사실을 잘 드러낸다. 그래서 설교 후반부, 곧 문단 13~16에서는 더 깊고 개인적인 필요를 드러내려고 노력했다. 많은 사람은 하나님께서 오직 자기만 공정하게 대우하지 않는다고 느낀다. 그것이 이 비유가 다루는 근본적인 필요이지만, 그것에 직접적으로 접근하는 방법을 몰랐다. 그래서 호기심으로 시작했다.

처음부터 청중을 성경 구절로 안내했지만, 문단 9~10에서 "예수님은 왜 이 이야기를 말씀하셨을까?"라고 질문하며 설교 본론으로 안내했다. 이 설교는 연역법 전개보다는 귀납법 전개이기에, 청중을 중심 아이디어나 설교 주제 요소로 안내하지 않았다. 오히려 그것들을 메시지의 첫째 이동(the first movement)으로 안내했다.

이 설교 결론은 어떤가?

강력한 결론은 핵심 아이디어에 초점을 맞춰 설교를 '강한 집중(a burning focus)' 상태로 이끈다. 청중은 그 개념으로 다시 돌아와 그 중요성을 느끼고 그 의미를 생각해야 한다. 이 설교에서는 두 가지 방식으로 이를 시도했다. 첫째, 문단 42에서 설교 전체에서 강조한 내용을 요약했다. 마이스터 에크하르트가 한 말을 인용함으로, 주요 아이디어를 신선한 방식으로 반복했다. 둘째, 내 아들에 관한 예화를 마지막으로 청중이 하나님의 선하심에 긍정적 반응을 하나님께서 어떻게 여기시는지 느끼게 하려고 했다.

요약하면, 강력한 설교는 두 곳에 초점을 맞춰야 한다. 설교는 본문의 아이디어와 전개에 초점을 맞춰야 한다. 또한 청중에게도 초점을 맞춰야 한다. 청중은 이중 초점 설교(bifocal preaching)를 들음으로, 영원하신 하나님께서 오늘 자기에게 하시는 말씀을 이해하고 경험한다.

설교 준비 연습문제

Student Exercises

다음 연습문제는 지금까지 논의한 개념을 확실히 이해하도록 돕는다. 어떤 문제는 다른 문제보다 더 어렵다. 모든 문제는 여러 설교자와 함께 실제 설교 상황에서 검토했다. 몇몇 문제는 설교학을 가르치며 만들어 이전 판에 실었었다. 먼지는 털어내고 '거미줄'은 거둬냈기에, 명확한 연습문제로 훈련할 수 있다. 몇몇 문제는 로버트 퍼멘터 박사(Dr. Robert Permenter)가 만들었는데, 그는 고든콘웰신학대학원(Gordon-Conwell Theological Seminary)에서 가르친 제자이다. 밥(Bob) 목사는 베델신학대학원(Bethel Seminary)에서 설교학 과목을 가르쳤는데, 연습문제를 만드는 데 크게 이바지함에 감사드린다. 또 다른 몇몇 문제는 스콧 웨닉(Scott Wenig)이 만들었다. 그는 이 책 개정증보4판 편집자이자 덴버신학대학원(Denver Seminary)에서 해돈 로빈슨 성경 설교학 석좌교수이다.

연습문제 풀기는 흥미롭기도 하나, 때로 좌절감을 느끼게 할 수도 있다. 결국, 생각하기는 힘든 일일 수 있다. 그러나 연습문제 풀기로, 이 책 『성경 강해설교』에 제시한 내용을 더 잘 이해하고 적용할 수 있다.

(밝힘. 옮겨 엮은이가 **연습문제 해답을 모두 각주로 옮겼으니**, 모든 문제는 곰곰이 생각해 나름대로 답을 쓰고서 각주에서 확인하기를 바란다.)

2. 빅 아이디어 이해하기 _What's the Big Idea?

2.1. 주제 요소(Subject)와 부연 요소(Complement)

다음 문단에서 주제 요소와 부연 요소를 결정하자.

1. 좋은 설교는 설교자가 청중에 관한 모든 것을 어떻게 알았는지 청중이 궁금하게 한다.

- 주제 요소—________________________
- 부연 요소—________________________[1]

2. 오늘날 설교 강단이 권위를 잃었는데, 대체로 성경을 메시지 원천으로 여기지 않기 때문이다.

- 주제 요소—________________________
- 부연 요소—________________________[2]

3. 젊은이는 시간이 많고 기억이 적지만, 늙은이는 기억이 많고 시간이 적다.

- 주제 요소—________________________
- 부연 요소—________________________[3]

---

1 주제 요소—좋은 설교 기준은 무엇인가?
부연 요소—좋은 설교는 청중이 누구인지를 드러낸다.

2 주제 요소—오늘날 설교 강단이 권위를 잃은 이유는 무엇인가?
부연 요소—성경을 무시했다.

3 주제 요소—젊은이와 늙은이는 시간과 기억에 무슨 차이가 있는가?
부연 요소—젊은이는 기억이 적고 시간이 많지만, 늙은이는 기억이 많고

4. 흔히 "자비는 가정에서 시작한다"라고 한다. 그렇지 않다. 자비는 사랑이 필요를 만나는 데서 시작한다.

- 주제 요소—____________________
- 부연 요소—____________________[4]

5. 십대에게—여러분이 부모님에게 부당하게 시달려 지쳤다고 생각하면, 지금이 행동할 때이다. 곧바로 집을 나가서, 여러분이 여전히 다 안다고 생각할 때까지 스스로 돈을 벌어 생활하라.

- 주제 요소—____________________
- 부연 요소—____________________[5]

6. "나에게 '주님, 주님'이라고 부르는 사람이 모두 하늘 왕국에 들어가지 않고, 내 아버지, 곧 하늘에 계신 분 뜻을 실천하는 이만 (들어간다)" (마 7:21)

- 주제 요소—____________________
- 부연 요소—____________________[6]

시간이 적다.

4 주제 요소—자비는 어디에서 시작하는가?
부연 요소—자비는 사랑이 필요를 만나는 데서 시작한다.

5 주제 요소—십대가 불만족스러워하면, 어떻게 대해야 하는가?
부연 요소—모든 것을 안다고 생각하면, 혼자서 하게 한다.

6 주제 요소—예수께서는 누가 하늘 왕국에 들어간다고 말씀하시는가?
부연 요소—아버지 하나님의 뜻을 실천하는 이들.

7. “그대가 젊을 때, 곧 어려운 시기가 닥치기 전에 그리고 ‘나는 삶에서 더는 즐거움을 찾지 못하겠다’라고 말할 때가 닥치기 전에, 그대 창조주를 기억하라.” (전도서 12:1)

- 주제 요소—______________________________
- 부연 요소—______________________________[7]

8. “너보다 나이가 많은 분께 거칠게 말하지 말고, 네 아버지께 하듯이 권면하라. 더 젊은이들에게는 형제처럼 대하고, 더 나이 많은 여성은 네 어머니처럼 대하라. 더 젊은 여성에게는 품위를 지켜 대하고 네 누이에게 대하듯이 하라.” (디모데전서 5:1~3)

- 주제 요소—______________________________
- 부연 요소—______________________________[8]

9. “[용서는] 우리가 ‘자비라는 겉옷’으로 잘못을 덮는다는 뜻일 수 없다. 신성한 일들은 결코 환상이나 기만의 문제가 아니다. 오히려 죄가 용서되기 앞서서, 죄를 덮고 있는 겉옷을 벗겨야 한다. 그 죄는 무자비하게—정말로 무자비하게—하나님 앞에 환히 드러나야 한다(시편 90편).” _헬무트 틸리케(Helmut Thielicke)

- 주제 요소—______________________________
- 부연 요소—______________________________[9]

---

7 주제 요소—솔로몬은 독자에게 언제 하나님을 생각하라고 말하는가?
부연 요소—그들이 젊을 때.

8 주제 요소—바울은 디모데에게 다른 사람을 섬길 때 그들과 어떻게 관계를 유지해야 한다고 말하는가?
부연 요소—그는 그들을 자기 식구로 대해야 한다.

10. “복 받은 사람,
자기 허물이 용서된 사람
자기 죄가 덮인 사람이다.
복 받은 사람,
주님께서 죄가 있어도 더는 죄로 여기시지 않는 사람
자기 영에 속임수가 없는 사람이다.” (시편 32:1~2)

- 주제 요소—____________________

- 부연 요소—____________________ 10

---

9 주제 요소—틸리케는 용서하는 데 본질이 무엇이라고 말하는가?
부연 요소—죄가 먼저 하나님 앞에 드러나야 한다.

10 주제 요소—시인은 누가 복 있는 사람이라고 말하는가?
부연 요소—주님께 죄 용서받은 정직한 사람이다.

3. 빅 아이디어를 찾는 도구 갖추기 _Tools of the Trade

3.1. 점 연결하기 _Connect the Dots

〈그림 5〉 **예수님—유다 지파의 ______**

〈그림 5〉에 있는 점을 굳이 연결하지 않아도 이미지를 그리기는 쉬운데, 왜 그런가?

성경에서 석의 아이디어를 구상하기는 점을 연결하기와 같다. 그런데 점을 연결하지 않고, 아이디어를 연결하는 차이만 있다. 본문이 말하는 빅 아이디어를 아는 방법은, 완성한 이미지를 아는 방법과 같다. 이미지는 모든 점을 연결해야만, 비로소 완성할 수 있다. 마찬가지로, 성경 저자가 쓰는 주제에 관해 저자가 하는 모든 생각을 연결해서, 성경 본문의 빅 아이디어를 얻는다.

다시 말해, 여러분이 얻은 석의 빅 아이디어가 저자가 자기 사고 단위에서 그 주제에 관해 말하는 바를 모두 적절하게 반영해야만, 여러분이 정리한 빅 아이디어는 정확하다.

야고보서 1:2~12를 살피자. 다음은 해당 구절의 모든 '점(아이디어)'을 다루는 석의 빅 아이디어이다.

- **주제 요소**—믿음 때문에 시험을 겪을 때, 왜 기뻐해야 하는가?
- **부연 요소**—왜냐하면 시험은 두 가지를 만들기 때문이다. 우리를 성숙하게 하는 인내를, 그리고 시련 (특히 재정적 시련)에 대처할 지혜를 만든다.
- **아이디어**—우리는 시련에도 기뻐하는데, '믿음 검증'(예, 시련)은 우리가 인내하면서 성숙하게 하여, 어떤 것도 부족하지 않게, 특별히 시련에 대처할 지혜가 부족하지 않게 하기 때문이다.

야고보서 1:2~12의 아이디어를 표현하는 방법은 여러 가지이며, 이것이 위에 제시한 표현과 조금 다른 이유이다. 같은 본문을 짧게 요약할 수 있다.

- **주제 요소**—믿음 때문에 시험을 겪을 때, 왜 기뻐해야 하는가?
- **부연 요소**—왜냐하면 시험은 우리를 성숙하게 하기 때문이다.
- **아이디어**—우리는 시련에도 기뻐하는데, '믿음 검증'으로 성숙하기 때문이다.

첫째 빅 아이디어 진술은 야고보서 1:2~12에 있는 모든 '점'을 연결한 진술이다. 둘째 진술, 곧 짧은 진술도 적절하다. 그러나 짧은 진술을 쓰면, 설교자는 적어도 시련을 겪을 때 지혜가 필요함(5~8절)을 말하고자 한다. 여기에는 돈이 너무 적거나 너무 많아서 생기는 시련(9~11절에서 "비천한" 형제와 부유한 형제)도 포함한다.

석의 빅 아이디어를 찾아 정리할 때, 빅 아이디어를 발견하도록 돕는 문맥, 곧 다른 아이디어도 살피자. 〈그림 5〉의 사자와 같은 이미지에서 '문맥'은 연결하지 않은 점들과 함께 있는 선(수염과 꼬리를 구성하는)이다. 이 선들은 이미 연결한 점들로 여길 수 있다. 그렇다면 문맥은 이미 연결한 아이디어들의 집합이다. 성경에서 서신서를 읽을 때, '선'(문맥)은 해당 구절을 둘러싼 문단(아이디어)이다. 성경 내러티브를 읽을 때, '선'은 성경 기록에 나오는 더 큰 다른 이야기일 가능성이 크다.

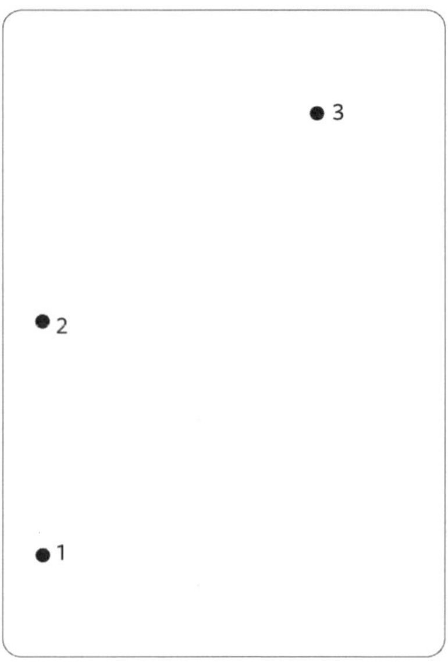

〈그림 6〉

문맥, 주제 요소, 부연 요소 등은 빅 아이디어를 정리하게 돕는 세 가지 구성 요소이다. 다음 활동은 이 세 가지 구성 요소를 설명하는 데 유익하다. 다음에는 그림이 두 개가 있다. 〈그림 6〉은 앞에서 본 그림으로 같다. 〈그림 7〉은 비교하도록 곁에 둔다. 두 그림이 같아도, 두 가지 차이점이 있다. 〈그림 7〉이 더 완전하고, 점들은 서로 더 가깝다. 자, 〈그림 7〉의 점들을 연결하고 이미지 아래 빈칸에 결과를 쓰자.

〈그림 6〉

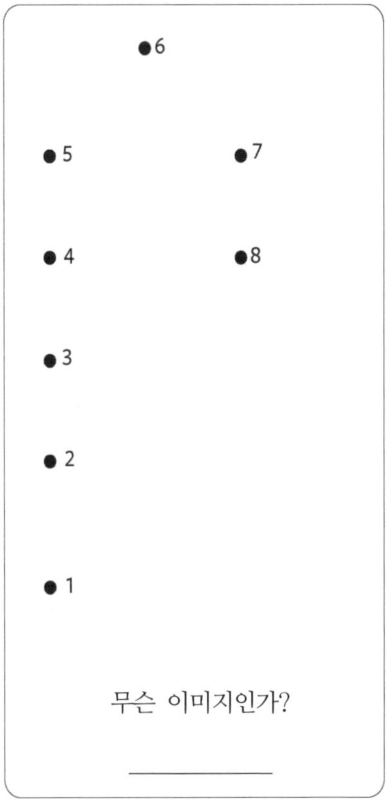

〈그림 7〉

그렇다, 이미지는 지팡이이다. 보행용 지팡이일 수 있고, 단순히 사탕 지팡이일 수도 있다. 어느 대답도 맞다. 〈그림 7〉에서 이미지를 식별할 수 있었던 이유는 점들이 〈그림 6〉의 점들보다 더 완전하거나 많았고,

서로 더 가까이 있기 때문이다. 그러나 〈그림 6〉과 〈그림 7〉의 이미지는 저자 마음에서 '**똑같은 이미지**(the exact same image)'이다.

〈그림 7〉에는 명확한 이미지를 형성할 수 있을 만큼 충분히 가까운 점들의 완전한 세트가 있지만, 여전히 문제가 있다. 문맥이 없기에, 어떤 이는 '지팡이 사탕'으로, 다른 이는 '보행 지팡이'로, 또 다른 이는 '목자 지팡이'로 여길 수 있다. 하지만 〈그림 7〉에서 위쪽에 빨간색 리본이 있고 지팡이 부분의 이미지를 따라 옆으로 빨간색 줄무늬가 있다면, 어떨까? 그렇다면 문맥상, 쉽게 '지팡이 사탕'이라고 할 수 있다.

4. 본문에서 설교까지 전개하기 _The Road from Text to Sermon

다음 연습문제는 성경 본문에서 정확한 석의 빅 아이디어를 공식화하는 데 유익하다. 이전 장에서는 세 가지 질문에 주목하여 성경 저자의 빅 아이디어를 찾아 정리하는 데 유익한 기술을 살피기 시작했다.

1. 저자는 주제 요소를 바꿨는가?
   (저자의 사고 단위는 무엇인가?)
2. 주제 요소에 관한 저자의 완전한 사상은 무엇인가?
   (석의 아이디어는 모든 '점'을 연결해야 하는가?)
3. 저자의 문맥은 무엇인가?

이번 장에서는 전개 질문 세 가지를 살피겠다. 글을 쓸 때, 깨닫든 깨닫지 못하든, 쓰는 이는 세 가지 질문 중 하나에 대답한다.

- 첫째 질문, "저가가 무엇을 의미하는가?" 저자는 자기 생각을 독자에게 설명한다.
- 둘째 질문, "그것이 사실인가? 나는 그것을 믿는가?" 이는 '**설득**(persuasion)'과 관련이 있다. 저자는 독자에게 그 아이디어를 입증하려고 노력한다.
- 셋째 질문, "그래서 어떻다는 말인가?" 이는 '**연관성**(relevance)'과 관련이 있다. 저자는 자기 빅 아이디어가 독자 삶을 어떻게 바꾸는지를 보여주고자 한다.

모든 문단 또는 연이은 문단으로, 저자는 이러한 전개 질문 세 가지 중 하나 이상을 다룬다.

이러한 질문들을 깊이 생각함은, 설교자가 석의 빅 아이디어를 구체화하게 돕는다. 저자가 이 세 가지 질문 중 어느 질문에 대답하고 있는지 파악할 수 있다면, 빅 아이디어를 구상하는 데 도움을 받는다.

예를 들겠다. 다음 진술을 자세히 살피자.

- "아침마다 두꺼비 한 마리를 먹어라."
- "하루 종일 나쁜 일이 일어나지 않는다."

이 두 진술을 연결하기가 어려운데, 두 아이디어가 전혀 관련이 없는 듯하기 때문이다. 저자가 갑자기 주제를 바꾼 듯하다. 한 아이디어는 두꺼비 먹기이고, 다른 아이디어는 좋은 하루 보내기이다. 그렇다면 이러한 아이디어를 연결 (또는 거부)하려면 무슨 질문을 해야 하는가?

이 진술에 던지는 첫째 질문은 "저자가 무엇을 의미하는가?"이다. 여러분은 저자가 두꺼비, (즉 꼬리 없는 뛰는 양서류)를 먹을거리를 **뜻하는지**를 알고자 한다. 아니면 '두꺼비'가 경이로운 약의 별명인지, 아니면 인삼, 에키네시아, 은행잎이 풍부한 새로운 비타민 보충제의 이름인지 알고자 한다.

저자가 두꺼비 고기만이 암을 치료하고, 전염병에서 보호하며, 노인성 질환을 예방할 수 있다는 '사실' 정보로 여러분을 **설득하여** 두꺼비를 먹게 한다면, 그다음 질문은 "어떻게 두꺼비를 먹어야 하는가?"이다. (이는 **연관성**이라는 셋째 질문이다.) 튀겨야 할까, 삶아야 할까, 아니면 판매하는 식품을 사야 할까?

여러분이 방금 두꺼비에게 적용한 과정은 마음이 석의 빅 아이디어를 찾아 얻는 과정이다. 곧, **의미**, **증거**, **연관성**을 결정하는 과정이다. 또한 사려 깊은 작가가 글을 쓸 때 거치는 과정이다. 따라서 본문의 빅 아이디어를 찾을 때는 다음 세 가지 질문을 스스로에게 하자.

- 저자는 독자인 내게 그 의미를 설명하는가?
- 저자는 뭔가를 증명하고자 하는가?
- 저자는 이것이 내 삶에 어떻게 적용되는지를 제시하려 하는가?

저자가 이 세 가지 질문 중 하나에 답하고 있다고 확신할 수 있다.

저자나 전달자가 둘 이상의 아이디어를 함께 제시하는 유일한 이유는 이 질문 중 하나에 대답하려 함이기 때문이다. 우리 빅 아이디어에서 이 질문 중 하나에 대한 답을 찾아보자.

4.1. 저자의 빅 아이디어를 파악하는 방법 _How to Identify an Author's Big Idea

다음 사상에 관한 주제 요소와 부연 요소를 쓰자. 위에서 언급한 세 가지 질문 중 어느 질문을 다루는지 특히 주목하자.

- "아침마다 두꺼비 한 마리를 먹어라."
- "하루 종일 나쁜 일이 일어나지 않는다."

- 주제 요소—________________________________

- 부연 요소—________________________________[11]

다음으로 넘어가기 앞서서, 각주에서 답을 확인하자. 필요하다면, 〈4.4.〉 단계를 검토하여 이러한 개념을 명확하게 하자.

이 주제 요소와 부연 요소를 쓰는 방법은 두 가지이다. 이 장 해답에서, 아이디어는 부연 요소를 쓰게 했다. 곧, **어떻게** 문제없이 하루를 보낼 수 있는지를 쓰게 했다. 그러나 주제 요소에 관한 질문을 말하도록 쓸 수도 있다. **설득**하는 질문을 다룬다면, 주제 요소는 "왜 날마다 두꺼비를 먹어야 하는가?"이고, 부연 요소는 "왜냐하면 좋은 하루를 보내기 때문이다"이다. 이 아이디어가 주제 요소 또는 부연 요소에 기반해 질문으로 표현할 수 있는 이유는, 그것을 맞출 **문맥**이 없기 때문이다. 곧, 그것은 고립한 점이다. 예를 들어, 문맥에서 저자가 두꺼비 농장을 소유하고 있다고 알려준다면, 저자가 우리에게 두꺼비를 팔고 싶어서

---

11 주제 요소—여러분은 왜 아침마다 두꺼비 한 마리를 먹어야 하는가?
부연 요소—그래야 그날 나쁜 일이 일어나지 않는다.

우리를 **설득하려** 한다고 생각할 수 있다. 그러나 두꺼비 아이디어가 사람들의 참살이(well-being)를 개선하려고 작성한 의학 저널에 있다면, 우리는 빅 아이디어가 우리가 **어떻게** 좋은 하루를 보낼 수 있는지 보고한다고 생각할 수 있다.

4.2. 전개 질문 세 가지 _Three Developmental Questions

다음 연습문제에서 주제 요소와 부연 요소를 결정하자. 게다가, 한 각 저자가 어떤 전개 질문(의미, 증거, 또는 적용)에 답하는지 표시하자.

1. "늙은 개에게 새로운 재주를 가르칠 수 없는 이유는, 그가 배우는 능력이 없어서가 아니다. 그는 이미 익숙한 재주에 만족하고 새로운 재주를 배우기는 강아지나 하는 짓이라고 생각하기 때문이다. 게다가, 개집 담보 대출을 갚느라 바쁘다." 존 가드너(John W. Gardner)

   - 주제 요소—________________________
   - 부연 요소—________________________
   - 전개 질문—________________________[12]

2. "하나님의 강력한 음성은 심판을 경고하며, 동시에 그분께서 정하신 방법으로 그분께 돌아오는 이에게 당신 긍휼을 표현한다. 우리는 물의 힘을 관찰할 때 느끼는 경외심과 동일한 강렬함으로 들어야 한다. 그분 말씀은 우리가 판단하거나 편집할 대상이 아니라, 듣고, 받아들이고, 이해하고, 경배해야 할 대상이다." 이디스 쉐퍼(Edith Schaeffer)

---

12 주제 요소—왜 나이 든 분은 배우지 않는가?
부연 요소—이미 알고 있으며 다른 문제에 관심을 기울이고 있다고 느끼기 때문이다.
전개 질문—진실한가? (타당성)

• 주제 요소—______________________________

• 부연 요소—______________________________

• 전개 질문—______________________________[13]

3. “이번 겨울에 골프 실력을 높이는 데 할 최고 방법은 거울 보기이다. 전신용 거울은 매우 유용한 학습 도구이다. 거울을 봄으로, 특히 셋업 자세와 퍼팅 자세를 좋게 할 수 있다.”『뉴욕 타임스』

• 주제 요소—______________________________

• 부연 요소—______________________________

• 전개 질문—______________________________[14]

4. “아무 빚도 지지 말자, 그러나 서로 사랑하는 빚만은 예외인데, 다른 이를 사랑하는 사람은 율법을 다 이뤘기 때문이다. ‘간음하지 마라.’ ‘살인하지 마라.’ ‘도둑질하지 마라.’ ‘탐내지 마라’라는 계명과 그 밖에 다른 계명이 있어도, 이 모든 계명은 ‘네 이웃을 네 몸처럼 사랑하라’라는 한마디 말씀으로 요약할 수 있다. 사랑은 이웃에게 해를 끼치지 않는다. 그러므로 사랑은 율법을 이룸이다.” (로마서 13:8~10)

• 주제 요소—______________________________

---

13 주제 요소—하나님의 말씀은 어떻게 들어야 하는가?
부연 요소—귀를 기울여 듣고서 순종해야 한다.
전개 질문—그래서 어떻다는 말인가? 무슨 차이를 만드는가? (적용)

14 주제 요소—겨울에 골프 실력을 어떻게 높일 수 있을까?
부연 요소—전신용 거울 앞에서 연습하자.
전개 질문—진실한가? (타당성)

- 부연 요소—____

- 전개 질문—____[15]

5. 중국 소년 한 명이 옥(jade)을 배우고 싶어서 재능 있는 노 선생님께 갔다. 선생님은 소년의 손에 돌 조각을 쥐여 주며 꽉 잡으라고 하셨다. 그러고서 철학, 남자, 여자, 태양, 그 아래 거의 모든 것 등에 관해 이야기하기 시작하셨다. 한 시간 후, 그는 돌을 돌려받고, 소년을 집으로 보냈다. 그 과정은 몇 주 동안 반복했다. 소년은 언제 옥에 관한 이야기를 들을 수 있을까 하며 좌절했지만, 존경하는 선생님의 말씀을 끊을 만큼 무례하지 않았다. 그러던 어느 날, 노인이 그의 손에 돌을 쥐여 주자, 소년은 즉시 "이것은 옥이 아닙니다!"라고 외쳤다.

- 주제 요소—____

- 부연 요소—____

- 전개 질문—____[16]

6. "루돌프 펠너(Rudolph Fellner)는 카네기멜론대학교(Carnegie-Mellon University)에서 강의할 때마다 '멜로디는 오직 당신 기억에만 존재하며, 어떤 순간에도 당신은 곡조의 한 음만을 듣고 있을 뿐이다'라고 상기하게 한다. 음악은 누적 예술이다. 그것은 시간을 통해 변화하는 소리이며, 각 소리는 이전에 지나간 소리로부터 의미를 얻는다. 그것은 기억상실증 환자를 위한 예술이 아니다."

---

15 주제 요소—왜 바울은 자기 독자에게 서로 사랑하라고 말하는가?
부연 요소—사랑은 율법이 요구하는 바를 모두 이루기 때문이다.
전개 질문—그래서 어떻다는 말인가? 무슨 차이를 만드는가? (적용)

16 주제 요소—우리는 어떻게 실제를 배우는가?
부연 요소—우리는 반복하고, 무의식적인 경험으로 배운다.
전개 질문—무슨 뜻인가? (설명)

윌리엄 메이어(William Mayer)

- 주제 요소—____
- 부연 요소—____
- 전개 질문—_______________________________________[17]

7. 나는 이생을 한 차례만 산다.
   그러므로 내가 할 수 있는 어떤 좋은 일을
   또는 내가 어느 동료 피조물에게 어떤 친절을
   지금 내가 하자.
   미루거나 모른 척하지 말아야 하는데,
   내가 이생을 다시 살 수 없기 때문이다.

스테반 그렐렛(Stephen Grellet)

- 주제 요소—____
- 부연 요소—____
- 전개 질문—_______________________________________[18]

8. "오늘날 일은 많은 전통적인 특징을 잃었고, 놀이도 마찬가지이다. 놀이는 점점 조직한 스포츠로 변했고, 스포츠는 다시 고된 연습과 준비, 코치와 선수들의 강렬한 참여(일 정신으로), 그리고 실제 경제

17 주제 요소—음악에서 기억의 중요성은 무엇인가?
부연 요소—기억이 없으면, 멜로디도 없다.
전개 질문—무슨 뜻인가? (설명)

18 주제 요소—인생이 단 한 번이니, 어떻게 살아야 하는가?
부연 요소—지금 다른 사람에게 선을 베풀자.
전개 질문—그래서 어떻다는 말인가? 무슨 차이를 만드는가? (적용)

적 생산성 측면에서 점점 일과 유사해지고 있다. 마지막 역설은 사냥과 낚시처럼 일에서 시작한 스포츠만이 놀이 정신에 지금 지배돼 있다는 점이다." 『스포츠와 사회(*Sports and Society*)』

- 주제 요소—________________________________
- 부연 요소—________________________________
- 전개 질문—________________________________[19]

9. 법은 우리가 죄짓게 부추길 수 있다. 몇 년 전, 텍사스주 갤버스턴(Galveston, Texas)에 고층 호텔이 지어졌는데, 멕시코만이 내려다보였다. 사실, 멕시코만에 말뚝 구조물을 세우고 물 위에 건축했다. 호텔이 개장할 무렵, 누군가가 "호텔 창문에서 낚시하기로 하면 어떡하지?"라고 생각했다. 그래서 그들은 호텔 방에 "호텔 창문에서 낚시 금지"라는 표지판을 붙였다. 그러나 많은 사람이 표지판을 무시한 채 낚시질을 함으로써 심각한 문제를 일으켰다. 낚싯줄이 엉키고, 식당에 있는 사람은 그림 창문에 물고기가 펄떡거리는 광경을 봤다. 그런데 호텔 매니저는 그 작은 표지판을 세거함으로써 모든 문제를 해결했다. 아무도 호텔 방에 체크인하면서 창밖으로 낚시할 생각은 하지 않는다. 법을 좋은 의도로 만들었지만, 결국 문제를 일으켰다.

- 주제 요소—________________________________
- 부연 요소—________________________________

---

19 주제 요소—놀이와 일은 어떻게 자기 전통적 특징을 잃었는가?
부연 요소—놀이였던 게 일이 됐고, 일이었던 게 이제 오락이 됐다.
전개 질문—무슨 뜻인가? (설명)

• 전개 질문—____[20]

설교자가 이러한 원칙을 적용하지 않으면, 청중은 여러분 메시지에 귀 기울이지 않는다. 청중이 여러분 메시지에 귀 기울이지 않는 이유는, 청취 능력이 부족하거나 성경적 진리에 대한 무관심 때문만은 아니다. 오히려 청중은 여러분 메시지가 자기 삶과 무관하다고 생각하기에, 듣지 않는다. 이 장에 제시한 원칙은 **삶의 모든 영역에 대한 청중의 자연스러운 사고 과정**을 반영한다.

예를 들어, 이러한 원리들은 사람들이 좋아하는 축구팀을 생각하거나 직업을 찾는 방식, 또한 설교를 듣는 방식과 같다. 청중이 설교자 말을 듣지 않는다면 (그들이 공손하게 미소를 지으며 듣는 척해도), 일반 결과는 그들이 메시지를 듣기 전과 다름없이 집에 돌아간다는 사실이다.

4.3. 설명해야지! _You Have Some Explaining to Do!

다음 연습은 제시한 대로 정확하게 수행함이 중요하다. 연습을 건너뛰면 학습 과정은 줄일 수 있다. 다음은 지침이다. 다음 문단을 적어도 2분(시간을 재면서)을 들여서 가장 잘 **설명하자**. 더 나아가기에 앞서서, 이 작업을 수행하기는 중요하다. 문단의 의미를 전혀 모르겠고 설명이 이상하게 들리더라도, 미리 읽기 전에 2분 동안 최선을 다해 설명하자. 자, 설명할 문단이다.

> RIP에서 북쪽으로 5마일 떨어진 weggi에 있습니다. ILS에 안착할 때까지 2500으로 이동한 다음 118.9로 전환하십시오. VOR에서 9마일 떨어져 있으면 허가받았고, 그렇지 않으면 32.27에 머무르세요.

---

20 주제 요소—놀이와 일은 어떻게 자기 전통적 특징을 잃었는가?
부연 요소—놀이였던 게 일이 됐고, 일이었던 게 이제 오락이 됐다.
전개 질문—무슨 뜻인가? (설명)

위 문단이 뜻하는 바를 쓰자.

____

____

다음 질문은 대답하기가 쉽다.

"여러분은 진술을 이해했는가?" 예 또는 아니오

위 진술에서 이해하지 못한 내용은 무엇인가? 더 나아가기에 앞서서, 최선을 다해 설명하자.

____

____

여러분이 마지막 질문에는 여러 방식으로 답변할 수 있지만, 위 진술은 여러분이 **단어** 및/또는 **개념**에 **익숙하지 않기에** 이해하지 못한다. 항공기 계기만을 사용하여 비행기를 조종하는 단어와 개념에 익숙하지 않다면, 위 진술을 이해하지 못한다. 기본적으로 이 진술은 계기를 통해 비행하는 동안 조종사에게 공항에 착륙할 수 있도록 주어진 (암호화한) 허가 내용이다. (여러분이 항공기 계기로 비행하는 단어와 개념에 익숙한 조종사라면, 누군가가 여러분이 익숙해지도록 도와줄 때까지 위의 약어—RIP, ILS, VOR—를 이해하지 못해 미스터리 개념이었던 때를 쉽게 기억할 수 있다.)

청중은 화자가 메시지 전달에 쓴 단어나 개념에 익숙하지 않을 때, 화자가 자기 아이디어를 설명해 주기를 바란다. 청중은 익숙하지 않은 단어나 개념이 나오면 메시지를 듣지 않는데, 이는 그들 사고방식 때문이라는 점을 이해함이 중요하다. 사실, 청중이 설교자의 아이디어에 쓴 단어나 개념에 익숙하지 않다면, 위에서 한 연습에서 여러분이 느낀 바와 똑같은 혼란과 좌절감을 경험한다. 이해하지 못하기에, 듣지 않는다. 그러나 이러한 일이 너무 자주 발생하면, 그들은 설교자가 말할 때마다 전달되는 메시지가 자기와는 무관하기에 귀를 닫아야 할 때라고 생각한다.

4.4. 나는 못 믿겠어! _I Don't Believe It!

이 활동은 청중에게 적절한 메시지를 전하려는 데, 전개 질문 둘째를 활용할 시점을 찾도록 돕는다.

다음 진술을 읽자.

> 일주일에 한 번 도마뱀을 먹으면, 한 달만에 IQ가 좋아진다.
>
> 블록을 세 차례 돌면, 아이를 밴다.

단어와 개념이 일상 의미를 반영하고 속어나 다른 뭔가를 뜻하는 은어가 아니면, 위에 제시한 내용 중 이해하지 못하는 단어나 개념이 있는가?

> 동그라미로 선택하기 (예, 아니오)

단어와 개념이 일상 의미를 반영하고 속어나 은어나 다른 뭔가를 뜻하는 은어가 아니면, 위의 진술을 믿는가?

> 동그라미로 선택하기 (예, 아니오)

얼핏 보면 속임수인 듯하지만, 두 문장에 쓴 단어와 개념은 이해하기가 어렵지 않은데, **도마뱀**, IQ, **블록 한 바퀴 걷기**, **임신**과 같은 용어에 익숙하기 때문이다. 문제는 진술을 **이해하느냐**가 아니라, 블록 한 바퀴 걷기로 아이를 밴다고 또는 도마뱀을 먹으면 IQ가 좋아진다고 **믿느냐**이다. 아마도 "무슨 말을 하는지는 **이해하겠지만**, 말하는 내용은 **믿지 않는다**"라고 생각한다. 이러한 유형의 질문을 구분하기가 사소한 듯하지만, 이는 화자가 참여해야 하는 사고방식이며, 이 연습이 설교 전개를 돕는 사고방식이다.

위에 제시한 진술을 믿기 어려운 **이유**를 아래에 적자. 대답은 여러 가지일 수 있다. '정답'일지 걱정하지 말고, 다음 문단으로 넘어가기에 앞서서 최선을 다하자. 다음으로 넘어가지 않고 이 발견 활동을 완료하면, 이러한 개념에 대한 이해가 높아진다.

위 진술을 왜 믿지 않는가?

____

____

____

어떤 단어를 사용하여 이유를 표현하든, 여러분 생각은 평가 대상 진술이 여러분 **현실 경험과 일치하지 않기에** 믿을 수 없다는 개념을 내포할 수 있다. 같은 말을 다른 방식으로 표현하면, 두 아이디어가 서로 어울리지 않는다(점들이 멀리 떨어져 있다고 생각하자). 도마뱀을 먹으면 더 똑똑해진다거나, 블록을 한 바퀴 돌면 누구든 아이를 밴다는 진술을 타당하게 할 만한 경험은 없다.

연사가 전달하는 빅 아이디어가 청중의 현실 경험과 일치하지 않을 때, 청중은 이를 증명해 주기를 바란다. 이는 청중이 현실을 이해함이 반드시 옳거나 그르다는 말은 아니다. 단지 청중이 듣기를 바란다면, 무엇을 생각해야 하는지 안내할 뿐이다. 여러분 아이디어가 청중의 현실 경험과 일치하지 않는다면, 여러분 설교에는 요점을 청중에게 증명하는 내용을 포함해야 한다.

4.5. 증명해! _Prove It!

이 활동은 청중이 "증명해!"라고 요구하는 질문에 어떻게 생각해야 하는지 배우는 데 유익하다. 다음 진술은 기독교인이 진실로 받아들이지만, 믿지 않는 이웃은 의심할 수밖에 없는 진술이다. 아래에 이를 두 가지로 진술한다. 이 연습을 완료하려면, 두 가지를 해야 한다. 1) 먼저 진술을 읽자. 2) 그러고서 각 진술 다음에 나오는 소제목 아래에 그 내용에 의심을 품게 할 경험을 나열하자. 두 진술 각각에 하나의 예를 든다. (답변은 다를 수 있다.)

- **진술 1**—"그리스도인이면 누구나 복음을 전할 수 있다"(행 1:8).

위 진술에 이의를 제기할 현실 경험,

- 복음을 전하다 바보 취급당한 적이 있다.

- **진술 2**—"행복으로 가는 첫걸음은 겸손한 태도이다" (마 5:3).

위 진술에 이의를 제기할 현실 경험,

- 돈을 더 많이 벌거나 더 좋은 직장을 얻으면, 더 행복할 거야.

여러분 아이디어를 믿지 않는 사람이 옳든 그르든, 거기에 매달리지 말자. 이 단계에서는 누가 옳은지 그른지가 효과적으로 소통하는 방법만큼 중요하지는 않다. 하지만 설교자는 설교 아이디어가 옳고 적절하며 성경적이라고 확신하기에, 청중이 설교 아이디어를 믿도록 설득한다.

4.6. 추상적 사고 대 구체적 사고 _Abstract versus Specific Thoughts

추상적 사고를, 이름하여 '추상 표현 사다리'(193쪽에 있는 〈그림 2〉 참조, 옮긴이 덧붙임)에 있다고 여기자. 추상 표현 사다리를 올라갈수록 진술은 더 추상적이라, 의사소통을 잘하기와는 더 멀어진다. 바닥 가까이 내려올수록 진술은 더 구체적이라서, 적용 가능성이 커진다. 예를 들겠다.

- **"밥 먹으러 가자."** 이 말은 추상적 진술인데, 시댁, 이웃집, 즉석 음식점, 베이글 가게, 또는 5성급 레스토랑에서 먹기를 포함하여 무엇이든 의미할 수 있다. 그것은 추상적이고 불분명하기에, 그 진술은 추상 표현 사다리의 꼭대기에 있다고 할 수 있다.
- **"피자 먹으러 가자."** 이런 진술은 조금 더 구체적이며, 추상 표현 사다리의 중간에 놓일 수 있다.
- **"피자헛에 피자 먹으러 가자."** 이 진술은 훨씬 더 구체적이며, 추상 표현 사다리의 아래쪽에 놓일 수 있다.
- **"중앙로 88번길 11에 있는 피자헛에 피자 먹으러 가자."** 이 진술은 훨씬 더 구체적이며, 추상 표현 사다리에서 훨씬 더 아래쪽에 놓

일 수 있다. 이에 식사하러 갈 시간과 뷔페를 주문할 계획을 덧붙이면, 그러한 진술은 추상 표현 사다리의 맨 아래에 놓일 수 있다.

1. 다음 진술을 **더 구체적으로** 표현하자.

"영화 보러 가자." ______________________________

"뭔가 하자." ______________________________

"좋은 그리스도인이 되어라." ______________________________

"다른 사람을 도와라." ______________________________

2. 다음 진술을 **더 추상적으로** 표현하자.

"「바람과 함께 사라지다」를 보러 가자." ______________________________

"교회에 재정적으로 헌신하라." ______________________________

"물 한 잔 주세요." ______________________________

(이 연습문제에 대답은 여러 가지일 테다.)

여러분 생각과 아이디어가 구체적 표현에서 추상적 표현으로 그리고 추상적 표현에서 구체적 표현으로 추상 표현 사다리를 오르내리는 모습을 마음속에 그려보자. 이 '추상 표현 사다리'를 오르내릴 수 있는 능력은 추상적인 신학적 목적을 청중에게 더 구체적으로 적용하게 돕는다. 설교자는 사람들이 날마다 이 추상 표현 사다리를 사용하여 직관적으로 소통함을 기억해야 한다.

이제 바울이 로마서 14장에서 제시하는 추상적인 신학적 목적을 살펴보자. "그리스도인으로서 내 자유는 그리스도와 그리스도 안의 형제자매에 대한 사랑에 의해 제한돼야 합니다." 이 진술을 어떻게 하면 더 구체적으로 표현할 수 있을까?

____

____

설교에서 추상적인 내용은 구체적이고 연관성 있는 진술로 좁혀서 청중이 자기 삶에 적용하게 해야 한다. 예를 들어, "나는 그리스도인의 자유로 술 한 잔을 마실 수 있지만, 술 문제로 어려움을 겪는 형제자매를 사랑하는 마음으로 그 자유를 제한해야 한다."

이 활동을 하는 목적은 적용을 '성공하게 하는' 데 있지 않고, 가르침과 설교에 필연적으로 존재하는 추상적 개념을 더 구체적이고, 따라서 더 적용할 수 있는 진술로 바꾸는 데 있다. 이 단계에서는 추상 표현 사다리를 오르내리는 과정을 인식하고 활용하는 훈련이 중요하다.

복습(Review)

- **학습 목표** 1.

  청중이 설교자가 쓰는 단어나 개념에 익숙하지 않을 때, 첫째 전개 질문—"무슨 뜻인가요?"—을 활용한다.

- **학습 목표** 2.

  설교자의 주장이 청중의 현실 경험과 일치하지 않을 때, 둘째 계발 질문—"그것이 사실인가? 증명할 수 있는가?"—을 활용한다.

- **학습 목표** 3.

  추상적 진술을 구체적이고 적용할 수 있는 진술로 표현한다.

5. 설교 방향 잡고 목표 정하기 _The Arrow and the Target

이 장에서 이루려는 첫째 목표는 설교자가 **석의로 정확하고 명확한 설교 아이디어**(exegetically accurate and clear homiletical [or preaching] idea)를 구상하도록 돕기이다. 이 장을 최대한 활용하려면, 아래 연습문제 풀기로 적절한 설교 아이디어 만들기를 연습해야 한다. 이 연습문제는 성경 본문의 석의 아이디어에서 신학적 아이디어로, 그리고 설교 아이디어로 이동하는 데 유익하도록 설계했다. 다시 한번, 본질적으로, 본문의 본질—'본문이 원래 의미한 바'—에서 신학 아이디어—'본문이 항상 의미하는 바'—로 추상화하고서, 추상 표현 사다리를 다시 내려와 설교 아이디어—'본문이 지금 의미하는 바'—로 내려옴을 명심하자.

다음 석의 아이디어를 출발점으로 삼아 신학 아이디어를 도출하고, 이를 바탕으로 더욱 간결하고 연관성 높은 설교 아이디어를 만들자. 설교 아이디어는 청중의 구체적인 상황에 맞춰야 한다. 따라서 설교 아이디어는 성경 석의 아이디어와 신학 아이디어를 정확하게 반영해야 하지만, 청중을 고려해 다르게 표현할 수도 있다.

5.1. 석의 아이디어에서 신학 아이디어로, 다시 설교 아이디어로 이동 _Moving from the Exegetical Idea to the Theological and the Homiletical Ideas

1. 창세기 15:1~21

- 석의 아이디어—아브람은 하나님께서 당신 약속에 따라 구출하신다고 신뢰했기에, 의롭다고(올바른 관계에 있다고) 인정됐다.

- 신학 아이디어—______________________________

____

• 설교 아이디어—______________________________

______________________________[21]

2. 사무엘하 11:1~12:31

• 석의 아이디어—다윗이 밧세바를 강제로 불러들이고 우리아를 살해함으로써 자기 권력을 남용했을 때, 그는 하나님의 심판을 받았다. 하지만 다윗이 하나님 백성의 적들을 물리치려고 자기 권력을 적절하게 사용했을 때, 그는 존경을 받았다.

• 신학 아이디어—______________________________

____

• 설교 아이디어—______________________________

______________________________[22]

3. 시편 124편

• 석의 아이디어—이스라엘이 억압에서 하나님의 그신 능력으로 구출됐을 때, 그들은 주님께서 놀랍게 도우셨기에

---

21 신학 아이디어—그리스도인이 하나님의 약속을 믿음으로 그분 약속이 이뤄지게 할 때, 하나님과 올바른 관계가 된다.
설교 아이디어—우리가 예수님과 친구라면, 우리 삶을 그분께 맡기자.

22 신학 아이디어—그리스도인이 자기 권력을 남용하여 다른 사람을 조종하거나 해치면 하나님께 징계받지만, 하나님의 목적을 이루려고 자기 권력을 사용하면 보상받는다.
설교 아이디어—자기 힘으로 자기를 해치거나 섬기지 말고, 오히려 하나님과 다른 사람들을 섬기자.

그분을 찬양했다.

• 신학 아이디어—__________________________________

____

• 설교 아이디어—__________________________________

__________________________________[23]

4. **다니엘** 3:1~30

• 석의 아이디어—사드락과 메삭과 아벳느고는, 느부갓네살 왕의 칙령에 굴복하기를 거부하여 불타는 용광로에 던져졌을 때, 결과에 상관없이 하나님의 능력을 믿으며 그분께 온전히 헌신했다.

• 신학 아이디어—__________________________________

____

• 설교 아이디어—__________________________________

__________________________________[24]

---

23 신학 아이디어—전능하신 하나님께서는 어려움을 겪는 당신 백성을 항상 도우시므로, 그들은 그분을 찬양해야 한다.
설교 아이디어—하나님께서 올 한 해 동안 우리를 도우셨기에, 전능하신 하나님을 찬양하자.

24 신학 아이디어—삶의 불길을 겪을 때, 그리스도인은 결과에 상관없이 하나님을 믿으며 그분께 온전히 헌신한다.
설교 아이디어—삶의 불길을 겪을 때도 하나님을 확고히 믿으며 온전히 헌신하는 증거를 드러내자.

5. **누가복음** 12:13~34

- 석의 아이디어—부자의 어리석음과 예기치 않은 죽음은 탐욕의 어리석음을 예시하기에, 그리스도인은 하나님의 나라를 구하고 필요한 사람에게 자기 자원을 아낌없이 주어야 한다.

- 신학 아이디어—______________________________

____

- 설교 아이디어—______________________________

______________________________[25]

6. **사도행전** 10:1~48

- 석의 아이디어—하나님께서는 고넬료와 사도 베드로에게 특정한 환상을 보이셔서, 베드로가 고넬료의 온 가족에게 복음의 기쁜 소식을 전하게 하셨다.

- 신학 아이디어—______________________________

____

- 설교 아이디어—______________________________

______________________________[26]

---

25 신학 아이디어—그리스도인은 그리스도의 나라에 중심을 두고 관대하게 살아감으로 탐욕의 어리석음을 피할 수 있다.
설교 아이디어—자기 재산 늘리기는 어리석으니, 그리스도의 나라에 집중하면서 관대하게 베풀며 살자.

26 신학 아이디어—하나님께서는 잃은 상태에 있는 사람과 구원된 사람의 삶

7. **에베소서** 1:15~23

- 석의 아이디어—에베소 지역 그리스도인은 하나님과 친밀함을 깊게 하고, 그분과 함께하는 영원한 운명을 알고, 그분 신성한 능력을 활용함으로, 그리스도인 정체성을 키운다.
- 신학 아이디어—______________________________

  ____
- 설교 아이디어—______________________________

  ______________________________[27]

8. **야고보서** 2:14~26

- 석의 아이디어—거짓된 신자, 곧 믿는다고 주장하면서도 선행의 증거를 보이지 않는 이들과는 달리, 참된 그리스도인은 하나님께 희생적으로 순종하고 위험을 감수하면서도 다른 사람을 사랑함으로 구원하는 믿음(saving faith)을 나타낸다.

에 역사하셔서, 구원된 사람이 잃은 상태에 있는 사람에게 복음의 좋은 소식을 전하게 하신다.
설교 아이디어—하나님께서 우리에게, 우리를 통해, 우리를 넘어서 역사하심에 따라, 복음을 모든 부류 사람에게 전하자.

27 신학 아이디어—그리스도인은 하나님과 친밀함을 깊게 하고, 그분과 함께하는 영원한 운명을 알고, 그분 신성한 에너지를 활용함으로써, 그리스도 안에서 자기 정체성을 강화할 수 있다.
설교 아이디어—하나님과 친밀함을 깊게 하고, 그분과 함께할 운명을 알고, 그분 능력을 활용함으로, 그리스도 안에서 정체성을 더 키우자.

- 신학 아이디어—______________________________

  ____

- 설교 아이디어—______________________________

  ______________________________[28]

이 장에서 이루려는 둘째 목적은 설교자가 **효과적인 목적 진술**(effective purpose statement)을 표현하도록 돕는 일이다. 이 목적을 이루려면, 다음 용어를 어떻게 쓰는지를 알아야 한다.

- '**행동**(behavior)'은 도덕적 행동(moral action)을 말한다.
- '**청중**(audience)'과 '**듣는 이**(listener)'는 맞바꿔 쓸 수 있다.

또한 효과적인 목적 진술에는 두 가지 요소가 있다.

첫째, 청중이 바꿔야 할 정확한 행동을 명시한다.

둘째, 바라는 변화를 측정하는 방법을 제시한다.

효과적인 목적 진술은, 듣는 이가 성경 저자가 바라는 방식으로 행동을 바꾸게 돕는다.

설교에서 '**연관성**(relevance)'과 '**효과성**(effectiveness)'을 구별함은 유용하다. 설교에 연관성이 있다고 해서 효과성이 있다고 할 수는 없다. 연관성 있는 설교는 청중에게 적용할 수 있다. 곧, 청중은 메시지를 이해하고, 그들에게 있는 증거에 관한 질문을 충족하거나, 원한다면 적용할

---

28 신학 아이디어—거짓된 신자가 믿는다고 주장할 수 있지만 영적으로는 죽은 상태인데, 실천하지 않기 때문이다. 참된 그리스도인은 하나님을 위해 희생하며 다른 사람을 사랑함으로 영적 생명을 드러낸다.

설교 아이디어—예수님을 믿는 참되며 구원하는 믿음으로 항상 하나님과 다른 사람을 위해 실천하자.

수 있다. 효과적인 설교는 청중에게 기대하는 변화를 가리킨다. 설교는 청중이 적용할 때 효과를 내며, 그 적용은 일반적으로 잘 구성한 목적 진술에 비례하여 전개한다. 효과적인 목적 진술이 없어도 청중에게 적절한 메시지는 변화하도록 동기를 부여할 수 있지만, 어떻게 해야 할지에 관한 명확한 방향을 제시하지는 못할 수 있다.

5.2. 얼마나 중요한 문제가 걸려 있는가? _How Much Is at Stake?

효과적인 목적 진술에 첫째 요소는, 청중이 바꿔야 할 정확한 행동을 명시함이다. 이 활동은 여러분이 듣는 이에게 일어날 법한 행동 변화를 **진술하게** 돕는다. 다음 장면을 고려하자. 여러분은 아파트에 살고 있으며, 정말 필요한 더 큰 아파트로 이사하기 바로 앞 주이다. 공교롭게도 그 주는 부모님을 저녁 식사에 초대한 때이기도 하다. 부모님이 아파트 관리인이 **아니고** 부모님과 관계가 좋다고 가정할 때, 여러분은 누구를 위해 더 깨끗하게 청소하겠는가?

A. 부모님, 저녁 식사하러 오시기에.

아니면

B. 아파트 관리인, 아파트를 검사해 보증금에서 환급액을 결정하기에

선택했으면 동그라미로 표시하고, 왜 그렇게 선택했는지를 쓰자.

____

____

아파트가 깨끗하지 않으면 더 큰 문제가 발생하기에, 여러분은 부모님을 대접하기보다 아파트 관리자 점검을 대비해서 청소를 더 철저히 할 테다. 부모님은 아파트 청결 상태가 마음에 들지 않으면, 잠시 실망하실 수 있다. 하지만 아파트 관리자가 아파트 청결 상태를 보고서 마

음에 들지 않으면, 다른 거주지를 임대하는 데 필요한 금액에 미치지 못한 돈만 돌려받게 결정할 수도 있다.

이 활동에는 원리가 있다. 곧, 걸려 있는 **문제가 중요할수록 행동이 바뀔 가능성이 더 크다.** 목적 진술을 작성할 때, 가장 먼저 해야 할 질문은 "목적 진술이 청중에게 기대하는 행동 변화를 일으키지 못한다면, 청중에게 얼마나 중요한 문제가 걸렸는지를 알고 있는가?"이다. 청중에게 중요한 문제를 목적 진술에 꼭 명시할 필요는 없지만, 설교자는 가능한 한 그러한 변화를 식별하려고 노력해야 한다. 목적 진술은 청중이 바라는 변화를 일으키면, 청중에게 주어지는 '**유익**(benefit)'을 식별할 수 있다. 그렇더라도 설교자는 청중에게 그들이 현재 상태로 머물다가 간 너무나 많은 중요한 문제가 걸려 있다고 말한다. 청중에게 걸려 있는 문제가 그리 중요하지 않거나 아예 문제 자체가 없다면, 행동 변화는 거의 기대할 수 없다.

5.3. 중요한 문제가 걸렸다! _A Lot Is at Stake!

다음 구절을 읽고, 듣는 이가 바라는 방식으로 변화하지 못하면 무엇이 위태로워지는지 기록하자. 구절마다 필요한 만큼 시간을 충분히 할애하고, 가능한 한 구체적으로 작성하자. 처음 두 구절에서는 위험한 상황이 더 분명하지만, 셋째 구절에서는 그렇지 않다.

- **마태복음** 6:1

> 다른 사람이 보게 하려고 그들 앞에서 너희 의를 행하지 않도록 주의하라. 그리하면 하늘에 계신 너희 아버지께 상을 받지 못한다. (NIV를 옮김)

29

• **신명기 4:1**

이스라엘아, 이제 내가 너희에게 가르치는 규례와 법도를 들으라. 그리하면 너희가 살겠고, 너희 조상의 하나님 여호와께서 너희에게 주시는 땅에 들어가서 그것을 차지한다. (NIV를 옮김)

____

____[30]

• **에베소서 4:11~16**

그래서 그리스도께서 사도와 선지자와 복음 전하는 자와 목사와 교사를 직접 주셨는데, 이는 성도를 온전하게 하여 봉사하는 일을 하게 하며 그리스도의 몸을 세우려 하심이다. 우리가 다 하나님의 아들을 믿음과 아는 일에 하나가 되어 온전한 사람을 이루어 그리스도의 충만한 분량에까지 이르는데, 이는 우리가 이제부터 어린아이가 되지 아니하여 사람의 속임수와 간사한 유혹에 빠져 온갖 교훈의 풍조에 밀려 요동하지 않게 하려 함이다. 오직 사랑으로 참된 것을 말하여 범사에 그분에게까지 자라자. 그분은 머리, 곧 그리스도이시다. 그분에게서 온몸이 각 마디를 통해 도움을 받음으로 연결되고 결합해 각 지체의 분량대로 역사하여 그 몸을 자라게 하며 사랑으로 스스로 세워진다. (NIV를 옮김)

____

____

29 마태복음 6:1—하나님께서 주시는 상을 놓칠 위험이 있다.

30 신명기 4:1—살 곳이 없는, 아파트도 없는 위험이다.

____

____[31]

5.4. 목적의 힘 _The Power of Purpose

다음은 5장 '목적의 능력' 부분(141~142쪽)에 있는 목적 진술이다. 듣는 이의 행동에 관한 평가에 주목하자. "듣는 이는 적어도 한 명 이상의 비기독교인의 이름을 적을 수 있어야 하며, 앞으로 2주 동안 매일 그 사람을 위해 기도하기로 결심해야 한다."

그리스도인 청중이 비그리스도인 친구를 대하는 행동은 두 가지 결론 중 하나로 평가받는다. 그리스도인이 비그리스도인 친구를 위해 기도하지 않는다면, 그 행동은 **바뀌어야 한다**. 또는 그리스도인이 비그리스도인 친구를 위해 기도하고 있다면, 그 행동은 더 **강화해야 한다**. 어느 쪽이든, 청중의 행동은 목적 진술로 평가한다.

아래의 목적 진술도 본문에서 가져왔다. 앞 문단을 지침으로 삼아, 진술마다 행동을 평가해 기록하자.

1. 그리스도인은 그리스도인이 되려면 무엇을 믿어야 하는지 설명할 수 있어야 하며, 다가오는 한 주 동안 적어도 한 사람에게 주님에 관해 이야기할 계획을 세워야 한다.

____

____[32]

---

31 에베소서 4:11~16—이 은사들을 활용하지 않으면, 교회는 연약함이라는 위험에 맞닥뜨린다. 또한 그리스도인이 "부르심을 받은 일에 합당하게"(1절) 살지 못하는 위험에도 맞닥뜨린다. 온 교회에 **'유익'**은 은사 활용함으로 몸이 건강함이다.

32 평가한 행동은 그리스도인이 복음을 전하지 않으며, 전하는 방법도 모른다는 점이다.

2. 듣는 이는 성경 공부가 필요하다고 확신하고, 성경에 기반한 소그룹, 주일학교 반 또는 온라인 강좌에 참여해야 한다.

____

____[33]

3. 듣는 이는 영적 은사를 열거하고, 자기가 어떤 은사를 받았는지 판단할 수 있어야 한다.

____

____[34]

복습(Review)

효과적인 목적 진술에는 두 가지 요소가 있다.

첫째, 청중이 바꿔야 하는 행동을 표현하는 요소이다.

둘째, 바꿔야 하는 행동을 평가하는 방법을 제안하는 요소이다.

청중에게 바꿔야 할 행동을 말해 효과를 거두려면, 설교자는 바꿔야 할 행동으로 바꾸지 않으면 청중에게 어떤 위험이 있는지 뚜렷이 말해야 한다.

모든 행동은 바꿔야 하거나 강화해야 하며, 그렇게 평가해야 한다.

---

33 평가한 행동은 듣는 이가 성경 공부가 필요하지 않다고 생각하며, 성경 공부도 하지 않는다는 점이다.

34 평가한 행동은 듣는 이가 영적 은사나 자기에게 있는 은사를 모른다는 점이다.

6. 설교 얼거리 짜기 _The Shapes Sermons Take

6.1. 정신 똑바로 차리자! _Get Your Act Together!

아래 그림은 간단한 도형이다. 도형 세 개에 있는 점은 개수가 같고, 간격이 일정함에 주목하자. 그러면 점을 번호 순서대로 연결하자. 1에서 2로 선을 연결하기 시작하여 5까지 계속하자. 5에 이르면, 5에서 1로 선을 그어 도형을 완성하자. 〈그림 10〉 도형을 제외하고, 모든 도형에서 이 작업을 수행하자. 〈그림 10〉 도형에서는 앞에서 설명한 대로 모든 선을 그리되, 5에서 1로 선을 그리지 않는다. 각 도형에 선을 모두 그리고서, 제공한 공간에 도형 모양을 기록하자.

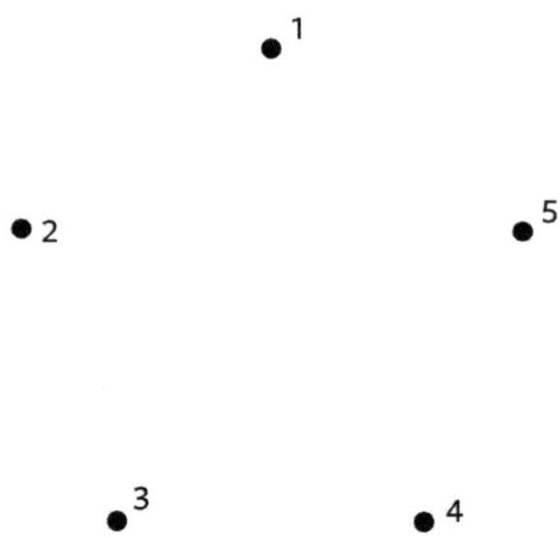

〈그림 8〉

무슨 모양인가?

____

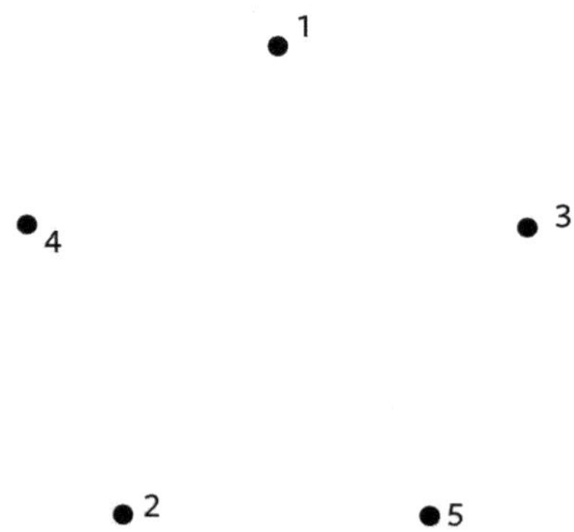

〈그림 9〉

무슨 모양인가?

____

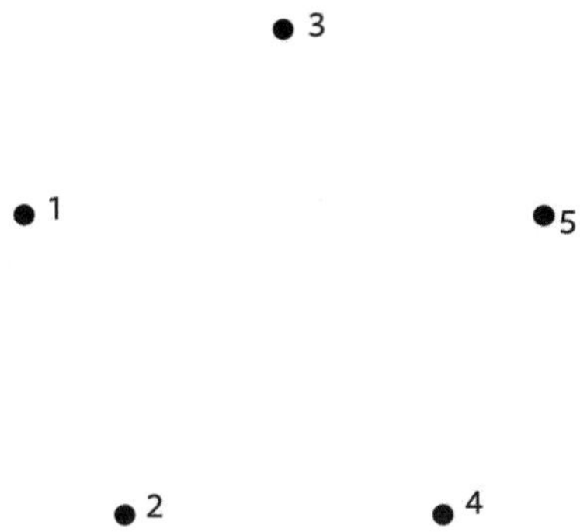

〈그림 10〉

무슨 모양인가?

이제 쉽게 알듯이, 〈그림 8〉은 오각형이고, 〈그림 9〉는 별이고, 〈그림 10〉은 글자 W이다. (〈그림 8〉을 집이라고 해도 옳지만, 이 활동에서는 오각형이라 하겠다.) 막 마친 연습을 설명하는 또 다른 방법은, 모양새를 그림으로 거칠게 그렸다고 말함이다. 설교 얼거리 그리기는 위 모양의 윤곽을 그리기와 비슷한 과정을 거친다.

위 그림에서, 선을 '사고 전개 선(lines of thought)'으로, 최종 '모양'을 여러분 빅 아이디어라고 여기자. 위 그림에서 모양을 윤곽선으로 그리듯이, 설교에서 빅 아이디어 윤곽(전개)을 그린다. 설교를 펼치는 각 사고 전개 선은, 항상 주요 요점(또는 얼거리 요점)이다. 얼거리는 빅 아이디어를 전개하는 데 필요한 사고 전개 선일 뿐이다. 따라서 설교자가 설교 얼거리를 짤 때, 가장 먼저 물어야 할 질문은 "빅 아이디어를 적절하게 전개하는 데 사고 전개 선은 몇 개이어야 한가?"이다. 얼거리를 작성하는 데는 사고 선이 적어도 두 개가 있어야 하며, 많게는 대여섯 개가 있어야 한다.

위 그림들은 '연역법 얼거리'와 '귀납법 얼거리'가 어떻게 기능하는지를 나타낸다. 〈그림 8〉의 모양을 연역법 방식으로 그린다고 하면, 청중에게 그리는 모양—오각형—을 말하고서 한 번에 한 줄씩 그릴 테다. 마찬가지로, 연역법 설교 얼거리에서 설교자는 청중에게 빅 아이디어(설교자가 그리는 그림)를 말하고서, 각 아이디어를 적절한 순서로 진술한다.

그림에서 귀납법으로 도형 그리기는 무슨 모양을 그리는지 말하지 않은 채, 먼저 첫 번째 선을 그리고서 두 번째 선을 그리는 식으로 모양을 완성할 때까지 계속 그리고서 마지막에 모양(예. 오각형)을 말하는 방식이다. 귀납법 설교 얼거리도 이 같은 방식으로 전개한다. 청중에게 빅 아이디어가 무엇인지 말하지 않은 채, 첫 번째 생각을 말한다. 그런 다음 두 번째 생각을 덧붙이는 식으로, 아이디어를 모두 전개하기까지 계속한다. 그때 비로소 빅 아이디어를 말한다.

선을 연역법으로 그리든 귀납법으로 그리든 선을 하나라도 없애거나 덧붙이면, 모양을 제대로 전개하지 못한다. 마찬가지로, 너무 많은 사고선을 덧붙이거나 없애면, 빅 아이디어를 제대로 전개할 수 없다. 선을 덧붙이거나 없앨 때, 어떤 일이 일어나는지는, 위에서 〈그림 10〉을 완성하듯이, 〈그림 11〉을 완성하자. 그러나 이번에는 (1에서 2로 가는 선은 생략하고) 2에서 선을 시작하여 숫자 순서대로 점을 연결하자. 그런데 5에서 1로 가는 선은 연결하지 않음을 기억하자. 선 하나가 빠졌을 때, 새로운 모양을 말하자.

〈그림 11〉

선 하나를 빼니, 모양 W가 N이 됐다. 선을 빼거나 더함으로써 새로운 모양을 만들 수 있다. 그러므로 선으로 특정 모양을 그리는 데는 특정한 수의 선이 있어야 한다. 설교에서 사고 선을 더하거나 빼기도 마찬가지이다. 사고 선을 더하거나 빼면 메시지 모양이나 전개를 바꾼다.

6.2. 귀납법 전개 얼거리 예시 _Inductive Outlines Illustrated

다음 예시는 귀납법 전개 얼거리가 얼마나 복잡할 수 있는지, 그리고 그 과정에 세심하게 주의를 기울여야 하는지를 나타낸다. 여러분이 그림을 그리는 상황을 친구에게 말한다고 치자. 여러분은 어떤 모양일지 알지만, 친구는 모르며 그 모양을 본 적도 없다. 선마다 자세한 내용을 설명하면서 천천히 그린다. 첫째 선은 3에서 2로 연결한다. 아래 〈그림 12a〉에 그 선을 그리자.

〈그림 12a〉

이 단계에서, 친구는 여러분이 무엇을 그리는지 알 수 있는가? 친구가 이 단계에서 무엇을 그리는지를 미루어 짐작한다면, 어떤 모양이라고 말할까? 물론 친구는 모르고, 그래서 여러분은 1에서 5로 선을 그어 윤곽을 계속 그린다. 지금 〈그림 12b〉에 그 선을 그리자. (첫째 선, 곧 3에서 2는 이미 그었다.)

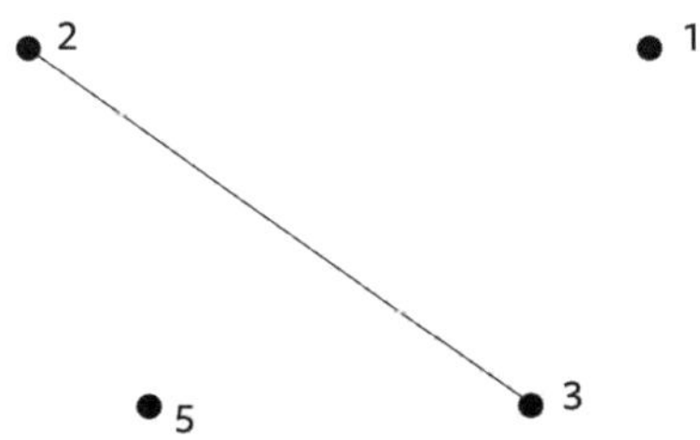

〈그림 12b〉

친구는 이 단계에서 그림이 무슨 모양이라고 생각할까? 아마도 X라고 미루어 짐작할 테다. 그러나 여러분은 다음 선이 무엇에 관한 선인지를 설명하면서 천천히 그 선을 긋는다. 다음 선은 5와 4를 연결한다. 이제 〈그림 12c〉에 5에서 4로 선을 긋는다. (첫째 선과 둘째 선은 이미 그었다.)

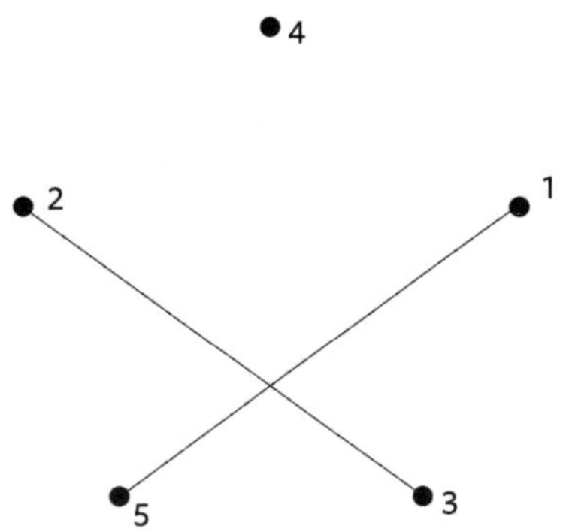

〈그림 12c〉

이제 그 친구는 여러분이 무슨 모양을 그린다고 말할까? 여전히 X라고 할까, 아니면 다른 무엇이라고 말할까? 오랫동안 궁금하게 하지 않는데, 3에서 4로 그다음 선을 긋기 때문이다. 지금 〈그림 12d〉에 3에서 4를 잇는 선을 긋자.

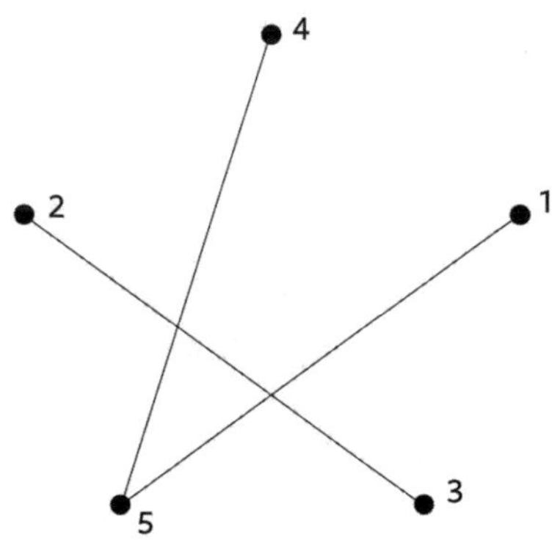

〈그림 12d〉

이 단계에서 그림은 선 네 개로 이뤄져 있다. 여러분은 각 선을 설명하면서 천천히 선 네 개를 모두 그렸다. 여러분 친구는 그 모양이 무엇이라고 생각할까? 거꾸로 있는 V가 있는 X일까, V자 모양의 윗부분이 있는 X일까, 아니면 X조차 아닐까? 여러분은 아직 최종 결과에 이르지 않았다. 그린 각 선만을 설명하고 천천히 진행하고 있다. 이제 마지막 선을 그릴 시간이다. 친구가 여전히 집중하고 있다고 가정하면, 그 모양이 무엇이라고 생각할까? 마지막으로 긋는 선은 1에서 2까지이다. 아래 〈그림 12e〉에 그 선을 그으면, 별 모양이다.

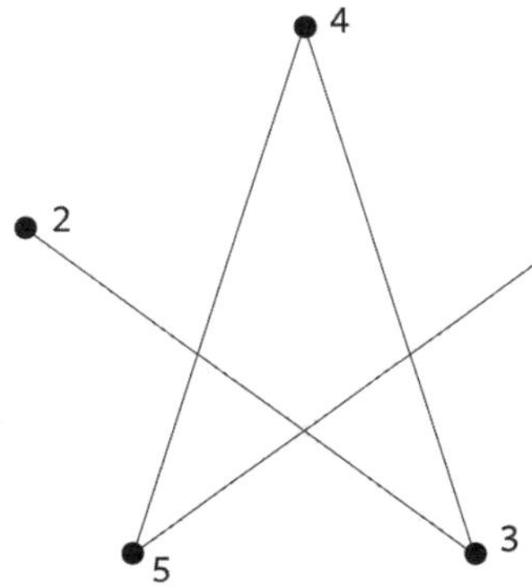

〈그림 12e〉

이제 여러분 친구를 방에 가득 모인 사람들로, 그리고 3분짜리 그림을 30분짜리 메시지로 바꿔보자. 이제 귀납법 전개 얼거리로 전달하는 설교가 얼마나 어려운지 이해할 수 있다. 이는 귀납법 얼거리 작성과 설교의 복잡성을 보여주며, 설교 얼거리마저 없으면 설교자와 청중 모두에게 혼란을 일으킬 수 있는지를 설명한다.

7. 설교 얼거리에 활기를 불어넣기 _Making Dry Bones Live

이 장에서는 아이디어를 뒷받침하는 자료를 정확하게 사용하는 방법을 가르치고, 뒷받침하는 자료를 적절하게 사용하게 돕는다.

이 목적을 이루려면 7장에서 쓴 용어와 개념을 잘 알아야 한다. 용어 '**유형**(type)'은 뒷받침하는 자료 유형을 지칭하며, '**자료**(material)'는 '**뒷받침하는 자료**(supporting material)'와 맞바꿔 쓰임을 이해하자.

설교에서 뒷받침하는 자료는 추상적 개념을 구체적이며 생생하게 만든다. 추상적 개념을 이해하기 쉽고, 믿을 수 있으며, 적용하기 쉽게 만든다. 빅 아이디어나 얼거리는 흔히 추상적 표현이다. 추상적 표현 자체로는 설득력이 거의 없고, 기억에 남지도 않고, 심지어 적용할 수도 없다. 추상적 아이디어(예. 원칙)에 근거하여 중요한 결정을 내리고 목표를 설정하지만, 추상적 아이디어가 그 목적을 달성하려면 뒷받침하는 자료가 있어야 한다. 그러한 뒷받침하는 자료가 없으면, 숭고하고 좋은 아이디어라도 잊히거나 그저 무시될 수 있다.

7.1. 돌을 굴려라! _Move That Stone!

다음 인용문을 읽고서, 질문에 답하자. 너무 깊이 생각하지는 말자. 1분 정도만 들여서 대답하자.

> 사전에서 시시포스(Sisyphus)를 찾아보면, 그는 호머의 『오디세이』에 나오는 신화 속 인물이며, 이 그리스 시는 그리스도께서 오시기 천 년 이상 전에 쓰였음을 알 수 있다. 그가 받은 형벌은 무의미한 일을 수행하는 것이었다.

위 문단을 읽고서 무슨 이미지가 떠올랐는가?

___

____[35]

이제 다음 인용문을 읽고서 떠오르는 이미지를 쓰자. 다시 말하지만, 너무 깊이 생각하지는 말자.

> 여러분이 사전에서 시시포스(Sisyphus)를 찾아본다면, 그는 그리스도의 탄생 거의 천 년 전에 쓰인 그리스 시, 호머의 『오디세이』에 나오는 신화 속 인물임을 알 수 있다. 불쌍한 시시포스. 호머는 지옥에 있는 그를 묘사하고 있으며, 이것이 그가 받은 형벌이었다. "나는 시시포스가 두 손으로 괴물 같은 돌을 들어 올리려고 애쓰며 격렬한 고통을 겪는 모습을 봤다. 정말로, 그는 손과 발로 몸을 지탱하면서 돌을 언덕 꼭대기로 밀어 올리려 했지만, 정상에 올리려 할 때마다 무게 때문에 무자비한 돌이 굴러떨어져 평원으로 굴러 내렸다. 그러나 그는 다시 힘을 내서 돌을 밀어 올렸고, 그의 사지에서는 땀이 흘러내리고 머리에서는 먼지가 날렸다."[36] 불쌍한 시시포스, 그 거대한 돌을 언덕 위로 굴려 올렸다가 다시 굴러떨어지는 영원한 운명에 처했다. 다시 언덕 위로 힘겹게 밀어 올렸다가 다시 굴러떨이지는 일이 영원히 반복한다. 긴 시간, 힘든 노동, 무의미하고 무가치한 일이다.

위 문단을 읽고는 무슨 이미지가 떠올랐는가?

____

35 어떤 이미지로 떠오르지 않았을 테다. 설령 어떤 이미지가 떠올랐다면, 그것은 시간을 내어 생각했거나, 시시포스의 곤경에 익숙하기 때문일 테다.

36 Homer, *The Odyssey*, in *Complete Works of Homer: The Iliad, The Odyssey, The Homeric Hymns*, tr. Andrew Lang (Kyiv, Ukraine: Strelbytskyy Multimedia Publishing, 2021), ¶593‖참조. 『오디세이아』, 박문재 옮김 (서울: 현대지성, 2025); 『오뒷세이아』, 천병희 옮김 (고양: 숲, 2006).

____

____[37]

두 문단의 차이점은 뒷받침하는 자료에 있다. 두 문단은 모두 똑같은 아이디어를 제시하지만, 둘째 문단에는 뒷받침하는 자료, 곧 인용문이 있다. 둘째 문단은 첫째 문단보다 더 강한 인상을 남기며, 이는 여러분이 쓴 이미지에 반영된다. 뒷받침하는 자료는 중요한데, 추상적 아이디어에 관해 듣는 이에게 강한 인상을 주기 때문이다.

복습(Review)

1. 뒷받침하는 자료는 중요한데, 추상적 개념을 듣는 이에게 강한 인상을 주기 때문이다.

2. 뒷받침하는 자료의 주요 아이디어가 그것이 나타내는 아이디어와 유사해야만, 뒷받침 자료가 정확하게 쓰인다.

3. 뒷받침하는 자료의 의도가 그것이 뒷받침하는 아이디어의 의도와 유사해야만, 뒷받침하는 자료가 적절하게 쓰인다.

4. 뒷받침하는 자료의 다섯 가지 용도는 증폭하기, 설명하기, 증명하기, 적용하기, 매력적으로 만들기 등이다.

37 떠오르는 이미지는 어떤 사람이 바위를 언덕 위로 굴려 올리지만 결국 바위는 다시 언덕 아래로 굴러떨어지고, 다시 바위를 굴려 올리지만 또다시 언덕 아래로 굴러떨어지는 모습이다. 이미지 속 사람은 고통스러워하며 지쳐 있다.

8. 설교 서론은 인상 깊게 시작하고 설교 결론은 완벽하게 마무리 짓기 _Start with a Bang and Quit All Over

8.1. 필요 드러내기 _Uncovering a Need

서론을 준비할 때, 청중이 '**느낀** 필요(felt need)'를 제기하자. 필요란, 사람에게 부족한 모든 것이다. 정의상, '느낀 필요'는 지금 느끼는 필요이다. 그렇기에 모든 필요가 느낀 필요는 아니다. 아래 이야기를 읽고 다음 질문에 대답하자.

> 한 남자가 절망에 빠져 월요일 아침에 목사님에게 전화한다. "목사님, 저를 도와주셔야 합니다." 그가 말을 이어간다. "저는 금요일 아침에 해고당했고, 집에 돌아왔더니 아내는 다른 남자가 좋아서 저와 헤어지겠다고 했습니다. 아이들은 저를 싫어하고, 주말에는 술에 취했다고 쫓겨나 바퀴벌레가 나오는 호텔에 묵었습니다. 회계사는 제가 재정 파산 사태라고 했습니다. 목사님, 정말 도움이 필요합니다."

호텔에 묵은 사람에는 무슨 필요가 있는지를 쓰자.

____

____[38]

이 사람이 목사에게 무슨 도움을 요청할지 생각하기는 그리 어렵지 않다. 이야기는 그가 도움을 요청함으로 실제로 끝난다. 그 사람이 자기 모든 어려움을 털어놓고서, 말한다. "목사님, 정말 도움이 필요합니다. 제가 알고 싶은 단 한 가지는 … 요한계시록 16장에 나오는 짐승이 문자적인지, 아닌지입니다. 목사님, 제발 말씀해 주시겠습니까?"

---

38 자기 절망 상황에서 희망. 가정 문제 상담. 술 깨기. 친구. 재정적인 지도와 도움.

이 이야기가 슬프거나 웃긴다고 생각하든, 여러분은 그가 요한계시록 16장에 나오는 짐승의 중요성을 이해해야 할 필요가 있다고 적었을 가능성은 작다. 호텔에 묵은 그 남자는 요한계시록에 나오는 짐승에 관해 알아야 할 필요가 있을까? 물론이다. 그가 그것에 **느낀** 필요가 있을까? 아마 지금은 아닐 테다. 그러므로 좋은 서론을 전개하도록 돕는 질문이 있다. 곧, 청중은 삶에서 무엇이 부족하다고 느낄까? 당연히 그 질문은 설교의 빅 아이디어와 관련이 있어야 한다. 느낀 필요는 이럴 수 있다.

- 재정적 필요
- 감정적 필요(슬픔, 절망, 격려 필요)
- 육체적 필요(분주한 일정으로 피로)
- 도덕적 필요("…에 어떻게 행동해야지?")
- 지적 필요
- 영적 필요
- 자아 관련 필요
- 지도력 관련 필요
- 의사소통 관련 필요
- 경력 관련 필요

위 목록이 절대 완전하지 않다. 이는 여러분 생각을 자극하는 출발점이다. 청중은 이러한 영역 중 어느 부분에서든 부족함을 느낄 수 있다. 청중은 설교자가 자기들 필요에 관심을 가질 뿐만 아니라 성경으로 그 필요를 해결하려고 노력한다고 이해할 때, 그들 관심은 자연스러울 테고 메시지는 더욱 효과적일 테다.

다음은 스윈돌이 전한 설교에서 서론인데, 8장 '효과적인 서론은 필요를 드러낸다' 부분(214~215쪽)에 있다. 이를 읽고서 스윈돌이 말하는 필요를 쓰자.

> 엘 타블라조(El Tablazo) 봉우리는 아주 가까이에 있었습니다. 너무 가까웠습니다. 모든 일은 순식간에 벌어졌습니다. 비행기 DC-4는

해발 4,267m 험준한 봉우리에 부딪히면서 찢어지는 금속성 소리를 내며 산산이 부서졌습니다.

에콰도르 키토(Quito, Ecuador)행 아비앙카 항공편의 잔해는 미친 듯이 불타오르며 산비탈을 따라 깊은 협곡으로 굴러떨어졌습니다. 끔찍한 순간, 차가운 콜롬비아의 산을 밤에 잠시 비추더니, 다시 어둠이 찾아왔습니다. 그리고 침묵이.

그날 일찍 공항을 떠나기 전, 글렌 체임버스(Glenn Chambers)라는 이름의 젊은 뉴요커는 터미널 바닥에서 발견한 종이 조각에 급히 휘갈겨 썼습니다. 그 조각은 인쇄 광고의 일부였는데, 중앙에 단어 "왜?"가 큼지막하게 쓰여 있었습니다.

체임버스는 급하게 종이가 필요했기에 바닥에서 집어 든 종이 조각 가운데 단어를 중심으로 어머니에게 편지를 휘갈겨 썼습니다. 마지막 순간에 떠오른 생각을 써서 재빨리 접어 봉투에 넣고 우체통에 넣었습니다. 물론 할 이야기가 더 많았을 겁니다. 에콰도르에서 '안데스의 소리(Voice of the Andes)'와 함께 사역을 시작하려는 평생의 꿈이 싹틈에 관한 더 많은 이야기.

하지만 이야기가 더는 이어지지 않았습니다. 체임버스가 편지를 부치고 그 편지를 배달하는 사이, 엘 타블라조가 그의 비행과 그의 꿈을 밤하늘에서 낚아챘습니다. 편지는 그의 사망 소식보다 더 늦게 도착했습니다. 어머니가 그 편지를 받았을 때, 그 종이에서 '왜?'라는 질문만이 크게 보였습니다.

이는 가장 먼저 떠오르고 가장 오래 머무는 질문입니다. 왜? 왜 내게? 왜 아니지? 왜 이렇지?

척 스윈돌이 말하는 필요는 무엇인가?

(여러분이 쓴 답이 각주에 있는 답과 정확히 일치함이 그리 중요하지 않지만, 서론을 준비할 때 느끼는 필요를 해결하는 과정을 이해함은 아주 중요하기에 답은 이 범위 안에 있어야 한다.)

8.2. 효과를 내는 서론 _Effective Introductions

다음 서론 두 개는 같은 주제를 말한다. 읽고서 질문에 답하자.

- **서론 1** (목사가 회중에게 말함)

존과 저는 오랫동안 친구로 지냈습니다. 그는 이사회 이사로 봉사했고, 그 아내는 아름다우며 두 자녀도 건강했고 대부분 남성이 부러워하는 직업에 종사했습니다. 어느 날, 그의 아내가 저에게 전화해서 존이 다른 여성이 좋아서 헤어지겠다고 말하며, 그와 이야기를 나눠달라고 부탁했습니다. 저는 존과 이야기를 나누며 잘못 결정했다고 설득하려 했지만, 소용없었습니다. 그는 듣지 않았습니다. 저는 그에게 간음은 잘못이며 간음해서는 안 된다고 말했습니다. 저는 그에게 그 다른 여성을 향한 성적 욕망은 줄겠고, 이 일로 두 아이가 상처를 받으며, 하나님께서는 일곱 번째 계명에서 간음하지 말라고 명령하셨다고 말했습니다.

- **서론 2**

J. 알란 페터슨은 『온전한 가정생활』[40]에서, 한 여성이 11명과 점심 식사하는 이야기를 들려줍니다. 그들은 아이들이 유치원에 있는 동안 함께 프랑스어를 공부했습니다. 이 여성은 함께하는 이들에게

---

39 우리에게 어떤 나쁜 일이 왜 일어났는지 알아야 할 필요성.

40 옮긴이 덧붙임. J. Allan Petersen, *Myth of the Greener Grass* (Tyndale House Publishers, 1984) || 『온전한 가정』, 보이스사 편집부 옮김 (서울: 보이스사, 1986).

"결혼 생활 동안 남편에게 충실했던 사람이 몇 명이나 되나요?"라고 물었습니다. 테이블에 있던 여성 중 한 명만이 손을 들었습니다.

그날 저녁, 질문한 여성은 남편에게 그 이야기를 전하며 자기는 손을 들지 않았다고 덧붙였습니다. "하지만 저는 충실했어요."라는 말로 남편을 안심하게 했습니다.

"그런데 왜 손을 들지 않았소?"라고 남편이 물었습니다.

"부끄러웠어요."

충실함이 부끄럽다뇨! 과거에는 결혼 맹세를 어긴 사람이 수치를 당했지만, 이제 우리 사회에서는 바뀌었습니다. 여전히 결혼 생활에 충실해야 한다고 믿는 사람은 재미없는 사람일 뿐입니다. 영화에서 대부분 성관계는 부부 사이에 이뤄지지 않습니다. 마치 쏜살같이 빠르게 살아가는 사람만이 인생의 모든 것을 아는 듯한 인상을 줍니다. 다른 모든 이는 사회 흐름에 발맞추지 못하고 있습니다. 최근 한 설문조사에 따르면, 배우자 절반 정도가 한 번 이상 외도를 한 적이 있다고 합니다. 그러나 일곱 번째 계명은 … 말합니다.

어느 서론이 느낀 필요를 **'더'** 절실하게 표현하는가?

____ 41

서론 둘 다 같은 주제를 소개하지만, '서론 2'는 청중이 느끼는 필요를 더 잘 소개한다. '서론 2'는 오늘날 사회에 절실한 필요를 어떻게 표현하는가?

____

____ 42

41 '서론 2'이다.

8.3. 불완전한 결론 _Inconclusive Conclusions

아래 이야기를 읽고서, 질문에 답하자.

- 원래 이야기

> 늙은 고양이는 헛간에 있는 쥐들을 모두 잡는 버릇이 있었습니다. 어느 날 쥐들은 고양이 때문에 받는 큰 피해를 이야기하려고 모였습니다. 각자 고양이를 피할 수 있는 계획을 이야기했습니다. "내가 말하는 대로 하세요." 매우 현명하다고 여겨지는 늙은 회색 쥐가 말했습니다. "내가 말하는 대로 하세요. 고양이 목에 방울을 달아 놓으세요. 방울 소리가 들리면 고양이가 온다는 신호이니, 재빨리 피할 수 있습니다." "좋아요! 좋아요!" 다른 쥐들이 모두 말했고, 한 마리가 방울을 가지러 달려갔습니다. -끝-

"끝"이라고는 말하지만, 이야기는 아직 끝나지 않았다. 특별히, 무엇이 빠졌는가?

____

____[43]

다음은 몇 가지 가능한 결론이다. 결론을 하나씩 읽고 질문에 답하고서 그다음 결론으로 넘어가자.

- 가능한 결론 1

---

42 '서론 2'에서, 설교자는 그리스도인의 성적 순결에 가해지는 사회적 압박과 그에 따른 유혹에 저항해야 할 필요성을 잘 표현한다.

43 쥐들, 고양이, 방울 등에는 무슨 일이 일어날까? 쥐들은 고양이 목에 방울을 달까? 이는 독자가 다음에 무슨 일이 일어날지 궁금하게 한다.

늙은 쥐가 물었습니다. "누가 고양이 목에 방울을 달 건가?" 한 쥐가 말했습니다. "나는 내 집을 고쳐야 해." 다른 쥐는 말했습니다. "나는 좋은 부모가 되려고 노력해야 해." 그러자 늙은 쥐는 쥐들이 더 나은 사회적 존재가 되도록 도우려고 학교를 시작했습니다.

이야기가 끝났는가? ❑ 끝났다, ❑ 아니다.

________________________________ 44

이렇게 끝맺음은 여러분에게 의미가 있는가?

________________________________ 45

이 결론으로 끝맺는 이야기는 무엇을 가르치는가?

____

________________________________ 46

- 가능한 결론 2

늙은 쥐가 물었습니다. "누가 고양이에게 방울을 달 건가?" 한 쥐가 말했습니다. "제비를 뽑자." 그러나 늙은 쥐는 말했습니다. "함께 하세요. 그래야만 성공할 수 있습니다." 그들은 잠자는 고양이를

---

44 끝났다.

45 아니다, 혼란스럽다. 고양이, 쥐, 종에게 무슨 일이 일어나는지 모른다.

46 이것은 문제를 해결하는 대책을 세워야 하지만, 그것들을 무시하고 중요하다고 여기는 일을 우선 시작해야 함을 가르칠 수 있다. 또는 문제를 해결하는 대책을 세워야 하지만, 그 계획을 실행하기가 더 어려움을 가르칠 수 있다.

발견했고, 함께 고양이 목에 방울을 달았습니다. 그들은 함께 함으로써 해를 입지 않고 살아남았습니다.

이야기가 끝났는가? ❑ 끝났다, ❑ 아니다.

______________________________ 47

이렇게 끝맺음은 여러분에게 의미가 있는가?

______________________________ 48

이 결론으로 끝맺는 이야기는 무엇을 가르치는가?

____

______________________________ 49

- 가능한 결론 3

늙은 쥐가 물었습니다. "누가 고양이에게 방울을 달 건가?" "저는 싫어요! 저도 싫어요!" 모든 쥐가 한목소리로 말했습니다. 그러고는 모두 자기 구멍으로 허둥지둥 도망쳤습니다.

이야기가 끝났는가? ❑ 끝났다, ❑ 아니다.

______________________________ 50

47 끝났다.

48 그렇다, 고양이, 쥐, 종에 일어나는 일을 말한다.

49 지혜로운 이가 하는 말을 귀 기울여 듣고 함께함으로 우리 문제를 해결할 수 있다.

이렇게 끝맺음은 여러분에게 의미가 있는가?

____ 51

이 결론으로 끝맺는 이야기는 무엇을 가르치는가?

____ 52

원래 이야기는 불완전한 결론은 혼란스러운 결론임을 나타낸다(결론을 내리지 않기 때문이다). 가능한 결론 1이 혼란을 피하려면, 결론이 빅 아이디어와 관련이 있음을 제시해야 한다. 가능한 결론 2와 3은 결론을 뚜렷하게 진술해야만, 청중이 설교자가 의도하지 않은 데로 가지 않는다고 가르친다.

분명한 결론을 끌어내려면, 불완전한 결론 또는 빅 아이디어와 관련 없는 결론은 청중을 혼란스럽게 한다는 사실을 먼저 깨달아야 한다.

8.4. 강한 집중력을 수반한 결론 _Conclusions with a Burning Focus

이제 설교 결론 두 개를 읽겠는데, 첫째는 8장 '결론' 부분(223~224쪽)에 있는 것이다.

- 결론 1

> 옛날 바그다드(Bagdad)에 살던 한 상인에 관한 전설인데, 어느 날 그 상인은 하인을 시장에 보냈습니다. 얼마 지나지 않아 하인은 얼굴이 창백해지고 떨면서 몹시 흥분한 채로 주인에게 돌아와 말했습

50 끝났다.

51 그렇다, 고양이, 쥐, 종에 일어나는 일을 말한다.

52 '용감하게 말하기'와 '용감하게 행동하기'는 별개다.

니다. "저잣거리에서 어떤 여자가 저를 밀쳤는데, 돌아보니 저를 밀친 사람이 죽음(Death)이었습니다. 죽음은 저를 쳐다보며 위협적인 몸짓을 했습니다. 주인님, 말을 제게 빌려주십시오. 죽음을 피하려면 서둘러 떠나야 합니다. 사마라(Samarra)로 달려가서 숨으면, 죽이 저를 찾지 못합니다."

그 주인은 하인에게 말을 빌려줬고, 하인은 말을 타고 서둘러 떠났습니다. 조금 있다가 주인은 저잣거리에 갔다가 군중 가운데 서 있는 죽음을 봤습니다. 그는 죽음에게 다가가 물었습니다. "오늘 아침에 왜 내 하인을 놀라게 했소? 왜 위협적인 몸짓을 했소?"

죽음이 말했습니다. "그것은 위협적인 몸짓이 아니었습니다. 단지 놀라서 그랬을 뿐입니다. 나는 그를 오늘 밤 사마라에서 만나기로 약속했는데 그가 바그다드에 있기에, 그것을 보고 놀랐을 뿐입니다."

우리 각 사람은 사마라에서 약속이 있습니다. 그러나 그것은 기뻐해야 할 이유이지, 두려워할 이유가 아닙니다. 오직 생사와 흥망성쇠를 주관하시는 그분만을 믿는다면 말입니다.

- 결론 2

미국 남북 전쟁은 국가 성격과 사람들 성격을 시험하는 시기였습니다. 모든 전쟁은 시험의 시기이자 공포의 시기입니다. 왜냐하면 죽음 예기치 않게 우리 집 문 앞에서 울릴 수 있기 때문입니다.

리치먼드 전투(the battle of Richmond) 이후, 연합군 병사 한 명의 시신이 발견됐습니다. 그는 진리의 제단에서 전투하다 희생했습니다. 그 시신은 특이한 방식으로 발견되었는데, 그의 손이 책 위에 놓여 있었습니다. 그의 손가락은 다음 구절을 가리키고 있었습니다. "내가 사망이라는 음침한 골짜기를 다녀도 악을 두려워하지 않는데, 주님께서 나와 함께 하시기 때문이다."

> 저는 그 병사의 죽음이 궁금했습니다. 성경을 읽다가 다쳤을까? 총알에 맞은 후, 자기가 살아남지 못할 것을 알고 짐 꾸러미를 뒤져 성경을 찾았을까? 그가 이 구절을 선택했을까, 아니면 그가 성경을 읽으면서 자연스럽게 닳아서 그곳이 펼쳐졌을까? 그는 어려울 때 하나님으로부터 위로를 받는 습관이 있었을까? 그 병사는 죽었지만, 두려워하지 않은 채 죽은 듯합니다.

설교자는 결론에서 청중이 무엇을 실천하길 특별히 바랐을까?

결론 1에서, ______________________________[53]

결론 2에서, ______________________________[54]

다음으로 넘어가기에 앞서서, 여러분이 쓴 답을 검토하자. 답 뒤에 숨겨진 **'논거**(reasoning)'를 파악하고서 다음 질문으로 넘어가서 똑같이 하자. 모든 질문에 답할 때까지 이 과정을 반복하자.

청중은 설교자가 결론에서 제안하는 바를 어떻게 실천할까?

결론 1에서, ______________________________

______________________________[55]

결론 2에서, ______________________________

______________________________[56]

---

53 결론 1에서, 설교자는 청중이 죽음에 맞닥뜨렸어도 기뻐하기를 바란다.

54 결론 2에서, 설교자는 청중에게 어떤 실천도 요구하지 않는다.

55 결론 1에서, 설교자는 청중이 죽음의 열쇠를 쥐고 계시는 분을 믿음으로 기뻐하기를 바란다.

여러분은 각 결론에 어떤 실천 사항을 덧붙여서 청중이 실천하게 하고 싶은가?

결론 1에, ____________________________________

____

____________________________________[57]

결론 2에, ____________________________________

____

____________________________________[58]

위 질문과 사고를 바탕으로, 청중에게 더 많은 실천을 제시하는 결론은 어느 것인가?[59] ❑ 결론 1 ❑ 결론 2

---

56 결론 2에서, 설교자는 청중에게 어떤 실천도 요구하지 않기에, 어떤 실천 사항도 없다.

57 결론 1에, 설교자는 이렇게 덧붙여 말할 수 있다. “우리 중 많은 이가 그 종처럼 죽음을 피할 수 있기를 바랍니다. 계획을 세우고, 건강 검진을 받고, 조심합니다. 대부분은 지혜이고, 일부는 두려움입니다. 하지만 두려워할 필요는 없습니다.” 그러고서 다음 말을 이을 수 있다. “우리 각자는 사마라에서 만나기로 돼 있습니다. ….”

58 결론 2에, 설교자는 병사의 죽음에 관한 질문을 청중의 삶에 적용하는 말을 덧붙일 수 있다. 예를 들면, “저는 여러분이 어떻게 하셨을지 궁금합니다. 여러분은 두려울 때 어떻게 하십니까? 여러분 대부분은 전쟁터에 나가지 않겠지만, 여러분에게는 현실적인 다른 두려움들이 있습니다. 두려움에 맞설 힘을 얻으려고 성경으로 나아갑니까? 두려워서 떨 때 하나님을 믿으며 그분께 위로를 구하십니까? 우리는 두려워할 필요가 없습니다. 죽음만이 유일한 확실성은 아닙니다. 삶과 죽음의 열쇠를 쥐고 계신 분을 믿기로 한다면, 확실히 기뻐할 수 있습니다.”

설교자가 강력한 집중력을 수반한 결론을 표현하는 한 가지 방법은, 청중이 무엇을 하기를 바라는지 구체적으로 말하고, 그 방법을 제시하는 것이다. '결론 1'이 '결론 2'보다 그 점에서 더 낫다. 그 차이는 '결론 1'에 나오는 세 가지 표현에 달려 있다.

- "우리 각 사람은 사마라에서 약속이 있습니다."
  - (여러분은 언젠가는 죽는다는 사실을 알아야 합니다.)
- "그러나 그것은 기뻐해야 할 이유이지, 두려워할 이유가 아닙니다."
  - (그러나 여러분은 죽음에 두려워하기보다는 기뻐할 수 있습니다.)
- "오직 생사와 흥망성쇠를 주관하시는 그분만을 믿는다면 말입니다."
  - (이는 우리가 기뻐할 수 있는 비결입니다.)

설교자는 청중이 이 세 가지를 **'하기를'** 바란다. '결론 2'는 명확하지만, 청중에게 어떤 행동도 요구하지 않는다. 그런데도 두 가지 결론은 모두, 답변에서 설명했듯이, 더 구체적인 행동을 요구할 수 있다.

---

59 '결론 1'을 선택했어야 한다.

9. 설교 사상을 빛내기 _The Dress of Thought

9.1. 뚜렷이 표현하는 단어 선택하기 _Choosing Words for Clarity

이 연습은 설교에 사용할, 뜻이 명확한 단어를 선택하게 돕는다. 다음 예제를 읽으면서 뜻이 뚜렷하지 않은 단어와 어구를 찾아보자. 혼란스럽더라도, 먼저 다음 두 문단 전체를 읽자.

> 하나님께서 다윗에게 금지하신 명령에도(삼하 24:2 이하), 중서부 지역의 활동을 수량화하려는 열망은 그 속도나 결과를 성공과 같게 여기지 않음으로써 청지기가 책임을 입증한다는 가정으로 해결하는 긴장을 조성합니다. 각 항목은 그 실체에 그분 임재로, 연례 평가에 연결하지 않아도, 본질적으로 궁극적 가치가 있습니다. 그러나 저는 이 보고서의 일부로 지난 한 해를 열거하며 요청 시 모든 문제를 설명해 드리겠습니다.
>
> 학생 작품이 '외양 찬사(paean of mien)'를 제공하면, 주목할 만한 예외를 제외하고, 대학원 평가 기준은 '엔트로피에서 위축(atrophy amidst entropy)'이라고 읽힐 수 있습니다. 지역 책임자는 SCP를 대학원 생활 방식의 중심축으로 여기면서 SCP의 중요성을 개인적으로 이차적 또는 삼차적 역할로 이해하고, 지역 책임자가 '생산' 활동에 성공을 구상합니다. 중앙 본부는 말할 것도 없습니다(하지만 여기서 저는 언급합니다!). SCP가 그들이 구성하는 사회 (그리고 물건이 아닌)를 결정하는 구성원으로서, 중간 관리자(현장 및 중앙)의 도움을 받는다는 잔존 원형은 국가 경제 및 정신적 소모가 중간 관리자의 범위와 능력을 약하게 함에 따라 부활 (또는 기념)합니다.[60]

익숙하지 않은 단어, 어구, 또는 약어를 나열하자. 열 개를 나열하면,

---

60 Duane Litfin, *Public Speaking*, 2nd ed. (Grand Rapids: Baker, 1992), 279.

자유롭게 멈추자!

____

____

단어가 뜻이 뚜렷하지 않은 이유는?

____[61]

그 단어들이 낯설기에 뜻이 분명하지 않다. 여러분이 그 단어들이 새롭고 특이하고 알려지지 않았기에 불분명하다고 말한다면, 기본적으로 핵심을 짚은 셈이다.

9.2. 당신은 토마토를 말하나, 나는 토마토 페이스트를 말한다 _You Say Tomato; I Say Tomato Paste

단어 뜻이 뚜렷해지려면, 특정적(specific)이면서도 익숙(familiar)해야 한다. 추상어(abstract word)는 **'항상**(always)' 모호하므로, 설교자는 추상어는 골라내서 더 특성적 단어로 바꿔야 한다. 추상어는 세부 사항을 생략한 결과이다. 특정적 단어는 설교에 세부 사항을 추가함으로 이뤄진다. 단어나 개념이 더 추상적일수록 단어 주변의 세부 사항이 줄어들고, 단어 주변의 세부 사항이 줄어들수록 청중이 의도하지 않은 의미를 부여하거나 잠들 가능성이 더 크다. 명확성 부족은 청중이 혼란을 겪게 한다.

다음은 추상적인 어구와 그에 상응하는 더 특정적인 어구 목록이다. 목록을 살펴 읽고서, 그다음 표에 있는 추상적 단어에 해당하는 특정적인 어구를 쓰자.

---

61 단어 뜻이 뚜렷하지 않은 이유는, 익숙하지 않기 때문이다.

추상적인 단어	특정적인 단어
많은 외국산 자동차	토요타 자동차의 61%
가까운 미래에	지금부터 2주 안에
몇몇 훌륭한 사람	이라크 전쟁에 참전한 미국 장군들
비극	천 명 사망
빠른 비행기	제트 엔진 비행기
좋은 책	성경
꽃 몇 송이	장미 열두 송이
나무	소나무

다음 활동에서는, 추상적인 단어를 특정적인 단어로 바꾸자. (단, 대답을 여러 가지일 테다.)

추상적인 단어	특정적인 단어
건물	
도구	
길	
옷	
휴일	
탈것	

9.3. 좋지 않은 상황이 벌어진다 _As Bad as It Gets

짧은 문장과 단순한 문법 구조는 표현을 뚜렷하게 한다. 설교 원고를 쓰는 목적은 마음에 어색한 생각을 드러내려 함이다. 다음 활동은 명확한 글쓰기를 위한 또 다른 특징을 밝힌다.

〈연습문제 9.1.〉에서 인용한 첫 문단에 있는 첫 문장(359쪽)을 읽자.

> 하나님께서 다윗에게 금지하신 명령에도(삼하 24:2 이하), 중서부 지역의 활동을 수량화하려는 열망은 그 속도나 결과를 성공과 같게 여기지 않음으로써 청지기가 책임을 입증한다는 가정으로 해결하는 긴장을 조성합니다.

- 이 문장에는 단어가 몇 개인가?

  ______________________________[62]

이 질문에 정확한 답이거나 근접한 답인지를 확인하자. 이렇게 많은 단어로 이뤄진 문장은, 뚜렷한 명확한 글쓰기의 일반 규칙을 따르지 않는다고 할 수 있다. 누구도 일부러 그렇게 말하지 않는다. 그러나 설교 원고를 작성하면, 설교에서 그렇게 말할 가능성을 이미 줄인다.

문법 수업은 아니지만, 뚜렷하게 표현하려면 문법을 고려해야 한다. 다음 질문은 〈연습문제 9.1〉에 있는, 방금 읽은 문장과 관련이 있다. 시간을 충분히 들이고 최선을 다해 답하자.

- 이 문장에서 주동사는 무엇인가?

  __________________[63]

---

62 영어 문장으로는 성구 표기까지 포함해서 51개이다.

63 주동사는 '조성한다(creates)'이다.

- 이 문장에서 주어는 무엇인가?

_______________________________________ 64

- 이 문장에서 주절은 무엇인가?

____ 65

9.4. 구체적인 단어 _Concrete Words

이 연습은 생생한 단어를 식별해서 사용하도록 돕는다. 이 연습을 완료하려면 9장에서 살핀 다음 정의를 명확하게 유지하자. **'특정적인'** 단어는 **'세부 사항'**을 수반한 **'추상적인'** 단어이다. **'구체적인'** 단어는 **'그림을'** 수반한 **'특정적인'** 단어이다.

다음은 〈연습문제 9.2.〉에 제시한, 추상적인 어구와 더 특정적인 어구이다. 구체적인 어구도 덧붙였다. 추상적인 어구 열에서 시작하여, 곧 왼쪽에서 시작하여 오른쪽으로 칸을 옮기며 읽자. 아이디어가 어떻게 추상적에서 특정적으로, 그리고 특정적에서 구체적으로 이동하는지를 주목하자.

---

64 주어는 '중서부 지역의 활동을 수량화하려는 열망은(To aspire to quantify the activity of the Midwestern Region)'인데, 아주 수다스럽다.

65 주절은 "중서부 지역의 활동을 수량화하려는 열망은 … 긴장을 조성한다(To aspire to quantify the activity of the Midwestern Region … creates tension.)"이다.

추상적인 단어	특정적인 단어	구체적인 어구
많은 외국산 자동차	토요타 자동차의 61%	거리를 달리는 자동차 5대 중 1대
가까운 미래에	지금부터 2주 안에	슈퍼볼 기간에
몇몇 훌륭한 사람	이라크 전쟁에 참전한 미국 장군들	콜린 파월, 노먼 슈워츠코프, 토미 프랭크스
비극	천 명 사망	2011 일본 대지진
빠른 비행기	제트 엔진 비행기	콩코드기
좋은 책	성경	시편
꽃 몇 송이	장미 열두 송이	이웃집 정원에 있는 장미
나무	소나무	거실에 있는 크리스마스트리

왼쪽에서 오른쪽으로 읽어갈 때, 더 주의를 기울인다. 청중도 마찬가지이다. 추상적인 단어에서 구체적인 단어로 이동할 때 청중의 집중력은 더 커진다.

다음 활동에서는, 특정적인 단어에 상응하는 구체적인 단어를 쓰자. 해답에 있는 특정적인 단어를 사용하거나 〈연습문제 9.2.〉에서 적은 특정적인 단어를 그대로 사용하자.

추상적인 단어	특정적인 단어	구체적인 어구
건물		
도구		
길		
옷		
휴일		
탈것		

구체적인 표현이라도 청중이 그 단어에 대한 개인적인 경험이 없다면 시각화하기 어려울 수 있다. 그럴 때는 특정적인 단어를 사용하는 편이 더 나을 수 있다.

참고 자료

Adams, Jay. *Preaching with Purpose*. Grand Rapids: Zondervan, 1986.

Allen, Ronald J., and Gilbert L. Bartholomew. *Preaching Verse by Verse*. Louisville: Westminster John Knox, 1999.

Alter, Robert. *The Art of Biblical Narrative*. Rev. ed. New York: Basic Books, 2011 ‖『성서의 이야기 기술』. 황규홍 · 박영희 · 정미현 옮김. 서울: 아모르문디, 2023.

________. *The Art of Biblical Poetry*. Rev. ed. New York: Basic Books, 2011.

Anderson, Lynn. *If I Really Believe, Why Do I Have These Doubts?* Rev. ed. New York: Simon and Schuster, 2000.

Bacon, Francis. "Of Studies." In *The Major Works*, edited by Brian Vickers. Oxford World's Classics. Oxford, UK: Oxford University Press, 1996.

Baillie, D. M. *To Whom Shall We Go?* 1955; Reprint, Grand Rapids: Baker, 1974.

Bambaeeroo, Fatemeh, and Nasrin Shokrpour. "The Impact of the Teachers' Non-verbal Communication on Success in Teaching." *Journal of Advances in Medical Education and Professionalism* 5, no. 2 (2017): 51~59.

Barclay, William. *A Spiritual Autobiography*. 1960. Reprint, Louisville: Westminster John Knox, 2001.

Barnhouse, Donald Grey. *Let Me Illustrate: More than 400 Stories, Anecdotes, and Illustrations*. 1967. Reprint, Grand Rapids: Revell, 1994.

Baumann, J. Daniel. *An Introduction to Contemporary Preaching.* Grand Rapids: Baker, 1972 ‖ 『현대 설교학 입문』. 정장복 옮김. 서울: 양서각, 1983 ‖ 『성공적인 설교자를 위한 길잡이』. 개정판. 정장복 옮김. 서울: 예배와 설교 아카데미, 2008.

Beecher, Henry Ward. *Yale Lectures on Preaching.* New York: J. B. Ford, 1872.

Booth, John Nicholls. *The Quest for Preaching Power.* New York: Macmillan, 1943.

Bright, John. *The Authority of the Old Testament.* 1967. Reprint, Grand Rapids: Baker, 1975.

Brooks, Phillips. *Lectures on Preaching: Delivered before the Divinity School of Yale College in January and February 1877.* New York: E. P. Dutton, 1877 ‖ 『설교론 특강』. 서문강 옮김. 고양: 크리스찬다이제스트, 2001.

Brown, Charles R. *The Art of Preaching.* New York: Macmillan, 1922.

Bryant, Donald C., and Karl R. Wallace. *Fundamentals of Public Speaking.* 3rd ed. New York: Appleton-Century-Crofts, 1960.

Buttry, Daniel L. *First-Person Preaching: Bringing New Life to Biblical Stories.* Valley Forge, PA: Judson, 1998.

Campbell, Ernest T. *Locked in a Room with Open Doors.* Waco: Word, 1974.

Carson, D. A. *New Testament Commentary Survey.* 7th ed. Grand Rapids: Baker Academic, 2013.

Carter, Terry G., J. Scott Duvall, and J. Daniel Hays. *Preaching God's Word: A Hands-On Approach to Preparing, Developing, and Delivering the Sermon.* 2nd ed. Grand Rapids: Zondervan, 2018 ‖ 『성경설교—설교를 준비하고 작성하고 전달하는 실제적 지침서』. 김창훈 옮김. 서울: 한국성서유니온선교회, 2009.

Chapell, Bryan. *Christ-Centered Preaching: Redeeming the Expository Sermon.* 3rd ed. Grand Rapids: Baker Academic, 2018 ‖ 비고. 『그리스도 중심의 설교』. 개정증보판. 엄성옥 옮김. 서울: 은성출판사, 2016.

Chappell, Clovis G. *Questions Jesus Asked.* 1948. Reprint, Grand Rapids: Baker, 1974.

Cohen, Arthur R. "Need for Cognition and Order of Communication as Determinants of Opinion Change." In *The Order of Presentation in Persuasion*, edited by Carl I. Hovland, 79~97. New Haven: Yale University Press, 1966.

Craddock, Fred B. *As One without Authority.* 4th ed. Nashville: Christian Board of Publication, 2001 ‖ 『권위 없는 자처럼—귀납적 설교의 이론과 실제』. 4판. 김운용 옮김. 서울: 예배와설교 아카데미, 2003.

________. *Preaching.* 25th anniv. ed. Nashville: Abingdon, 2010 ‖ 비고. 『크래독의 설교 레슨—귀납적 설교의 위대한 멘토』. 이우제 옮김. 서울: 대서, 2007.

Davies, Gwilym. *Get Preaching: Application.* Fearn, UK: Christian Focus, 2020.

Davis, Flora. "How to Read Body Language." In *The Rhetoric of Nonverbal Communication: Readings*, edited by Haig A. Bosmajian, 3~14. Glenview, IL: Scott, Foresman, 1971.

Davis, H. Grady. *Design for Preaching.* Philadelphia: Muhlenberg, 1958.

Dickens, Milton. *Speech: Dynamic Communication.* New York: Harcourt, Brace, 1954.

Doriani, Daniel M. *Putting the Truth to Work: The Theory and Practice of Biblical Application.* Phillipsburg, NJ: P&R, 2001 ‖ 『적용, 성경과 삶의 통합을 말하다』. 정옥배 옮김. 서울: 한국성서유니온선교회, 2009.

Duduit, Michael, ed. *Handbook of Contemporary Preaching: A Wealth of Counsel for Creative and Effective Proclamation.* 2nd ed. Nashville: B&H Academic, 2024.

Duffy, Martha, and Richard Schickel. "Kubrick's Grandest Gamble." *Time*, December 15, 1975.

Earls, Aaron. "Americans' Trust of Pastors Hovers Near All-Time Low." Lifeway Research. January 22, 2021.

https://research.lifeway.com/2021/01/22/americans-trust-of-pastors-hovers-near-all-time-low.

Edwards, J. Kent. *Effective First-Person Biblical Preaching: The Steps from Text to Narrative Sermon*. Grand Rapids: Zondervan, 2009.

Eisenson, Jon, and Paul H. Boase. *Basic Speech*. 3rd ed. New York: Macmillan, 1975.

Ekman, Paul. "Facial Expressions of Emotion: New Findings, New Questions." *Psychological Science* 3, no. 1 (1992): 34~38.

Everding, H. Edward, Jr., and Dana W. Wilbanks. *Decision Making and the Bible*. Valley Forge, PA: Judson, 1975.

Fadiman, Clifton, ed. *The Little, Brown Book of Anecdotes*. Boston: Little, Brown, 1985.

Fee, Gordon D., and Douglas Stuart. *How to Read the Bible for All Its Worth*. 4th ed. Grand Rapids: Zondervan, 2014 ‖ 『성경을 어떻게 읽을 것인가』. 오광만 · 박대영 옮김. 서울: 성서유니온, 2016.

Flesch, Rudolf. *The Art of Plain Talk*. New York: Harper, 1946.

Forsyth, P. T. *Positive Preaching and the Modern Mind*. Grand Rapids: Eerdmans, 1964.

Freeman, Harold. *Variety in Biblical Preaching*. Waco: Word, 1987.

Freud, Sigmund. *Collected Papers*. Vol. 3. New York: Basic Books, 1959.

Friesen, Garry. *Decision Making and the Will of God*. With J. Robin Maxson. Rev. ed. Sisters, OR: Multnomah, 2004 ‖ 비고. 『나의 결정과 하나님의 뜻』. 김지찬 옮김. 서울: 생명의말씀사, 1988 ‖ 『하나님의 뜻과 자유의지』. 장동민 옮김. 서울: 아가페출판사, 1989.

Gallo, Carmine. *Talk like TED: The Nine Public-Speaking Secrets of the World's Top Minds*. New York: St. Martin's, 2014 ‖ 『어떻게 말할 것인가—세상을 바꾸는 18분의 기적 TED』. 유영훈 옮김. 서울: RHK, 2014.

Garner, Stephen Chapin. *Getting into Character: The Art of First-Person Narrative Preaching*. Grand Rapids: Brazos, 2008.

Gauss, Christian. *The Papers of Christian Gauss*. Edited by Katherine Gauss Jackson and Hiram Haydn. New York: Random House, 1957.

Glynn, John. *Commentary and Reference Survey: A Comprehensive Guide to Biblical and Theological Resources*. 10th ed. Grand Rapids: Kregel Academic and Professional, 2007.

Goldsworthy, Graeme. *Preaching the Whole Bible as Christian Scripture*. Grand Rapids: Eerdmans, 2000 ‖ 『성경을 어떻게 설교할 것인가?—강해 설교의 성경신학적 적용』. 김재영 옮김. 서울: 한국성서유니온선교회, 2002.

Grasham, John A., and Glenn G. Gooder. *Improving Your Speech*. New York: Harcourt, Brace, 1960.

Gray, Giles W., and Claude M. Wise. *The Bases of Speech*. 3rd ed. New York: Harper, 1959.

Green, Michael P., ed. *Illustrations for Biblical Preaching*. Grand Rapids: Baker, 1989.

Gregory, Joel C. “It’s Good to Get Out Alive.” *Preaching Today*. Accessed March 26, 2024. https://www.preachingtoday.com/sermons/sermons/2013/may/its-good-to-get-out-alive.html.

Greidanus, Sidney. *Preaching Christ from the Old Testament: A Contemporary Hermeneutical Method*. Grand Rapids: Eerdmans, 1999 ‖ 비고. 『구약의 그리스도, 어떻게 설교할 것인가—하나의 현대적 해석학 방법론』. 개정판. 김진섭 · 류호영 · 류호준 옮김. 고양: 이레서원, 2019.

Hall, Edward T. *The Silent Language*. 1959. Reprint, Greenwich, CT: Fawcett, 1968.

Hals, Ronald M. *The Theology of the Book of Ruth*. Philadelphia: Fortress, 1969.

Hamilton, J. Wallace. *Who Goes There? What and Where Is God?*

Westwood, NJ: Revell, 1958.

Haselden, Kyle. *The Urgency of Preaching*. New York: Harper and Row, 1963.

Hayakawa, S. I. *Language in Thought and Action*. 2nd ed. New York: Harcourt, Brace, and World, 1964 ‖ 『(삶을 위한) 생활 의미론』. 개역·수정판. 김영준 옮김. 서울: 박이정, 2006.

Hercus, John. *David*. 2nd ed. Chicago: InterVarsity, 1968.

Hoekema, Anthony A. *The Four Major Cults*. 1963. Reprint, Grand Rapids: Eerdmans, 1989.

Homer. *The Odyssey. In Complete Works of Homer: The Iliad, The Odyssey, The Homeric Hymns*. Translated by Andrew Lang. Kyiv, Ukraine: Strelbytskyy Multimedia Publishing, 2021 ‖ 참조. 『오디세이아』. 박문재 옮김. 서울: 현대지성, 2025; 『오뒷세이아』. 천병희 옮김. 고양: 숲, 2006.

Howe, Reuel L. *Partners in Preaching: Clergy and Laity in Dialogue*. New York: Seabury, 1967 ‖ 『파트너십 설교—설교자와 성도들의 대화』. 최광식 옮김. 서울: 미션월드 라이브러리, 2017.

Hubbard, Robert L., Jr. *The Book of Ruth*. New International Commentary on the Old Testament. Grand Rapids: Eerdmans, 1988.

Hughes, R. Kent. *1001 Great Stories and Quotes*. Wheaton: Tyndale, 1998.

Hulst, Mary S. *A Little Handbook for Preachers: Ten Practical Ways to a Better Sermon by Sunday*. Downers Grove, IL: InterVarsity, 2016.

Hunt, George. "Editor's Note: Attila the Hun in a Tattered Sweater." *Life*, November 13, 1964.

Jowett, J. H. *The Preacher: His Life and Work*. 1912. Reprint, Grand Rapids: Baker, 1968.

Kaiser, Walter C., Jr. *Toward an Exegetical Theology: Biblical Exegesis for Preaching and Teaching*. Grand Rapids: Baker, 1998.

Keller, Tim. *Preaching: Communicating Faith in an Age of Skepticism.* New York: Viking, 2015 ‖ 『(팀 켈러의) 설교』. 채경락 옮김. 서울: 두란노, 2016.

Kidner, Derek. *Proverbs.* Downers Grove, IL: IVP Academic, 2008.

Kim, Matthew D., and Scott M. Gibson, eds. *The Big Idea Companion for Preaching and Teaching: A Guide from Genesis to Revelation.* Grand Rapids: Baker Academic, 2021.

Koller, Charles W. *Expository Preaching without Notes.* Grand Rapids: Baker, 1962.

Lewis, C. S. *Mere Christianity.* New York: Macmillan, 1952 ‖ 『내가 믿는 기독교』. 김주병 옮김. 서울: 대한기독교서회, 1958 ‖ 『순전한 기독교인의 삶』. 엄성옥 옮김. 서울: 은성, 1991 ‖ 『순전한 기독교』. 장경철 · 이종태 옮김. 서울: 홍성사, 2001, 2008, 2018, 2021.

Lewis, Ralph L., with Gregg Lewis. *Inductive Preaching: Helping People Listen.* Wheaton: Crossway, 1983.

Litfin, Duane. *Public Speaking.* 2nd ed. Grand Rapids: Baker, 1992.

Longman, Tremper, III. *Old Testament Commentary Survey.* 5th ed. Grand Rapids: Baker Academic, 2013.

Lowry, Eugene L. *Doing Time in the Pulpit: The Relationship between Narrative and Preaching.* Nashville: Abingdon, 1985.

________. *The Homiletical Plot: The Sermon as Narrative Art Form.* Exp. ed. Louisville: Westminster John Knox, 2000.

Maclaren, Alexander. *Expositions of Holy Scripture.* 1912. Reprint, Grand Rapids: Baker, 1988.

Macpherson, Ian. *The Art of Illustrating Sermons.* 1964. Reprint, Grand Rapids: Baker, 1976.

Mager, Robert F. *Preparing Instructional Objectives.* 2nd ed. Belmont, CA: Fearon, 1975.

Marshall, Peter. *John Doe, Disciple: Sermons for the Young in Spirit.* Edited by Catherine Marshall. New York: McGraw-Hill, 1963.

Maslow, Abraham H. *Motivation and Personality.* 3rd ed. London: Longman, 1987 ‖ 『동기와 성격—끝이 없는 인간 욕구에 관한 고찰』. 오혜경 옮김. 고양: 연암서가, 2021.

Mathewson, Steven D. *The Art of Preaching Old Testament Narrative.* 2nd ed. Grand Rapids: Baker Academic, 2021 ‖ 『(청중을 사로잡는) 구약의 내러티브 설교』. 이승진 옮김. 서울: 기독교문서선교회, 2004.

Meyer, F. B. *Expository Preaching: Plans and Methods.* 1910. Reprint, Ireland: CrossReach, 2022.

Miller, Alexander. *The Renewal of Man: A Twentieth-Century Essay on Justification by Faith.* Garden City, NY: Doubleday, 1955.

Miller, Donald G. *The Way to Biblical Preaching.* New York: Abingdon, 1957.

Minnick, Wayne C. *The Art of Persuasion.* Boston: Houghton Mifflin, 1957.

Monroe, Alan H. *Principles and Types of Speech.* 3rd ed. Chicago: Scott, Foresman, 1949.

Monroe, Alan H., and Douglas Ehninger. *Principles and Types of Speech Communication.* 7th ed. Glenview, IL: Scott, Foresman, 1974.

Ortberg, John. *The Life You've Always Wanted: Spiritual Disciplines for Ordinary People.* 1997. Reprint, Grand Rapids: Zondervan, 2015.

Overdorf, Daniel. *Applying the Sermon: How to Balance Biblical Integrity and Cultural Relevance.* Grand Rapids: Kregel Academic and Professional, 2009 ‖ 『설교를 적용하기—삶을 바꾸는 설교의 적용을 디자인하라』. 이재학 옮김. 서울: 디모데, 2013.

Paget, Richard. *Human Speech: Some Observations, Experiments, and Conclusions as to the Nature, Origin, Purpose, and Possible Improvement of Human Speech.* New York: Harcourt, Brace, 1930.

Palmer, Earl F. *Love Has Its Reasons: An Inquiry into New Testament Love.* Waco: Word, 1977.

Pelsma, John R. *Essentials of Speech.* Rev. ed. New York: Crowell, 1924.

Plantinga, Cornelius, Jr. *Reading for Preaching: The Preacher in Conversation with Storytellers, Biographers, Poets, and Journalists.* Grand Rapids: Eerdmans, 2013 ‖ 『설교자의 서재—창조적 설교를 위한 세속적 책 읽기』. 오현미 옮김. 서울: 복 있는 사람, 2014.

Quayle, William A. *The Pastor-Preacher.* 1910. Reprint, Manila, Philippines: Lifeline Philippines, 1984 ‖ *The Pastor Preacher.* 1910. Edited and Revised by Steven A. Hite. Beams of Grace Press, 2009.

Reid, Loren D. *Speaking Well.* Columbia, MO: Artcraft, 1962.

Reu, J. M. *Homiletics: A Manual of the Theory and Practice of Preaching.* Translated by Albert Steinhaeuser. 1924. Reprint, Grand Rapids: Baker, 1967.

Robinson, Haddon W. *Biblical Sermons.* Grand Rapids: Baker, 1989.

________. "The Heresy of Application." *Leadership,* Fall 1997.

Robinson, Haddon W., and Torrey W. Robinson. *It's All in How You Tell It: Preaching First-Person Expository Messages.* Grand Rapids: Baker Books, 2003 ‖ 『1인칭 내러티브 설교』. 전광규 옮김. 서울: 이레서원, 2004.

Rowell, Edward K. *Fresh Illustrations for Preaching and Teaching.* Grand Rapids: Baker, 1997.

Ruskin, John. *Sesame and Lilies: Two Lectures.* Edited by Robert Kilburn Root. New York: Henry Holt, 1904.

Ryken, Leland, and Tremper Longman III, eds. *A Complete Literary Guide to the Bible.* Grand Rapids: Zondervan, 1993.

Sangster, William E. *The Craft of Sermon Construction.* 1951. Reprint, Grand Rapids: Baker, 1972.

Schaeffer, Francis A. *True Spirituality*. Wheaton: Tyndale, 1971 ‖ 『진정한 영적 생활』. 권혁봉 옮김. 서울: 생명의말씀사, 1995.

Schopenhauer, Arthur. *The Art of Literature*. Translated by T. Bailey Saunders. 6th ed. 1910. Reprint, Mineola, NY: Dover, 2004.

Schultze, Quentin J. *An Essential Guide to Public Speaking: Serving Your Audience with Faith, Skill, and Virtue*. 2nd ed. Grand Rapids: Baker Academic, 2020.

Soper, Donald O. *The Advocacy of the Gospel*. New York: Abingdon, 1961.

Spurgeon, C. H. *The Autobiography of Charles H. Spurgeon*. Vol. 1, *1834~1854*. Chicago: Curtis and Jennings, 1898.

Stanley, Andy, and Lane Jones. *Communicating for a Change: Seven Keys to Irresistible Communication*. Colorado Springs: Multnomah, 2006 ‖ 『(최고의 설교자를 만드는) 설교코칭』. 김창동 옮김. 서울: 디모데, 2007.

Steinbeck, John. *Travels with Charley: In Search of America*. 1966. Reprint, London: Penguin, 1980 ‖ 『찰리와 함께한 여행—존 스타인벡의 아메리카를 찾아서』. 이정우 옮김. 서울: 궁리출판, 2006.

Stewart, James S. *The Gates of New Life*. 1940. Reprint, Grand Rapids: Baker, 1972.

Stibbs, Alan M. *Expounding God's Word: Some Principles and Methods*. Grand Rapids: Eerdmans, 1961.

Stonehouse, Ned B. "The Areopagus Address." In *Paul before the Areopagus and Other New Testament Studies*, 1~40. 1957. Reprint, Eugene, OR: Wipf and Stock, 2022.

Stott, John. *Between Two Worlds: The Challenge of Preaching Today*. 1982. Reprint, Grand Rapids: Eerdmans, 2017 ‖ 『현대교회와 설교—성경적 강해설교와 현대인의 삶』. 정성구 옮김. 서울: 생명의 샘, 2023.

Strunk, William, Jr., and E. B. White. *The Elements of Style*. 4th ed. New York: Macmillan, 2000.

Sunukjian, Donald R. *Invitation to Biblical Preaching: Proclaiming Truth with Clarity and Relevance.* Grand Rapids: Kregel Academic and Professional, 2007 || 『성경적 설교의 초대』. 채경락 옮김. 서울: 기독교문서선교회, 2009.

_______. "Patterns for Preaching: A Rhetorical Analysis of the Sermons of Paul in Acts 13, 17, and 20." ThD diss., Dallas Theological Seminary, 1972.

Sweazey, George E. *Preaching the Good News.* Englewood Cliffs, NJ: Prentice Hall, 1976.

Swindoll, Charles R. *For Those Who Hurt.* 1977. Reprint, Grand Rapids: Zondervan, 1995.

_______. *Saying It Well: Touching Others with Your Words.* New York: FaithWords, 2012.

_______. *The Tale of the Tardy Oxcart and 1501 Other Stories.* Nashville: Word, 1998.

Thielicke, Helmut. *Encounter with Spurgeon.* Translated by John W. Doberstein. 1963. Reprint, Cambridge: Lutterworth, 2016.

Thompson, Wayne N. *Quantitative Research in Public Address and Communication.* New York: Random, 1967.

Thonssen, Lester, and A. Craig Baird. *Speech Criticism: The Development of Standards for Rhetorical Appraisal.* New York: Ronald, 1948.

Thoreau, Henry David. *A Week on the Concord and Merrimack Rivers.* 1849. Reprint: London: Heritage, 2014.

Tizard, Leslie J. *Preaching: The Art of Communication.* London: Allen and Unwin, 1958.

Tozer, A. W. *Of God and Men: Cultivating the Divine/Human Relationship.* 1960. Reprint: Chicago: Moody, 2015.

Vines, Jerry, and Jim Shaddix. *Power in the Pulpit: How to Prepare and Deliver Expository Sermons.* Chicago: Moody, 2017 || 『설교의 능력—

강해 설교를 제대로 준비하고 전달하는 방법』. 유희덕 · 신희광 옮김. 서울: 서로사랑, 2019.

Wainwright, Arthur. *Beyond Biblical Criticism: Encountering Jesus in Scripture*. London: SPCK, 1982.

Waltke, Bruce K. "Proverbs 10:1~16: A Coherent Collection?" In *Reading and Hearing the Word from Text to Sermon: Essays in Honor of John H. Stek*, edited by Arie C. Leder, 161~80. Grand Rapids: Calvin Theological Seminary and CRC Publications, 1998.

Warren, Rick. *The Purpose Driven Church: Growth without Compromising Your Message and Mission*. Grand Rapids: Zondervan, 1995 ‖ 『목적이 이끄는 교회—새들백교회 이야기』. 김현회 · 박경범 옮김. 서울: 디모데, 2008.

Wharton, Tim. *Pragmatics and Non-verbal Communication*. Cambridge: Cambridge University Press, 2009.

Whitehead, Alfred North. *The Aims of Education, and Other Essays*. 1929. Reprint, Washington, DC: Free Press, 1967 ‖ 『교육의 목적』. 유재덕 옮김. 서울: 소망, 2009 ‖ 『교육의 목적』. 오영환 옮김. 파주: 궁리, 2004.

Whitesell, Faris D., ed. *Great Expository Sermons*. Westwood, NJ: Revell, 1964.

Whitesell, Faris D., and Lloyd M. Perry. *Variety in Your Preaching*. Old Tappan, NJ: Revell, 1954.

Whitman, Walt. *Complete Prose Works*. New York: D. Appleton, 1881.

Willhite, Keith, and Scott Gibson, eds. *The Big Idea of Biblical Preaching: Connecting the Bible to People*. Grand Rapids, MI: Baker Books, 1998 ‖ 『빅 아이디어 설교—해돈 로빈슨을 기념하며, 성경과 사람을 정확하게 연결하는 설교법』. 이용주 옮김. 서울: 디모데, 2003.

Williams, George G. *Creative Writing for Advanced College Classes*. Rev. ed. New York: Harper, 1954.

Zuck, Roy B. *Basic Biblical Interpretation: A Practical Guide to Discovering Biblical Truth*. Colorado Springs: David C. Cook, 1991.

성경 본문 찾아보기

구약성서

창세기

출애굽기

신명기

여호수아

사사기

룻기

사무엘하

시편

잠언

사람 찾아보기

※ 밝힘.

- ‘주제 찾아보기(Subject Index)’에서 ‘사람 찾아보기’를 따로 나눴다.
- ‘사람 이름’은 로마자 알파벳순으로 한다.

주제 찾아보기

개정증보3판 바꿈 · 덧붙임 찾아보기

※ 밝힘. 옮긴이가 추린 바를 덧붙임

개정증보4판 바꿈 · 덧붙임 찾아보기

※ 밝힘. 옮긴이가 추린 바를 덧붙임

치료 지향성 사회로 변화에서 적용 찾기 문단을 덧붙임 … 127~127

윤리적 · 정치적 문제에서 시험관 아기는 빼고, 인종 차별, 이민, 사형, 인공지능을 덧붙임 … 128

4장 용어 정의 '재진술'에 '설명', '입증', '적용'을 덧붙임 … 132

설교 준비 5단계—석의 아이디어를 신학 아이디어로 추상화 덧붙임 136~137

달란트 비유 설교 아이디어(마 25:14~30) … 140

소제목, '청중이 잘 알아듣도록 아이디어 진술하기(Knowing Your Audience)' 덧붙임 … 138

헨리 워드 비처(Henry Ward Beecher) 출처 밝힘 … 143

교육 목적에 관한 온라인 자료 소개 144

청중이 참여할 성경 공부 형태를 성경에 기반한 소그룹, 주일 성경 학교, 온라인 과정 소개 … 146

5장 용어 정의에 '신학 아이디어' 덧붙임 … 148

이야기 문화에서 새로운 상황을 덧붙임 … 166

C. 부차적 요지 덧붙임 … 171

Lowry, Eugene L. *The Homiletical Plot* … 175

1인칭 내러티브 설교 자료 덧붙임 175

설교 구조에 더 새롭게 접근하는 자료 덧붙임 … 176

복잡한 현안을 인공지능이나 최첨단 의학 연구로 바꿈 … 190

〈그림 2〉 추상 표현 사다리 덧붙임 … 193

팟캐스트 또는 다른 형태 미디어에서 예화 얻기를 덧붙임 … 204

신학책과 블로그에서도 예화 찾기를 덧붙임 … 204

예화 정리 시스템을 새롭게 바꿈 … 204~205

예화 심화 독서 자료 4개—Swindoll, Fadiman, PreachingToday.com, Ortberg … 207

설교 첫 문장을 외워서 시작함으로 긴장 풀기를 덧붙임 … 221

프랜시스 베이컨(Francis Bacon) 출처 밝힘 … 232

맬컴 머거리지(Malcolm Muggeridge)를 맥스 루카도(Max Lucado)로 바꿈 233

신학 전문어에서 '불안(angst)'을 뺌 240

시편 23편, 주기도문, 고린도전서 13장에서 단음절 단어 통계 뺌 240

교회 이름, 주소, 예배 시간 등 구체적 정보 생략 … 241

Byron, Lord. "The Destruction of Sennacherib." 출처 밝힘 … 246

소셜 미디어 광고, 실시간 재생 광고에서 쉬운 말 찾기 덧붙임 248

Browning, Robert. "Rabbi Ben Ezra." 출처 밝힘 … 248

언어 활용에 참고 자료 *Reader's Digest*를 빼고, 본받을 인물로 톰 클랜시(Tom Clancy), 코맥 매카시(Cormac McCarthy), 플레밍 러틀리지(Fleming Rutledge), 짐